中國佛教東傳日本史卷

中華佛教史

楊曾文 著

從聖德太子到黃檗宗的佛教東傳與文化影響

【嚴謹研究＋生動敘事，適合學界與大眾閱讀】

隋唐至明清，見證中日佛教的傳播與交流
以史料為基礎，重現宗派興衰與文化互動的真實面貌

目錄

《中華佛教史》總序……………………………………………005

自序……………………………………………………………007

第一章　日本古代社會背景與佛教初入之路……………011

第二章　隋代佛教交流與聖德太子的興隆三寶…………031

第三章　唐代佛教東漸與奈良六宗的興起（上）………059

第四章　天台與密宗的傳入及入唐求法僧（下）………141

第五章　宋元佛教交流與淨土、禪宗東傳………………227

第六章　明清佛教交流與日本黃檗宗的創立……………409

參考文獻………………………………………………………459

《中華佛教史》後記…………………………………………467

目錄

《中華佛教史》總序

◎季羨林

　　此叢書名曰《中華佛教史》，為什麼我們不按老規矩，稱此書為《中國佛教史》呢？用意其實簡單明瞭，就是想糾正一個偏頗。我們慣於說中國什麼史，實際往往就是漢族什麼史。現在改用「中華」這個詞，意思是不只漢族一家之言，而是全中國許多個有佛教信仰的民族大家之言。

　　談到中華佛教史，我們必須首先提到湯用彤先生的《漢魏兩晉南北朝佛教史》，此書取材豐富，分析細緻，確是扛鼎之作，已成為不朽的名著。但是，人類社會總是在不停地前進，學術也是日新月異，與時俱進。到了今天，古代西域（今新疆一帶）考古發掘隨時有新的考古材料出土，比如，吐火羅語就是在新疆發現的，過去任何書上都沒有這種語言的記載。所以我們感覺到，現在有必要再寫一部書。

　　在中國古代佛教的著述中，有幾種實際上帶有佛教史的性質，比如《佛祖歷代通載》等。佛教以及其他學科而冠以史之名稱（如文學史之類），是晚近才出現的，其中恐怕有一些外來的影響。

　　近代以來，頗有幾種佛教史的著作，這些書為時代所限，各有短長，我在這裡不一一加以評論。

　　我們現在有膽量寫這一套中華佛教史，就是為了趕上學術前進的步伐。

　　總而言之，歸納起來我們這套書有幾個特點：第一，就是我們不只說漢族的事情，也介紹中國其他有關的少數民族的情況；第二，我們對古代西域佛教史的發展有比較詳細的論述；第三，現在寫這部書不僅有學術意義，而且還有現實意義。佛教發源於印度，傳入中國後，經過兩千多年的

演變，最終已成為中華文化的一部分。在現實生活中，佛教仍然是一個有生命的團體。大眾不管信佛教與不信佛教的，都必須了解佛教的真相，這會大大地促進社會的發展。

　　在另一方面，也有利於世界各國對中華精神生活的了解。我們現在所需要的正是互相了解。

　　我是不信任何宗教的，但是，對世界上所有的堂堂正正的宗教，我都有真摯的敬意。因為這些宗教，不管它的教義是什麼，也不管它是如何發展起來的，這些宗教總是教人們做好事，不做惡事，它們在道德上都有一些好的作用。因此，現代世界上，宗教的存在有它的必要性。專就佛教與中國而論，佛教的原生地印度和尼泊爾，現在佛教已經幾乎絕跡，但在中國，佛教得到了很大的發展。原因是中華民族幾千年來，大度包容。從當前世界來看，希望全世界各個國家各個民族之間互相了解、互相促進，共同達到人類社會更高的層次。

　　所以，我們研究佛教寫佛教史，不但有其學術意義，還有更深刻的現實意義。

自序

　　1999 年 6 月 15 日，舉行了以季羨林教授、湯一介教授為主編的《中華佛教史》編委會首次會議，討論了全書思想、分卷、章節、進度計畫及編寫中可能遇到的問題等，初步達成共識。我承擔全書的「中國佛教外傳卷」的日本國部分。此後三、四年間編委會又舉行過三次會議，決定將我承擔的部分作為單獨一卷，名之為《中國佛教東傳日本史》。

　　然而筆者因為手頭尚有已承擔的《宋元禪宗史》的撰寫任務及其他工作，一直沒能集中時間和精力撰寫此卷。筆者在 2001 年初退休，但撰寫《宋元禪宗史》的工作卻一直沒有停止，直到 2005 年 12 月筆者剛剛過完六十六歲生日方將此書寫完，此後才有較多時間投入撰寫《中國佛教東傳日本史》。在這期間，主編湯一介教授曾來電詢問本書進展情況，這實際是對筆者的一種催促。筆者心中雖然負疚著急，然而一不能趕進度倉促從事，二又兼有其他日常繁雜事務必須處理，於是斷斷續續，直到 2008 年 4 月才告完成。

　　日本佛教是中國佛教的移植和發展。西元 6 世紀中期日本從朝鮮半島的百濟傳入佛教，此後大量日本僧人到中國學習佛法，回國後將漢譯佛經和富有中國民族特色的佛教宗派傳入日本，同時有越來越多的中國僧人到日本傳法。日本奈良時代（西元 710 ～ 794 年）六個佛教宗派，平安時代（西元 794 ～ 1192 年）天台、真言二宗，皆是從中國直接傳入的，而進入鎌倉時代（西元 1192 ～ 1333 年）以後在吸收和繼承中國佛教的基礎上形成帶有日本民族特色的宗派 —— 淨土宗、真宗、時宗、日蓮宗。這些佛教宗派的創始人是參照並發揮漢譯佛典和中國佛教著述建立教義理論和宗派的，是中日佛教文化交流的特殊形態。在這個時期也從宋元傳入禪宗臨

濟宗、曹洞宗。中國佛教在傳入並經歷日本民族化的過程中，對中國文化在日本的傳播和日本社會的發展有著重大推動作用。

本書旨在闡明中國佛教東傳日本的過程、中日佛教的源流關係。全書共30萬字，分以下六章：

一、日本古代的社會和佛教傳入日本

佛教傳入前的日本社會和西元6世紀（一般認為在西元538年）中國佛教透過朝鮮半島傳入日本的情況。

二、隋代中日佛教文化交流和日本聖德太子「興隆三寶」

日本推古天皇時期擔任「攝政」的聖德太子派使者出使隋朝，正式建立兩國邦交關係並派學僧數十人前來學習佛法，拉開兩國正式佛教文化交流的序幕。此後佛教在日本迅速傳播，促使社會上層對中國文化的全面吸收，推動日本政治、文教制度的革新。

三、唐代中日佛教交流及中國佛教在日本的傳播（上）

中國佛教概況及其在日本早期傳播，奈良時期盛行佛教六宗：三論宗、成實宗、法相宗、俱舍宗、華嚴宗、律宗，為以後佛教在日本的發展奠定了基礎。鑑真東渡的動人事蹟及其在日本佛教文化史的貢獻。

四、唐代中日佛教交流及中國佛教在日本的傳播（下）

中國天台宗、密宗的創立及教理體系。最澄、空海入唐求法，回國後分別創立日本天台宗、真言宗。繼最澄、空海之後，日本入唐求法僧圓仁、圓珍及常曉等人入唐求法概況。

五、宋元時期中日佛教文化交流和中國淨土宗禪宗傳入日本

漢譯佛教淨土信仰的經典和中國的淨土思想。佛教淨土思想傳入日

本；平安後期淨土信仰的興起，源信所著《往生要集》及其影響；源空創立日本淨土宗；親鸞創立真宗。中國禪宗臨濟宗、曹洞宗的代表人物及禪法思想。宋元時期臨濟宗和曹洞宗傳入日本，在幕府和武士階層乃至朝廷權貴的支持下得到迅速傳播。日本禪僧榮西、圓爾、道元及中國禪僧蘭溪道隆、正念、祖元等人在日本傳法情況。日蓮創立日蓮宗及其特色。

六、明清時代中日佛教文化交流和日本黃檗宗的創立

在明代日本以「進貢」名義與明朝展開的勘合貿易中，擔任正使、副使入明的幾乎全是禪僧，他們也順便從事佛教交流活動。明清之際，臨濟宗高僧隱元隆琦（西元1592～1673年）應請赴日傳法，在臨濟、曹洞二宗之外創立了黃檗宗，同時也將明清文化介紹到日本。

其中第三、四、五章是全書的重點，約占全書的三分之二篇幅。

筆者過去已經撰寫出版過《日本佛教史》，現在又按照《中華佛教史》編委會的規劃撰寫《中國佛教東傳日本史》卷，那麼應當如何取材，著重考察和撰寫哪些方面的內容呢？筆者經過思考，歸納出以下五點：

1. 以「中國佛教」作為主體，用主要篇幅考察介紹中國佛教及諸宗概況、中國佛教如何傳入日本及在日本早期傳播的情況，而對它在日本實現本土民族化演變為「日本佛教」的過程僅作概要介紹；

2. 注意考察在中國佛教東傳日本過程中兩國僧人對中國佛教的著眼點、態度的差異及其傳播的重點、所發揮的作用；

3. 揭示中國佛教在日本佛教史的初期、中期和後期的不同地位與影響；

4. 中國佛教在整體上對日本佛教乃至歷史文化所產生的影響；

5. 透過史實論述表彰為中日佛教文化交流作出貢獻的兩國重要人物。

按照這種意圖來寫，雖然在一些重要內容的介紹中難免與筆者以往的《日本佛教史》的內容有交叉乃至相同之處，然而因為考察視角及論述重

點有所不同，在學科建設上可以豐富「中國佛教」外傳史的內容，充實以往中國佛教東傳日本歷史研究的薄弱環節，推進對中日古代佛教和文化交流史的研究，有助於中國讀者加深對自古以來中日兩國之間佛教和文化交流的了解，增進兩國人民之間的理解和友誼。

相信本書的出版不僅對從事中日友好活動和兩國文化交流工作、日本歷史和思想文化的研究者有參考價值，而且對在大專院校開設日本語言、歷史和文化的課程及對日本宗教文化感興趣的社會一般讀者也有參考價值。

因為筆者在撰寫此書期間沒有機會到日本做專題研修或考察，對於1990年代以後的日本研究著作了解不多，參考得較少，從而影響對最新的研究成果的吸收。並且由於自己的學識水準和寫作能力的限制，在全書結構、內容和段落語句表達等方面肯定存在不少不妥乃至錯誤之處，謹望讀者發現並不吝賜教。

第一章
日本古代社會背景與佛教初入之路

　　日本是與中國隔海相望的鄰國，古代社會文明雖然起步較晚，然而由於受到以中國為代表的大陸先進文化的影響，發展速度很快。在漫長的中日兩國彼此交往和文化交流過程中，佛教曾發揮過重要的橋梁和紐帶的作用。在西元6世紀中葉前後開始傳入日本的佛教，曾長期對日本社會政治和文化發揮重大作用，成為日本古代最有影響力的宗教。同時，中國的儒家學說對於日本的政治、文化教育、宗教和日本民族道德倫理的形成與發展也產生多方面的影響。

　　為論述方便，筆者首先根據中國史書和中日兩國學者的研究成果對佛教傳入以前的日本社會和宗教文化情況作概要介紹，然後介紹佛教如何傳入日本。

第一節　佛教傳入前的日本社會及其宗教文化

一、日本自然環境和早期歷史概況

　　日本是個島國，由本州、北海道、九州、四國四個大島和近四千個小島組成。西隔東海、黃海、朝鮮海峽，與中國、韓國、俄羅斯為鄰，東臨浩瀚的太平洋。早在幾萬年以前，日本原與亞洲大陸連接在一起，大約在

第一章　日本古代社會背景與佛教初入之路

一萬多年以前，由於地質和自然氣候的巨變，才逐漸形成與大陸隔離的日本列島。

日本國擁有很長的海岸線，港灣很多。境內多山，山地約占國土面積的百分之八十，大小火山數量達二百多座，最高山峰是海拔 3,776 公尺的圓錐形活火山富士山。河谷交錯，河流湍急，水量充沛。日本的氣候屬溫和溼潤的海洋季風性氣候，除本州北部和北海道冬季比較寒冷外，其他大部分地區四季常青。耕地較少，但宜於種植水稻等農作物，森林和漁業資源豐富。

早在兩萬多年以前，當日本土地尚未完全從亞洲大陸分離的時候，日本人的祖先已開始在這裡棲息生活。從西元前 1 萬年至西元前 2 世紀前後，人們主要靠採集、狩獵和捕魚為生。因為所使用的陶器帶有繩紋，史學界稱這個歷史時期為繩紋時期。

在日本的歷史發展中，受到來自隔海相望的大陸國家中國、朝鮮的影響很大。隨著日本與大陸國家交往的逐漸頻繁，大陸的水稻種植技術傳入日本，大約在西元 1 世紀又從大陸傳入青銅器、鐵器，並在此後日本民眾學會製造和使用金屬工具。日本史學界把從西元前 3 世紀至西元 3 世紀的歷史時期稱為彌生時期（因反映這個時代文化特徵的陶器在東京彌生町發現，故以「彌生」命名）。在這個時期，日本開始進入階級社會。

據中國史書記載，西元一、二世紀以後日本出現一些部落和部落聯盟國家。東漢班固（西元 32～92 年）《漢書・地理志》說：「樂浪海中有倭人，分為百餘國，以歲時來獻見云。」所謂「樂浪海」[001] 即指日本的瀕臨日本海及東海一帶；「倭」指日本。據此，漢時日本有百餘國，並且有的已經與中國建立聯繫。東漢建武中元二年（西元 57 年），倭奴國遣使自稱大夫

---

[001]　據《漢書・地理志》，漢武帝時在朝鮮半島北部設玄菟、樂浪二郡。樂浪郡治在今朝鮮平壤，所謂樂浪當指朝鮮半島南部一帶的海域。

奉獻，光武帝賜以印綬。此印西元 1784 年在九州福岡縣志賀島被發現，上書「漢委奴國王」。三國時約有三十餘國與魏朝之間有使節往來，如西晉陳壽（西元 233～297 年）《三國志・魏書・倭人傳》所載：「舊百餘國，漢時有朝見者，今使譯所通三十國。」大約在進入二、三世紀以後，相繼在日本九州北部興起邪馬台國，在本州西南部（以今奈良為中心）興起古大和國。[002]

考古證明，三、四世紀在以畿內的奈良、大阪一帶為中心的全國各地，陸續建造了以前方後圓為特徵的高大古墳，埋葬著各地國王、部族首領的遺體和大量豐富奢侈的陪葬品。以此為指標，日本進入了古墳時期。在各個小國中，大和國最為強盛，透過對外兼併擴張，大約在西元 4 至 7 世紀逐漸統一了日本。

二、從邪馬台國、大和國看早期日本社會

1. 邪馬台國

在中國古代《漢書》、《後漢書》、《三國志》、《晉書》及《宋書》、《梁書》等史書中，對早期日本都有記述，然而記述最詳細系統並且對後世史書相關記載影響較大的是《三國志》卷三十〈魏書・烏丸鮮卑東夷傳〉中的〈倭人傳〉。此傳對二、三世紀以邪馬台國為中心的日本社會概貌及宗教文化作了言簡意賅的介紹。

西漢武帝時在朝鮮半島北部設立玄菟、樂浪二郡。樂浪郡治所在今朝鮮平壤，負責處理韓、倭事務。據《三國志・魏書・倭人傳》，東漢末遼

---

[002] 關於邪馬台國的地理位置是在九州還是在奈良的大和，邪馬台國是否就是大和國，中日兩國學者有不同的看法。請參考汪向榮、夏應元編的《中日關係史資料彙編》（中華書局 1984 年出版）第 10 頁對「邪馬台國」所作的注。趙健民、劉予葦主編《日本通史》（復旦大學出版社 1989 年出版）以邪馬台與大和國為前後形成的不同地域國家，邪馬台國在九州北部，筆者同意這種觀點。

第一章　日本古代社會背景與佛教初入之路

東太守公孫康分樂浪郡的屯有縣置帶方郡（治所在今朝鮮黃海北道沙里院南），此後韓、倭事務皆歸帶方郡負責。倭國不僅與帶方郡府經常往來，而且在一般情況下入朝也須透過帶方郡府。

邪馬台國距設在朝鮮半島的帶方郡約一萬兩千里。如果沿著西側海岸南行，經過分布於朝鮮半島西南部、東南部及對馬海峽、九州的約八個小國（有的是以島為國），始到達邪馬台國的國都。這些小國實際是些部落或部落聯盟，大小不一，然而皆設官分職，有的僅有人口千餘戶，大者如奴國有兩萬餘戶，投馬國有五萬餘戶，邪馬台國人口最多，有七萬餘戶。此外，在邪馬台國的周圍還有二十一個小國。這些小國大部分皆統屬於邪馬台國，組成一個較大部落聯盟性質的地域國家，中國史書稱之為「倭國」。因為當時邪馬台國的國王是位名卑彌呼的女性，因此中國史書也稱邪馬台國為「女王國」。

原來邪馬台國也是以男子為國王，在西元2世紀後期倭國發生內亂，彼此攻伐，歷年沒有國王，眾人便將一位年長未嫁，善於「事鬼道，能惑眾」的女子卑彌呼擁戴為王。[003] 卑彌呼身兼國王和祭司，除執政外，還「事鬼道」，即主持全國的宗教祭祀事務，居處有「宮室樓觀」，戒備森嚴。女王讓其弟輔佐她處理政事，下面設立行政官員四級，又在附屬於邪馬台國的伊奴國置相當漢朝刺史的「大率」一人，負責「檢察諸國」和保護、監督過往的使節官員；又派稱做「大倭」的官員，負責管理各國貿易。

按照日本歷史分期，邪馬台國形成於彌生時代後期，已進入貧富階級懸殊的階級社會。史書記載，在邪馬台國，「宗族尊卑，各有差序」，居民有「大人」、「下戶」和「奴婢」的階級差別，民戶要繳納租賦。國有刑法，

---

[003]　中國史書對卑彌呼國王的記載雖詳略不同，但內容大致相同，然而關於卑彌呼被立為國王的時間，《三國志・魏書・倭人傳》沒有記載，成書於南朝宋的范曄《後漢書・東夷傳》卻有明確記載，謂：後漢桓帝、靈帝之間（西元147～189年），倭國大亂，歷年無主，「有一女子名曰卑彌呼，年長不嫁，事鬼神道，能以妖惑眾，於是被立為主」。

第一節　佛教傳入前的日本社會及其宗教文化

犯罪者要受嚴厲處罰,「輕者沒其妻子,重者滅其門戶」。卑彌呼女王死後,建造直徑百餘步的大墓安葬,殉葬奴婢多達百餘人。這種情況可從在北九州考古發掘的彌生後期的一些巨大墳墓得到佐證。這些巨墓的陪葬品中有銅鏡、銅劍、銅戈及玉器等,有的數量很大。

邪馬台國在卑彌呼死後,又立男王,因為國人不服,發生內亂,互相殘殺千餘人,直到擁立十三歲的卑彌呼宗女壹與為國王,國內才安定下來。至於以後邪馬台國情況,史書無載,據說是被在大和興起的大和國攻滅了。[004]

邪馬台國與魏朝有著密切往來。魏明帝景初三年（西元239年）、魏齊王正始四年（西元243年）,卑彌呼女王先後兩次派使者到洛陽朝廷奉獻生口（奴隸）、錦帛等禮品,魏帝賜以「親魏倭王」之號及大量貴重禮物,並授使者以「率善中郎將」等。帶方郡守也曾奉詔到邪馬台國拜女王以「假倭王」（暫署倭王）之稱號。在壹與即位後,也曾派使者入魏奉獻。可以想見,邪馬台國在與中國的密切交往中是不斷接觸並吸收中國文化的。

2. 大和國

古大和國大約在西元3世紀以後於近畿地區（今奈良、大阪、京都等地）興起,與在北九州的邪馬台國一樣是個較大部落聯盟性質的地域國家,政治中心在大和（在今奈良南部）。大和國隨著自身的強大,不斷向外兼併擴張,到西元4世紀前半期不僅統一了北九州,而且擴展到本州的關東地區（今東京都及神奈川、崎玉、千葉、群馬、栃木、茨城等縣）。

大和國（也稱「倭」、「倭國」）在統一北九州後,渡海侵入朝鮮半島南部地區。當時朝鮮半島北方有高句麗,南部有百濟、新羅及任那、秦韓、慕韓等國。據現存中國吉林省集安市的高句麗國第十九代王「國岡上廣開

---

[004] 趙健民、劉予葦主編：《日本通史》,復旦大學出版社1989年版,第一章第二節之二謂：西元4世紀末古大和國統一了東日本的群馬縣至神奈川一帶,並西至九州,邪馬台國滅亡。

第一章　日本古代社會背景與佛教初入之路

土境平安好太王」(西元 391～412 年在位) 的墓碑，即《廣開土王碑》或《好太王碑》的記載，大和國在西元 391 年渡海戰敗百濟 (碑稱「百殘」) 和新羅，強迫這兩國向它稱臣進貢。此後，大和國占領了朝鮮半島南端的任那 (金官伽耶，今洛東江口一帶) 作為它在朝鮮擴張的基地，又聯合百濟與高句麗對抗。西元 396 年 (丙申)，高句麗好太王率軍隊打敗百濟，逼它歸服高句麗。然而在西元 399 年 (己亥)，百濟違約，聯合大和國軍隊攻打新羅。新羅王派使者向高句麗求救，好太王派五萬軍隊打敗大和軍隊，收復新羅，並一度攻下任那城。西元 404 年 (甲辰) 大和國派兵北上進犯帶方故地，遭到高句麗軍隊的重創而潰敗。[005] 直到西元 6 世紀後期，大和國的軍隊才被趕出朝鮮半島。[006]

　　大和國在進入西元 5 世紀以後與中國南朝的交往十分密切。在位主持與南朝使節往來的是著名的「倭五王」：贊、珍、濟、興、武，日本學者認為他們就是成書於西元 8 世紀的《日本書紀》中的仁德 (或應神)、反正 (或仁德)、允恭、安康、雄略五位天皇。他們先後十二次派使者到南朝奉表進貢，求封官爵，以鞏固在日本的統治地位並謀求對朝鮮半島南部諸國的控制權。例如贊王去世後，弟珍即位，在南朝宋文帝元嘉十五年 (西元 438 年) 遣使貢獻，自稱「使持節都督倭、百濟、新羅、任那、秦韓、慕韓六國諸軍事、安東大將軍、倭國王」，請求宋文帝正式任命，然而文帝僅詔除「安東將軍、倭國王」，並同意授予他提名的其他十三人的將軍封號。齊高帝建元元年 (西元 479 年) 詔除倭王武 (雄略天皇) 以「使持節都督倭、新羅、任那、加羅、秦韓、慕韓六國諸軍事、安東大將軍」，梁武帝天監元年 (西元 502 年) 即位，又進封「東征大將軍」。[007] 倭五王上表

---

[005]　耿鐵華：《好太王碑新考》，吉林人民出版社 1994 年版，從不同角度對高句麗好太王碑作了詳細考察和說明，可以參考。

[006]　參見日本坂本太郎著，汪向榮、武寅、韓鐵英譯：《日本史概說》商務印書館 1992 年版，第二章第三節。

[007]　汪向榮、夏應元編：《中日關係史資料彙編》，商務印書館 1980 年版，之四、五、六，並參

第一節　佛教傳入前的日本社會及其宗教文化

皆用漢文書寫，南朝皇帝詔書自然是漢文，可見當時大和國朝廷對中國漢文、漢文化乃至政情是相當熟悉的。

從以上事實可以了解，統一日本後的大和國曾十分強盛。隨著大和國在朝鮮半島的活動以及與中國直接或間接交往的擴大，中國先進的生產技術和文化不斷傳入日本，也有不少農民、手工業者和文化人遷徙日本，極大地促進了日本社會的進步。

大和國以農耕業為主，已普遍使用鐵器，重視農田水利灌溉建設，冶煉技術也取得很大進步，能夠鑄造各類生產工具和精良華美的銅鐸、銅鏡等工藝品。西元20世紀，考古工作者從四、五世紀的古墳中挖掘出三百多枚三角緣神獸銅鏡，鏡內區鑄有神像、龍虎等花紋，鏡緣斷面是三角形。據學者鑑定，這是由中國工匠在日本製作的。[008] 可見在當時的大和國有相當數量來自中國的手工業工人。

大和國王稱大王，西元7世紀後期因受中國唐朝高宗自稱「天皇」[009]的影響，才改稱天皇。大王既掌握最高軍政權力，又主持國家祭祀，與他周圍的部落或氏族首領組成朝廷。大和朝廷透過氏姓制度來實施對全國的統治。

所謂氏、氏族是具有血緣關係的社會組織單位，占據最高地位的父系氏族長稱「氏上」，負責統領全氏族的成員（氏人），主持氏族的共同祭祀活動，並代表氏族輔佐大王參與國政。大王根據各氏族與王族的親近關係及軍政功績，授予氏族以象徵不同地位的姓。授予與王族血緣較近並在朝廷擔任高職的氏以臣、君、連、直等姓，例如授蘇我氏、平群氏以臣姓，授大伴氏、物我氏以連姓，授久米氏以直姓等。此後又形成臣、連諸姓中

考日本木宮泰彥著，胡錫年譯：《日中文化交流史》之一第三章。
[008]　王仲殊：《關於日本三角緣神獸鏡的問題》，載《考古》1981年第4期。
[009]　《舊唐書・高宗紀》，唐高宗咸亨五年（西元674年）詔「皇帝稱天皇，皇后稱天后」。弘道元年（西元683年）唐高宗去世，諡曰「天皇上帝」。

最高的大臣、大連等姓。西元5世紀以後，世襲主管軍事、祭祀和財政的各氏，成為朝廷最為顯貴的臣僚。大伴氏和物我氏掌管軍事，中臣氏和忌部氏掌管祭祀，蘇我氏掌管財政。大王授予地方豪族的姓有公、直、造、首等，任用他們擔任地方上的國（比現在的縣小）、縣及邑里的長官，稱為「國造」、「縣主」及「稻直」等。

大和國的社會組織和經濟生產組織形式是部民制。所謂「部」（也稱「伴」）是從事不同生產活動的社會共同體，由於所屬土地及其他生產資料的主體不同，或隸屬王族，或隸屬於各氏，各部的民眾被稱作「部民」或「部曲」，或從事農業，或從事手工業，或從事畜牧業、漁業等，負有向王族、各氏繳納糧食、各類物品和服勞役的義務。這些部民雖有統轄他們的主人，然而一般皆有自己的家庭和少量生產工具，經營從領主那裡分來的少量土地，身分比較自由，相當於早期的農奴。在社會生產隊伍中屬於奴隸身分的人比例很小。[010]

日本因為自古受到中國、朝鮮等大陸國家的先進社會制度和生產技術、文化的影響，才形成這種易於向封建制過渡的部民制，而沒有形成如同歐洲那種發達的奴隸制。

3. 佛教傳入日本前的文化和宗教信仰情況

根據上述日本建國早期的歷史和與中國、朝鮮等大陸國家的密切交往的情況，對於西元5世紀中葉佛教傳入日本前的文化和宗教，應當已有大體的了解。

現綜合有關資料簡單歸納以下幾點：

---

[010] 關於大和國的氏姓和部民制度，參考日本坂本太郎著，汪向榮、武寅、韓鐵英譯：《日本史概說》商務印書館1992年版，第二章第三節；趙健民、劉予葦主編：《日本通史》復旦大學出版社1989年版，第一章第三節。

第一節　佛教傳入前的日本社會及其宗教文化

(1) 漢字和漢文化

日本在邪馬台國及大和國建國初期，沒有自己的文字，曾長期使用從中國輸入的漢字。東漢光武帝建武中元二年（西元 57 年）賜倭王以「漢委奴國王」之印，可以看作是漢字傳入日本之始。此後，邪馬台國多次派使者入魏奉獻，魏帶方郡長官也曾奉詔書出使邪馬台國。期間卑彌呼女王受魏王詔書，受封「親魏倭王」、「假倭王」，受金印紫綬，「倭王因使上表答謝恩詔」；使者難升米、掖邪狗先後受封「率善中郎將」，牛利受封「率善校尉」，受銀印青綬。至於大和國的所謂「倭五王」——贊、珍、濟、興、武，與中國南朝特別是與宋朝之間，有著密切的關係，多次奉表進獻並受封「安東大將軍」、「倭國王」之號及賞賜物品。宋順帝昇明二年（西元 478 年）倭王武的上表最富文采，條理清晰，詞語典雅。此外，從日本各地出土的西元 3 至 5 世紀的不少銅鏡、刀劍等物品也刻有漢字銘文。

上述事實表明，在西元 6 世紀佛教傳入日本之前，不僅在倭王周圍有比較精通漢文和中國文化的臣僚或貴族子弟，而且即使在社會民間，漢字也並不罕見。據成書於西元 8 世紀的《日本書紀》卷十記載，應神天皇（或認為即倭五王之一的倭王贊）時，百濟王派使者阿直岐到大和國獻馬，因為他會讀經典，倭王讓太子菟道稚郎子跟他學習。此後百濟王仁又帶回《論語》及《千字文》，太子又跟他學習。

因為日本在四、五世紀沒有自造文字，並且已經開始使用漢文，所以在以後傳入中國儒家經典和佛經過程中，就沒有翻譯這道程序，而是直接流通於朝廷和社會。日本在奈良時代（西元 710～794 年）所通行的「萬葉假名」是借用漢字作音符來標日語發音，直到平安時代（西元 794～1192 年）才逐漸利用漢字楷書偏旁造片假名，用漢字草書造平假名，輔助漢字撰文寫書，然而同時，運用純漢文的文書、典籍仍繼續盛行。

(2) 靈魂觀念和宗教信仰概況

從現存少量文字記載和考古發現證明，在佛教傳入日本以前，日本民族不僅早已擁有靈魂觀念，並且在宗教信仰形態方面已經進到較高階段。

所謂靈魂觀念是認為人死後精神不滅，仍在自己生前所在的家族或居處周圍活動，在冥冥的陰間保護乃至懲罰自己的親族或其他人。日本在進入繩紋時代以後已經具有靈魂觀念，此後萬物有靈觀念及祖先崇拜習俗、宗教祭祀活動，皆是由它發展而來。從繩紋時代的文化遺址中發現有屈葬（將死者遺體關節作屈折處理後再埋葬）、甕棺葬，直到在九州及本州發現三、四世紀的巨大墳墓，都是人們有靈魂觀念的證明。崇拜日月山川，乃至認為魚貝禽獸皆有靈魂，是人們相信萬物有靈的表現。按日本考古分期，西元3至6世紀是古墳時期，在本州和九州等地發現不少建造於這個時期的前方後圓或前圓後方的巨大古墳，裡面埋葬著各地國王、部族首領的遺體和大量陪葬品，反映了當時日本人的靈魂觀念和祖先崇拜的習俗。人們認為，氏族、部落首領和國王生前是他們的主宰，死後靈魂是生活在另一世界的神，對他們祭祀可以求得保佑。考古發掘出來的銅劍、銅戈、銅矛以及銅鐸等物，都是當時人用來祭祀的器具。

《三國志·魏書·倭人傳》中也記載邪馬台國人的鬼神觀念和宗教習俗。人死後，須停喪十餘日，喪主哭泣，其他人則可以飲酒歌舞，然後將死者以棺埋葬，建土墳；喪事結束，家人須沐浴潔身。卑彌呼女王死後，建造徑長百餘步的巨大墳墓安葬，殉葬奴婢達百餘人。民間習俗，凡舉行重要活動，盛行「灼骨而卜，以占吉凶」的做法。若有人乘船到中國，需安置一人「持衰」（相當於持齋），「不梳頭，不去蟣虱，衣服垢汙，不食肉，不近婦人，如喪人」，若一路平安，便給此人財物、生口（奴隸）；如果乘船人發生疾病或遭遇災害，便怪他「持衰不謹」，甚至會將他殺死。從這些例子可以看出，當時邪馬台國人相信靈魂不滅，相信鬼神具有超自

然的力量，因此他們懷著虔誠的心理以自古相傳的禮節安葬死者，祭祀鬼神，而在平時透過占卜求鬼神預示吉凶。在這種環境中，他們崇敬從事祭祀占卜以溝通人與鬼神關係的巫覡、祭司，崇信並服從「事鬼道，能惑眾」的卑彌呼女王。

在大和王朝，西元 8 世紀太安萬侶編纂的《古事記》、舍人親王監修的《日本書紀》皆有「神代卷」，講述天地、日月，日本國的形成，天皇的祖先神及天皇周圍豪族的祖先神的富有神話色彩的故事。雖然其中混雜大量編造成分，然而有很多內容是取自西元 6 世紀初的多種文獻，最早當取自古代的神話傳說、民間故事。後世神道教利用這些傳說，進一步編造對天皇的神化和宗教崇拜的內容。[011]

以上日本古代社會和文化、宗教習俗是佛教傳入後傳播發展的社會環境和土壤。

第二節　佛教傳入日本

如前所述，日本與中國之間至遲在西漢時已經建立聯繫。此後在三國、南北朝時期，中日兩國之間聯繫更加頻繁，經常有日本使者奉漢文書表到中國奉獻，在日本使節身邊還有相當數量的隨從人員。可以想像，日本無論在與早已流行佛教的朝鮮半島諸國的交往中，還是在與中國頻繁的交往中，都有機會接觸到佛教，對佛教有所了解。應當說，這對以後佛教傳入日本是個有利的條件。

進入西元 6 世紀以後，日本與大陸的交流更加頻繁，大陸的科技文化大量傳入日本，相繼有不少中國人和朝鮮人移住日本，極大地促進了日本

---

[011]　詳見楊曾文著：《日本佛教史》，浙江人民出版社 1995 年版，第一章第一節。

社會的進步。在這個過程中，中國的佛教和儒家、道教思想也傳入日本。經過西元 7 世紀聖德太子攝政施行新政和從孝德天皇開始的「革新」，積極引進中國隋唐的政治和經濟制度，建立了古天皇制的中央集權和律令制度，使日本從一個帶有氏族制殘餘的奴隸制社會，迅速進入封建制社會。

一、佛教傳入日本

1. 中國佛教傳入朝鮮，再傳入日本

佛教發源於古印度，西元前後傳入中國內地，經過漢魏及西晉時期的初傳，到南北朝時期已經傳遍大江南北城鄉各地，隋唐時期形成富有鮮明民族特色的佛教宗派，象徵著佛教民族化歷程的基本完成。在古代中國與東亞各國的交往過程中，佛教也相繼傳到這些國家。

中國佛教在西元 4 世紀後期傳入朝鮮半島。當時正值高句麗、百濟和新羅三國鼎立的時期。據高句麗僧一然《三國遺事》卷三記載，在高句麗小獸林王即位的第二年（西元 372 年），前秦王苻堅派使者和僧順道到高句麗，送佛經佛像，此後又有阿道等僧人陸續到高句麗傳教。在百濟枕流王即位之年（西元 384 年），東晉的胡僧摩羅難陀到達百濟，被迎入王宮傳法，翌年在漢山建造佛寺，度僧十人，佛教得以迅速傳播。佛教傳入新羅的時間較晚，直到西元 5 世紀納祇王在位時佛教才從高句麗傳入。西元 7 世紀中葉，新羅在唐王朝的支援下統一了朝鮮半島，佛教開始普及於全社會。

日本的佛教最早是從朝鮮百濟正式傳入的，然後透過海路與中國直接進行佛教文化交流，陸續將漢語系佛教系統地引進日本，對日本文化和社會的進步產生十分深遠的影響。

百濟位於朝鮮半島西南馬韓的故地，北有高句麗，東鄰新羅，政治中

第二節　佛教傳入日本

心一再南移，西元 474 年遷都熊津（在今公州），西元 538 年遷都泗沘（今扶餘）。百濟透過航海與中國東晉南朝有頻繁聯繫，四、五世紀曾借助東晉和日本（倭、倭人）的勢力與高句麗、新羅對抗。在文化上，百濟受中國東晉南朝的影響較大，也重視儒家學說。百濟聖王即位第十九年（西元 541 年），派使臣渡海到南朝梁奉表進貢，請派教授《毛詩》的博士，並求請工匠、畫師，請賜《大涅槃經》等經的義疏。當時梁武帝在位，答應了百濟的要求。[012] 百濟法王即位（西元 599 年）後，興建法興寺，度僧三十人，使佛教得到進一步傳播。

百濟受中國南朝佛教的直接影響，盛行研習《中論》、《十二門論》和《百論》的「三論」之學和研習《成實論》的成實之學。[013] 因為百濟與日本關係比較密切，在與日本的交往中也將佛教傳入日本。

2. 佛教傳入日本的時間

各國的歷史證明，一個國家從外國傳入某種宗教乃至某種意識形態，在開始的時候一般並不引起人們普遍的注意，直到這種宗教或意識形態盛行之後才會引起人們的關注。當史學者要追溯並確定它們的傳入年代時，往往根據不同的資料得出不同的看法。在確定佛教何時傳入中國時碰到這個問題，在確定佛教何時傳入日本時也碰到這個問題。

關於佛教傳入日本，有兩種說法：一種是所謂「私傳」，即民間傳入；一種是「公傳」，即透過日本朝廷傳入。日本學術界一般皆以公傳的年代作為佛教傳入日本之始。

第一，佛教透過民間傳入的時間。

按照前述日本與中國、朝鮮交往的歷史推斷，不僅遷徙日本的中國人

---

[012]　韓國李能和：《朝鮮佛教通史》上編《百濟》，漢城（今首爾）新文館 1918 年出版，寶蓮閣出版社 1972 年重刊。
[013]　參見杜繼文主編：《佛教史》，中國社會科學出版社 1991 年版，第七章第一節。

或朝鮮人中有的已熟悉乃至信仰佛教，而且不少日本人在與中國、朝鮮的交往中也已經對佛教有所了解。然而因為缺乏這方面早期的文字記載，無法判斷佛教最早在什麼時候透過民間傳入。

現僅據西元12世紀皇圓《扶桑略記》引證西元9世紀延曆寺（在今京都東北的比睿山）僧禪岑的《法華驗記》的記載，在繼體天皇十六年（壬寅，西元522年），有位名「司馬達止」（或作「司馬達等」）[014]的中國人（稱「大唐漢人」）來到日本，在大和高市郡阪田原結庵安置佛像，皈依禮拜。這雖是後人的記載，然而從情節考慮，還是比較可信的。

司馬達止後來成為「案部」（或作「鞍部」，當是以製馬鞍為業的部民組織）的「村主」。他的兒子名多須奈，後來出家為僧名德齊法師；其女名島，出家為比丘尼，稱善信尼。

其實，類似情況可能還有，在西元4世紀以後相繼移民日本的中國人和朝鮮人中有信奉佛教者是十分自然的。然而僅據這種情況還不能說佛教已經正式傳入日本。

第二，佛教透過朝廷正式傳入日本。

因為日本在佛教傳入前後相當長一段時期內沒有成文史書，後世陸續編撰的史書對日本天皇世系傳承又有某些不同的說法，因而對佛教何時透過朝廷（「公傳」）傳入難免有不同的記載。現在最有影響的有西元552年和538年兩種說法，然而學術界一般以後者作為佛教正式傳入日本之始。

（1）日本《日本書紀》卷十九記載，欽明天皇十三年（壬申，西元552年）佛教正式傳入日本。原文曰：

---

[014] 從中國人的起名習慣和語法來看，也許所謂「司馬達止」是司馬達到達的意思，司馬達是人名；所謂「司馬達等」，當是司馬達等人的意思。然而因為日本史書將「司馬達止」或「司馬達等」當作人名，筆者又沒有別的資料旁證，故仍把「司馬達止」或「司馬達等」作為人名看待。

第二節　佛教傳入日本

冬十月，百濟聖明王遣西部姬氏達率怒唎斯致契等，獻釋迦佛金銅像一軀、幡蓋若干、經論若干卷。別表贊流通禮拜功德云：是法於諸法中最為殊勝，難解難入，周公、孔子尚不能知。此法能生無量無邊福德果報，乃至成辦無上菩提，譬如人懷隨意寶，逐所須用盡依情。此妙法寶亦復然，祈願依情無所乏。且夫遠自天竺，爰泊三韓，依教奉持，無不尊敬。由是百濟王臣明謹遣陪臣怒唎斯致契，奉傳帝國，流通畿內，果佛所記：我法東流。

是日，天皇聞已，歡喜踴躍。詔使者云：朕從昔來，未曾聞如是微妙之法，然朕不自決。

乃曆問群臣曰：西蕃獻佛相貌端嚴，全未曾看，可禮以不？

蘇我大臣稻目宿禰奏曰：西蕃諸國一皆禮之，豐秋日本，豈獨背也？

物部大連尾輿、中臣連鎌子同奏曰：我國家之王天下者，恆以天地社稷百八十神春夏秋冬祭拜為事。方今改拜蕃神，恐致國神之怒。

天皇曰：宜付情願人稻目宿禰，試令禮拜。

大臣跪受而忻悅，安置小懇田家，勤修出世業為因；淨舍向原家為寺。

按照這個記載，日本佛教是由百濟聖明王派使者傳入日本的。使者進獻佛像、幡蓋及佛經等，並攜有聖明王讚頌佛教功德的奏表，說信奉佛教將帶給人無量無邊的福德果報。欽明天皇雖看到佛像莊嚴，感到佛法微妙，卻沒有立即決定奉佛，詢問大臣是否應當禮佛奉法。主持朝廷財政事務的蘇我稻目說西方諸國皆信奉佛教，日本也應當奉佛。然而主持軍事及刑獄事務的物部尾輿和主持祭祀的中臣連鎌子表示反對，說日本自古以來的傳統是祭祀天地社稷眾多的「國神」，而稱佛是「蕃神」，說如果奉佛「蕃神」必將招致國神震怒，受到懲罰。在這種情況下，欽明天皇將佛像、佛經等授予願意奉佛的蘇我稻目，讓他奉佛禮拜，以看效果。蘇我稻目便將佛像安置在小懇田的房舍，並且將向原的房屋改為佛寺，修持佛法

以求功德。

據日本學者考證,《日本書紀》所載百濟聖明王希望佛教在日本傳播的奏文及天皇的詔書是後人偽造的。其中所謂「是法於諸法中最為殊勝,難解難入」,「逐所須用盡依情」,「朕從昔來,未曾聞如是微妙之法」等是取自中國唐代義淨翻譯的《金光明最勝王經》及其他文獻,只是在字句上稍作改動。[015] 義淨翻譯《金光明最勝王經》的時間是唐武周長安三年(西元703年),是在所說佛教傳入日本的欽明天皇十三年(西元552年)151年之後,怎麼能夠使人相信百濟聖明王的奏文和天皇詔書中會使用這些字句呢?

可以認為,後人在把佛教傳入的口頭傳說寫成文字時,為了讚美佛教傳入日本和美化日本歷史便把義淨所譯《金光明最勝王經》及其他文獻的個別字句稍作修改加到所編造的百濟王奏文和天皇詔書中去。

儘管如此,對於欽明天皇在位期間傳入佛教和蘇我氏奉佛的事實卻沒有理由完全否定。

(2) 據西元8世紀成書的《上宮聖德法王帝說》記載,佛教是在欽明天皇在位的戊午年(西元538年)傳入日本的。原文曰:

志癸島天皇(按:欽明天皇)御世戊午年十月十二日,百濟國主明王始奉度佛像經教並僧等,敕授蘇我稻目宿禰大臣,令興隆也。

很明顯,《上宮聖德法王帝說》關於佛教傳入日本的記載是利用與《日本書紀》所據不同的資料寫成的。如果按照《日本書紀》,欽明天皇是在繼安閒、宣化二位天皇之後(西元539年)即位的,據此這裡所說戊午年相當於宣化天皇三年。然而有的日本學者認為,在繼體天皇死(繼體二十五

---

[015] 日本大野達之助:《新稿日本佛教史》第一章第一節,吉川弘文館1973年版,1981年第5次印刷;家永三郎監修:《日本佛教史Ⅰ・古代篇》第二章之一,法藏館1967年版,1982年第8次印刷。

年，西元531年）後尚存在欽明天皇與安閒、宣化二天皇並立的局面。按照這種說法，欽明天皇是在繼體天皇死（西元531年）後即位的，與《上宮聖德法王帝說》所說「志癸島天皇治天下四十一（年）」（西元531～571年）也相符合，則戊午應是欽明天皇七年。[016]

另外，同樣成書於西元8世紀的《元興寺伽藍緣起》則記載：

> 大倭國佛法，創自斯歸島宮治天下天國案春岐廣庭天皇（按：欽明天皇）御世，蘇我大臣稻目宿禰仕奉時，治天下七年歲次戊午十二月度來，百濟國聖明王時，太子像並灌佛之器一具及佛起書卷一篋度而言……

這裡明確記載佛教是在欽明天皇在位七年戊午歲（西元538年）傳入日本的，然而月分與《上宮聖德法王帝說》所載不同。

據前所述，《上宮聖德法王帝說》、《元興寺伽藍緣起》雖與《日本書紀》所記載的佛教傳入日本的時間不同，情節也有較大差異，然而皆說佛教是在欽明天皇治世由百濟聖明王派使者傳入的。

現在，日本學術界一般採取欽明天皇七年戊午，即西元538年佛教傳入日本的說法，同時，對於天皇命蘇我稻目奉佛的說法也認為可信。

二、排佛與興佛之爭 —— 佛教在日本的初傳

佛教在傳入日本之後，在朝廷曾有過短暫的排佛與興佛之爭，最後是以興佛派的勝利而告終。

1. 第一次排佛 ——「庚寅法難」

欽明天皇將百濟聖明王使者進獻的佛像轉贈負責朝廷財政的蘇我稻目「試令禮拜」。蘇我氏將佛像安奉在小墾田的房舍，此後又在向原建寺。據

---

[016] 大野達之助：《新稿日本佛教史》第一章第一節；家永三郎監修：《日本佛教史Ⅰ·古代篇》第二章之一。

載，後來國內流行疫病，不少民眾死亡。反對奉佛的物部尾輿、中臣鐮子便借此向天皇上奏，說因為奉佛才招致國神發怒降此災害，請求下詔將佛像「投棄」。天皇准奏，於是官府便把寺焚毀，將佛像投到難波（今大阪）的崛江之中。

關於這次排佛的時間，據《日本書紀》卷十九是在欽明天皇十三年壬申（西元552年），與百濟王遣使者進獻佛像在同一年。然而在《上宮聖德法王帝說》中則記載：「庚寅年，燒滅佛殿佛像，流卻於難波掘（按：崛）江。」此年為欽明天皇三十一年（西元570年），日本佛教史書稱這次滅佛為「庚寅法難」。

蘇我稻目於此年三月去世。欽明天皇在翌年四月去世，其二子敏達天皇繼位，以物部尾輿之子物部守屋為大連，蘇我稻目之子蘇我馬子為大臣。二人在朝廷皆掌大權。

按照《上宮聖德法王帝說》所載佛教傳入日本的年代計算，佛教傳入日本已經有三十多年。日本朝野已經有很多人信奉佛教，儘管朝廷有滅佛之舉，然而絕不能徹底制止佛教在社會上的傳播。

2. 第二次排佛 ——「乙巳法難」

敏達天皇「不信佛法而愛文史」（《日本書紀》卷二十〈敏達天皇紀〉），然而佛教仍在傳播。敏達天皇六年（西元577年）百濟使者進獻佛教經論和律師、禪師、比丘尼、造佛工、造寺工等；七年（西元578年）高句麗遣使進獻佛像。

蘇我稻目之子大臣蘇我馬子在朝廷仍擁有很大權勢，一直沒有停止奉佛。敏達天皇十三年（西元584年），百濟人進獻彌勒石像、佛像，蘇我馬子在宅東建佛殿安置。蘇我馬子讓鞍部村主司馬達等從播磨國請來已還俗的高句麗僧惠便，拜他為師，讓他度司馬達等之女島出家，名善信尼。善

第二節　佛教傳入日本

信尼的兩位弟子也跟她受度出家：一位是漢人夜菩之女豐女，法名禪藏尼；一位是錦織壼之女石女，法名惠善尼。蘇我馬子請這三位比丘尼在佛殿設齋供佛。又在石川己宅建造佛殿，在大野丘北建塔供奉舍利。據載，蘇我馬子「深信佛法，修行不息」。

十四年乙巳（西元 585 年）蘇我馬子有病，依占卜者之言，在奏請天皇允准後奉詔「祭祀父神」（此指當年其父祭祀的佛），禮拜彌勒石像，以「乞延壽命」。

不久全國流行疫病，民死者眾。於是，大連物部守屋與中臣勝海上奏天皇，說瘟疫之災乃因蘇我馬子奉佛而起。天皇下詔「宜斷佛法」。物部守屋與中臣勝海帶人到蘇我氏建造的佛殿，焚毀佛殿佛像，毀壞佛塔，又將焚燒殘餘的佛像丟棄到難波的崛江之中。他們還當面呵責蘇我馬子及其隨從者，拘禁並辱打三位比丘尼。此即日本佛教史書所說的「乙巳法難」。從此，大臣蘇我馬子與大連物部守屋之間矛盾加深。

然而疫病並未停止流行，民眾生惡瘡死亡者相繼，不少人認為是燒毀佛像的報應。在這種情況下，經蘇我馬子的請求，天皇仍允許他「獨行佛法」，將三位僧尼放還。[017] 此年八月，敏達天皇去世，其異母弟用明天皇即位。

用明天皇實是大臣蘇我馬子的外甥，《日本書紀》卷二十一〈用明天皇紀〉說他「信佛法，尊神道」。即位第二年（西元 587 年）四月，天皇病，詔群臣說：「朕思欲歸三寶（按：佛法僧，即佛教），卿等議之。」物部守屋與中臣勝海二人表示反對，說：「何背國神敬他神也？」蘇我馬子對天皇奉佛表示堅決支持，以奉詔為由，聯合皇弟、皇子迎請豐國法師入宮傳法。在用明天皇病重之際，司馬達等之子為祈願天皇病癒而出家，又造佛像、佛寺。用明天皇隨即去世。

---

[017]　以上主要據《日本書紀》卷二十〈敏達天皇紀〉。

此後，朝廷圍繞皇位和興佛問題發生激烈爭鬥。西元587年八月，蘇我馬子聯合諸皇子率兵討滅物部守屋，擁立崇峻天皇即位。在戰爭進行當中，廄戶皇子（後為聖德太子）祈禱四天王保佑，願勝利後建造四天王寺。蘇我馬子發誓說：「凡諸天王、大神王等助衛於我，使獲利益，願當奉為諸天與大神王造立寺塔，流通三寶。」（《日本書紀》卷二十一〈崇峻天皇紀〉）戰爭結束後，廄戶皇子按照誓願在攝津造四天王寺，分出物部氏奴隸的一半充作「寺奴」，田宅作寺的田莊。蘇我馬子在飛鳥興建法興寺（也稱「元興寺」、「飛鳥寺」）。

從此以後，佛教在日本得到迅速傳播。百濟、高句麗常派使者贈送佛像，遣僧赴日傳法，遣送寺工、爐盤工、瓦工、畫工參與造寺。蘇我馬子派善信尼到百濟學習戒律。她在三年後回國，舉行盛大傳戒法會，有多位婦女受戒出家，其中有的是來自中國、朝鮮移民的後裔。

佛教傳入日本，是日本文化史和社會發展史上的一件大事。由於佛教的傳入和此後中國、朝鮮與日本之間頻繁的佛教文化交流，大陸的先進文化也以佛教為重要載體源源不斷地傳入日本，極大地推進了日本文化的發展和社會的進步。

第二章
隋代佛教交流與聖德太子的興隆三寶

　　隋唐是中國古代封建社會中的盛世，在政治上比較統一和穩定，在經濟和文化上都達到前所未有的昌盛。從當時世界形勢來看，隋唐時期的中國處於亞洲乃至世界先進國家的行列，不僅對亞洲鄰國的發展產生較大影響，而且對世界人類文明的進步也作出較大貢獻。[018]

　　隋唐時期，儒家在思想文化領域仍居正統的支配地位，但佛教和道教已擁有可與儒家鼎立抗衡的社會影響。佛教在經歷長期與中國傳統思想文化和宗教習俗的會通、結合之後，無論在教義理論、修持方法、禮儀戒規方面，還是在組織形式方面，都發生了巨大的變化，陸續形成一些帶有鮮明民族特色的佛教宗派。這些佛教宗派包括天台宗、三論宗、法相宗、律宗、淨土宗、華嚴宗、禪宗、密宗，構成中國民族佛教的基本格局。

　　中國隋唐時期（西元581～907年）相當於日本的飛鳥、奈良和平安前期；宋元時期（西元960～1368年）相當於日本的平安後期、鐮倉和室町初期。在這將近8個世紀的漫長時期，中日兩國之間的文化交流幾乎沒有中斷。

　　從中日文化交流的歷史來看，隋唐、宋元時期先後湧現兩國文化交流的兩次高潮。在這兩次文化交流的高潮中，佛教發揮了極其重要的紐帶和橋梁作用：隋唐佛教宗派陸續傳入日本，成為以後日本民族佛教形成和發

---

[018]　《日本書紀》卷二十二〈推古天皇紀〉及卷二十一〈用明天皇紀〉。

第二章　隋代佛教交流與聖德太子的興隆三寶

展的基礎,並且佛教作為一種重要的文化載體將大陸先進文化源源不斷地輸入日本,對日本聖德太子推行新政及以後幾代天皇實施政治體制「革新」,推進日本社會進步的歷史發展,發揮直接推動的作用;宋元時期中國禪宗傳入日本,同時也將「宋學」——理學進一步傳入日本,對日本思想文化產生極為深遠的影響。

這裡首先介紹隋朝佛教概況,然後介紹當時中日佛教文化交流和聖德太子興隆佛教的情況。

第一節　隋朝佛教概況

南北朝時期佛教已廣泛普及到中國社會各個階層。在北方地區,佛教盛行,出家為僧尼的人很多。北魏正光(西元520～525年)之後,北方有僧尼達二百萬人,佛寺一萬餘所(《魏書‧釋老志》)。僧尼人數已占北方人口的十六分之一。魏分裂之後,佛教又有發展,至北周、北齊時北方共有佛寺四萬所,僧尼三百萬人,約占北方總人口(據《通典》卷七載北齊、北周人口合計為29,016,484人)的十分之一。北周武帝為了維護儒家名教的正統地位和完成統一大業,在北周建德三年(西元574年)下詔禁斷佛、道二教,經像皆毀,令沙門、道士還俗。建德六年(西元577年),北周滅北齊,又在齊地推行滅佛政策,致使僧尼被迫還俗,大部分寺塔掃地以盡。朝廷僅設通道觀一所,選取一百二十人為學士,令講習《老子》、《莊子》、《周易》,會通三教,但強調以儒教為正統。一些虔誠的僧人或逃匿山林,或混跡民間,然而仍私下信奉佛教,也有的僧人逃到南方。

北周宣政元年(西元578年)武帝去世,宣帝即位,開始恢復佛教。

靜帝即位（西元579年），下詔允許官民信奉佛教，陸續恢復佛像和道教的天尊像。北周大象二年（西元580年）楊堅任左大丞相，總攬朝廷大權，下令恢復佛、道二教。

開皇元年（西元581），楊堅（隋文帝）廢北周建立隋朝，開皇九年（西元589年）滅南朝陳，結束長達一百六十多年的南北分裂局面而實現全國的統一。隋文帝在政治上改革官制，加強中央集權，在經濟上實行均田制和輕徭薄賦政策，同時重視文教事業，提倡儒家綱常名教，並且對佛教採取扶持的政策，佛教得到迅速恢復和發展。

隋文帝開皇元年（西元581年）下詔允許民人出家，並命百姓按人口出錢營造佛像（《隋書・經籍志》）；採納沙門曇延的主張，度僧一千餘人（《續高僧傳・曇延傳》）；又敕在五嶽之下各置僧寺一所；命人在京師及並州、相州、洛州等地由官府組織寫《一切經》（後稱《大藏經》），放置寺內，又另寫一部置於祕閣保存。這樣一來，全國官民效仿競寫佛經，致使「民間佛經，多於六經數十百倍」（《隋書・經籍志》）。同年又下詔在其父楊忠作戰過的地方襄陽、隋郡、江陵、晉陽各建寺一所，樹碑頌德。開皇三年（西元583年）下詔修復北周所廢的所有佛寺。文帝在滅陳的第二年，即開皇十年（西元590年），下詔聽任官民自由出家，並承認以前私度出家的僧尼合法，新度僧尼達五十萬人（《續高僧傳》卷十〈靖嵩傳〉、卷十八〈曇遷傳〉）。開皇十一年（西元591年），下詔在全國州縣各立僧尼二寺。文帝在他即位之前經過的四十五州皆建「大興國寺」，其中有的是舊寺改建或改名。

隋文帝在長安建大興善寺，作為安置從全國招請來的高僧修行傳法和翻譯佛經的中心。在大興善寺從事譯經的著名外來僧有印度人達摩闍那、毗尼多流支、那連提黎耶舍、闍那崛多等，有中國著名學僧慧遠、曇遷、靈裕等六十多人。在大興善寺的高僧中，有的擔任僧官，如僧猛曾任隋國

第二章　隋代佛教交流與聖德太子的興隆三寶

大統、曇遷任昭玄大統、曇延任昭玄統等等，在佛教界發揮了重要作用。

隋文帝從仁壽元年（西元601年）到仁壽四年（西元604年），先後三次派多位沙門、官員向全國111個州（隋有190個州）送去舍利，命各州在規定的期限內建立供奉舍利的塔，共建塔111座；塔建成後在同一時間由州縣官員組織官民舉行供養佛舍利的盛大法會，並為皇帝、百官和國民祈福，以此來加強全國臣民的統一意識。

隋煬帝楊廣即位（西元604年）後繼續扶持佛教傳播。他以洛陽為東都，下敕在洛水以南的上林園置翻經館，集僧譯經。從此，上林園翻經館與長安大興善寺成為隋王朝的兩大譯經中心。

隋朝存在三十七年，共有佛寺3,985所，僧尼236,200人。據道宣《大唐內典錄》卷五，隋前後度僧尼三十萬人，修建佛寺五千所，所譯經典（實包括部分著述在內）有九十部五百一十五卷。

隋朝的官制基本沿襲北朝，僧官制度也大致沿襲北朝。中央設昭玄寺為僧官最高機構，設大統、統和都維那，在朝廷的鴻臚寺崇玄署統領下管理全國僧尼；在地方上，州（煬帝時改州為郡）設沙門曹，設州僧統、州僧都等職位管理地方僧尼事務。

隋朝實現大一統，使原來分隔南北的佛教學僧能相聚在一起討論佛學義理，共同譯經，舉辦各種宗教活動。文帝和煬帝及王公大臣在長安、洛陽建寺，招請各地高僧入住，東西兩京不僅是政治中心，也是佛學中心。文帝提倡佛學，在京城設立「五眾」、「二十五眾」的佛學團體。「眾」即「僧」、「僧伽」。「五眾」即五個佛學團體，「二十五眾」即二十五個佛學團體。文帝選任具有深厚佛學造詣的高僧分別擔任各佛學團體的「眾主」，研究和講授《十地經論》、《大智度論》、《大涅槃經》等佛教經論及《四分律》等戒律，培養弟子。

隋朝佛教界最流行的經典是探究覺悟內在依據的心性問題的《大涅

第一節　隋朝佛教概況

槃經》和《攝大乘論》，此外還有作為大乘佛教的重要理論來源的《般若經》、《法華經》、《華嚴經》以及《中論》、《十二門論》、《百論》、《大智度論》等。

中國與亞洲鄰國一直保持比較密切的關係。朝鮮半島諸國、日本對隋朝的政情、振興佛教的資訊的了解是十分及時的，也相繼派來留學的學問僧。

隋朝設有負責外交和接待外國使臣官員的官署鴻臚寺，長官是鴻臚卿，其下設典客署、司儀署和崇玄署，長官稱令。典客署，隋煬帝時改稱「典蕃署」，負責接待外國使臣，設掌客十人；司儀署掌禮儀，設掌儀十人；崇玄署負責管理全國僧尼事務，設令一人。隋煬帝時設置四方館——東方曰東夷使者，南方曰南蠻使者，西方曰西戎使者，北方曰北狄使者，統屬於鴻臚寺，設官員一人，負責接待周邊少數民族及各國使節，處理彼此交往和互市商貿事務。從史書（《隋書》卷二十八〈百官志〉）相關記載來看，鴻臚寺屬下的四方館負責接待外國留學僧、學問僧，處理相關事務。據唐道宣《續高僧傳》記載，大業四年（西元608年）淨業「召入鴻臚寺，教授蕃僧」（卷十二）；大業九年（西元613年）靜藏「召入鴻臚，教授東蕃、三國僧義」（卷十三）；大業十年（西元614年）靈潤「被召入鴻臚，教授三韓」（卷十五）。[019] 可以想像，他們向外國留學僧講學的地方不可能在鴻臚寺官衙之內，而應是某些寺院（例如安置五眾、二十五眾的寺院），具體事務由四方館官署負責。因此史書也將他們講學的地方籠統地稱為「四方館」。為向外國僧眾講學，四方館還刊印佛典，例如《續高僧傳》卷二十記載，僧無礙在大業二年（西元606年）「召入洛陽，於四方館刊定佛法」[020]。有的高僧因善於講經也可受封，例如《續高僧傳》卷二十四記

---

[019]　以上三則分別載《大正藏》卷五十，第517頁下、第523頁中、第546頁上。
[020]　《大正藏》卷五十，第599頁中。

載，慧乘在大業六年（西元610年）奉敕於四方館講《仁王般若經》，受封為「大講主」。[021]

下面將要介紹日本在推古天皇朝擔任攝政的聖德太子派使節、留學僧和學問僧入隋，負責接待的官員就是鴻臚寺長官鴻臚卿，奉詔送他回國的官員就是在鴻臚寺典蕃署中負責掌客的文林郎裴世清。日本留學僧、學問僧自然要由鴻臚寺管轄下的四方館安置，或送往隸屬國子監的四門學學習儒學，或送往某些寺院學習佛法。

第二節　聖德太子的新政和遣使赴隋溝通中日邦交

日本從西元6世紀中葉佛教傳入到西元645年實行大化革新，在日本文化史上稱「飛鳥時期」。這個時期日本政治中心在大和的飛鳥（在今奈良縣西北部的橿原市、高市郡一帶），以推古天皇在位期間聖德太子主持實施新政最為有名。

日本在進入西元六、七世紀之後，各種社會矛盾日益激化。一是中央朝廷內部掌握軍政大權的大氏姓貴族之間矛盾激化，突出的表現是以興佛還是排佛為導火線，西元587年主張興佛並引進大陸先進文化的蘇我馬子，聯合皇室勢力一舉攻滅主張排佛守舊的物部守屋及其同黨，擁立崇峻天皇即位。二是天皇與掌握朝廷實權的大氏姓貴族之間的矛盾激化，表現之一是崇峻天皇即位之後，對蘇我馬子的專權和蠻橫極為嫉恨，西元592年蘇我馬子派人殺害他，另立欽明天皇之女、自己的外甥女為推古天皇。然而以上兩種矛盾並未因此得到解決，蘇我氏與其他大氏姓貴族之間，天皇、皇室與蘇我氏及其他大氏姓貴族之間的矛盾依然存在。三是地方豪族

---

[021]　《大正藏》卷五十，第633頁下。以上參考日本山崎宏：《隋唐佛教史的研究》第八章，法藏館1967年版，1980年第3次印刷。

與中央朝廷之間的矛盾激化，四是貴族與廣大部民之間的矛盾激化。這些皆與日本當時的社會制度與政治體制有著密切的關係。

這種客觀形勢，把加強中央集權、改革社會政治經濟體制的任務提到最高統治者的時間表上，必須迅速作出抉擇以引進以中國為代表的先進的大陸文化和政治、文教制度，才有可能緩和各種社會矛盾，將日本社會推向新的發展階段。這個歷史使命是由聖德太子實施新政，和以後經歷幾代天皇推行的「革新」逐步完成的。

由於當時日本特殊的社會環境，佛教和中日佛教文化交流在這個過程中發揮了十分重要的歷史作用。

一、聖德太子的新政

聖德太子（西元 574 ～ 622 年），用明天皇第二子，名廄戶，後稱上宮廄戶豐聰八耳皇子、大法王皇太子，死後諡「聖德太子」。因為推古天皇原是敏達天皇之後，又是用明天皇之妹，所以在輩分上推古天皇既是聖德太子的叔母，又是他的姑母，而蘇我馬子實際是他的舅祖父。

在崇峻天皇五年（西元 592 年）十一月，蘇我馬子派人刺殺天皇，接著擁推古天皇即位，翌年四月立聖德太子為皇太子，「仍錄攝政，以萬機悉委焉」；或謂聖德太子「總攝萬機，行天皇事」。[022] 這說明，雖然蘇我馬子在朝廷專權，然而對聖德太子卻是信任的，讓他總攝推古天皇朝的軍政大權。這為聖德太子在位期間實施新政提供了最基本的條件。

聖德太子自幼信奉佛教並接受儒家教育，如《日本書紀》卷二十二〈推古天皇紀〉所載，他「習內典（按：佛書）於高麗（高句麗）僧惠慈，學外典（按：主要指儒家經典）於博士覺哿」。擔任攝政後，首先按戰時許願

---

[022]　《日本書紀》卷二十二〈推古天皇紀〉及卷二十一〈用明天皇紀〉。

在難波建造四天王寺。推古天皇二年（西元594年）春，聖德太子和大臣蘇我馬子奉詔「興隆三寶」。聖德太子以高麗（高句麗）僧惠慈為師，讓他及後來到日本的高麗（高句麗）僧惠聰在興隆佛教中發揮「棟梁」作用。於是，朝廷諸大姓氏貴族競相為君親建造佛寺，全國掀起興佛之風。

聖德太子在擔任攝政主持朝政過程中，積極引進和借鑑大陸先進文化，在政治上採取措施加強中央集權，提倡效忠天皇、「以和為貴」和「以禮為本」的倫理規範，將佛教置於施政施教的指導地位，大力扶持佛教傳播，並派遣使者溝通與隋王朝的正式邦交。

1. 以制定冠位十二階的措施來加強中央集權，削弱大氏姓世代相襲的門閥制度，加強中央集權

據《日本書紀》卷二十二〈推古天皇紀〉，推古天皇十一年（西元603年）下令實施冠位十二階制度，即由天皇根據朝臣的才能和功績授予代表不同級別的十二種顏色的冠，以此打破由姓氏門閥決定職位的慣例。冠位十二階的名稱取自中國儒家倫理的「德」及「仁、禮、信、義、智」（五常）的名目，然後再細分為「大小」十二級，即大德、小德、大仁、小仁、大禮、小禮、大信、小信、大義、小義、大智、小智。西元10世紀藤原兼輔所撰《聖德太子傳曆》卷上以仁、禮、信、義、智為「五行之位」，以德總攝五行，故為冠位之首。不同等級的冠用不同顏色的絲綢縫製，由天皇授予臣僚。

2. 推古天皇十二年（西元604年）制定並透過朝廷向全國頒布「憲法十七條」，提倡效忠天皇和「以和為貴」、「以禮為本」的倫理規範和施政方針

這裡所謂的「憲法」不具有近代國家根本法的意義，除有的條款含有國家施政理念的意蘊外，主要是規定在朝廷任職的貴族、群臣及各級地方

官員應當遵守的道德準則和行為規範。

據《日本書紀》卷二十二〈推古天皇紀〉，並參考《聖德太子傳曆》所載「憲法十七條」，可以十分明顯地看到，在內容上貫徹了中國儒、佛二教的思想。據日本學者考察，在這十七條中所引用的詞語和思想源自於《詩經》、《尚書》、《禮記》、《孝經》、《論語》、《孟子》等儒家經書，及《左傳》、《史記》、《漢書》等史書，以及《管子》、《墨子》、《莊子》、《韓非子》等諸子書及《文選》。從中不僅可以了解聖德太子擁有深厚的漢文化修養，而且也可窺測西元 7 世紀中國文化典籍在日本流傳的情況。

現僅簡要介紹其中四點：

(1) 要求舉國上下「以和為貴，無忤為宗」，上下和睦，諧於論事，批評「不順君父」、「違於鄰里」的現象（第一條）；提倡眾臣「背私向公」，盡臣之道（第十五條）；「絕憤棄瞋，不怒人違」，應當彼此理解和寬容（第十條）；「群臣百僚，無有嫉妒」，如果彼此嫉妒，互相排斥，則無益於治國（第十四條）。

從當時形勢來看，強調這些內容是為了緩和朝廷諸君臣之間、大氏姓之間及朝野豪族之間的矛盾和衝突。因為當時圍繞皇位繼承、奉佛及各種利益分配問題，經常發生爭論和衝突，這對維護以天皇為首的統治階層整體的利益和社會穩定是極為不利的。

(2) 將佛教作為治國施教之本，要求全國臣民皆應「篤敬三寶」。第二條說：「三寶者，佛法僧也，則四生（按：佛教所說一切眾生，包括胎生、卵生、濕生、化生）之終歸，萬國之極宗。何世何人，非貴是法？人鮮尤惡，能教從之。其不歸三寶，何以直枉？」

意思十分明確：既然佛教是一切眾生的最終歸宿（「終歸」）、一切國家的最高原則（「極宗」），受到普遍的尊崇，除極少惡人外皆可從中

第二章　隋代佛教交流與聖德太子的興隆三寶

受教,那麼日本也應將佛教奉為治國施教之本,否則怎能糾正世上的邪惡呢?

這裡所宣示的實際是聖德太子治國施政的一個重要理念,不僅直接推動了佛教的迅速傳播,而且對以後日本朝廷重視佛教在治國施教中的作用也有重要影響。

(3) 要求全國上下忠於天皇,執行皇命,所謂「承詔必謹,君則天之,臣則地之,天覆地載,四時順行……君言臣承,上行下效」(第三條)。地方官員「國司、國造」,應尊奉以天皇為首的中央集權,承認「國非二君,民無兩主,率土兆民,以王為主,所任官司,皆是王臣」,不要私自「賦斂百姓」(第十二條)。

在西元 7 世紀推行「大化革新」之前,天皇的權力既受到朝廷大氏姓貴族的左右,也受到來自把持地方行政的各地豪族的挑戰,他們背著朝廷私自斂取民眾的錢財。「憲法十七條」將天皇權力提到至高無上的地位,要求所有臣民「承詔必謹」,「君言臣承,上行下效」,既對當時增強以天皇為首的中央集權有利,也為以後實施革新,確立以天皇為首的中央集權政治體制作了思想上的動員和準備。

(4) 提出實行禮治,要求「群卿百僚,以禮為本」,稱「治民之本,要在乎禮。上不禮而下非齊,下無禮以必有罪。是以君臣有禮,位次不亂;百姓有禮,國家自治」(第四條)。這顯然是取自中國儒家關於禮的學說,目的是實行以確立上下尊卑階級秩序為前提的禮教、禮治,以維護皇權和社會穩定。

此外,「憲法十七條」還提出明辨訴訟、懲惡勸善、忠於職守、知人善任、使民以時等,目的是要營造一個良好清明的政治秩序,維護社會安定。

據《聖德太子傳曆》記載,聖德太子將自己制定的「憲法十七條」呈推古天皇審閱,「天皇大悅,群臣各寫一本,讀誦天下」。可以想見,這在

當時情況下對日本是有很大影響的。全國臣民既可從中了解聖德太子的新政，又可加深對中國儒、佛二教文化的了解，並且有助於他們理解和支持以後朝廷推行革新，建立新的政治體制。

3. 派使者到隋朝恢復中日兩國邦交並派遣留學僧、學問僧

據現存史料，中日兩國雖早在漢代已建立邦交關係，然而此後時續時斷，在三國和此後南朝宋、齊、梁時日本遣使來華相當頻繁，然而此後也許由於兩國內部政治的原因（中國在南北朝後期長年戰爭，日本曾發生政治動亂），邦交曾經中斷。然而可以肯定的是，即使在兩國官方邦交中斷之時，民間直接或間接的往來也不可能完全停止。因此，日本對中國的政治形勢和動態大致是了解的。

在推古天皇地位穩固之後，聖德太子以天皇名義推行新政，先後頒布冠位十二階和「憲法十七條」，此時正當中國隋朝進入空前昌盛時期、煬帝即位前後。聖德太子抓住有利時機，派遣使節到隋朝恢復兩國邦交，以便直接從中國輸入佛教和先進文化。

據唐魏徵等編撰《隋書》卷八十一〈倭國傳〉記載，在隋文帝開皇二十年（相當日本推古天皇八年，西元 600 年），日本天皇「多利思比孤」（姓阿每，號阿輩彌）曾遣使入隋。文帝令所司官員向使節了解日本風俗，提到日本「內宮有十二等，一曰大德，次小德，次大仁，次小仁……」這顯然是指聖德太子所制冠位十二階。

然而關於這次遣使在日本史書中沒有任何記載，所提到的天皇姓名當是對日本天皇的泛稱，從時間看是指推古天皇[023]；所謂內宮十二等，據日本史書是在此後三年（西元 603 年）制定，應是後世中國史書編纂者的

---

[023] 汪向榮、夏應元編：《中日關係史資料彙編》之七《隋書·倭國傳》的相關注釋，中華書局1984 年版。後面所記大業三年（西元 607 年）向隋遣使的天皇也稱「多利思比孤」，可作為有力的佐證。

第二章　隋代佛教交流與聖德太子的興隆三寶

誤記。然而從整體上來看，《隋書・倭國傳》對於這次日本遣使記載的真實性還是不容否定的。其中原據日本使者口述記載的日本政情、民俗和文化，是了解六、七世紀的日本的寶貴資料。對日本佛教和民間信仰情況作了這樣的介紹：「無文字，唯刻木結繩。敬佛法，於百濟求得佛經，始有文字。知卜筮，尤信巫覡。」

關於隋朝中日正式恢復邦交，在兩國史書有明確的記載。《隋書・倭國傳》記載：

大業三年（按：西元607年），其王多利思比孤遣使朝貢。使者曰：聞海西菩薩天子重興佛法，故遣朝拜，兼沙門數十人來學佛法。其國書曰：日出處天子致書日沒處天子無恙，云云。

帝覽之不悅，謂鴻臚卿曰：蠻夷書有無禮者，勿復以聞。

《日本書紀》卷二十二〈推古天皇紀〉記載較略，說：

十五年（按：607年）……秋七月戊申朔庚戌，大禮小野臣妹子遣於大唐（按：進入唐代以後日本常稱中國為唐，此實指隋），以鞍作福利為通事（按：翻譯）。

據此，日本聖德太子對隋朝繼北周滅佛之後致力於恢復和振興佛教的情況已經了解，在向隋朝派使者恢復日中兩國邦交的同時，竟派遣「沙門數十人」來中國學習佛法。在當時交通條件極為落後的情況下，數十人絕不是小數。由此也可以看到興隆佛法在聖德太子實施新政中的優先地位。

日本使者小野妹子（中國稱之為「蘇因高」）擁有冠位十二階中最高的「大禮」職位，聖德太子派他出使隋朝表明對溝通與中國邦交的重視。中國皇帝一向以天下唯一「天子」自居，稱其他國為「蠻夷」之國。所以隋煬帝看到日本國書中天皇自稱「日出處天子」，而稱他是「日沒處天子」之

第二節　聖德太子的新政和遣使赴隋溝通中日邦交

時，便表示反感，告訴主管祭祀禮儀及接待外國使節事務的鴻臚卿[024]，今後再有這樣「無禮」的事可以不必奏聞。

然而隋煬帝還是同意與日本恢復邦交。翌年，即大業四年（西元608年），隋煬帝派文林郎（從八品，掌撰錄文史）裴世清隨小野妹子出使日本。對此，中日史書都有記載。《隋書·倭國傳》記載：

明年（按：西元608年），上遣文林郎裴世清[025]使於倭國。……倭王遣小德阿輩臺，從數百人，設儀仗，鳴鼓角來迎。後十日，又遣大禮哥多毗，從二百餘騎郊勞。既至彼都，其王與清相見，大悅，曰：我聞海西有大隋，禮義之國，故遣朝貢。我夷人僻在海隅，不聞禮義，是以稽留境內，不即相見。今故清道飾館，以待大使，冀聞大國惟新之化。

清答曰：皇帝德並二儀，澤流四海，以王慕化，故遣行人來此宣諭。既而引清就館。其後，清遣人謂其王曰：朝命既達，請即戒途。於是設宴享以遣清，復令使者隨清來貢方物。

裴世清隨小野妹子出使日本的航線是途經百濟，渡過對馬海峽，在九州筑紫（在今福岡縣）登岸，被迎接住入難波的新館，然後被迎入京城。然而對於從中國通往百濟的航線，是從登州（治今山東牟平縣）出航橫渡渤海灣直達百濟，還是沿著渤海灣西岸，經遼東灣轉經朝鮮半島西側到達百濟呢？從現有記載難以斷定。

對於隋朝派裴世清以專使身分赴日，推古天皇、聖德太子十分重視，特地派人前往迎接，給予十分隆重的接待。天皇接見裴世清的致詞中，對沒能及時接見表示歉意，說中國是「禮義之國」，表示希望了解中國「惟新

---

[024]　據《隋書·百官志》，文帝時鴻臚寺設卿、少卿，統攝典客、司儀、崇玄三署，其中典客署設有負責接待外國使者的「掌客」機構；煬帝時，鴻臚寺改典客署為典蕃署，設四館於建國門外以待四方使者，東方曰東夷使者，南方曰南蠻使者，西方曰西戎使者，北方曰北狄使者，掌其方國及互市事。

[025]　原作「裴清」，據唐李延壽編《北史·倭國傳》及《日本書紀》卷二十二記事補。

第二章　隋代佛教交流與聖德太子的興隆三寶

之化」。這裡的「惟」與「維」相通，「惟新之化」當指隋朝統一中國後實施的包括振興佛教在內的新政和文教事業。裴世清答語是以中央王朝使節的身分，帶有向所謂「夷狄」之國宣諭皇帝仁德恩澤的意思。

對此，《日本書紀・推古天皇紀》記載較詳，現摘錄主要內容如下：

十六年（按：西元608年）夏四月，小野臣妹子至自大唐（按：此指中國）。唐國號妹子臣曰蘇因高。即大唐使人裴世清下客十二人，從妹子臣至於筑紫，遣難波吉士雄成召大唐客裴世清等。為唐客更造新館於難波高麗館之上。

六月……壬子，召唐客於朝廷（按：原書作「庭」），令奏使旨。……其書曰：皇帝問倭皇，使人長吏大禮蘇因高等至，具懷。朕欽承寶命，臨仰區宇，思弘德化，覃被含靈，愛育之情，無隔遐邇。知皇介居海表，撫寧民庶，境內安樂，風俗融和，深氣至誠，遠修朝貢，丹款之美，朕有嘉焉。稍暄比如常也。故遣鴻臚寺掌客裴世清等，稍宣往意，並送物如別。時阿倍臣出庭以受其書而進行，大伴囓連迎出承書，置於大門前机上而奏之，事畢而退焉。是時，皇子、諸王、諸臣悉以金髻華著頭，亦衣服皆用錦紫繡織及五色綾羅。

從主要內容來看，《日本書紀》與《隋書》所載一致，並且可互為補充。《日本書紀》載有《隋書》缺載的隋朝國書；在《隋書》是概述，卻有《日本書紀》沒有的日本天皇接見隋使時的談話。從日本天皇隆重接待隋使，皇室、群臣百官盛裝出席隋使覲見天皇的情景，可以看到日本最高執政者對建立日中兩國邦交的高度重視和熱情期待。

《日本書紀》還載有一個情節，說小野妹子回國後上奏天皇，歸國時曾帶隋帝（原書稱「唐帝」）致天皇之書，然而經過百濟時被百濟人「掠取」。群臣廷議，上奏治以流刑，然而天皇赦其罪而不論。從情理推測，在隋朝使者同行的情況下，百濟未必會有人強行掠取隋朝皇帝致日本天

第二節　聖德太子的新政和遣使赴隋溝通中日邦交

皇之書，也許因為煬帝書信中有以中央帝國「天子」語氣稱呼和訓示日本天皇的內容，被小野妹子看作是對日本天皇的「不敬」，便將此信祕而不宣，對外宣稱被百濟人掠走。

當年九月，裴世清回國。日本朝廷派小野妹子為大使，起士雄成為小使，福明擔任翻譯，伴隨裴世清同時入隋。國書以推古天皇的名義，以兩國對等的語氣致隋煬帝，稱：

東天皇敬白西皇帝：使人鴻臚寺掌客裴世清等至，久憶方解。季秋薄冷，尊候何如？想清念，此即如常。今遣大禮蘇因高、大禮乎那利（按：雄成的音譯）等往。謹白不具。

隨他們同時到中國的有八位留學生及學問僧。他們是留學生倭漢直福因、奈羅（奈良）譯語惠明、高向漢人玄理、新漢人大國，學問僧新漢人旻[026]、南淵漢人清安（或作「請安」）、志賀漢人惠隱、新漢人廣齊。他們名字前所冠的「倭」（日本或大和）、「奈羅」（奈良）、「高向」、「南淵」、「志賀」當是地名；所謂「漢」、「新漢人」是指他們是中國移民或其後裔；擔任翻譯的福明推測也是漢人。聖德太子之所以派他們到中國留學，自然是考慮他們懂得漢語，便於在中國生活和學習，易於理解和接受中國文化。

翌年九月，小野妹子一行回國，然而擔任翻譯的鞍部福明留在中國未歸。此後，在推古天皇二十二年（隋大業十年，西元 614 年）六月，又派犬上君御田鍬、矢田部造（缺名）出使隋朝，於翌年回國。這是日本最後一次向隋朝遣使。此後不久，進入隋末戰亂時期，直到唐貞觀（西元 627～949 年）初期，日本才再次遣使訪問中國。

小野妹子第一次出使隋朝曾帶來專學佛法然而沒有留下名字的「沙門數十人」。他們後來的情況如何，不得而知。據日本學者木宮泰彥統計，

---

[026]　旻，原作「日文」，參考《日本書紀・舒明天皇紀》四年（西元 632 年）記事作「僧旻」。

第二章　隋代佛教交流與聖德太子的興隆三寶

日本在隋朝派到中國的留學生、學問僧中留下姓名的有十三人[027]，其中學問僧有八人，約占全部人數的 62%。可以說，在推古朝派到隋朝留學的人是以學習佛法為主，同時兼學中國政教文化。他們在中國留學長達十五年、二十四年乃至三十年以上，不僅留學生對中國儒學、政法典章和文教有較系統的了解，即使學問僧在獲得深厚佛學造詣的同時，也對中國儒學和政教有比較深入的了解。

然而在這些留學生、學問僧回到日本之時，聖德太子已經去世，不久朝廷政情發生變化，長期壟斷朝政的蘇我氏滅亡，朝廷開始實施以變革社會政治體制為主旨的「大化革新」。留學生，學問僧不僅在興隆佛法中發揮重大作用，有的還受命擔當顧問或教育弟子，乃至直接從政，將隋唐政教和典章制度介紹給執政者乃至社會各階層，為實施「大化革新」，推進社會進步，發揮了重大作用。例如在誅滅蘇我氏的政變和實施「大化革新」中擔任重要角色的中大兄皇子和中臣鐮足曾「學周孔之教」於學問僧南淵清安（《日本書紀》卷二十四〈皇極天皇紀〉）；留學生高向玄理、學問僧僧旻二人皆出任「國博士」，在革新社會政治體制中擔當顧問提供諮詢，貢獻很大。西元

二、興隆佛法，建寺造像

聖德太子將興隆佛法作為自己實施新政的重要內容，積極引進和重用佛教人才從事弘法，興建佛寺和營造佛像，使佛教在日本得到迅速傳播。他本人奉佛虔誠，努力學習佛法，撰寫闡釋佛法的著作，對日本統治者和社會上層人士有很大影響。

---

[027]　木宮泰彥著，胡錫年譯：《日中文化交流史》（之二第一章之五），商務印書館 1980 年版。

1. 積極接納和任用外來學問僧擔當興隆佛教的「棟梁」

在聖德太子派往中國的留學生、學問僧回到日本之前，中國漢語系佛教長期主要透過朝鮮半島諸國間接地傳入日本。推古天皇三年（西元595年），高麗（高句麗）僧惠慈（或作慧慈）、百濟僧慧聰先後到達日本。二人皆「弘涉內外，尤深釋義」，受到聖德太子的歡迎。聖德太子拜他們二人為師，深入研習佛法，傳說他能做到「聞一知十，聞十知百」（《聖德太子傳曆》）。聖德太子在全國興隆佛法，便依靠他們為「棟梁」。

《上宮聖德法王帝說》記載，聖德太子從惠慈學大乘經典《大涅槃經》、《法華經》及《維摩詰經》，對《大涅槃經》中的佛性之理、《法華經》中的「三車」（以羊車、鹿車、牛車比喻聲聞、緣覺和菩薩三乘之教）及「權實」（稱三乘之教是佛的權宜方便之教，以宣說眾生皆可成佛的佛乘為真實之教）的教理以及《維摩詰經》中所說煩惱與菩提、世與出世相即不二的宗旨，皆能理解和掌握；並且對小乘佛教經量部與說一切有部（薩婆多部）的理論及它們彼此之間的分歧，也能知悉；還對中國儒家經典、三玄（《周易》、《老子》、《莊子》），乃至天文地理的知識也有了解。[028]」看似誇張，然而從聖德太子勤於學習，在惠慈旅居日本二十一年間以他為師廣讀各種經典來考慮，他對佛教及儒道等知識有較高的造詣是可能的。

聖德太子在惠慈等學問僧的輔助之下，對《勝鬘經》、《維摩詰經》、《法華經》三經有深入的研究，並常按僧人講經的儀式升座為推古天皇、群臣講《勝鬘經》、《法華經》等，從推古天皇十七年至二十三年（西元609～615年）前後六年間，參考已傳入日本的佛教著述注釋此三經，最後編撰《三經義疏》七卷（現存作十一卷），統稱「上宮御制疏」。

在推古天皇朝，外來學問僧到日本不僅弘傳佛教，而且也將大陸各種

---

[028] 《上宮聖德法王帝說》原文：「上宮王師高麗慧慈法師。王命（按：聖德太子尊稱）能悟《涅槃》常住五種佛性之理；開明《法華》三車、權實二智之趣；通達《維摩》不思議解脫之宗。且知經部、薩婆多兩家之辨，亦知三玄、五經之旨，並照天文地理之道。」

文化知識、生產技術等帶到日本。例如，推古天皇十年（西元 602 年），百濟僧觀勒到達日本，進獻曆書、天文及地理圖書，甚至還有遁甲方術之類的圖書。聖德太子派人向他學習曆法、天文、遁甲、方術等。推古天皇十七年（西元 609 年），百濟僧道欽、惠彌等十人，俗眾七十五人，原計劃乘船到中國，因吳地（此指中國江南）「有亂」而不得登岸，遇上暴風漂流到九州西部的肥後（今熊本縣）海岸。日本朝廷派人送他們回百濟國，然而在送俗眾至對馬島時，道欽、惠彌等僧眾提出願意留在日本。聖德太子便將他們安置於興隆佛法的中心元興寺。翌年，高麗（高句麗）王遣送曇徵、法定二人到日本。曇徵通五經，並會製作顏色和紙墨，還會製造加工米穀的碾磑。由此可見在佛教傳入的早期，僧眾對日本社會進步所作的多種貢獻。

2. 興建佛寺，營造佛像

聖德太子在參與蘇我馬子討伐物部守屋的戰爭中，曾向佛菩薩發願在勝利後建造四天王寺。聖德太子執政之後，此寺在推古天皇五年（西元 597 年）於攝津（在今大阪）建成。蘇我馬子建造的飛鳥寺（也稱「法興寺」、「元興寺」）在推古天皇四年（西元 596 年）建成，成為日本興隆佛法的中心。內設寺司，由蘇我馬子之子善德臣掌管相關事務。高麗（高句麗）僧惠慈、慧聰被安置住於此寺，協助聖德太子興隆佛法。

推古天皇十三年（西元 605 年）詔聖德太子、大臣蘇我馬子及諸王群臣，共同發願建造銅製及繡造丈六佛像各一軀，命民間最早奉佛的漢人司馬達等之孫鞍作鳥負責製作佛像。翌年四月佛像造成，被奉於飛鳥元興寺，自此在每年四月八日佛誕節、七月十五日盂蘭盆節設齋，舉行盛大供養法會。天皇為獎勵鞍作鳥造像之功，授予他大仁冠位，並賜以近江國阪田郡水田二十町（1 町合 99.15 畝）。鞍作鳥在此為天皇建造金剛寺，後來成為南淵阪田尼寺。

據《上宮聖德法王帝說》、《上宮聖德太子補闕記》及《元亨釋書》卷十五的記載，聖德太子共主持建造佛寺七所，包括四天王寺、法隆寺（斑鳩寺）、中宮寺、橘寺、蜂丘寺（廣隆寺）、池後寺、葛木寺，另有元興寺、日向寺是在他攝政期間建造的。

自此以後，佛教在日本得以順利傳播和發展，並且逐漸融入日本社會，成為日本宗教文化的重要組成部分。

三、聖德太子的《三經義疏》及其思想

聖德太子在執政之暇，長年鑽研佛教經典，對《勝鬘經》、《維摩詰經》、《法華經》作了深入的研究和思考，在其師高麗學問僧惠慈等人的幫助之下，先後撰寫出《勝鬘經義疏》一卷、《維摩經義疏》五卷、《法華義疏》四卷。

對此三部經疏是聖德太子真撰，還是別人偽託之著，日本學者有不同看法，然而肯定是聖德太子真撰的說法比較流行。筆者亦採取聖德太子真撰之說。[029] 這裡僅簡要介紹兩點。

1. 三經內容及聖德太子注疏引用經典

《勝鬘經》、《維摩詰經》、《法華經》是印度大乘佛教中三部比較重要的經典，在傳入中國被翻譯成漢文以後比較流行。

《勝鬘經》，全稱是《勝鬘師子吼一乘大方便方廣經》，南朝宋求那跋陀羅譯，一卷。此經以勝鬘夫人「承佛威神」的名義，勸人攝受正法，信奉大乘佛法，說一切眾生皆具有如來藏。所謂「如來藏」是處在世俗世界

---

[029] 大野達之助：《新稿日本思想佛教史》第一章第二節，日本吉川弘文館1973年版，1981年第5次印刷。關於《三經義疏》真偽撰的觀點，末木文美士著《日本佛教史》第一章有簡要介紹，可以參考（新潮社1992年版）。

第二章　隋代佛教交流與聖德太子的興隆三寶

煩惱之中的佛的法身（佛的本體，實指佛法本質或至高原則，相當於真如、實相，也稱「法性」），實即相當於《大涅槃經》所說的佛性。說世人皆有如來藏，皆有自性清淨心，也就意味著人人皆有成佛的可能性。此經是聖德太子應推古天皇之請最先向她講的佛經。可能是因為「承佛威神」說法的勝鬘夫人是女性，而且說人人皆有如來藏、自性清淨心，對於敬仰和信奉佛法的推古女皇更具有興趣和吸引力。聖德太子在《勝鬘經義疏》中提到或引用的佛經有《法鼓經》、《優婆塞戒經》、《涅槃經》、《波若經》（即《般若經》）等。

《維摩詰經》，全稱《維摩詰所說經》，雖在中國三國時吳支謙已經譯出，然而後世最流行的是後秦鳩摩羅什的譯本，三卷。維摩詰是位居住在毗耶離（吠舍離）城的居士，精通大乘佛法，透過他與佛弟子及文殊菩薩等人的交往談論佛法，宣述大乘佛教的般若空理和中道思想，提倡真與俗、入世與出世的「不二法門」和普度眾生的菩薩之道。聖德太子在《維摩經義疏》中提到或引用過的佛典有《無量壽經》、《乳光經》、龍樹《釋論》（《大智度論》）等。

《法華經》，全稱「妙法蓮華經」，西晉竺法護所翻譯的稱《正法華經》，後秦鳩摩羅什所譯名「妙法蓮華經」，七卷，是後世的通行本。主張會通大小乘佛法，宣稱聲聞乘、緣覺乘、菩薩乘，「三乘」的說法[030]，只是佛根據眾生根機（根性）的淺深不同而作的權宜「方便」之教，並非是「真實」之教，未能表達佛誓願度脫一切眾生成佛的本懷。真正表達佛的本懷的教法只有講人人可以成佛的「佛乘」，也稱為「一乘」。因此說，「三

---

[030] 大乘與小乘是西元 1 世紀以後大乘佛教興起以後的說法。乘，意為乘載物。大乘意為寬大的乘載物，小乘為狹小的乘載物。大乘自稱能超度更多眾生達到解脫，而貶稱以往原始佛教和部派佛教為小乘，意為只能超度少量眾生解脫。所謂聲聞，原意是直接聽聞佛陀宣說四諦之理而達到覺悟者；緣覺，是通過獨自觀想十二因緣之理而達到覺悟者。聲聞乘與緣覺乘皆屬於小乘佛法，相當於佛教史上的原始佛教與部派佛教。菩薩，意為以上求覺悟、下化眾生為宗旨的修行者。菩薩乘屬於大乘佛法。

乘方便」,「一乘真實」,主張會通三乘而為一乘,此即「會三歸一」。聖德太子在《法華義疏》中引證或提到的佛經有《優婆塞經》、《涅槃》及《波若》(即《般若》)及南朝梁法雲的《法華義記》等。

聖德太子在注釋這三部佛經的過程中也引用了儒道著作《尚書》、《論語》、《老子》、《左傳》等,說明他對儒道學說也有造詣。

2. 聖德太子在《三經義疏》中表達的佛學思想

聖德太子透過對《勝鬘經》、《維摩詰經》、《法華經》三經的注釋,表述了他對佛教的理解和主張。主要有以下三點:

(1) 提倡大乘佛教,特別推崇人人皆可成佛的思想

中國佛教在進入南北朝時期以後,由於佛教學者對大小乘佛教經典的深入比較研究,分類和評判全部佛法,將標榜自利利他、普度一切眾生為宗旨的大乘佛法置於佛法體系中的最高地位,而將包括原始佛教、部派佛教在內的小乘佛教置於最低層次。前述《勝鬘經》、《維摩詰經》、《法華經》三經皆屬於大乘佛教經典,特別受到人們的重視。尤其是其中的《法華經》,因為主張「會三歸一」、人人可以成佛,與另一部宣述一切眾生皆有佛性的大乘佛經《大涅槃經》廣泛流行於大江南北,研究、注疏的人很多。這種情況反映了中國佛教已經確定以大乘為主體的局面。

這種情況也自然影響到直接流通中國漢譯佛典和佛教著述的朝鮮和日本同樣尊崇大乘佛教,流行大乘佛典。

聖德太子對《法華經》所宣述的聲聞、緣覺和菩薩「三乘教」是佛權宜之教,而講一切人皆可成佛的「佛乘」才是佛真實之教,主張「會三歸一」的思想,十分讚賞。他在《法華義疏》卷一說:

《法華》正言無二無三,會同歸一。此經直明萬善成佛……以萬善成佛為宗。……六道(按:天、人、阿修羅、畜生、餓鬼、地獄)有善皆得

第二章　隋代佛教交流與聖德太子的興隆三寶

成佛。

> 教則雖復本無三教，隨語為求，亦可得三。然理則今昔雖異，只是一理，更無異相。[031]

他認為，作為世界萬物本體的實相之理、佛的法身，雖然可以有不同的表述，然而實際上只有一個，因而最高的佛法也只有宣述人人皆可成佛的「佛乘」，其他所謂大小「二乘」、「三乘」、「五乘」（在「三乘」前加上講五戒的人乘、講十善的天乘），都是佛為了引導不同根性的眾生的應機說法，從終極的意義來說「無二無三，會同歸一」，而《法華經》正是以宣說修持一切善德皆能最後成佛為宗旨的經典。

因此，聖德太子特別讚揚大乘、佛乘（一乘）教法，同時貶抑小乘、三乘之教。他在《維摩經義疏》卷一引述此經的思想時說「教之所興，抑小揚大為宗」，對小乘（包括聲聞、緣覺二乘）重視自我覺悟（「自度」）而不重視普度眾生（「化他」）提出批評，說他們尚未達到最高精神境界。

大乘佛教的一個重要理論是大小品《般若經》和《中論》等佛典所闡釋的一切皆空和空有、生滅相即不二的「中觀」或「中道」的思想。根據這種理論，世俗的人不懂得萬物皆在一定條件下聚散、生滅，一切皆變化無常的緣起之理，反而認為世界上一切現象是真實存在的，於是貪戀世間，不能擺脫生死苦惱。大乘佛教稱關於「有」的見解為「俗諦」（俗人的真理），而認為「聖賢」（佛、菩薩）能夠超越俗諦，透過現象看到本質，了解世界萬有皆變化無常、空寂虛幻，從而能斷除情欲煩惱而超越世俗達到解脫。因此稱「空」為「真諦」。在不少場合，空、實相、真諦、解脫、出世、彼岸等被看作是同等系列的概念，而有或色、假名、俗諦、煩惱、世間等屬於同等系列。據稱，從這種空觀立場再提升一步，則是超越空、有等對立的雙方，體認空與有、真與俗、世與出世、煩惱與菩提（覺悟）等皆彼此

---

[031]　《大正藏》卷五十六，第 66 頁中、71 頁中。

會通，是相即不二的，由此達到「真空」的體悟境界。

從《三經義疏》來看，聖德太子對上述般若中觀思想已經接受，並有所發揮。他在《維摩經義疏》卷下之二表示：

> 二乘觀者，心存空有，故舍有證空，但求自度，不在化他。是故雖名觀空，更成相觀。菩薩觀者，在有不失空，在空成萬化，空即有，有即空，不偏有無，等會不二，故名為真空觀。[032]

可見，聖德太子所發揮的正是大乘般若中觀學說。他說菩薩在看到世界萬有虛幻空寂的同時，又體悟到空離不開有，空體現在萬有之中，所謂「在有不失空，在空成萬化，空即有，有即空，不偏有無，等會不二」，從而達到「真空觀」的體悟境界。認為具有這種空有、真俗相即不二觀點的菩薩，便能像《維摩詰經》中的主人公維摩詰居士那樣自由地出入現實的世俗世界，實踐菩薩之道，化度一切眾生。他批評小乘（二乘）對空的體悟是有局限的，將「空」與「有」等兩方絕對地對立起來，然後透過修行捨棄對「有」的執著而追求「空」的體悟，而沒能體悟空與有、真與俗是相即不二的，於是只顧自度超離世間，而不願留在世間普度一切眾生。

(2) 眾生皆有「如來藏」、自性清淨心，皆可達到覺悟

在大乘佛教經典中，《勝鬘經》是早期宣述一切眾生皆有覺悟的基因——如來藏或自性清淨心的經典，此與《大涅槃經》所說的「佛性」、「一切眾生悉有佛性」思想在實質上是一致的。如來藏、自性清淨心是指處在世俗世界、煩惱眾生之中的佛的法身，雖然與所謂佛性、真如在名稱上有別，然而含義是基本相同的。既然世人皆有如來藏，皆有自性清淨心，也就意味著人人皆有覺悟成佛的可能性。

聖德太子在《勝鬘經義疏》中說：

---

[032] 《大正藏》卷五十六，第 20 頁上、59 頁下。

第二章　隋代佛教交流與聖德太子的興隆三寶

今明隱為如來藏，顯為法身。隱顯雖殊，即是一體，更無異體地。就中又分為三：第一明如來藏與法身即是一體，第二舉智證一體，第三明如來藏非二乘境界也。[033]

他認為如來藏的教理屬於最高的「佛乘」之法，而不是屬於小乘的聲聞、緣覺二乘的教法。所謂如來藏與佛的法身，雖然隱、顯有別，然而實體為一；在眾生達到覺悟解脫之時，他們依如來藏引發的智慧與修證的佛果便匯為一體。

此外，聖德太子還說：

生死即是顛倒，如來藏即是真實。今明一切眾生皆有真實之性，若無此性，則一化便盡（按：指一生結束）與草木不殊。由有此性，故相續不斷，終得大明（按：覺悟成佛）。故云：生死依如來藏。此中如來藏，若以理為正因，皆以理為如來藏；若以神明（按：相當靈魂）為正因，皆以當果事（按：導致成佛之因）為如來藏。

此如來藏自性清淨，雖在惑（按：煩惱）中，不為生死所染。

五種藏：一如來藏，蘊在惑內故名藏，亦含當果故名藏；二法界藏，謂佛果含照法界，又云是常住法性；三法身藏，謂法身含萬德故名藏；四出世間上上藏；五自性清淨藏。前一後一，就隱時為稱；中三，就顯時為稱。[034]

聖德太子在對「生死依如來藏」的解釋中認為一切眾生雖然尚未擺脫生死煩惱，然而皆生來秉有「真實之性」——如來藏。這種清淨的真實之性，既是眾生之所以區別於草木的生命依據，又是達到覺悟解脫（「大明」）的內在基因。如果認為清淨之理（佛性）是導致人達到覺悟的「正因」，那麼此「理」便是如來藏；若以主宰生命的靈魂——「神明」為入悟

---

[033]　《大正藏》卷五十六，第 16 頁中。
[034]　分別載《大正藏》卷五十六，第 18 頁上、中。

「正因」,那麼實際它的能使人覺悟的功能(「當果事」)為如來藏。如來藏在不同場合可以有不同的名稱,所謂法界、法性、法身、佛、自性清淨心等,在實質上是一回事,只有隱、顯兩種狀態的差別。在它被眾生的情欲煩惱隱覆之時為如來藏和自性清淨心,而在它顯現(從因成果)之時則為法界、法身和佛(「出世間上上藏」)。

由此必然得出:佛與眾生沒有根本差別,一切眾生皆可達到覺悟解脫。這正是大乘佛教的一個重要的理論主張。

(3) 提倡以「慈悲為本」,普度眾生的菩薩行

大乘佛教認為以往的小乘佛教只注重自我覺悟(自度或自行),不重視超渡眾生(外化、利他),而自以實踐自利利他、普度一切眾生的「菩薩行」為標榜。所謂菩薩行,也稱菩薩之道,應以「六度」——布施、持戒、忍辱、精進、禪定、智慧為實踐目標。對此,《法華經》及《華嚴經》等大乘經典都有介紹。

聖德太子信奉大乘,也推崇大乘菩薩之道。他在《法華義疏》卷四對此經〈安樂行品〉的解釋中說:

> 四安樂行者:一身善行、二口善行、三意善行、四慈悲行。所以通名安樂行者,今此四行,皆能離危得安,遠感樂果,故通稱安樂行也。然萬行皆可用為勸,何意只就此四行為勸者?今此四行,前三行即是自行,後一慈悲行則是外化行。菩薩之道,將欲正他先正己身,正己之要莫如三行,正他之要慈悲為本。天下萬行雖羅(按:意為眾多),要必在此二行。菩薩若能修此四行,上則為諸佛所稱歎,中則為諸天所護念,下則為諸人所供敬。[035]

聖德太子對《法華經·安樂行品》中所說的四種修行十分讚賞,一個

---

[035] 《大正藏》卷五十六,第117頁下至118頁上。

第二章　隋代佛教交流與聖德太子的興隆三寶

人如果在身、口、意三個方面皆有善的行為或表現，只是屬於「自行」，還要更進一步，即實踐以慈悲（給人安樂為慈，脫人苦難為悲）為本的菩薩之道，以普度眾生（「外化」）為己任。

他對《維摩詰經》中貌同世俗居士而以各種方式從事弘法、利益民眾的維摩詰菩薩十分欽敬，在《維摩經義疏》卷上說：

> 大悲（按：此指維摩詰菩薩）無息，隨機施化，則眾生所在，無所不至。故云：眾生之類是菩薩佛土也。

> 如來本無己土，唯取所化眾生以為佛土。眾生則通在淨、穢二土，如來即同應施化。……諸佛菩薩本其無土，唯取所化眾生之類以為佛土者，即應直答言：十方世界皆是菩薩佛土。[036]

這是說，大乘佛教的修行者應當取法於維摩詰居士，以大慈大悲的菩薩精神深入世俗社會的普通民眾之中，根據場合和民眾的根性施行教化；菩薩所追求的淨土不在超離世間的彼岸，而就在眾生生活的現實社會，離開眾生所在世間也就沒有佛國淨土。

應當說，大乘佛教中的這種積極面向社會的現實主義精神，對聖德太子是有一定影響的，他在主持推古天皇時期的朝政過程中，一邊學習佛法，一邊實施旨在推進日本社會進步的新政。他在「十七條憲法」中規定「人鮮尤惡，能救從之」，反映的是面向一切民眾積極實施教化的思想。

聖德太子於推古天皇三十年（西元622年）正月二十二日去世[037]，享年四十九歲。

聖德太子在攝政時期積極學習並吸收大陸先進文化，採取措施加強中央集權，派使節到隋朝恢復兩國邦交，陸續派眾多留學僧和學問僧到中國學習，大力興隆佛教，並且透過撰寫《三經義疏》提倡大乘佛教，讚頌以

---

[036] 《大正藏》卷五十六，第26頁上。
[037] 聖德太子去世時間，《日本書紀》作推古天皇二十九年（辛巳，621年）。此據《上宮聖德》。

「慈悲為本」的菩薩之道,皆對當時和以後的日本社會產生很大的影響。僅從日本佛教史來說,從聖德太子以後,日本佛教進入一個新的時期,此後佛教得到順利而迅速的傳播,並將中日佛教文化交流從透過朝鮮半島間接進行,推向中日兩國之間直接進行的新時期。

第二章　隋代佛教交流與聖德太子的興隆三寶

第三章
唐代佛教東漸與奈良六宗的興起
（上）

唐代是中國封建社會的盛世，政治經濟和文化都十分發達，居於亞洲乃至世界先進國家的行列。唐朝的國都長安、洛陽成為亞洲政治經濟和文化交流的重要中心。在中國與亞洲各國的文化交流中，佛教發揮十分重要的橋梁和紐帶作用。

唐代（西元618～907年）相當於日本的奈良和平安的前期。日本經歷「大化革新」，建立了奉天皇為最高統治者的封建社會政治體制，經濟文化取得迅速進步。在此期間，日本與中國之間的佛教文化交流十分頻繁，先後有很多日本僧人到中國求法留學，也有中國僧人到日本傳法，這些對促進日本佛教的普及和發展，乃至對日本歷史文化都產生較大的影響。

這裡先概述唐代佛教，然後結合日本社會形勢介紹中日兩國的佛教文化交流和中國佛教進入日本後的傳播與發展情況。

▍第一節　唐代的社會和佛教

唐高祖李淵（西元566～635年）在隋大業十三年（西元617年）起兵反隋，十一月攻入長安，第二年（西元618年）廢隋建唐，即位稱帝，改

第三章　唐代佛教東漸與奈良六宗的興起（上）

元「武德」。此後陸續平定各地反隋義軍和武裝割據勢力，統一了全國。

　　唐朝是中國古代國力強盛、疆域遼闊的統一王朝之一。唐朝在政治體制上繼承隋朝，並有所發展。前期實行均田制和租庸調法，按丁口授田和負擔租稅徭役。唐太宗李世民（西元599～649年）勵精圖治，發展農業生產和社會文教事業，在較短時間內形成了社會安定、富庶的局面。此後經高宗、武則天（一度改唐為周）、中宗、睿宗，直到玄宗，從整體上看，唐朝國勢強大，政治經濟和文化高度發達。然而經歷「安史之亂」（西元755～762年）以後，唐朝國勢日衰，朝廷有宦官專權，各地有執掌軍政大權的藩鎮割據。在唐僖宗乾符元年（西元874年）爆發了縱橫全國的王仙芝、黃巢領導的民變，歷經十年，一度攻占洛陽、長安。後來雖黃巢戰敗自殺，但唐朝已名存實亡。唐哀帝天祐四年（西元907年），朱溫廢唐，建梁稱帝，中國進入五代時期。

　　唐朝在文化思想方面，儒家學說仍占據正統地位。朝廷在京城置國子學、大學、四門學，在地方置郡學、縣學，主要教授儒家經典。唐太宗設弘文學館，選文儒之士以本官兼署學士，又召三品官以上子孫為弘文館學生；徵召天下儒士擔任學官，擴增國學、太學等的生員；對通經者或授博士，或授官位；詔顏師古考定《五經》，國子祭酒孔穎達等人撰《五經正義》，令全國學人傳習。自高宗以後，儒學稍衰，尤重文吏。在宗教方面，因皇室尊奉老子為祖先，故特別尊崇道教。然而在實際上佛教受到除武宗以外歷代皇帝的崇信，在社會上影響很大。

　　從唐高祖開始，幾乎歷代都有較大佛寺的建置。高祖在京城建會昌、勝業等七寺，在並州建義興寺；太宗為母建慈德、寵福二寺，在曾經征戰過的地方建造七寺；高宗為母建大慈恩寺，為太子造西明寺，封禪後詔各州置寺觀各一所。這些寺院都是官寺，即由國家直接支付一切費用，或施給田地和農僕等以供維持寺院的經營。

第一節　唐代的社會和佛教

唐高宗之後，武周在天授元年（西元690年）詔諸州設大雲寺，命寺僧講《大雲經》；唐中宗復位，稱唐中興，神龍元年（西元705年）命天下諸州置「大唐中興」佛寺、道觀各一所，後因有人認為唐非中興，不宜以「中興」為名，改為「龍興寺（觀）」；玄宗開元二十六年（西元738年）命天下的「形勝」（規模較壯偉者）寺觀改名「開元寺（觀）」。自然這些佛寺、道觀也屬國家經營的寺觀。此外在宮廷還設有「內道場」（宮廷寺院）。

唐朝京城和各州的國家寺院（道教的道、觀相同）的創置及功能，都帶有明顯的政治色彩。或為皇帝即位而建，或為重大政治變動而建（如大雲寺、龍興寺），或為安撫死難將士而建（如戰地七寺），也有的是為了追薦皇族祖先亡靈而建。這些寺院的重要職能不外乎為皇帝和皇室祈福延壽，為帝室祖先祈求冥福，祈禱國泰民安、五穀豐登。至於向一般民眾講經說法和做各種法事，則為最日常的功能。

唐朝有比較完備系統的政治體制。在這個政治體制中，包括對佛、道教的管理制度和僧官制度。唐初基本上延續隋煬帝時的佛教管理做法。唐高祖武德二年（西元619年）任命保恭、吉藏、明贍、智藏、法侃、慧因、海藏等十位高僧為「十大德」，負責「檢校」（檢查核實）僧尼。在各寺設有三綱之職：上座、寺主、維那，並任命一名直屬鴻臚寺的「監寺」（當為俗人）。唐太宗時停止在各寺置監寺的做法。鴻臚寺是中央機構之一，高宗時一度改稱「同文寺」，武則天時改為司賓寺，中宗改回原稱，「掌賓客及凶儀之事」，負責接待鄰國及各少數民族「君長朝見者」，經辦朝廷喪葬儀式。其下所屬的崇玄署即統攝僧尼、道士女冠事務。武則天為提高佛教的地位，命一向執掌祭天祠祖和天文醫藥諸務的禮部的祠部掌管僧尼事務。唐玄宗開元年間（西元713～741年），鴻臚寺改屬宗正寺，只是掌管道士、女冠簿籍齋醮之事（《通典》卷二十五）；開元二十四年（西元736年）一度下詔僧尼仍由鴻臚寺掌管，但後來又改由祠部掌管僧尼事務

(《唐會要》卷四十九)。玄宗後期，設有負責朝廷造寺、造像及籌辦佛教法會等崇佛事務的「功德使」的官職，經肅宗和代宗朝，此職管轄範圍有所發展，逐漸掌管僧尼事務，至憲宗元和二年（西元807年）下詔明確規定僧尼事務改歸功德使統攝，祠部只掌僧尼簿籍和發放度牒。

隨著佛教的廣泛傳播，加入僧尼的人員也越來越複雜，不僅在各種場合違背佛教輕重戒條的現象時有發生，而且也有不少公然違犯社會秩序和世俗法規的現象發生。在這種情況下，僅靠佛教團體依據戒律約束和處罰僧尼的做法已經難以奏效。唐朝繼承前代參考佛教戒律而由政府制定僧尼法規的做法，加強對佛教和僧尼的管理。

唐朝在充實和完善中央集權體制的過程中，十分重視法制建設，先後制定了包括律、令、格、式在內的十分完備的法規法律檔。唐李林甫等奉敕撰《唐六典》，其卷六說：「凡文法之名有四：一曰律、二曰令、三曰格、四曰式。……凡律以正刑定罪，令以設範立制，格以禁違正邪，式以軌物程事。」[038] 對律、令、格、式的適用範圍和法律功能作了概括解釋。這四種法律形式所包含的內容不僅有刑事、民事、經濟、訴訟方面的法律規定，還包括關於佛、道二教的法規。現在雖然僅存唐高宗永徽三年（西元652年）長孫無忌奉敕編撰的《唐律疏議》（原稱「永徽律疏」），其他唐令、格、式已經散失，然而仍可從《唐六典》、《唐律疏議》、《唐會要》及敦煌文獻、日本平安時代惟宗直本注釋養老二年至五年（西元718～721年）制定的《養老令》的〈令集解〉中搜尋到唐令、格、式的部分條文內容。關於唐朝為加強對道士、女冠和僧尼管理而制定的〈道僧格〉，也可從這些文獻中得到比較多的了解，甚至可以大體復原。

如前所述，唐代負責管理佛、道二教的中央機構雖有變遷，然而長

---

[038] 唐李林甫等撰、陳仲夫點校：《唐六典》第180～185頁，中華書局1992年版。

第一節　唐代的社會和佛教

期是由屬於禮部的祠部負責。[039] 據《唐六典》卷六、《唐會要》卷三十九的記載，唐格是以尚書省六部所轄二十四司的司名為篇名，因而在《祠部格》中應有關於道、佛二教法規條款。據鄭顯文《唐代律令制研究》，所謂《道僧格》是源自開元二十五年（西元 737 年）所編《格式律令事類》中的《祠部格》有關僧、道的法規的合編。[040]

唐朝《僧道格》源自唐太宗貞觀年間制定的《條制》。據道宣《廣弘明集》卷二十八所載〈唐太宗度僧於天下詔〉，唐太宗對當時佛教界出現「多有僧徒溺於流俗，或假託神通，妄傳妖怪；或謬稱醫筮，左道求財；或造詣官曹，囑致贓賄；或鑽膚焚指，駭俗驚愚」的現象十分不滿，命有司「依附內律，參以金科（按：法律條文），具為條制，務使法門清整，所在官司，宜加檢察」[041]。這個《條制》就是唐代最早的《僧格》，當是以後《道僧格》的基礎。

鄭顯文據《唐律疏議》、《唐六典》、《唐大詔令集》、《唐會要》及日本平安時期惟宗直本所撰《令集解》等中外文獻和研究成果，對唐朝《道僧格》條文作了復原嘗試，共復原二十五條。[042]

據此可以看出，唐朝《道僧格》對道教的男女道士和佛教僧尼行為制約和懲戒的內容中，有的本是佛教大小乘戒律條文制止的，例如「殺人奸盜及詐稱得聖道」，「毀罵三綱、凌突長宿」，「妄說罪福，及毆擊長宿者」，「飲酒、食肉、設食五辛」等，是違犯了戒律中的不殺、不淫、不盜、不妄語、不飲酒、不敬師友、不食肉、不食蔥蒜等「五辛」和不謗毀等禁戒

---

[039] 《唐六典》卷四：「祠部郎中、員外郎掌祠祀享祭、天文漏刻、國忌廟諱、卜筮醫藥、道佛之事。」
[040] 以上關於唐代律令，參考鄭顯文著的《唐代律令制研究》（北京大學出版社 2004 年版）。關於《道僧格》，見該書第六章第四節〈唐代道僧格及其復原之研究〉。作者此前曾發表《唐代〈道僧格〉研究》，載《歷史研究》2004 年第 4 期。
[041] 《大正藏》卷五十二，第 329 頁中。
[042] 詳見鄭顯文《唐代律令制研究》第六章第四節〈唐代道僧格及其復原之研究〉。

的，其中有的情節惡劣，影響範圍已經超出佛教團體；有的是出於控制出家人數和維護社會安寧穩定，防止各種奸佞不逞之徒利用佛教作出矇騙民眾危害社會的事，例如「妄說吉凶，妖惑百姓，並習讀兵書」、「卜相吉凶，及左道、巫術」、「以三寶物餉饋官僚、勾合朋黨」、「非在寺觀，別立道場，聚眾教化，並妄說罪福」、「酒醉與人鬥打」、「非是官度，而私入道」（私度）等，皆危害社會公共秩序，違反治安法規。對於僧道的這些行為，皆嚴加管束制止，對違犯者由官府協同僧官按照情節和法規量刑加以懲罰。

唐武宗崇道教，厭惡佛教，在會昌五年（西元 845 年）七月下令滅佛之際，詔命禮部的主客（禮部四曹之一）管僧尼事務。武宗於第二年死，宣宗即位，又命左、右街功德使掌管僧尼，而不隸屬主客，仍由祠部發放度牒給出家僧尼。

唐朝是中國古代佛教鼎盛時期，也是佛經翻譯鼎盛時期。從東漢初至唐德宗貞元十六年（西元 800 年）為止，前後有僧俗譯經者一百八十七人，共譯出大小乘佛典及「聖賢集傳」（包括部分譯者不明的佛典）兩千四百四十六部七千三百九十九卷，其中僅唐譯經典就達四百三十五部兩千四百七十六卷，按卷數計算占全部譯籍的 33.4%。在唐代的譯經僧中以漢僧玄奘（西元 600～664 年）、義淨（西元 635～713 年）和印度僧不空（西元 705～774 年）最有名，其中玄奘譯經七十五部一千三百三十五卷，義淨譯經六十八部二百八十九卷，二人所譯經典占全部唐譯佛籍的百分之六十四。此外從事譯經的還有波羅、實叉難陀、菩提流志及善無畏、金剛智等人。[043]

玄奘翻譯的大乘般若中觀類經典，包括著名的六百卷《大般若經》在內有六部六百一十五卷，占他全部譯出經典的百分之四十六；其次是大乘

---

[043]　關於唐代譯經情況，詳見唐智升《開元釋教錄》卷八、圓照《貞元釋教錄》卷十一。

瑜伽唯識類經典，有二十一部二百零一卷，占百分之十五，其中重要的有《解深密經》、《瑜伽師地論》、《顯揚聖教論》、《成唯識論》等，是法相宗依據的主要經典。玄奘弟子窺基所撰《成唯識論述記》最有名。

義淨所譯佛典中除般若中觀、瑜伽唯識經典外，著名的有《金光明最勝王經》（與北涼曇無讖譯《金光明經》屬同本異譯），其他多是小乘說一切有部的戒律書。

至於其他人的譯經，實叉難陀所譯《華嚴經》八十卷，是東晉佛陀跋陀羅所譯六十卷《華嚴經》的異譯；菩提流志譯編《大寶積經》一百二十卷；善無畏、金剛智和不空是印度密教高僧，翻譯的主要是密教經典，影響較大的有善無畏譯的《金剛經》、不空譯的《金剛頂經》等，皆是密宗依據的重要經典。

唐代繼隋以後，在經錄編纂方面也取得新的成績，重要的有道宣《大唐內典錄》、智昇《開元釋教錄》、圓照《貞元釋教錄》。後二錄的《入藏錄》成為宋以後編印大藏經的重要依據。

唐代學問僧繼承中國重史書編纂的傳統，相繼編撰出各類史書：傳記體史書有道宣的《續高僧傳》；別傳或行狀著作有彥琮《法琳別傳》、慧立《大慈恩寺三藏法師傳》（玄奘傳）、崔知遠《法藏和尚傳》、李華《善無畏行狀》、趙遷《不空行狀》等；西行求法傳記有義淨《西域求法高僧傳》、《南海寄歸內法傳》等，此外還有諸宗史書、感應傳記及文編等。

唐代除繼續流行隋代形成的天台宗、三論宗外，又相繼產生新的佛教宗派法相宗、律宗、華嚴宗、淨土宗、禪宗和密宗。

在中日佛教交流中，唐代佛教建寺度僧及管理制度、譯經、史書、佛教宗派等，皆陸續被不同程度地介紹到或傳入日本。

第二節　「大化革新」以後的日本佛教

一、「大化革新」

日本在聖德太子死後六年，推古天皇去世，經歷舒明天皇、皇極天皇二朝，大臣蘇我氏控制朝政大權，加劇了皇室與蘇我氏、貴族與貴族之間的矛盾。原來由落後的帶有奴隸制性質的氏姓制和部民制帶來的社會危機也日益嚴重。在這種形勢下，皇極天皇四年（西元645年），舒明天皇之子中大兄聯合掌管祭祀神祇的中臣鐮足等人發動政變，誅滅蘇我馬子之孫大臣蘇我入鹿，並迫使其父蘇我蝦夷自殺。隨即擁立中大兄的舅父輕皇子即位，是為孝德天皇。立中大兄為皇太子，任命中臣鐮足（後改姓藤原）為內大臣並居「宰臣」之位，任命阿倍內麻呂為左大臣，蘇我倉山、田石川麻呂為右大臣，同時任命分別在隋唐留學長達二十五年、三十二年的學問僧僧旻、留學僧高向玄理為「國博士」，共同策劃政治革新（日文稱「改新」）事宜。接著，仿照中國歷代王朝設置帝紀年號的做法，建元「大化」。大化二年（西元646年）孝德天皇發布革新詔書，開始實施推動日本進步的各種改革措施。

實際上，革新經歷的時間很長，孝德天皇之後，又經歷齊明、天智（中大兄即位）、天武諸朝，長達五十多年。在這個過程中，長期留學隋唐的留學僧、學問僧在引進中國先進政治、經濟制度和文教典章、做法等方面作出重大貢獻，其中突出的有「國博士」僧旻、高向玄理，還有曾向中大兄皇子和中臣鐮足講授「周孔之教」的南淵清安等人。

經過改革，日本中央朝廷大體仿照唐朝設置宰相（中書、門下、尚書三省長官）及尚書省下的六部（吏、戶、禮、兵、刑、工）及專司監察職責的御史臺制度，確立了以天皇為最高首腦，下設二官、八省、一臺的

政治體制。所謂二官是執掌全國祭祀的神祇官和最高行政長官太政官（有左右大臣，相當唐朝宰相之職位）；八省是中務省（執掌侍從、詔敕、傳奏等），式部省（任免文職官員、學校等），治部省（執掌姓氏、禮儀、外交及僧尼管理），民部省（戶籍、民政等），兵部省，刑部省，大藏省（財政），宮內省（宮中庶務、官田、官宮手工業）；一臺是彈劾官員的彈正臺（相當於唐朝的御史臺）。各省之下統攝職、寮、司等辦事機構。在地方上設置國、郡及里等行政單位，委命國司、郡司和里長等治理。

在社會經濟制度方面，宣布廢除土地、部民的私有制，將土地收歸國有，實施類似於隋唐均田制的班田制，規定對六歲以上的男女分配給不同份額的口分田，每六年進行一次調配；在賦稅制度上模仿隋唐也實行租庸調制，規定每年按口分田數量向政府繳納田租，按戶口繳納一定數量的絹或布（調），並服勞役，如免勞役則需繳納實物以代替（庸）。同時還以所謂位田、職田、公廨田等名目授予貴族和各級官員一定數量的田地，還有供奉神社、寺院的神田和寺田。[044]

實施「大化革新」，廢除帶有奴隸制性質的氏姓制和部民制，建立了新型的封建制社會的生產關係，促進了社會生產力和社會文化的進步。在改革後期，朝廷透過立法的形式將改革的成果鞏固下來：天智天皇時制定《近江令》（西元668年）；天武、持統天皇二朝制定《淨御原朝廷之令》（西元689年施行）；文武天皇大寶元年（西元701年）制定《大寶令》。此《大寶令》已佚，然而作為其修改補充本的《養老令》尚存。《養老令》是元正天皇養老二年至養老五年（西元718～西元721年）在《大寶令》的基礎上並參照唐朝《永徽令》編纂的。這些律令的制定和實施，對完善和鞏固日本新形成的封建社會制度，推進社會經濟和文化的發展發揮了深遠的作用。

---

[044] 關於日本「大化革新」，詳見坂本太郎著、汪向榮等譯《日本史概說》第三章第二節，商務印書館1992年版。

第三章　唐代佛教東漸與奈良六宗的興起（上）

二、佛教概況

1. 任命十師教導眾僧，盛行建寺造像

　　日本在實施「大化革新」過程中，一直將興隆佛法置於重要地位。孝德天皇即位不久，頒布詔書回顧了佛教傳入日本的過程，然後表示：

> 朕更復思崇正教，光啟大猷。故以沙門狛大[045]，法師福亮、惠雲、常安、靈雲、惠至，寺主僧旻、道登、惠鄰、惠妙（惠隱），而為十師，別以惠妙為百濟寺寺主。此十師等，宜能教導眾僧，修行釋教，要使如法。（《日本書紀》卷二十五）

　　任命十師，顯然是效仿唐朝高祖武德二年（西元619年）任命保恭、吉藏、明贍等十位高僧為「十大德」檢校僧尼的做法。在這十僧之中，僧旻、惠雲、常安、靈雲等人都曾到中國長期留學。僧旻是在聖德太子攝政時期，隨遣隋使小野妹子第二次入隋時留學的，在中國學習長達二十五年，直到唐初才經過新羅回國，在「大化革新」中與遣隋留學僧高向玄理同被任命為「國博士」，為引進隋唐政治制度，建立新的政教體制作出了重要貢獻。天皇任命這十師的目的，是讓他們負責在全國進一步興隆佛教（「崇正教」），教導眾僧，並且以身作則遵照佛法修行。

　　由於有天皇的提倡和支持，各地興起建寺造像之風。當時信奉佛教的主要是天皇、皇族和貴族。在他們看來，信奉佛法和供養佛菩薩可以護國安家、避災免禍，並且能為他們帶來吉祥和幸福，因此特別注重透過建造佛寺、佛像，誦經和舉辦法會等活動來累積功德，以求得到善的報應。天智天皇建造崇福寺，天武天皇建藥師寺，蘇我興志建山田寺，藤原鎌足（原姓中臣）造山階寺（後為著名的興福寺）。此外，還建有川原寺（弘福

---

[045]　據日本辻善之助：《日本佛教史》第二章第一節，此人即推古天皇三十三年到日本的高麗僧慧灌，岩波書店1982年第4次印刷。

寺)、近江國益須寺等。這些寺院地位很高，都具有官寺的性質。

建寺的同時，也就意味著不斷增加僧眾。推古天皇三十二年（西元 624 年），曾派人調查寺院及僧尼數字，當時有寺院四十六所，僧八百一十六人，尼五百六十九人，共一千三百八十五人。實施革新後，孝德天皇白雉二年（西元 651 年）於味經宮請僧尼兩千一百多人誦經，翌年請僧惠隱入宮講《無量壽經》，以僧一千人為聽眾；持統天皇朱鳥六年（西元 692 年），寺院增至五百四十五所，雖不知僧尼人數，但在此前二年（西元 690 年），僅京師七寺的僧人已達三千三百六十三人，可以想像當時全國僧尼人數已是一個不小的數字。[046]

當時營造的佛像數量也很多，例如孝德天皇詔造丈六佛繡像、脅侍菩薩像以及天龍八部像等四十六尊[047]。在各地寺院中常見的造像與中國大致相同，主要有釋迦牟尼佛像、彌勒像、藥師像、觀音像、阿彌陀佛像等。當時建造佛寺和營造佛像的動機是為祈禱天皇、皇室及貴族健康，為死者追薦冥福等。在寺院或宮廷經常講誦的佛經有《金光明經》、《仁王般若經》及《法華經》、《維摩詰經》、《無量壽經》等，同時也舉行各種法事活動。

2. 設置僧官，「統領僧尼」

隨著佛教的廣泛傳播、僧人的增加，如何管理佛教事務和統攝僧尼便提上日程。日本仿照隋唐管理佛教和僧尼的做法，也設置僧官。

早在推古天皇三十二年（西元 624 年），就發生一起僧人用斧子毆擊祖父的事件。天皇聽說，認為不僅此僧有罪必須加以懲治，而且對其他僧尼也應治罪。百濟僧觀勒上表說，佛教傳入日本還不到百年，僧尼因為不熟

---

[046]　以上據《日本書紀》卷二十二、卷二十五，皇圓《扶桑略記》卷五，《日本書紀》卷三十的相關記載。
[047]　《日本書紀》卷二十二。

第三章　唐代佛教東漸與奈良六宗的興起（上）

悉戒律，因此容易犯罪，建議「除惡逆者以外僧尼，悉赦而勿罪」。天皇表示同意，決定設置僧正、僧都，以檢查約束僧尼。於是，任命觀勒為僧正，鞍部德積為僧都，又任命在俗的官員阿曇連為法頭。[048]

孝德天皇大化元年（西元645年），任命福亮、惠雲、惠至、僧旻等十僧為「十師」，並命在各寺設寺司、寺主，同時任命在俗的來目臣、三輪色夫君、額田部連甥三人為法頭。十師的主要職責是教導眾僧「如法修行」。寺司由俗人擔任，掌管寺院的經營、修繕。寺主是一寺之主。在唐朝，寺主與上座、都維那一起稱佛寺「三綱」，是統領全寺僧尼的僧官。在隋唐長期留學後回國的僧旻就擔任寺主，同時也是「十師」之一，與高向玄理同受任「國博士」，為改革維新獻策。法頭由在俗官員擔任，負責巡察各地寺院，檢查核實僧尼和奴婢、田畝的數字，然後報告朝廷。[049]

日本的僧官制度在革新過程中不斷得到完善和加強。天武天皇二年（西元674年）在僧正、僧都之下設小僧都（後稱少僧都），再下設兩名佐官；十二年任命僧正、僧都、律師，負責「統領僧尼」。[050] 此後，還設置過大僧都之位。僧正、僧都、律師等屬於中央僧官，稱「僧綱」，上屬八省之一治部省的玄蕃寮。玄蕃寮掌管全國寺務、僧尼名籍，檢查並禁止私度僧尼。僧尼名籍每六年一造。在京城和地方上的寺院，由各寺三綱負責統領，受中央的僧綱和地方上的國司、郡司監督。

中國在南北朝時，北魏、北齊設立昭玄寺，設置最高僧官大統（沙門大統或昭玄大統）、統（沙門統或昭玄統、國統）、都維那（國都）各一人；南方一般設置僧正、僧主等僧官。隋朝僧官制度大體繼承北齊，然而規定管理全國僧尼事務的最高機構是屬於鴻臚寺的崇玄署，任命在俗的官員負責。唐代廢除最高僧官，開始委命鴻臚寺管理僧尼事務，後改由恢復的崇

---

[048]　《日本書紀》卷二十二。
[049]　《日本書紀》卷二十五。
[050]　《日本書紀》卷二十九。

玄署執掌，唐中期以後改歸禮部的祠部。將中日僧官稍加對比就可發現，日本的僧官制度是直接效仿中國的僧官制度建立起來的，而設在治部省的蕃玄寮是效仿隋朝鴻臚寺的崇玄署[051]、唐代禮部的祠部建立起來的。

3. 建造東大寺、國分寺，祈禱佛菩薩護國佑民

日本在奈良時期以前經常遷移國都，直到元明天皇和銅三年（西元710年）遷都到奈良（平城京），國都才基本固定下來。從西元710年遷都奈良到西元794年遷都平安，史稱「奈良時代」。

日本在奈良時代，因為已經建立以天皇為首的中央集權的封建制度，朝廷十分關心如何透過文化思想鞏固革新體制。除繼續重視興隆佛教之外，也仿照中國的文教制度發展儒學教育。在京城設大學寮，在地方設國學，開設本科（後稱「明經科」）講授《論語》、《孝經》、「五經」等儒學課程，還開設算道、書道等，以提高貴族子弟的儒學修養，並為各級政府培養官吏。然而因為日本朝廷規定官位達到五品以上的可以世襲，學生學習成績與做官沒有直接關係，所以大學寮和國學逐漸失去活力。在相當長的時間內，在思想文化領域佛教顯得更有生氣更有影響。日本佛教直接使用漢譯經典，講經傳法須依據漢譯佛經和參考漢人著作。因此，有較深佛學造詣的學僧一般都具備較高的漢學修養，甚至精通儒、道學說。

在遷都奈良之際，原有官寺中的元興寺、興福寺、大安寺、藥師寺等也移建到新都。在奈良時代，朝廷因受隋唐朝廷在京都和各州縣建造官寺（或塔）為皇帝及國家祈禱的影響，也在京城和地方興建大的寺院，最著名的是在奈良建造東大寺及所奉金銅大佛，在各地（國）建造國分寺。

東大寺及所奉盧舍那金銅大佛是由聖武天皇在天平十二年（西元740年）發願，經三年時間建成的。他在發願建寺造像的詔書中表示「誠欲賴

---

[051] 詳見宋贊寧《大宋僧史略·管屬僧尼》，並參考宋志磐《佛祖統紀》中相關記載。

三寶之靈威，乾坤相泰；修萬代之福業，動植咸榮」，於是發菩薩大願，建造盧舍那金銅大佛，為使世界一切眾生皆受利益，同達覺悟。他以君臨天下的最高統治者的口氣說：

夫有天下之富者朕也，有天下之勢者朕也。以此富勢造此尊像，事也易成，心也難至。但恐徒有勞人，無能感聖，或生誹謗，反墮罪辜。是故預知識者懇發至誠，各招介福，宜每日三拜盧舍那佛，自當存念各造盧舍那佛也。如更有人情願持一枝草、一把土助造像者，恣聽之。國郡守司莫因此事侵擾百姓，強令收斂。布告遐邇，知朕意矣。（《續日本紀》卷十五）

盧舍那佛，唐代新譯作毗盧舍那（意為光明遍照）佛，是大乘佛教所說的蓮華藏世界（或簡稱「華藏世界」或「淨土」）的教主。是報身佛還是法身佛，在天台宗、華嚴宗和密宗有不同的說法，是《華嚴經》中的主佛，諸菩薩承其「威神」宣說法界緣起重重無盡之法。從上引聖武天皇的詔書來看，他發願建造東大寺及大佛的目的是祈求佛菩薩保佑天下太平，國家富饒繁盛，並號召普通民眾自願予以支持。

東大寺是在奈良金鐘寺的舊址重新興建的。三年後寺院及金銅大佛建造完成，翌年舉行盛大的開光供養法會。建造寺院和金銅大佛花費巨大，據統計，僅造大佛就用熟銅 739,560 斤、白銀 12,618 斤、煉金 10,446 兩、水銀 58,620 兩、炭 18,656 石。[052]

東大寺地位很高，屬於國家寺院，稱「大倭國分金光明寺」，與在各地興建的「國分寺」相對，稱「總國分寺」。國分寺，在各國（日本古代的國，比現在縣略小）的國都建立，有比丘居住的「金光明四天王護國之寺」，簡稱「國分僧寺」；有比丘尼居住的「法華滅罪之寺」，簡稱「國分尼寺」。國

---

[052] 辻善之助著：《日本佛教史》第一卷第三章第三節，據《扶桑略記》、《東大寺大佛記》、《朝野群載》等書統計，岩波書店 1982 年第 4 次印刷。

第二節 「大化革新」以後的日本佛教

分寺是聖武天皇在天平十三年（西元 741 年）降詔命各國興建，此後又下詔督促，直到光仁天皇寶龜元年（西元 770 年）才基本完成。

在全國各地建造國分寺的一個重要目的是安置僧尼讀誦《金光明最勝王經》，祈禱四天王前來護國佑民、降災增福。《金光明最勝王經》十卷，唐義淨譯。此前有北涼曇無讖，北周闍那崛多、陳真諦的譯本，隋代有寶貴的合編本，然而唐以後最流行的是義淨的譯本。四天王是指東方持國天王、南方增長天王、西方廣目天王、北方多聞天王，是佛教的護法善神。《金光明最勝王經·滅業障品》說：

若有國士講宣讀誦此妙經王，是諸國主，我等四王常來擁護，行住共俱。其王若有一切災障及諸怨敵，我等四王皆使消殄；憂愁疾疫亦令除差，增益壽命，感應禎祥，所願遂心，恆生歡喜；我等亦能令其國中所有軍兵悉皆勇健。[053]

據此可以了解，聖武天皇正是為了得到四天王善神的「擁護」和保佑，使「一切災障及諸怨敵……皆使消殄；憂愁疾疫亦令除差，增益壽命，感應禎祥……國中所有軍兵悉皆勇健」，即為了求得皇室安康，社會穩定，風調雨順，五穀豐登，國富兵強，才建造國分寺的。

聖武天皇在詔書中規定，國分寺中應建七重塔，並寫《金光明最勝王經》、《法華經》各十部，在塔中安置金字《金光明最勝王經》一部；凡僧寺，置二十人，尼寺置十人，共受教戒，每月八日須讀誦《金光明最勝王經》，每半月須集體誦戒（布薩）；各寺皆分給水田十町（《類聚三代格》卷三）。國分寺的建造和維護是國家的事業。在地方上，國分寺在國司、國師的監督之下由寺中的「三綱」（寺主、上座、都維那）執掌日常事務。國分寺的土地在以後還有增加，日常活動除靠土地收入經營外，還靠來自政府的資助、各地貴族和普通民眾的施捨。國分寺的主要活動是供養、讀誦

---

[053]　《大正藏》卷十六，第 417 頁中。

和宣講被看作是「護國經典」的《金光明最勝王經》、《法華經》以及《仁王般若經》等，祈禱佛、菩薩和護法善神護國佑民。

日本在各地興建國分寺實際是效仿中國的做法。中國隋朝在全國111州建寺和舍利塔，在每年特定日期為皇帝、皇室和國民懺罪祈福；唐朝在京都、各州縣建立官寺，題額「大雲」、「龍興」、「開元」等，安置僧尼為皇帝、國民祈福。日本在從中國輸入佛教的同時，也引進在京城和各地興建為國祈福的官寺的做法，可以說是十分自然的。應當指出的是，建立東大寺與國分寺，安置僧尼讀誦佛經為皇室及國民祈禱的意義，在當時歷史背景下已經超越於宗教本身，具有增強民眾彼此的認同親和感與統一國家意識的作用。

奈良時代的寺院分為國家大寺、國分寺及屬於私人的「定額寺」、普通私寺。國家大寺也稱「官的大寺」，是按照歷代天皇和皇室成員的「敕願」建造的，也稱「御願寺」，如在奈良的東大寺、興福寺、元興寺、大安寺、藥師寺、西大寺、法隆寺，統稱「南都七大寺」[054]；如果再加上弘福、四天王、崇福三寺，則為「十大寺」。「定額寺」是在特定限額內得到朝廷承認的由官吏或貴族建造的大寺。這些寺院經常得到來自天皇、政府和貴族的施捨，包括田地，封戶（需將自己原應上繳給政府的租額一半乃至全部及庸、調的全額上繳給受封者），奴婢及各種財物等。寺院還憑藉政府給予的優待條件開墾大量土地，也透過買地及其他手段兼併土地。

三、《僧尼令》內容略析

日本從「大化革新」到西元8世紀初，隨著朝廷和地方行政體制的變革，也依照中國隋唐的政法律令制定了一系列的律令。如前述的《近江

---

[054] 南都是奈良，相對於平安時代的京城平安是南部，故稱。

第二節 「大化革新」以後的日本佛教

令》、《淨御原朝廷之令》、《大寶令》及至今尚存的《養老令》。這些律令在內容上前後相襲，並相繼為適應日本國情作了一些修改，條例越來越細密。鑑於佛教在日本社會日益普及和發展，也將對佛教僧尼的管理納入律令制的國家體制之內，參照唐朝律令制體系中管理道教男女道士、佛教僧尼的《道僧格》（日本稱之為「本格」），制定了《僧尼令》[055]，借助行政法制力量加強對佛教僧尼的控制和管理。

據《日本書紀》記載，早在天武天皇大寶元年（西元701年）制定的《大寶令》之中已經有《僧尼令》，然而早已不存。現存者是養老二年至養老五年（西元718～721年）由藤原不比等擔任總裁撰定的《養老令》中編在《神祇令》之後的《僧尼令》，共27條。平安時代由明法博士惟宗直本編撰的《令集解》四十卷，引用多種令的注釋書和學說注釋包括《僧尼令》在內的《養老令》。學術界現通用的《僧尼令》就是從中析出的。[056]

下面僅引述《僧尼令》的部分重要內容並略作評析。

1. 嚴禁僧尼擅離寺院聚眾教化，利用占卜巫術等手法蠱惑人心，危害社會民眾

《僧尼令》第一條規定：「凡僧尼，上觀玄象，假說災祥，語及國家，妖惑百姓，並習讀兵書，殺人奸盜及詐稱得聖道，並依法律付官司科罪。」第二條：「凡僧尼卜相吉凶，及小道、巫術療病者，皆還俗。」

《僧尼令》所舉的這些行為皆違背僧尼持戒修行的本分。僧尼不學修佛法而以占星、占卜、看相、巫術等外道方術來占卜吉凶，或妄談災害祥瑞，影射政治，蠱惑人心，又習學兵書，皆有圖謀不軌、製造動亂的嫌

---

[055] 據日本後妙華寺殿《令聞書》，《僧尼令》據唐《道僧格》而創制。
[056] 筆者所據《僧尼令》是辻善之助著，1944年版《日本佛史史》第一卷第二章第三節所載錄的《僧尼令》全文，並參考崛一郎著、京都臨川書店1975年版《上代日本佛教文化史》第四章所摘錄的《僧尼令》條文。

第三章　唐代佛教東漸與奈良六宗的興起（上）

疑；如果做出殺人、偷盜和姦淫之事，不僅違背佛教戒律，也嚴重觸犯國家刑律，造成的危害已超出僧團。對此，必須根據情節予以嚴懲，或強令還俗，或送官府判刑。

第三條：「凡僧尼，非在寺院，別立道場，聚眾教化，並妄說罪福，及毆擊長宿者，皆還俗。國郡官司知而不禁者，依律科罪。其有乞食者，三綱連署，經國郡司，勘知精進練行，判許。京內仍經玄蕃知。並須午前捧缽告乞，不得因此更乞餘物。」

第十三條：「凡僧尼，有禪行修道，意樂寂靜，不交於俗，欲求山居服餌者，三綱連署。在京者，僧綱經玄署；在外者，三綱經國郡，勘實並錄申官。判下山居所隸國郡，每知在山，不得別向他處。」

佛寺無論是官寺還是私寺，皆在政府管轄之下。如有人擅離寺院另立新的道場（隋代曾稱寺為道場）聚徒傳教，並妄說罪福以誘惑或煽動民眾，甚至毆打出來干涉的長老比丘，皆須強令還俗。如果地方上的國、郡官府聽任不管，要依律給予處罰。如果僧尼要出外乞食及離寺到山中修行者，必須得到寺中三綱（寺主、上座、都維那）簽署表示同意的文書，並上報國、郡官府得到同意。如在京城，必須經過玄蕃寮的批准。凡是離寺捧缽乞食，只許在上午進行，並且不得向民眾索要食物以外的東西。

以上條文基本內容是取自中國《道僧格》。原來雖是依據中國佛教情況制定的，然而日本朝廷看到佛教在日本深入傳播後也出現類似問題，便將《道僧格》的條文詞句直接應用到《僧尼令》之中。

僅舉一例，《續日本紀》卷七記載，元正天皇養老元年（西元717年）四月詔曰：「方今小僧行基等並弟子等，零疊街衢，妄說罪福，合構朋黨，焚剝指臂，曆門假說，強乞餘物，詐稱聖道，妖惑百姓，道俗擾亂，四民棄業，進違釋教，退犯法令⋯⋯」可見，上引《僧尼令》中所列的現象在日本現實已經存在，制定相關法規是有針對性的。順便提到，天皇詔書中

斥責的行基是法相宗僧人，在稍後聖武天皇發起建造奈良東大寺過程中曾作出很大貢獻。

2. 僧尼必須潔身自好，嚴守戒律，不得追求奢侈生活

第七條：「凡僧尼飲酒、食肉、服五辛者，卅日苦使。若為疾病藥分所須，三綱給其日限。若飲酒醉亂，及與人鬥打者，各還俗。」

按照大小乘戒律和應當持守的「十善」（不殺生、不偷盜、不邪淫、不妄語、不兩舌、不惡口、不綺語、不貪、不嗔、不癡），僧尼不許殺生、飲酒、吃蔥蒜等「五辛」[057]食物，更不許與民眾打架鬥毆。否則，將受到還俗處分。如果因治病用藥所需，可以破例，然而寺中三綱必須規定期限。

第十條：「凡僧尼，聽著木蘭、青、碧、皂、荊黃及壞色等衣。餘色及綾、羅、錦、綺，並不得服用，違者各十日苦使；輒著俗衣者，百日苦使。」

第九條：「凡僧尼作音樂及博戲者，百日苦使，棋琴不在制限。」

第十八條：「凡僧尼不得私畜園宅、財物及興販出息。」

第二十六條：「凡齋會不得以奴婢牛馬及兵器充布施，其僧尼不得輒受。」

何謂「苦使」？此語源自中國，意為做苦的差使，是對犯有過錯僧尼的懲罰方式之一，比強令還俗要輕，被罰做苦使的僧尼須在寺院做雜務勞動。據日本《令集解》卷八「修營」條引唐代《道僧格》的詞句：「有犯苦使者，三綱立鎖閉，放一空院內，令其寫經，日課五紙，日滿檢紙，數足放出。若不解書者，遣執土木作修營功德等使也。其老小臨時量耳，不合贖也。」[058]意為寺院三綱（寺主、上座、都維那）應對受罰做苦使的僧尼作

---

[057]　《梵網經》卷下，以大蒜、革蔥、慈蔥、蘭蔥、興渠五種為五辛。
[058]　引自鄭顯文：《唐代律令制研究》，第304頁。

第三章　唐代佛教東漸與奈良六宗的興起（上）

封閉看管，對於有能力讀經寫字者，可令每天抄寫規定數量的經；對不能寫經者，可令做各種雜活，例如可讓他參加土木建築勞動。

佛教戒律對於僧尼所穿衣服的顏色有明確規定。佛教傳入中國後，僧尼雖遵照戒律規定的顏色製作衣服，然而後來也有若干改變。按照《四分律》卷十六、《十誦律》卷十五等的規定，僧尼需用「若青、若黑、若木蘭」，或「若青、若泥、若茜」三種壞色（不正色、如法色）。中國漢魏時僧尼多穿赤色衣，後又流行黑色（緇衣）、青衣、褐衣。唐宋以後，朝廷常賜著名僧尼以紫衣、緋衣。《僧尼令》所列僧尼服色，是按照佛教戒律規定的，目的是要僧尼在穿著方面保持出家人清靜樸素的本色。對於穿著其他顏色衣服和穿綾羅綢緞衣服者，處罰做十天苦使。也不許僧尼隨時穿著俗服，否則罰做苦使百日。佛教戒律中有十戒，既是沙彌、沙彌尼必須遵守之戒，也是僧尼共守之戒。其中有「不歌舞觀聽」和「不坐高廣大床」、「不蓄金銀寶物」；《僧尼令》規定僧尼不許溺好音樂及做賭博遊戲，然而可以彈琴和下棋；不許私蓄田園財物；雖可參加齋會，然而不可接受包括奴婢牛馬及兵器在內的布施。

此外，還禁止男女僧尼同宿，「凡僧不得輒入尼寺，尼不得輒入僧寺」，但可以一起參加做功德的法會，到對方寺院看望師父、病人及聽法等。如因故僧寺停留婦女、尼寺停留男人，皆不許超過一宿，否則將予以處罰。這是為了防止發生僧尼破不淫戒，發生傷風敗俗之事。

以上大部分內容在佛教戒律中皆有相關的戒條。唐朝在制定「條制」或《道僧格》時曾參考過佛教戒律，也將部分內容寫進法規。日本朝廷之所以將這些規定寫進《僧尼令》中，目的是借助政府律令的方式強制僧尼嚴格地以戒規約束自己的行為，這樣既有利於維護佛教團體的統一和尊嚴，也有利於維護社會秩序的穩定。

3. 任用僧官必須選擇德行兼優、道俗敬仰者

第十四條：「凡任僧綱（謂律師以上），必須用德行能伏徒眾，道俗欽仰，綱維法務者。所舉徒眾，皆連署牒官。若有阿黨朋扇，浪舉無德者，百日苦使。一任以後，不得輒換。若有過罰及老病不任者，即依上法簡換。」

日本在「大化革新」後，中央僧綱設有僧正、僧都、律師，在治部省玄蕃寮統攝下負責管理全國僧尼事務；各寺設寺主、上座、都維那三綱，在中央玄蕃寮、僧綱或國、郡官府監督下管理各寺僧尼。《僧尼令》規定任用僧綱，必須選擇「德行能伏徒眾，道俗欽仰，綱維法務者」，並且規定推舉者需連署報官。如果發現是出於朋黨私利推舉無德之人，推舉者將受到處以做百日苦使的懲罰。為保持僧官的穩定，一旦任命，便不再更換，除非因為僧官受到處罰或年老的原因，才考慮選換之事。僧官必須嚴格執行《僧尼令》的各條規定，如果對僧尼嚴重違犯戒律和違犯法規而放任不管者，規定給以程度不同的處罰。

此條也源自唐朝律令。《唐六典》卷十八「鴻臚寺」條：「凡天下寺觀三綱及京都大德，皆取其道德高妙，為眾所推者補充，上尚書祠部。」卷四「祠部郎中」條：「凡道士、女道士、僧尼……以三寶物餉饋官寮、勾合朋黨者，皆還俗。」[059]

4. 嚴禁僧尼私度和冒名頂替

第二十二條：「凡有私度及冒名相代，並已判還俗，仍披法服者，依律科斷。師主、三綱及同房人知情者各還俗。雖非同房，知情容止，經一宿以上，皆百日苦使。即僧尼知情，居止浮逃人，經一宿以上者，亦百日苦使。本罪重者，依律論。」

---

[059] 鄭顯文：《唐代律令制研究》，第 304 頁。

中國唐代為維護社會勞動力的穩定，控制出家僧尼的數量，規定凡出家者必須通過考試並得到政府發的度牒才算合法出家（禮部的祠部長期負責此事），嚴禁私度。日本制定的《僧尼令》也有此規定。對於私度或是冒名頂替者，一律予以還俗處理。如果已經還俗，還穿著僧服，則按觸犯刑律論罪。如果三綱或僧尼知情不報，或留居逃亡之人，皆將受到懲罰。

此外還規定，凡僧尼死亡、還俗，在京寺院的三綱必須上報中央僧綱，地方寺院的三綱經國郡官府，最後上報玄蕃寮除名。對於僧尼委派俗人「曆門教化」，僧尼私自將度牒轉讓別人，以及僧尼辱罵三綱、越過正常程序告狀等行為，乃至僧尼「焚身捨身」的做法，律令皆嚴加制止。

制定這些條款，是為了防止僧尼過多過濫，維護僧尼團體的神聖和尊嚴，也是為了維護律令體制下的僧尼管理秩序。

5. 規定對違法僧尼的懲罰條例

第二十一條：「凡僧尼有犯，准格律，合徒年以上者，還俗，許以告牒當徒一年。若有餘罪，自依律科斷。如犯百杖以下，每杖十，令苦使十日；若罪不至還俗，及雖應還俗，未判訖，並散禁。如苦使條制外復犯罪不至還俗者，令三綱依佛法量事科罰，其還俗並被罰之人，不得告本寺三綱及眾事，若謀大逆、謀叛及妖言惑眾者，不在此例。」

引文中的「告牒」，也就是度牒，在有的場合稱為「公驗」[060]，是由政府主管佛教僧尼的部門發給的證明出家合法的文書。這些不同的名稱皆來自中國。據日本惟宗直本注釋《僧尼令》的著作《令集解》卷八〈准格律〉的注釋：「告牒者，僧尼得度之公驗也。依律：雜犯死罪者除名。即知，僧尼犯死罪者，亦先還俗，然後處死；其流罪者，比徒四年，以告牒

---

[060] 公驗源自中國，意為蓋有官府印章的文書。度牒是公驗的一種，僧尼出外所持由官府蓋印的證明也叫公驗。此外，軍政往來也有種種公驗。在日本，度牒、戒牒（也蓋有官府印）及受任僧官時由官府發的證書，皆稱「公驗」。

第二節 「大化革新」以後的日本佛教

當徒一年,其餘三年,役身也……案《道僧格》,此條除一篇之內,稱依律科罪,或還俗、或苦使之外,為雜犯立例……不得告眾事者,謂眾僧之事也。」[061]

據以上引文,日本政府對違法犯罪僧尼,根據情節輕重判刑主要有三種情況:一是罰做「苦使」,強制犯者在寺院內做各種雜務勞動。「苦使」及這個懲罰做法也源自中國唐朝律令;二是剝奪僧尼資格,強制還俗;三是對嚴重觸犯刑律者先令還俗,然後由政府依法處治,或處杖刑(杖打),或處強制犯人勞役的徒刑,或判流刑(流放到邊遠地區),對罪行最重者則處於死刑。

然而由於僧尼擁有優於普通民眾的特殊身分和權利,在量刑過程中會受到某些減刑優待。據上引條文所說,僧尼如果犯有按律令應判以一年徒刑以上者,先令其還俗,允許以其持有的公驗(度牒)抵消一年的徒刑,其他徒刑,再按律另判。如果被判流刑,可以折合成徒刑四年,在這四年中,以公驗抵消一年徒刑,其他三年服勞役。若僧尼因罪判百杖以下的杖刑,可以將杖刑折合成苦使(在寺院從事雜務勞動),每十天抵十杖。另,按罪過不管能否判還俗,在尚未宣判之前,犯者可不戴刑具,只需拘禁在室內。如果僧尼除犯有相當苦使的過錯以外,尚未達到判處還俗的程度,則由寺中三綱按照佛教戒律處治,不必移交官府。對於被判處還俗及其他刑罰的僧尼,不許控告本寺三綱及其他僧尼,但告發謀反及妖言惑眾的事件除外。

日本學者考證,從僧尼享有可以用告牒減免一年徒刑來看,他們的社會地位相當於六位以下八位以上的官員。因為這些官員的位勳可以為自己或親人所犯的流刑以下的罪行減刑一等。[062]

---

[061]　鄭顯文:《唐代律令制研究》,第 305 頁。作者所據《令集解》是黑板勝美主編新訂增補國史大系《令集解》第一,吉川弘文館 1995 年版。
[062]　辻善之助:《日本佛教史》第一卷第二章第三節;速水侑:《日本佛教史・古代》之三・Ⅰ,

日本透過實施革新改制，借鑑隋唐政治和文教制度建立了以天皇為首的中央集權體制，制定一系列的律令，有力地促進了日本經濟、政治和文化的進步。在這個過程中，透過引進儒學和教育制度與方法，提高了貴族子弟的文化素養，培養了治理國家的人才。日本朝廷借鑑唐朝的《祠令》、《道僧格》分別制定了《神祇令》和《僧尼令》，改善和加強對神道教和佛教的管理，以發揮神道教和佛教在維繫人心、推進道德教化和維護社會穩定中的獨特作用。

按照《僧尼令》的要求，僧尼應安分地在京城和地方各類寺院中如法修行，讀誦護國經典，為「鎮護國家」、「禳災招福」祈禱，並致力於研究佛學，培養弟子。

第三節　中日佛教交流和日本奈良六宗

從佛教在日本古代傳播和發展的歷史來看，大體可以劃分為前後兩大時期：

一是佛教初傳時期，自西元 6 世紀佛教傳入日本至平安時代（西元 794～1192 年）結束。在這個時期，佛教在經受短暫挫折之後，受到以天皇為首的最高統治階層和貴族的崇信，並被看作是大陸先進文化的代表和載體而置於施政施教的重要地位。中日兩國之間的佛教文化交流先是透過朝鮮半島，後直接透過海路日益頻繁。在中國是經歷隋唐，在日本是經歷飛鳥、奈良至平安時代，中國佛教宗派或學派相繼傳入日本。奈良時期盛行的佛教六宗之學，稱「奈良六宗」，為以後佛教在日本的發展奠定了基礎。進入平安時代，中國的天台宗、真言宗（密宗）先後傳入，進一步

吉川弘文館 1986 年版。

推動了佛教向社會各階層和廣大城鄉地區的普及，促進了日本民族文化的發展。

二是日本民族佛教的形成和持續發展時期，從鐮倉時代（西元1192～1333年）開始，中經室町、戰國直至江戶時期（西元1603～1867年）。佛教在傳入日本後經過長達五百多年的民族化過程，已經與日本傳統文化和宗教習俗密切結合，在進入這個時期以後相繼形成許多帶有日本民族特色的宗派——日本淨土宗、真宗、時宗、日蓮宗，舊有的天台宗、真言宗也形成自己的民族特色。新從宋元傳入的禪宗臨濟宗、曹洞宗在後來的傳播過程中也逐漸實現民族化。

一、唐代中日兩國的佛教文化交流

唐代是中國古代的盛世，在中外文化交流史上也占有重要地位。在這期間，中國與亞洲各國的文化交流，包括與日本的文化交流，皆可以說盛況空前。其中在中日文化交流中，佛教仍發揮著十分重要的橋梁和紐帶作用。隨著帶有鮮明中華民族特色的佛教宗派傳入日本並迅速傳播，不僅極大地促進了日本佛教日益深入地融入日本社會和實現民族化，而且對日本民族文化的豐富和發展也發揮了作用。

日本從舒明天皇二年（西元630年）至宇多天皇寬平六年（西元894年），先後向唐朝派出遣唐使十九次，除三次未能成行，實有十六次。派遣唐使的目的除政治交往外，主要是學習和輸入唐朝先進文化。日本每次派遣唐使來華，幾乎皆同時派遣大量留學生、留學僧到中國學習儒學經史和佛教。據不完全統計，在這期間來唐朝的留學生、留學僧（包括隨行僧）約有一百三十八人，其中留學僧一百零五人，占百分之七十六。[063]

---

[063] 據日本木宮泰彥著、胡錫年譯：《日中文化交流史》第四章之一的表格所載內容統計，商務印書館1980年版。

可見留學僧的人數遠遠超過留學生的人數，既反映日本朝廷對派遣留學僧到中國學習佛法的重視程度，也反映佛教在當時日本社會中占據的重要地位。隨著航海技術的進步，除官方的遣唐使船往來於中日之間外，還有中國商船和少量的新羅、日本商船。日本僧人也搭乘商船往來於中日兩國進行佛教文化交流。在日本廢止遣唐使之後，這些商船成為日本僧人往來日中兩國之間的主要交通工具。

日本在奈良時代（西元710～794年）盛行的佛教六宗：三論宗、成實宗、法相宗、俱舍宗、華嚴宗、律宗，都是直接或間接透過朝鮮半島從中國傳入的。

日本進入平安時代（西元794～1192年）以後，有不少僧人入唐學習天台宗和剛剛興起的密宗。最澄（西元767～822年）與空海（西元744～835年）同時隨遣唐使入唐求法，回國分別創立日本天台宗和真言宗（密宗）。這兩個宗派成為平安時代影響日本社會和文化的最大的佛教宗派。

此後，日本天台宗僧圓仁、圓珍相繼入唐學天台宗和真言宗；真言宗的常曉、圓行、惠運、宗睿，皆入唐學真言宗。真如法親王原是平城天皇之子，出家後曾從空海學真言宗（密教），唐咸通三年（西元862年）乘商船來中國，輾轉到長安青龍寺求法學密宗，不久出發經絲綢之路到印度求法，據傳最後死在印度。

二、日本朝廷支持佛學研究

日本以天皇為首的朝廷，對佛教在日本社會的傳播和發展十分重視。為了從整體上提高日本僧尼的根性和佛學水準，不僅優待和重用來自朝鮮和中國的僧人，也經常派遣留學僧到中國學習佛法。同時，還透過中央的僧官——僧綱（僧正、僧都和律師），提倡和支持全國僧人認真研究佛學，從中選拔學德兼優的人才予以重用。養老二年（西元718年）十月，

第三節　中日佛教交流和日本奈良六宗

太政官告僧綱曰：

　　智鑑冠時，眾所推讓，可為法門之師範者，宜舉其人顯表高德。又有請益無倦，繼蹤於師，材堪後進之領袖者，亦錄名臘（按：姓名和接受具足戒之後的年數），舉而牒之。五宗[064]之學，三藏（按：經、律、論）之教，討論有異，辨談不同，自能該達宗義，最稱宗師，每宗舉人並錄。次德根有性分，業亦粗細，宜隨性分，皆令就學。凡諸僧徒，勿使浮游，或講論眾理，學習諸義；或唱誦經文，修道禪行，各令分業，皆得其道。（《續日本紀》卷八）

　　這是指示全國最高僧官——僧綱，向朝廷推薦智德兼優的僧人予以表彰；舉薦勤於學法並且富有才幹者以便擔任僧官；選拔各宗中精於佛法、本宗義理的學僧擔任各宗宗師；應根據僧眾的根性、水準，組織他們學習；應當督導所有僧尼不要浮躁、遊惰，引導他們或學習講論佛教義理，或唱誦經文，進行禪修，使他們各有所為，皆有長進。不難想像，這對於鼓勵僧尼讀誦經典，深入鑽研佛教義理，安心修行，促進日本佛教界整體佛學水準的提高具有重大意義。

　　日本朝廷還提供經費資助各大寺院的佛學研究，設立寫經所將從朝鮮、中國傳入的佛教典籍廣為抄寫流通，為學僧從事佛學研究提供佛經章疏。與中國古代朝廷設置譯場大規模譯經不同，日本在佛教傳入後沒有翻譯佛經這個環節，一直把抄寫漢譯佛典和中國佛教著述作為興隆佛教的一項重要事業。

　　在這種情況下，日本佛教界興起研究和弘揚佛學之風。西元8世紀中葉，日本出現以研究一部或幾部佛典為中心的佛學團體，好像隋朝佛教界的「五眾」或「二十五眾」那樣，也稱之為「眾」。現存《元興寺伽藍緣起並

---

[064]　當時中國的律宗、華嚴宗尚未傳入，此五宗當指三論宗、成實宗、涅槃宗、毗曇宗、攝論宗，皆屬學派性質。

流記資財帳》、《大安寺伽藍緣起並流記資財帳》及《法隆寺伽藍緣起並流記資財帳》等之中，記載有三論眾、攝論眾、成實眾、修多羅眾、律眾、唯識眾、別三論眾等學僧團體的名稱，並且還記載提供給這些團體的錢數，例如「律眾十九貫八百卅文，三論眾卅貫，唯識眾卅六貫九百六十八文」等等。雖然現在對這些團體的詳細情況還不清楚，然而從這些名稱可以推測，它們是以「三論」(《中論》、《十二門論》、《百論》)、《攝大乘論》、《成實論》及包括《般若經》在內的大乘佛經（修多羅是梵文的音譯，意為經、佛經，此當指大乘經典）、戒律、《成唯識論》等作為研究重點的。[065]

三、奈良佛教六宗

隨著中國佛教漢譯經典和宗派著作不斷傳入日本、日本佛教學者研究的深入，以京城奈良為中心逐漸形成佛教六宗，即三論宗、成實宗、法相宗、俱舍宗、華嚴宗、律宗。日本佛教史書統稱之為「奈良六宗」，相對於平安時代的京城（今京都，在北）來說，也稱之為「南都六宗」。在中國，成實、俱舍二宗原本不是獨立宗派，是分別附屬於三論宗和法相宗的。實際上，從當時奈良六宗整體來看，無論在教理的論證方面還是在組織方面，它們皆構不成宗派，基本屬於學派的性質。

日本律宗是由「過海大師」唐僧鑑真和尚創立的，將設專節介紹。這裡先介紹其他五宗。

1. 三論宗和成實宗

三論宗以研習印度大乘中觀學派的論書「三論」得名。所謂「三論」是指古印度中觀學派創始人龍樹著的《中論》、《十二門論》及其弟子提婆著的《百論》，由中國後秦時的著名翻譯家鳩摩羅什（西元344～413年）翻

---

[065] 參見日本大野達之助《新稿日本佛教思想史》第二章第一節。

譯成漢文。此後，鳩摩羅什與弟子僧肇、僧睿、道融、曇影、道生、僧導等研習講論，受到更多學者重視。南北朝時，歷經宋、齊、梁，三論學說得到很大發展，成為繼涅槃學、成實學之後最盛行的學派，著名學者有南朝梁時於攝山（今南京棲霞山）傳法的僧朗、僧詮，陳代的法朗（西元507～581年）。法朗的弟子吉藏正式創立三論宗。

吉藏（西元549～623年），俗姓安，安息國移民後裔，生於金陵（今南京），七歲在法朗門下出家，十九歲之後逐漸有名。後至會稽嘉祥寺，前來問學者很多，被人尊稱「嘉祥大師」。隋開皇（西元581～600年）末年應晉王楊廣（後即位為煬帝）之招請，入江都慧日道場，後入長安日嚴寺，以博學善辯聞名於京城。當時長安重視《法華經》，吉藏也講《法華經》，並講「三論」及《大品般若經》、《大智度論》、《華嚴經》、《維摩詰經》等。唐武德二年（西元619年）「置十大德，綱維法務」，吉藏以其名聲被推舉作為十大德之一（《續高僧傳》卷十一）。吉藏一生廣引佛教經論，對「三論」思想作了系統的闡釋和發揮，撰有《中觀論疏》、《十二門論疏》、《百論疏》、《三論玄義》、《大乘玄論》及《二諦義》等。

據「三論」和吉藏的著作，可將中國三論宗的基本教理歸納為「八不」中道論和真俗二諦論。

(1)「八不」中道論

《中論》的開頭第一首偈就是：「不生亦不滅，不常亦不斷，不一亦不異，不來亦不出。」[066]

用此「八不」來批駁外道的認為世界萬物是從「自在天」生，或認為世界存在「無因有果」、「有因無果」、「無因無果」等現象的觀點。

三論宗將批駁論敵的觀點稱之為「破」、「破斥」。上述「八不」是建立

---

[066]　《大正藏》卷三十，第1頁中。

在大乘佛教般若學說的「因緣性空」的基礎上的。既然世界一切有生滅的現象必須借助因緣才生，故皆沒有真實自性，本質為空，如此生則不生、滅則非滅。關鍵是「無性」（沒有實有的自性、規定性）和不生，在此前提下，無所謂滅，又哪裡還談得上常與斷、一與異、來與出呢！進而，按照大乘中觀學說，「不生」屬「空」，「不滅」屬「有」，因為一切沒有真實自性，故空非真空、有非真有，空有不二，此即為不偏離任何一方的「中道」。三論宗正是依據「八不」來論證其「八不中道」的。

吉藏《大乘玄論》卷二說：「八不者，蓋是諸佛之中心，眾聖之行處也。」[067]《中觀論疏》卷二也說：「八不者，蓋是正觀之旨歸，方等（按：大乘經典）之心骨，定佛法之偏正，示得失之根源。」[068] 這是把「八不」中道置於佛法的很高地位，說它是大乘佛法的中心和總原則，是衡量佛法正與邪的標準，佛與菩薩遵照它從事教化，是修行者覺悟成佛的依據。這樣便把「八不」與佛教奉為終極真理的佛性、實相等同，甚至說「中道佛性，不生不滅，不常不斷，即是八不」，「八不即是中道佛性」。

(2) 真俗二諦論

二諦是俗諦與真諦（也稱「第一義諦」）。《中論・觀四諦品》說：

諸佛依二諦，為眾生說法，一以世俗諦，二第一義諦。若人不能知，分別於二諦，則於深佛法，不知真實義。[069]

「諦」意為真理。二諦可解釋為二類真理。吉藏《二諦義》卷上解釋說：「世俗諦者，一切諸法性空，而世間顛倒謂有，於世間是實，名為世諦；諸賢聖（按：佛、菩薩）真知顛倒性空，於聖人是實，名第一義諦。」世界本來是客觀存在的，然而按照般若中觀的一切皆空的理論，世界一切

---

[067]　《大正藏》卷四十五，第 25 頁上。
[068]　《大正藏》卷四十二，第 20 頁中。
[069]　《大正藏》卷三十，第 32 頁下。

事物和現象是空幻不實的，稱這種認識是真諦，而把一般人認為世界真實存在的見解稱為顛倒不可信的俗諦。

應當指出，即使在大乘佛教內部，對於真、俗二諦也有各種不同的看法。吉藏依據《中論》來論述二諦，對其他關於二諦的看法提出批評。他從三個層次論述二諦。

第一，他把二諦置於「佛法根本」的重要地位，說「二諦是佛法根本，如來（按：佛的稱號之一）自行化他，皆由二諦」（《三論玄義》），指出《中論》一書就是「用二諦為宗」的，如果要領悟二諦就應當依據此書。

第二，他在《大乘玄論》卷一相對於其他學派的二諦說，從四個層面提出自己的二諦說，以顯示自己的二諦說超越於前者。此即為「四重二諦」，大意為：

相對於小乘說一切有部的論書《毗曇》的事、理二諦，提出自己的空、有二諦；

相對於小乘《成實論》的空、有二諦，提出以「空有二諦」為俗諦，以「非空非有」為真諦；

相對於「大乘論師」（此當為研習《攝大乘論》的學者）的以唯識學說中的「三自性」（詳後法相宗部分）的依他、分別二性為俗諦，以依他性的「無生」、分別性的「無相」相即不二的「真實性」為真諦，提出自己的二諦，所謂「若二若不二，皆是我家俗諦；非二非不二，方是真諦」，是以前者的二諦皆歸為自己的俗諦，而將以否定方式表述前者的二諦作為自己的真諦。

同時，「大乘論師」還以「三性」（三自性）作為「俗諦」，而以唯識學說的「三無性」（詳後法相宗部分）非施設（「非安立諦」）為真諦。對此，吉藏進而提出：無論是三自性，還是「非二非不二」的「三無性」，皆屬於自己的俗諦，只有「言忘慮絕，方是真諦」。何謂「言忘慮絕」？實際即為

與「畢竟空」、「實相」相契合的「無所得」的體悟境界，是根據《般若經》提出來的。這種真諦就是吉藏在《三論玄義》上講的「正理」：「內外相冥，大小俱寂。」

第三，他認為對於二諦，既不能執著俗諦，也不能執著真諦，而應當領悟真、俗二諦相即不二的中道，此即為「二諦中道」。吉藏《大乘玄論》卷四說：

> 真（按：真諦）故無有，雖無而有，即是不動真際（按：真如、實相）而建立諸法；俗（按：俗諦）故無無，雖有而無，即是不壞假名（按：現象之有、假有）而說實相。以不壞假名而說實相，雖曰假名，宛然實相；不動真際建立諸法，雖曰真際，宛然諸法。以真際宛然諸法，故不滯於無；諸法宛然實相，即不累於有。不累於有，故不常；不滯於無，故非斷，即中道也。[070]

這不外乎是說，真諦與俗諦是互不妨礙，相即不二的。從所包含的宗教社會意義來說，世間與出世間、在家與出家、世俗文化與佛教教理、生死煩惱與涅槃解脫……是彼此會通、相即圓融的，所謂「俗不定俗，俗名真俗；真不定真，真名俗真」（《二諦義》卷下）。由此可以讓人得出人間即佛國淨土，眾生即是佛，「貪俗即是道」的結論。這也是在努力縮小世間與出世間、現實與彼岸的距離，使人加強對覺悟解脫的信心，以利於佛教在社會上廣泛傳播。

印度大乘中觀學派繼龍樹之後，以西元6世紀的清辨比較有名。清辨認為心外有由極微積集成的境，主張辯論應按因明格式自立比量（推理根據、理由），捨棄自龍樹以來的只破不立的歸謬論證方法。後世將清辨的這一派稱作「中觀自立量派」、「自立論證派」或「自續派」。著作有闡釋《中論》的《般若燈論》、《中觀心論》及《大乘掌珍論》等。唐初，中印度

---

[070] 《大正藏》卷四十五，第55頁中。

僧波羅頗迦羅蜜多羅來到中國，貞觀四年（西元630年）在長安譯出清辨《般若燈論》。貞觀十九年（西元645年）玄奘從印度求法回歸，帶回清辨的《大乘掌珍論》於貞觀二十三年（西元649年）譯出。

三論宗在中國盛行時間較短，在吉藏去世後逐漸衰微。中國三論宗以闡釋龍樹及其弟子提婆「三論」為代表的印度早期中觀學說為主，對於印度清辨《般若燈論》等為代表的中期中觀學說沒有引起注意。然而日本學者經過考察認為，日本三論宗不僅祖述吉藏的三論宗，而且也曾對清辨的中觀學說發生興趣。[071]

中國三論宗在日本飛鳥時代（西元600～710年）已開始傳入日本，西元602年到日本的百濟僧觀勒雖是三論學者，然而他沒有弘傳三論。按照日本鐮倉時代學者凝然（西元1240～1321年）的《三國佛法流通緣起》的說法，此後經過慧灌、智藏和道慈三傳，三論宗才在日本流傳開來。然而關於日本三論宗一、二傳的現存資料甚少，僅能作十分籠統的介紹。

慧灌，高麗僧，據《三國佛法流通緣起》，他曾到中國從吉藏學習過三論之學，推古天皇三十三年（西元625年）到日本，敕住元興寺，然而開始未宣講三論之學，直到西元645年孝德天皇即位之後，他才應請在元興寺講三論，後受任僧正。此為日本三論宗的第一傳。

慧灌向福亮講授三論之學，福亮又傳授智藏。據鐮倉時期虎煉《元亨釋書》卷十六記載，福亮原籍中國吳地，智藏是他在俗時之子。智藏後來入唐重學三論[072]，回日本後住法隆寺，「盛唱空宗」，為日本三論宗第二傳，在天武天皇白鳳元年（西元673年）任僧正。智藏弟子中以道慈、智光和禮光最有名。

---

[071] 末木文美士：《奈良時代佛教的傳日》，載楊曾文、源了圓主編《中日文化交流大系4·宗教卷》第二章，浙江人民出版社1996年版。

[072] 《元亨釋書》卷一〈智藏傳〉謂智藏「謁嘉祥受三論微旨」。吉藏於西元623年去世，從時間上看他不可能從吉藏受學。

第三章　唐代佛教東漸與奈良六宗的興起（上）

日本三論宗第三傳是道慈。道慈（？～西元744年），俗姓額田，曾從智藏學習三論，在文武天皇大寶元年（西元701年）入唐求法，被安置住於著名的長安西明寺。當時正值武周後期。道慈在中國學習長達18年，經武周、唐中宗、睿宗和玄宗四朝。道慈在唐期間，中國盛行法相宗、華嚴宗和密教。吉藏早已去世，三論宗趨於衰微。印度密教高僧善無畏在開元四年（西元716年）到長安，先後被安置住興福寺、西明寺，譯出《虛空藏求聞持法》，至開元十四年（西元726年）與一行譯出《大日經》（宋贊寧《宋高僧傳》卷二〈善無畏傳〉）。據《三國佛法流通緣起》記載，道慈在唐以學三論為主，然而同時學習法相宗，並曾隨善無畏學習真言宗（密教），從受《虛空藏求聞持法》。在他回國之前，善無畏尚未著手翻譯《大日經》。

道慈於唐玄宗開元六年（日本元正天皇養老二年，西元718年）歸國。他在唐期間看到長安西明寺建築宏偉莊嚴，便將寺院圖樣加以繪製，歸國時帶回。後來奉詔將原在舊京的大安寺遷建到奈良時，他即據西明寺建造。元正天皇因此賜封五十戶及左右侍童，詔書曰：「法師遠涉蒼波，核異聞於絕域。遐遊赤縣，研妙機於碩師。參跡象龍，振英秦漢，戒珠如滿月，慧水似巨瀛。」（《元亨釋書》卷二）對他渡海到中國求法，師事名師、學德俱優的表現予以高度讚揚。

道慈以大安寺為中心，以弘傳三論宗為主，同時還傳授法相宗、真言宗。聖武天皇天平九年（西元737年）四月初八佛誕日，他上奏天皇在大安寺轉讀《大般若經》，以護寺鎮國，得到允准，此後成為恆例。他曾任律師，著《愚志》批評當時的僧風。

道慈被日本三論宗奉為三祖。弟子中著名的有善議。善議傳法於安澄、勤操。安澄（西元763～814年）著有《中論疏記》八卷，對中國東晉般若學「六家七宗」多有評述，至今仍不失為研究晉代般若學的寶貴參考

第三節　中日佛教交流和日本奈良六宗

資料。安澄有弟子實敏，居西大寺盛傳三論，從而使西大寺也成為三論宗傳法中心之一。勤操有弟子空海後入唐求法，回國創立日本真言宗。

智光、禮光從智藏受傳三論宗，皆在元興寺居住傳法，除弘傳三論宗外，還虔奉阿彌陀佛西方淨土信仰。在禮光去世後，智光命圖工精製阿彌陀佛西方極樂世界之圖，後世稱之為「智光曼荼羅」。[073] 智光是奈良時代著名般若三論學者之一，著有《般若心經述義》、《淨名玄論略述》、《中論疏記》、《初學三論標字義》、《大般若經疏》及《無量壽經論釋》、《觀無量壽經疏》等。弟子靈睿對後世三論宗影響較大。

成實宗，中國佛教學派之一，從所依據和研習的古印度僧訶梨跋摩《成實論》而得名。訶梨跋摩是說一切有部的學僧，因受大眾部思想的影響，特著此論批評說一切有部的理論。《成實論》在論證「苦、集、滅、道」四諦的框架內提出自己觀點，認為有情眾生的苦因是煩惱的「業」（思想言行），要從苦中解脫出來必須滅除作為一切煩惱和業的本源的「無明」（癡），而要滅除「無明」就要徹底破除對作為「假名」的我、法及空的執著。此即所謂「滅三心」——滅除假名心、法心和空心。認為人是由色、受、想、行、識這五陰和合而成的，是假名而非實有；即使是五陰諸法，若從第一義諦來看也是空無所有的；如果透過修證達到斷滅一切心理活動的「滅盡定」（無心定）和「無餘涅槃」的境界時，則與「空」相應的觀念也不復存在。總之，《成實論》主張人、法兩空，接近於大乘「諸法性空」的思想。

中國後秦鳩摩羅什譯出《成實論》之後，他的弟子南朝僧導、北魏僧嵩對此展開研究並撰注疏，此後研習日盛。南朝梁時研習弘傳此論的著名學僧有被稱為「三大法師」的建康開善寺智藏、莊嚴寺僧旻和光宅寺法雲。他們同時也是研究《大涅槃經》的學者。此後，隋朝三論宗創始人吉

---

[073]　此圖現存，見日本元興寺佛教民俗資料刊行會編，學術書出版會 1969 年版《智光曼荼羅》。

第三章　唐代佛教東漸與奈良六宗的興起（上）

藏在自己的著作中批評《成實論》未能認識色、空不二和真、俗二諦相即不二的「中道」，判它仍屬於小乘，從此便衰微下去。

在中國三論宗傳入日本的過程中，成實宗附於三論宗同時傳入，從未成為獨立的佛教宗派。日本早期的三論學者高麗惠慈、慧灌及百濟慧聰、觀勒等人，同時也是研究《成實論》的學者。

中國南朝成實師光宅法雲（西元 467～530 年）曾援引《成實論》之義講《法華經》，所著《法華義記》傳到日本。聖德太子在撰寫《三經義疏》之一的《法華義疏》四卷的過程中曾吸收了法雲的思想。凝然《三國佛法流通緣起》卷中說：「聖德太子作《三經義疏》，以《成實論》為法相門，依光宅義以立義門。光宅法師是成實師，正弘大乘，而以《成實》判法性相。」又說聖德太子以慧慈、慧聰等人為師學習佛法，「即是三論宗、成實宗義而已」。

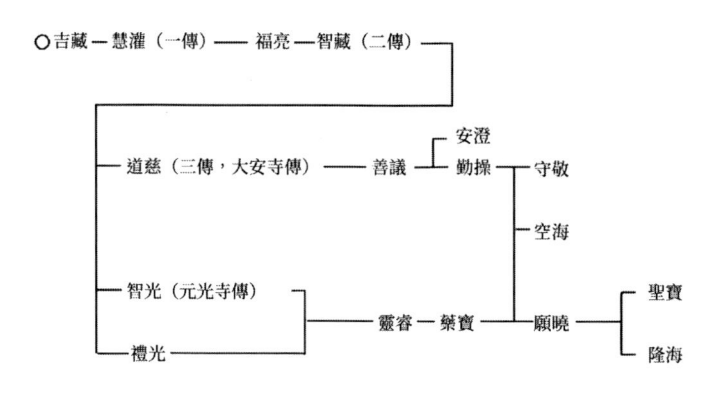

```
○吉藏 ─ 慧灌（一傳）─── 福亮 ─ 智藏（二傳）
         │
         ├─ 道慈（三傳，大安寺傳）─ 善議 ┬ 安澄
         │                              └ 勤操 ┬ 守敬
         │                                     │ 空海
         │                                     └ 願曉 ┬ 聖寶
         │                                            └ 隆海
         ├─ 智光（元光寺傳）┐
         └─ 禮光           └─ 靈叡 ─ 榮寶
```

日本三論宗傳法世系表
（名字前有○者為中國人）

在天武天皇（西元 673～686 年在位）時，百濟僧道藏赴日講《成實論》，並撰寫《成實論疏》十六卷，成為後世講習《成實論》者常用參考之書。此外，還有作者不明的《成實義章》二十三卷、《成實義林》二卷，也很流行。

據《三國佛法流通緣起》，在奈良時代一些講習三論宗的寺院，如元興寺、大安寺、西大寺、法隆寺等，皆兼習《成實論》。

2. 法相宗和俱舍宗

玄奘（西元 600～664 年）從唐太宗貞觀元年（西元 627 年）出發到印度求法，在那爛陀寺師事戒賢法師，學《瑜伽師地論》（《十七地論》）等唯識學派的經典，並且廣學因明（邏輯和認識論）、聲明（語言文字、音韻、方法）、醫學等，貞觀十九年（西元 645 年）在親歷 110 國，經受千辛萬苦之後回到長安，先後受到唐太宗、高宗的優遇，在他們的支持下先後在弘福寺、大慈恩寺、玉華宮等處從事譯經，共譯出佛經七十五部一千三百三十五卷。玄奘譯經水準較高，佛經翻譯從此進入新時期，稱以前的譯經為「舊譯」，此後為「新譯」。弟子達千人之多，其中著名的有窺基、圓測（新羅人）、普光、法寶、神泰、靖邁、慧立、玄悰、神昉等人。

法相宗就是由玄奘及其弟子窺基（西元 632～682 年）依據並發揮印度大乘瑜伽唯識學說創立的，所依經典主要有所謂「六經十一論」。實際上，其中有二經一論並沒有傳入中國，所以只有四經十論，最重要的是《解深密經》、《瑜伽師地論》、《攝大乘論》以及《成唯識論》。《成唯識論》是解釋《唯識三十頌》的，是玄奘以印度唯識學者護法的觀點為主，雜糅印度十位唯識學者的觀點集編並翻譯的，雖在此十論之外，然而在詮釋法相唯識教理方面具有特殊重要的地位。圍繞對《成唯識論》的闡釋和發揮，窺基撰寫的《成唯識論述記》、《成唯識論掌中樞要》，窺基弟子淄州慧沼（西元 651～714 年）著有《成唯識論了義燈》，慧沼弟子濮陽智周（西元 677～723 年）著有《成唯識論演祕》、《成唯識論了義燈記》、《成唯識論樞要記》等，皆是法相宗依據的重要著作。其中，窺基的《成唯識論掌中樞要》與慧沼《成唯識論了義燈》、智周《成唯識論演祕》總稱「唯識三疏」，對圓測、道證等人的唯識異說有所批評。

窺基參照《解深密經》中的內容，提出「三時」判教說：第一時，釋迦牟尼佛說《阿含經》，只講「我空」，小乘人仍迷於「法有」；第二時，佛講《般若經》等，講我、法二空，於是有人便奉二空為「無上理」，對空執著；第三時，佛為破除前述執有、執空的「迷謬」，便說一切皆唯識所變，此為「中道」之教。為什麼說此為中道之教呢？據稱：

心外法無，破初有執；非無內識，遣執皆空。離有無邊，正處中道。（《成唯識論述記》卷一）[074]

意為心識之外，沒有真實的事物，以此破除對「有」的執著。然而並非沒有內在的心識，以此清除對一切皆空的執著。離開對有、空兩種片面見解的執著，就達到中道的認識。這種中道就是「唯識」——「心外法無」、「非無內識」。這裡所說的中道與般若中觀學派的中道是大相徑庭的。

由此不難看出，法相宗是以「第三時教」——中道之教自許，是以「唯識為宗」的。這裡僅介紹其阿賴耶識和種子說、三自性和三無性說。

(1) 阿賴耶識和種子說

法相宗是印度唯識學派在中國的移植，以細密的精神分析著稱。它在佛教傳統的六識之外增加二識——末那識、阿賴耶識，成八識，稱此八識具有變現「外境」（包括主體的「我」、萬事萬物的「法」）的功能，所以稱之為「能變識」。又進而將此八識分為三類：一是「異熟識」，指第八阿賴耶識；二是「思量識」，指第七末那識；三是「了別境識」，指眼耳鼻舌身意六識。

何謂阿賴耶識？它被描繪為人的精神主宰，《成唯識論》卷二說：「有情（按：主要指人）執為自我。」佛教認為人的靈魂不滅，死後靈魂承載著生前的善惡業因在六道輪迴。在法相宗那裡，阿賴耶識也指承擔業報輪迴

---

[074]　《大正藏》卷四十三，第229頁下。

的靈魂。

法相宗用「三相」來解釋阿賴耶識的特性：一是「自相」，稱之為阿賴耶識。「阿賴耶」意為藏，藏東西的場所，例如倉庫，此為藏精神性種子的地方。就「藏」來說，具有「能藏」、「所藏」和「執藏」三個含義。「能藏」與「所藏」是指它攝藏一切善、惡、無記（非善非惡）的精神種子（能、所不二）；「執藏」是指第七末那識常把它執為「自我」。二是「果相」，名為「異熟（按：果報）識」，說它藏有的善惡「業種」（行為造成的報應之因）能夠招致善惡業報，輪迴生死。三是「因相」，稱「一切種」，說阿賴耶識攝藏的一切種子是萬事萬物生成的原因。阿賴耶識所攝藏的精神種子能夠變為「器」，即「器世間」，指三界有情眾生居住的環境；「有根身」，即眾生的器官及整個身體。其他七識不僅是阿賴耶識的產物，而且皆以阿賴耶識作為「根本依」才能活動。可見，阿賴耶識在法相唯識學說中具有精神主體、靈魂和世界本原等多種含義。

第七識是「末那識」，也譯作「染汙識」、「阿陀那識」，雖然意譯也作「意識」，然而為了與第六識「意識」相區別特地音譯為「末那識」。唯識學說認為，末那識是依阿賴耶識而生起，並且依託阿賴耶識而「恆審思量」，它將阿賴耶識當作「自我」，「從無始來與四煩惱恆俱生滅，謂我見、我愛及我慢、我癡」（《成唯識論》卷五）。[075] 所謂「我見、我愛及我慢、我癡」指的是因為持有「我」（生命主體）而產生的思想（種種與自我相關聯的見解）、貪愛、傲慢與無知（不明「我空」之理）。可見，「末那識」不僅具有現代人所說的自我意識或主體意識的含義，而且還含有能夠分別主體與客體、是與非、好與惡等的抽象思維能力的意思。唯識學派主張一切是唯識所變，認為存在「我見」便可導致產生種種邪業，所以稱具有自我意識的末那識為「染汙識」。第六意識要依託第七、八二識，前五識要依

---

[075] 《大正藏》卷三十一，第 24 頁下。

託第六、七、八識才能運轉，進行認識活動。

因為法相宗以「實無外境，唯有內識」(《成唯識論》卷一)[076]為理論原則，所以它講的諸識的認識活動實際只是以自己的心識為外境，從根本上否認外部真實世界。它說八識的每一個識都有自己的「見分」和「相分」。前者相當於心識的可以「緣境」(接觸境)、「了別」(感受、分辨)的部分，後者是心識變現出來與「見分」對應的可緣(被接觸)的境。又認為，心識的「見分」的了別活動須由作為「識體」的「自證分」來加以確證，還有所謂「證自證分」對「自證分」進行證明。實際上，這「四分」不過是心識各種功能的不同說法。

法相宗講的阿賴耶識中攝藏的種子是所謂「親生自果功能差別」，實際上是想像中的世界萬有的精神性本原。說種子有兩類：

一類為「本有」種子，所謂「無始來異熟識中，法爾(按：自然、本來)有生蘊、界、處功能差別」。「蘊」是五蘊，包括色、受、想、識、行；「界」是十八界，包括能夠產生認識活動的六種功能(眼、耳、鼻、舌、身、意六根)、作為感覺認識對象的六境(色、聲、香、味、觸、法)，以及由此形成的六種感覺或認識(眼、耳、鼻、舌、身、意六識)；處是十二處，即前面十八界中的六根和六境。蘊、界、處三者，可概括為世界和眾生。這段話是說「本有」種子是久遠以來，阿賴耶識中藏有的能夠產生世界與眾生的各類精神功能。

另一類是「始有」種子，說是由前七識的「現行」運轉而產生的種子，也稱此為「熏習而有」的種子。還說種子可以再生種子。(以上見《成唯識論》卷二)[077]根據法相宗的修行理論，人們的修行過程就是不斷熏習阿賴耶識所藏種子中的「無漏(按：清淨的沒被煩惱染汙)善種」，增加善的種

---

[076] 《大正藏》卷三十一，第1頁中。
[077] 《大正藏》卷三十一，第8頁中。

子，而徹底斷除「有漏惡種」，最後達到解脫。

(2)「三自性」和「三無性」

「三自性」和「三無性」是法相宗用來對世界所作的總體說明。

「三自性」是指依他起性、遍計所執性和圓成識性。什麼是依他起性呢？是指因緣及一切從因緣而生起的現象。法相宗認為一切皆唯識所變，所以所謂因緣無非是八識和精神種子。認為一切皆是「心、心所（按：心理作用、活動）及所變現，眾緣生故，如幻事等，非有似有」。意為世界萬有現象包括精神現象在內不過是心識在一定條件的變現，如同夢幻一樣，雖無而好像是有，是「假有」。這是對現實客觀世界真實性的否定。所謂遍計所執性是指將上述「假有」現象看作是真實的認識，實際是指世俗認識。唯識學說有時稱此種認識為「妄」、「妄執」。圓成識性是要求修行者應當追求達到的最高精神境界。《成唯識論》卷八說：

> 此即於彼依他起上，常遠離前遍計所執，二空所顯，真如為性。[078]

這是說應當對前述「依他起」心識顯現的認識中，清除屬於「遍計所執」的迷妄，體悟「二空」的道理，如此則可形成與真如相契合的認識，此種認識就是圓成識性。然而應當指出的是，真如、法性等概念雖然為大乘佛教各派共用，但具體含義並不完全相同。法相宗唯識學說的「圓成識性」雖也被稱為真如，然而實際不過是「唯識」教理的另一種說法，有時也被稱為「唯識實性」。簡言之，如果能夠領悟世界萬物皆是唯識所變現的道理，便達到了「圓成識性」的精神境界。

「三無性」是對上述「三自性」的進一步說明，是為了證明大乘佛教普遍承認的「一切法皆無自性」的道理。

「三無性」是依「遍計所執性」，立「相無性」，換言之，即名相概念、

---

[078]　《大正藏》卷三十一，第46頁中。

世俗認識本不可靠，如同「空花」；依「依他起性」，立「生無性」，即一切緣生現象虛幻無實；依「圓成識性」，立「勝義無性」。既然名相、世俗認識不真實，就不應執著；生由緣起，「此如幻事」，就不必看作真有；「圓成識性」雖也被稱為「無性」，然而此為「假說無性，非性全無」，因為它超越於世俗的遍計、依他二性，所以稱之為「勝義」。所謂「勝義」即「勝義諦」，與「真諦」同義。法相宗以「遍計」、「依他」二性為俗諦，以「圓成識性」為真諦。

法相宗在唐初曾在佛教界興盛過一時，但畢竟因為名相繁雜，教理過於艱澀，不便於為儒者士大夫和社會普通民眾理解，到唐中期智周去世以後，法相宗逐漸衰微下去，傳承不明。

①本法相宗第一傳（元興寺一傳）—— 道昭

道昭（西元629～700年），俗姓船，出家後住元興寺，在孝德天皇白雉四年（西元653年）奉敕隨從遣唐使小山長丹入唐，同行者還有道嚴等僧俗十三人，到長安謁見玄奘。時值唐高宗永徽四年（西元653年），玄奘從印度求法而歸已九年，在所帶回的唯識經典中已譯出《解深密經》、《瑜伽師地論》、《顯揚聖教論》、《攝大乘論》、《攝大乘論世親釋》、《攝大乘論無性釋》、《唯識三十論》、《大乘百法明門論》等，然而最集中論釋唯識理論的《成唯識論》尚未譯出，直到道昭歸國去世前一年（西元699年）才譯出。

據《元亨釋書》卷一〈道昭傳〉記載，玄奘對道昭的到來表示歡迎，吩咐門下對他「勿以外域輕之」，親自熱心地加以教誨。道昭欣然受教，「早得悟解」。一日，玄奘告訴他說：「經論文博，勞多功少。我（按：此指中國、唐朝）有禪宗，其旨微妙，汝承此法，可傳東徼。」道昭按照玄奘的建議，前往相州隆化寺謁見慧滿禪師。

第三節　中日佛教交流和日本奈良六宗

據唐道宣《續高僧傳》卷十六〈僧可傳〉的附傳，慧滿是僧那（那禪師）的弟子，上承菩提達摩──慧可的法系，經常修持「頭陀」苦行，並奉四卷《楞伽經》為禪法要旨，隋末唐初先後在相州（今河南臨漳西南鄴鎮）隆化寺及洛陽南部一帶傳法，七十歲去世。[079] 當時有同秉達摩──慧可法系的道信（西元 580～651 年）、弘忍（西元 601～674 年）前後以蘄州黃梅（在今湖北東南）雙峰山和東山為傳法中心傳授達摩禪法，稱「東山法門」，影響很大。在佛教史上，將秉承達摩──慧可法系的學派稱「楞伽宗」，實際是後世禪宗之源。參考其他相關資料，在道昭入唐求法的時候，達摩──慧可的「楞伽宗」法系還是相當流行的。[080]

道昭從玄奘受法相宗、從慧滿受禪法後，於唐高宗龍朔元年（日本齊明天皇七年，西元 661 年）辭別玄奘歸國，玄奘贈以佛舍利、佛教經論及法相宗章疏。道昭回國後住於京城飛鳥元興寺，以此寺為中心向日本僧眾傳授法相宗。此為法相宗在日本的第一傳。道昭弟子中著名的有行基等人。道昭在唐學過楞伽禪法，為修習坐禪和向日僧傳授禪法，特在元興寺東南建禪苑，「或三日一起，或七日一餐」，前來跟他學禪者很多。此外，道昭還到外地傳法，並熱心宣導興辦利於民眾的社會事業，例如在路旁鑿井、在渡口備船、創建大橋等。道昭在文武天皇四年（西元 700 年）去世，享年七十二歲。弟子依其遺言舉行火葬，此為日本火葬之始。

道昭從唐帶回的經論章疏收藏在元興寺旁邊的禪苑之中。後來日本朝廷遷都奈良，元興寺未遷，後在奈良建新元興寺。道昭的弟子經奏請在新

---

[079] 《續高僧傳・僧可傳》載，慧滿在「貞觀十六年（按：西元 642 年）於洛州南會善寺側，宿柏墓中，遇雪深三尺，其旦入寺見曇曠法師……諸說法云：諸佛說心，令知心相是虛妄法。今乃重加心相，深違佛意，又增論議，殊乖大理」。（《大正藏》卷五十，第 552 頁下）他與其師那禪師「常齎四卷楞伽以為心要」。七十歲時於洛陽（或作「洛陶」）無疾而逝。玄奘提到他，說明他至少活到西元 653 年以後。

[080] 關於達摩──慧可楞伽宗的傳承，可看《續高僧傳》卷二十五〈法沖傳〉；參考楊曾文著：《唐五代禪宗史》第二章第一節之二，中國社會科學出版社 1999 年版。

都建右京禪院，將原存於禪苑的經論章疏搬遷至此處收藏。[081]

②相宗第二傳（元興寺二傳）── 智通、智達

齊明天皇四年（西元 658 年），智通、智達奉敕乘新羅船入唐，禮玄奘為師學法相宗，回國後在元興寺傳法。此為日本法相宗第二傳，也是元興寺二傳。

據《日本書紀》卷二十六記載，智通、智達二人從玄奘處受「無性眾生義」。所謂「無性眾生義」，當是法相宗的五性各別說。大意是說眾生有五種：聲聞種性、獨覺（緣覺）種性、菩薩或如來種性、不定種性、無性種性，其中聲聞、獨覺及無性三種性皆無佛性種子，不能成佛，稱之為「三無」；菩薩種性及不定種性中具有佛性種子者必定成佛，稱為「二有」。這種觀點與三論宗、華嚴宗、天台宗、禪宗依據《大涅槃經》等經典所主張的一切眾生皆有佛性、皆可成佛的思想是大相徑庭的。

以上二傳在日本佛教史上稱為「元興寺傳」，又稱「南寺傳」，因寺原在飛鳥，也稱「飛鳥傳」。

③相宗第三傳（興福寺一傳）── 智鳳、智鸞、智雄

文武天皇大寶三年（西元 703 年），在日本的新羅僧智鳳、智鸞、智雄三人奉敕渡海入唐，從窺基再傳弟子「濮陽大師」智周學法相宗，歸國後在興福寺傳法。此為日本法相宗的第三傳。智鳳應歷任大納言、右大臣的藤原不比等之請擔任過「維摩會」的講師，講授《維摩詰經》，弟子中以義淵最有名。

義淵（？～西元 749 年），俗姓阿，自幼被天智天皇收養，與皇子同住崗本宮，出家後師事智鳳，學習法相宗唯識之學，在文武天皇大寶三年

---

[081] 參考《元亨釋書》卷一〈道昭傳〉、《三國佛法流通緣起》、大野達之助《新稿日本佛教思想史》第二章第三節。

（西元703年）受任僧正。在義淵的弟子中，有已從道昭學過法相宗的行基，還有玄昉、宣教、良敏、行達、隆尊、良辨、道鏡等人。此外，弘傳三論宗的道慈也從義淵學過法相宗。

④相宗的第四傳（興福寺二傳）——玄昉

元正天皇養老元年（唐玄宗開元五年，西元717年）派遣多治比縣守為遣唐使，命留學生（僧）吉備真備、阿倍仲麻呂和玄昉隨從一起搭船入唐。吉備真備（西元693～775年）和阿倍仲麻呂（在唐名阿衡，西元701～770年）在唐學習儒學經典和歷史、文學等，後來學有所成，蜚聲文壇，是揚名於中日文化交流史上的著名人物。

玄昉投到智周門下學習法相唯識之學，在唐生活和學習前後共十九年。在唐開元二十三年（日本聖武天皇天平七年，西元735年），玄昉與吉備真備一起隨遣唐使多治比廣成回國。據《元亨釋書》卷十六〈玄昉傳〉記載，玄昉曾從唐玄宗受賜紫衣，回國帶回佛像及佛教經論達五千餘卷，皆進獻太政官（原文借唐職稱「尚書省」）。從佛典卷數看，這也許就是據唐智升《開元釋教錄・入藏錄》（經論集傳共1,076部5,048卷）抄錄的一部《大藏經》。這些經典後被送到興福寺收藏，《南都高僧傳》稱這些經論「曾無紕繆錯誤」。

聖武天皇當時正致力於興隆佛法，在天平八年（西元726年）賜予玄昉封一百戶、侍童八人，並在翌年任他為僧正，安置他住於內道場。然而玄昉後來由於聯合吉備真備積極參政，受到以藤原氏為代表的舊貴族的反對，[082]天平十七年（西元735年）被貶到九州筑紫（今福岡）監修觀音寺，於第二年寺成之際去世。

據《三國佛法流通緣起》，以興福寺為中心傳承法相唯識之學者幾乎

---

[082] 參見楊曾文《日本佛教史》第一章第四節之六。

皆是智鳳、玄昉的「後裔門葉」。然而研習和弘傳法相宗的寺院不僅有興福寺、元興寺，此外如藥師寺、東大寺、西大寺、大安寺等寺也相繼出了不少著名的法相宗學者。然而終奈良時期乃至進入平安早期，擔當最高僧官的幾乎全是出自興福寺的法相宗僧人。

俱舍宗是中國佛教學派之一，因研習印度世親的小乘論書《阿毗達摩俱舍論》（簡稱《俱舍論》）而得名。世親原是印度說一切有部的論師，《俱舍論》是他參照說一切有部的綜合性論書《大毗婆沙認論》並吸收經量部的思想編撰的，將世界上一切精神的和物質的現象按五蘊、十二處、十八界作「三科」分類，用五位（五大類，即色法、心法、心所法、心不相應行法、無為法）、七十五法（名相、概念）總括之，主張「我空」而「法有」（法指五蘊，稱三世實有，法體恆有），認為透過坐禪觀想四諦之理是最高的修行方法。中國南朝陳真諦最早將此論譯成漢文，題目稱《阿毗達摩俱舍釋論》，弟子慧愷、法泰傳習之。唐玄奘在永徽二年（西元651年）重譯，稱《阿毗達摩俱舍論》，弟子普光撰《俱舍論記》，法寶、神泰二人各撰《俱舍論疏》，合稱「俱舍三大部」。此後，圓暉著疏傳釋《俱舍論》之頌，十分盛行。在中國，俱舍宗作為學派僅附屬於法相宗內部。

日本奈良時代的俱舍宗也是法相宗的附宗，隨法相宗傳入日本，其傳承世系與法相宗一樣，也分元興寺傳（南寺傳）和興福寺傳（北寺傳）。在學說方面，據《三國佛法流通緣起》的記載，元興寺僧護命傳承新羅僧智平的學說，認為有生滅變化的現象——「有為法」雖有生有滅，但它的「體」（法體）是沒有生滅的。興福寺等寺的法相宗學僧則主張與此相反的「法體生滅義」。此外，華嚴宗、三論宗學僧也研習俱舍宗。東大寺從奈良時代至平安時代標榜「八宗兼學」，也是弘傳俱舍宗的中心之一。

研習《俱舍論》義理的學僧，也重視研究說一切有部的論書《阿毗達摩發智論》及作為它的「六足論」組成部分的《阿毗達摩品類足論》、《阿毗

達摩法蘊足論》、《阿毗達摩集異門足論》等及《大毗婆沙認論》。因為《俱舍論》集中介紹和解釋了佛教的基本知識和概念，即使對於一般的僧人、居士來說，也可把它當作佛教入門書來讀。

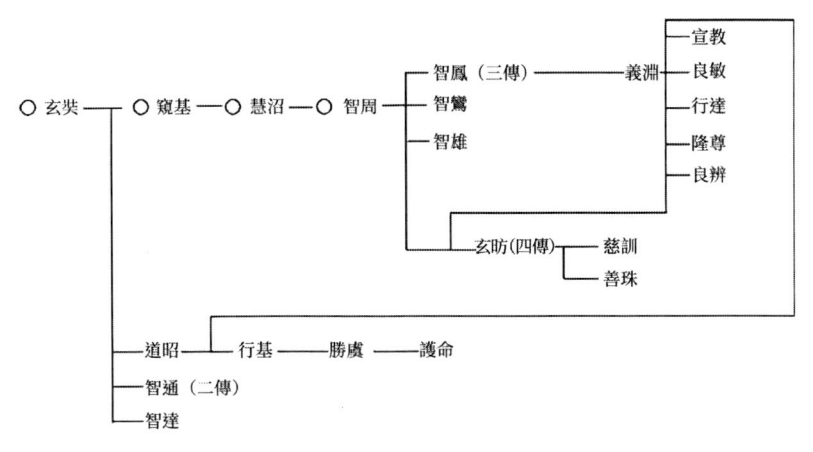

```
○玄奘─┬─○窺基──○慧沼──○智周─┬─智鳳（三傳）─義淵─┬─宣教
       │                             │                    ├─良敏
       │                             ├─智鸞               ├─行達
       │                             │                    ├─隆尊
       │                             └─智雄               └─良辨
       │                             
       │                             ┌─玄昉(四傳)─┬─慈訓
       │                                            └─善珠
       ├─道昭──行基──勝虞──護命
       ├─智通（二傳）
       └─智達
```

日本法相宗傳法世系表
（名字前有○者為中國人）

3. 華嚴宗

華嚴宗以其依據的主要經典《華嚴經》立名，由唐代法藏（西元643～712年）正式創立。

《華嚴經》有舊譯、新譯不同譯本。舊譯是東晉佛陀跋陀羅譯，有六十卷，也稱「晉譯《華嚴經》」或「《六十華嚴》」。新譯即唐譯，有實叉難陀的譯本八十卷，也稱「《新譯華嚴》」或「《八十華嚴》」；另有般若譯《大方廣佛華嚴經入不思議解脫境界普賢行願品》四十卷，簡稱「《四十華嚴》」，只是經中《入法界品》的別譯。

在法藏之前，杜順、智儼都撰有注釋和發揮晉譯六十卷《華嚴經》經文、思想的著述，為法藏直接繼承。杜順的《華嚴法界觀門》、《五教止觀》，智儼的《華嚴經搜玄記》、《華嚴孔目章》、《華嚴一乘十玄門》、《華

嚴五十要問答》等，受到華嚴宗的重視。法藏的《華嚴五教章》（全稱《華嚴一乘教義分齊章》）《華嚴經探玄記》、《華嚴經旨歸》、《修華嚴奧旨妄盡還源觀》等，是華嚴宗的主要依據。華嚴宗雖為法藏創立，但奉杜順為初祖，智儼為二祖，法藏為三祖。

法藏有弟子宏觀、文超、智光、慧苑等。慧苑繼法藏生前注釋新譯《華嚴經》而撰《華嚴經略疏》未竟之業，撰寫《續華嚴經略疏刊定記》，雖祖述法藏的思想，然而在「判教」、「十玄門」等問題上提出異說[083]；又著《新譯大方廣佛華嚴經音義》（簡稱《慧苑音義》）對新譯八十卷《華嚴經》中的難字生僻字作注音釋義。

在法藏死後相當長一段時間，華嚴宗曾教勢不振，至華嚴宗四祖澄觀（西元 738～839 年）和五祖宗密（西元 780～841 年）時，華嚴宗得到新的發展，他們為闡釋和宣傳華嚴宗教義寫了大量著作，並將禪宗的心性思想引入華嚴宗。澄觀對唐譯《華嚴經》作注疏，撰有《華嚴經疏》、《華嚴經隨疏演義鈔》、《華嚴經行願品疏》、《華嚴法界玄鏡》、《華嚴經策林》等。宗密著有《華嚴經行願品疏鈔》、《注華嚴法界觀門》、《原人論》、《圓覺經大疏》、《圓覺經大疏釋義鈔》及《禪源諸詮集都序》四卷、《中華傳心地禪門師資承襲圖》（原名應為「裴休拾遺問」）等。

華嚴宗的教理主要由「五教十宗」的判教論和「法界緣起」理論組成。

(1) 五教和十宗的判教論

據法藏《華嚴經探玄記》卷一，他將全部佛法分為五教十宗，認為以《華嚴經》為主要依據的華嚴宗最優越，稱之為「圓教」和「圓明具德宗」，

---

[083] 將法藏原來的小乘、大乘始教、大乘終教、大乘頓教、圓教的「五教」判教，改為迷真異執、真一分半、真一分滿、真具分滿的「四教」判教；又將智儼、法藏兩代相承的十玄門分為「十種德相」和「十種業用」兩重，所謂「十種德相」是同時具足相應德、相即德、相在德、隱顯德……「十種業用」是同時具足相應用、相即用、相在用、相入用……他的異說後來受到澄觀的批評。

置於各種教說之上。

五教是小乘、大乘始教（般若中觀和唯識之教）、大乘終教（《法華》、《涅槃》等經，也包含天台宗教義）、大乘頓教（《維摩》、《思益》諸經，後來澄觀將禪宗也列入此教）、圓教（《華嚴經》和華嚴宗）。他批評大乘始教主張聲聞、緣覺（二者為小乘）和「無性闡提」（斷絕佛性的惡人）不能成佛，是「未盡大乘法理」。又說大乘始、終二教都屬於漸教（修行要按程序階次漸進），而大乘頓教「不依位次」，主張頓悟。至於圓教，即華嚴宗，超越於前四教，所主張的是法界緣起圓融無盡的教理，所謂「一位一切位」（任何一個修行階位與其他階位相即不二），「唯是無盡法界，性海（按：佛果、佛的境界、法身、真如、如來藏自性清淨心等）圓融，緣起無礙，相即相入（按：彼此不二，互相包容），如因陀羅網（按：『因陀羅』即帝釋天，因陀羅網，是指裝飾帝釋天宮的寶珠網，光彩相互輝映，比喻事事物物之間圓融無礙），重重無際，微細相容，主伴無盡（按：主體與客體既彼此相對存在，又互相融通無礙）」。[084]

十宗是就教理來分的，包括法我俱有宗、法有我無宗、法無去來宗、現通假實宗、俗妄真實宗、諸法但名宗、一切皆空宗、真德不空宗、相思俱絕宗、圓明具德宗。前六宗皆為小乘派別，後四宗相當於五教中的大乘始教、大乘終教、大乘頓教、大乘圓教。

這種判教理論在當時的社會宗教意義之一，是有意貶低唐初盛行的天台宗和法相宗，把它們分別置於大乘終教和大乘始教的地位，而把華嚴宗置於最高的圓教地位，為華嚴宗的創立和傳播製造輿論。

(2) 法界緣起和四法界

華嚴宗的教理是以「法界緣起」為中心，如澄觀《華嚴法界玄鏡》卷一

---

[084] 《大正藏》卷三十五，第116頁上。

所說：「總以緣起法界不思議為宗。」

什麼是法界呢？據法藏《華嚴經探玄記》卷十八，法界儘管有種種含義，但概括起來不過兩大類：一是「理」，是作為最高精神性本體講的，有法身、一心、如來藏自性清淨心、真空、真如、自性清淨圓明體等，實際它們的含義基本相同；二是「事」，包括世間萬事萬物，既有物質現象又有精神現象。此外，理事關係、事事關係也可以稱為法界。

何謂緣起？「緣起」，即借助因緣聚散而發生諸種現象，所謂「此生則彼生，此滅則彼滅」。華嚴宗以真如（或稱法性、一心、真心等）為世界萬物的本體和本原，所以它所說的「法界緣起」，主要是指以真如為本體和本原的緣起。澄觀《華嚴經行願品疏》卷一將法界比做《老子》中的道，並明確地說法界即是「一心」，說「總該萬有，即是一心」。其弟子宗密在《注華嚴法界觀門》引這段話時說：「統唯一真法界，謂總該萬有，即是一心。」都是說他們所說的緣起是以真如（或「一心」）為本體和本原的。

法藏對緣起得以成立的條件作了種種說明，其中談到「緣起十義」，說在一個大的緣起環境中，諸緣要「諸緣各異」、「互遍相資」、「俱存無礙」、「異門相入」、「異體相即」、「體用雙融」、「同體相入」、「同體相即」、「俱融無礙」、「同異圓備」等，才使緣起成為可能（《華嚴經探玄記》卷一）。他借用相對主義的思辨方法，得出一即一切、一切即一、一即十、十即一以及在時間上「或一念（按：短暫時刻）則無量劫（按：無量的長時），無量劫即一念」；在空間上，「如一塵處，一切盡虛空界，一一塵處，皆亦如是」（《華嚴經旨歸》）。[085] 在《華嚴策林》還說：

小時正大，芥子納於須彌；大時正小，海水納於毛孔。[086]

在這裡，完全取消了事物和概念的質的規定性，取消各種事物和概念

---

[085]　《大正藏》卷四十五，第 596 頁下。
[086]　《大正藏》卷四十五，第 597 頁下。

之間的差別。

澄觀繼承杜順《華嚴法界觀門》的思想，在《華嚴法界玄鏡》中提出「四法界」的理論，是要求華嚴宗修行者在禪觀中依次從淺至深觀想的內容。四法界是：

事法界：「事」包含的範圍甚廣，一切眾生、五蘊、十二因緣、大小乘教法……從一草一木到恆河沙數（不勝數的數位）的大千世界，都可以看作是事。

理法界：「理」亦即真如，或稱之為「實相」、「法性」、「一心」、「真空」等，認為一一事中，皆有理在，「理無形相，全在相中」。

理事無礙法界：認為真如之理隨緣而成事，萬事性空即現真理；在理即是事，事即是理，事外無理，或相反理外無事的場合，是互奪，是理事相害；在理即事，事即理的場合，是理事相即；在理非事，事非理的場合，是理事相非。形成理與事圓融無礙的關鍵是「理無形相，全在相中」，「無盡事法，同一法性」，既然事是依據理而成，事是理的體現，理是事的本體，自然理事無礙。

事事無礙法界：按照事的性質來說本來是事事互相有隔礙的，因為它們有大小等殊之別，然而華嚴宗認為一切事相皆是統一之理的體現，而理是空寂無相的，全部融解在事相之中，因而一事所含之理與其他一切事相之理完全相同，既然事與理是相即不二的，那麼事與事之間也具有彼此融通無礙的關係。

按照四法界的理論，無限的世界上沒有任何矛盾和爭鬥，到處充滿和諧的氣氛，一切都是圓融無礙的。

(3) 十玄門和六相圓融

這都是進一步論證「事事無礙法界」的。

「十玄門」最早是由智儼提出的，法藏改動不大。包括：

①同時俱足相應門。一切教義（一切大小乘佛法）、理事、解行、因果、人法、境位等等，共同組成一個大的緣起境界，諸法之間沒有始終前後的差別，同時相應顯現。

②一多相容不同門。任何事、理都含有其他各項的因果、理事等等，重重無盡。

③諸法相即自在門。一即一切，一切即一，相互俱足一切法門。從修行來說，「一念即得具足一切教義、理事、因果等如上一切法門」，並與無量一切眾生「同時作佛」；一切修行境位，直到成佛，「同時遍成，無有前後」；一念與百千劫無礙。

④因陀羅網境界門。如同帝釋天宮的因陀羅珠網的顆顆寶珠交相輝映那樣，以上諸項也互相映現，互相隱顯，重重無盡。在緣起法界，一一微塵之中都容有無數佛國、佛、菩薩和世界、眾生。此表現法界（法性）的真實功能（實德），緣起法界是自然無窮的。

⑤微細相容安立門。以上各項內容在「一念」之中同時或非同時全部俱足，「一切法門，於一念中，炳然同時，齊頭顯現，無不明瞭」。

⑥祕密隱顯俱成門。以上諸義或隱覆，或顯了，同時成就，沒有前後。自己的修行，即為其他人修行；其他人的修行，也就是自己的修行，如《華嚴經》所說「於此方入正受，他方三昧起」；「男子身中入正受，女子身中三昧起」。此隱彼顯，正受（坐禪）與起定（結束禪觀）可以同時「祕密」而成。

⑦諸藏純雜具德門。「此上諸義（按，即諸藏），或純或雜」，例如「人法」這一項，若單就「人」這一門來說，一切皆人，此則為純；但在人這一門同時含有理事等一切法門，此則為雜。如此純雜自在，無不俱足。

⑧十世隔法異成門。所謂「三世」是指過去、現在、未來,說它們各有三世,則為九世,此九世又同時相即相入,成一總體,與九世別體合為「十世」。以上諸義遍布在十世之中,同時顯現,長時短時相即相入,互不相礙。如《華嚴經》所說,在一「微塵」之中可以同時普現三世一切佛剎、一切眾生、一切佛事等等。

⑨唯心回轉善成門。以上各義都是「如來藏自性清淨心」的「自在作用」,是由它變現出來的。這就是「性起」。

⑩托事顯法生解門。以上諸義透過列舉事法,顯示深妙的法門道理,包括三乘教理在內,「具足一切理事、教義及上諸法門,無不攝盡」(《華嚴五教章》)。

「六相圓融」包括總相(以房舍為喻,相當於整體、一般),別相(以椽瓦為喻,相當部分、個別),同相(一致性),異相(特殊性),成相(統一性),壞相(獨立性)。法藏在《華嚴五教章》的最後以此「六相」進一步地論證法界緣起圓融無礙的道理。意為在法界緣起中,作為總體、一般的事物(真如、理)與作為部分、個體的事物(萬法、事)是互為顯現、互相作用,是相即相入、圓融無礙的。此即所謂「一乘圓教法界緣起,無盡圓融,自在相即,無礙熔融,乃至因陀羅無窮理事等」。

華嚴宗論述真如法界變現世界萬物,理事無礙、事事無礙,實際是講佛國淨土即在世間,眾生與佛本無根本差別,只要斷除煩惱,可以「疾得成佛」。雖修行有漸有頓、有淺有深,但頓與漸、淺與深之間是圓融無礙的;證悟有先後,但先後相即。所謂「一斷一切斷(斷惑),得九世十世惑滅;行德(按:修行功德)即一成一切成;理性即一顯一切顯,並普別具足,始終皆齊。初發心(按:大乘入教之初發誓定當達到覺悟)便成正覺」(《華嚴五教章》)。這種理論對於爭取社會各個階層的認同支持和吸引更多民眾入教都是有利的。

第三章　唐代佛教東漸與奈良六宗的興起（上）

日本奈良六宗中的華嚴宗主要依據的是新、舊譯《華嚴經》和法藏、慧苑的《華嚴宗章疏》，至於《四十華嚴》及澄觀、宗密的著作在奈良時代尚未傳入日本。由於日本與新羅之間的佛教交流也很密切，奈良時代的華嚴宗也受到新羅義湘（西元625～702年）、元曉（西元617～686年）華嚴著作的影響。[087] 義湘曾入唐從智儼學華嚴教理，回國在太白山（今慶尚北道）創建浮石寺，著有《華嚴一乘法界圖》、《法界略疏》等。元曉曾與義湘結伴入唐求法，但半途折回，還俗以居士身分廣研佛法，撰有《華嚴經疏》、《大乘起信論疏》等。

鑑於日本戒律書不全而且沒有符合戒律規定數量的授戒律師，聖武天皇天平五年（西元733年）敕興福寺僧榮睿、大安寺僧普照二人入唐留學並相機聘請律師赴日傳授戒律和傳戒。他們到達中國後，在洛陽逗留期間得知大福先寺僧道璿德學俱優，便禮請他東渡日本傳法並授戒。

道璿（西元702～760年），俗姓衛，許州（治今河南許昌）人，出家後曾從上承《四分律》相部宗創始人法礪——滿意法系的定賓律師學習戒律，又師事禪宗北宗領袖、華嚴學僧普寂（西元651～739年），學華嚴宗和禪法，對華嚴宗、禪宗、天台宗及律宗都有較深的造詣。[088] 道璿在唐開元二十四年（日本天平八年，西元736年）搭乘日本遣唐副使中臣名代之船到達日本，被安置於奈良大安寺西唐院。華嚴宗的章疏正是由道璿首先傳到日本的，然而他並沒有宣講和弘傳華嚴宗。

在日本最早發願弘傳華嚴宗的是良辨。良辨（西元689～773年），近

---

[087]　參考日本末木文美士：《奈良時代佛教的傳日》，載楊曾文、源了圓主編《中日文化交流史大系‧宗教卷》第二章之（二），浙江人民出版社1996年版。

[088]　《三國佛法傳通緣起》說：「璿公是華嚴寺普寂和尚之弟子。普寂即華嚴宗法匠，隨北宗神秀禪師傳達摩禪法。璿公隨普寂習華嚴及以禪法，亦明律宗，亦善天臺，達菩薩戒。」《元亨釋書》卷十六〈道璿傳〉載，「璿善禪、律」，曾對從他受戒的行表說：「我有心法日如來禪法。昔三藏菩提達摩自天竺來，付此法於慧可、僧璨、道信、弘忍、神秀，七傳至我師普寂。我師始在嵩山傳唱禪法，道譽聞帝展，詔入東都居華嚴禪苑，故世日華嚴尊者。我從華嚴得，以付汝。」

江國（今滋賀縣）人，俗姓百濟，自幼由元興寺僧義淵撫養長大，先從義淵學法相宗，又從慈訓學華嚴宗。慈訓曾與審祥一起入唐從法藏學習過華嚴教理，在孝謙天皇天平勝寶四年（西元752年）任僧都。經良辨奏請，聖武天皇天平五年（西元733年）在奈良建絹索堂。此寺後稱「金鐘道場」（或稱「金鐘寺」），天平十五年（西元743年）以後擴建為東大寺。良辨在建造東大寺的過程中貢獻很大，長期在東大寺居住傳法，後受任東大寺第一代別當（相當於寺主），天平寶字四年（西元760年）任僧正。[089]

良辨先禮請元興寺嚴智出來講《華嚴經》，嚴智婉辭，推薦先留學新羅[090]後入唐從法藏學華嚴宗的大安寺審祥出來宣講《華嚴經》。經上奏聖武天皇得到允准，在天平十二年（西元740年）召集京城名僧，請審祥為「宗講師」登臺宣講晉譯六十卷《華嚴經》，同時請擔當僧官的慈訓、鏡忍和圓證為「復師」，請十六位名僧為聽眾。審祥在宣講中參照的是法藏的《華嚴經探玄記》，每年宣講二十卷，前後三年講完全經。在講師每次開講，「立理顯旨，窮盡綱目」之後，復師要複述，「講文立義，顯揚莊嚴講師所說」。在審祥死後，由復師接替繼續宣講。此後，擔任講師宣講《華嚴經》的著名學僧有元興寺嚴智、智璟等人。

唐譯八十卷《華嚴經》先由玄昉帶到日本，鑑真到日本時又帶來此經。日本最早宣講唐譯《華嚴經》參考的是法藏弟子慧苑的《續華嚴經略疏刊定記》，在平安時代澄觀《華嚴經疏》等注疏傳到日本後，才以澄觀注疏為依據。[091]

聖武天皇在日本佛教發展史上占有重要地位，他對華嚴宗特別尊崇。在審祥宣講《華嚴經》之後，他與皇后盛加賞賜。《三國佛法傳通緣起》

---

[089] 《元亨釋書》卷一〈慈訓傳〉、卷二〈良辨傳〉。
[090] 《三國佛法傳通緣起》說審祥是「新羅學生」。據日本學者研究，他不是新羅人，而是曾到過新羅留學的日本僧。參見日本末木文美士〈奈良時代佛教的傳日〉，載楊曾文、源了圓主編《中日文化交流史大系·宗教卷》第二章之（二）。
[091] 以上主要據《三國佛法傳通緣起》。

說：「由茲天皇即發大願，於此一乘極為尊重，特詔隆為務，救濟為心矣。」在天平十六年（西元 744 年），即發願建造東大寺的第二年，聖武天皇正式皈依三寶（佛、法、僧），詔朝中群臣供奉《華嚴經》，命每年講《華嚴經》。奈良時代由國家興辦的最著名的佛教事業是建造東大寺和各地的國分寺。東大寺實際是總國分寺，所奉的大佛即《華嚴經》所說的教主盧舍那佛，其造型設計依據的便是華嚴宗的教理。

日本華嚴宗奉最初宣講《華嚴經》的審祥為初祖，以勸請審祥講經的良辨為二祖，弟子有實忠、安寬、鏡忍、標瓊、良興、良慧、永興、忠慧等人。另有壽靈據說也是良辨的弟子，著有《華嚴五教章指事記》，是對法藏《華嚴五教章》的註釋書。[092]

日本華嚴宗自良辨、實忠之後，歷代被奉為宗祖者還有等定、正進、長歲、道雄、基海、良緒、圓超、光智、松橋、延達、深幸、定趯、隆助等等。

在奈良乃至平安時代，東大寺是華嚴宗的中心道場。凝然《華嚴宗要義》說：「日本華嚴宗，東大寺為本……雖學八宗，以華嚴宗為其本宗。自昔已來，亦弘三論。昔昌弘法相，澆季廢不學。中古已來，華嚴、三論兩宗，繼踵習學甚昌，英哲間出，各提綱宗，學業成林，法緒連綿。」是說東大寺以弘傳華嚴宗為主，兼傳三論宗，學者輩出，而法相宗久衰不傳。還說，東大寺南大門匾額上題「大華嚴寺」，在大佛殿二層匾額上題「恆說華嚴院」，自奈良時代天平十二年（西元 740 年）至平安時代延曆七年（西元 788 年）近五十年，「每日講說《華嚴經》及彼疏（按：初是法藏《華嚴經探玄記》，後是慧苑《刊定記》、澄觀《華嚴經疏》）」。[093]

此外，大安寺、藥師寺、西大寺、元興寺等，也是研修華嚴宗的重要道場，出了不少華嚴宗學者。

---

[092] 參見《三國佛法傳通緣起》，並參考大野達之助《新稿日本佛教思想史》第二章第六節。
[093] 以上參見凝然《華嚴宗要義》，載《大正藏》卷七十二，第 197 頁上。

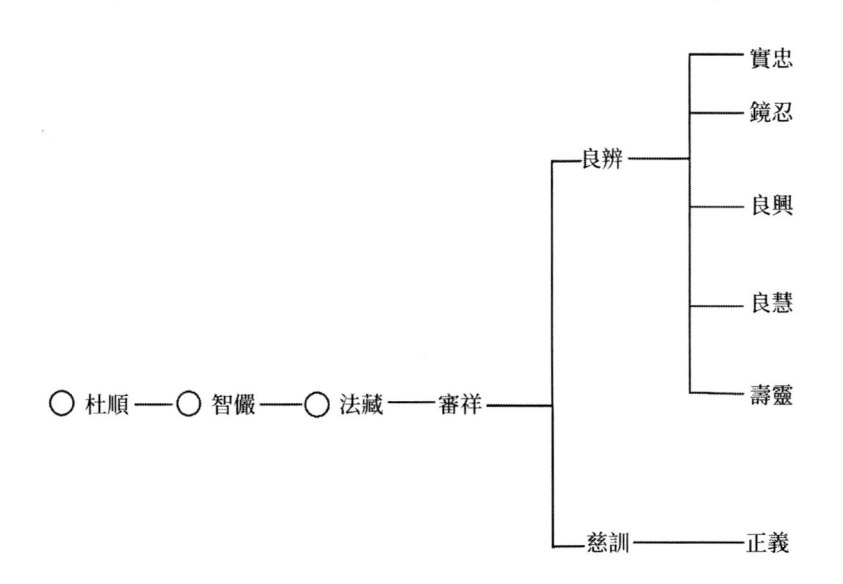

```
                                    ┌─── 實忠
                                    ├─── 鏡忍
                              ┌ 良辨 ┼─── 良興
                              │     ├─── 良慧
○杜順 ── ○智儼 ── ○法藏 ── 審祥 ┤     └─── 壽靈
                              │
                              └ 慈訓 ──── 正義
```

日本華嚴宗傳法世系表
（名字前有○者為中國人）

第四節　鑑真和尚東渡和日本律宗

　　日本奈良六宗中的律宗是由唐代大和尚鑑真東渡日本創立的。

　　隋唐時期有很多日本僧人相繼到中國留學和求法，也有中國僧人到日本傳法。他們在傳播佛法的同時，也將中國先進的文化帶到日本，為促進日本社會體制革新和文化進步作出了重大貢獻。在這當中，唐代大和尚鑑真是最卓越的代表。他懷著到異域傳法的熱情，冒著喪身千里海濤的危險，前後經過六次東渡，五次失敗，其間雙目失明，最後終於到達日本，向日本僧眾授戒傳律，為日本佛教的發展及推進中日兩國文化的交流作出了光照日月、流芳千古的功勳。

一、唐代律宗和道宣的南山律

1. 戒律和律宗

佛教典籍包括經、律、論三藏。經、論二藏涉及全部佛法，律藏則集中記載各種戒律。

佛陀在世時看到弟子中有人做了錯事，便「隨機設教」，制定相應的戒規，命弟子奉行，以「防非止惡」。戒條從少到多，從五戒、八戒、十戒到二百五十戒……又按僧俗不同身分制定出沙彌（含沙彌尼）戒、學法女戒、比丘戒、比丘尼戒及男女居士戒。佛陀逝世後，弟子整理這些戒條，從口傳到逐步寫成文字。西元前三、四世紀以後原始佛教發生分裂，產生上座部、大眾部兩大部派，此後輾轉形成很多部派，其中較大的部派一般都有自己傳承的戒律。大眾部（摩訶僧祇部）有《摩訶僧祇律》；上座部的說一切有部（薩婆多部）有《十誦律》，化地部（彌沙塞部）有《五分律》，法藏部（曇無德部）有《四分律》，它們全部被傳譯到中國。此外，飲光部（迦葉遺部）有戒本《解脫戒經》傳到中國。據傳，犢子部（婆粗富羅部）也有律藏，但未傳入中國。這些戒律皆屬於小乘戒律。

中國在南北朝時戒律已基本傳譯齊備：小乘戒律有大眾部的《摩訶僧祇律》盛行於關中一帶（函谷關以西以長安為中心的地區），說一切有部的《十誦律》盛行於江南，化地部的《五分律》不很流行，法藏部的《四分律》盛行於黃河下游和淮河流域。大乘戒律中最盛行的是鳩摩羅什翻譯的《梵網經》。從北魏慧光開始，研究《四分律》的學者漸多。隋朝洪遵（西元530～608年）將此律推廣到關中地區。唐朝《四分律》已經流行全國。智首（西元567～635年）撰《五部區分鈔》，提倡《四分律》，他的弟子中以道宣最有名。

律宗是中國佛教宗派之一。唐代圍繞《四分律》的闡釋分為三個派別：

第四節　鑑真和尚東渡和日本律宗

一是由隋唐間的法礪創立的相部宗。法礪（西元 569～635 年）從靈裕出家，後跟靜洪學《四分律》，又從洪遵弟子洪淵學《四分律》的大義，此後開講律學，從事著述，撰有《四分律疏》、《羯摩疏》及《含懺輕重儀》等，因長期在安陽（相州治所，在今河南）傳法，故其律學被稱為「相部宗」。法礪的弟子有滿意、懷素等。滿意的弟子有大亮、義威、遠智、定賓等多人。定賓著《飾宗義記》解釋法礪律學思想，也十分有名。

二是道宣創立的南山律宗。道宣（西元 596～667 年）撰有《四分律刪繁補闕行事鈔》、《羯摩疏》、《戒本疏》（統稱「律宗三大部」）等，同時編撰《大唐內典錄》、《續高僧傳》、《廣弘明集》等佛教史書。因道宣長期在西都長安之南的終南山修行和傳法，其律學稱南山律宗。道宣弟子中以文綱最有名，文綱有弟子弘景、道岸等。據記述鑑真事蹟的日本真人元開所著《唐大和尚東征傳》記載：「昔光州道岸律師命世挺生，天下四百餘州以為受戒之主。」

三是由懷素創立的東塔宗。懷素（西元 624～697 年）曾在鄴郡法礪門下學《四分律》，認為師說未盡善而離去，自撰《四分律開宗記》，對法礪的律學提出不同見解，稱《新疏》，又撰《新疏拾遺鈔》等。因他所在的長安西太原寺有東塔，故其律學稱「東塔宗」。懷素有弟子法慎。法慎弟子義宣著《折中記》六卷，釋道宣《行事鈔》之義。

這三個律宗派系皆圍繞《四分律》對戒律進行系統的論釋，對於戒、出家、授戒儀式、僧團組織和生活儀規等等作出深入細緻的論述，是來自印度的佛教戒律在中國最後完成民族化的表現。然而到唐後期，道宣的南山律宗成為中國律學正統，其他二派逐漸衰微。

2. 道宣的南山律

道宣在自己的著作中強調中國佛教應當實行《四分律》，說它與大乘

佛教是相適應的。他不僅對《四分律》中的戒條、儀規等詳加注釋，而且建立了以《四分律》為中心的律學體系。

(1) 化教與行教

道宣以化教和行教（或稱「制教」）來判教，把透過經、論二藏表述的大小乘教義統稱為「化教」——教化之教，而把制約規範僧尼行為（側重身、語二業）的教法，即戒律，稱為「行教」。

道宣《行事鈔》卷中之四，將化教分為從低到高三個層次：性空教（小乘教）、相空教（般若經、三論等）、唯識教（也稱「圓教」），將自己推崇的法相唯識宗置於最高地位。為了以唯識學說論證戒體，道宣在《羯摩疏》卷三[094]還進而提出三宗的說法：實法宗（說一切有部，《十誦律》是其戒律）、假名宗（小乘空宗，據《成實論》立論，將《四分律》歸於此宗）、圓教宗（唯識）。道宣正是運用唯識教的理論提出自己的戒體論的。道宣為證明《四分律》通於大乘，還提出假名宗雖屬小乘，然而它也講空，是「分通大乘」（部分與大乘相通）的，把它也歸於三教中屬於大乘的「相空教」之內。

(2) 止持戒與作持戒

道宣主張止惡與行善並重，提出「止持」與「作持」的戒法理論。「止持」是遵守自己所受的戒條不犯，做到「止惡」。但僅此還不夠，進而應當主動地積極地透過自己的身體、語言和心意三個方面去行善，此為「作持」。簡言之，「諸惡莫作」是「止持」；「諸善奉行」是「作持」。每一部戒律的前一部分所載的是關於比丘、比丘尼應當遵守的戒條，此屬止持戒；後一部分（犍度法）所載的是關於僧眾受戒、說戒、安居、穿、住及日常修行、生活應當遵循的儀規、規範，此為作持戒。

---

[094] 原文匯入元照《四分律刪補隨機羯摩疏濟緣記》卷三之五。

(3)以心識為「戒體」的戒體論

道宣將戒分為四科：戒法，佛制的戒律；戒體（詳後）；戒行，指遵守戒規的行為、語言；戒相，是持戒的具體表現，也指各種戒條的具體內容，如五戒、十戒、具足戒等。

道宣對戒體的解釋最具特色。道宣《羯摩疏》卷三對戒體規定說：「納聖法（按：戒法）於心胸，即法是所納之戒體。」即是指受戒人在受戒儀式過程中對所受的戒條心領神會，透過發誓終身守戒，在心中所形成的持戒意念和決心。

對於這樣一種戒體，在道宣之前有兩種最有影響的解釋：一是按照實法宗——說一切有部的論書《雜部阿毗曇心論》、《俱舍論》等的說法，以「色法」為戒體。據稱這種「色法」雖也符合色的定義，但它在身內沒有外現，是沒有形體可見的，稱之為「無表色」（或作「無作色」）；二是按照假名宗——法藏部《成實論》的觀點，以「非色非心」為戒體。中國在東晉以後，江南盛行《成實論》，佛教學者多依據此論將戒體解釋為「非色非心」，而北方則據說一切有部的論書把戒體解釋為「無表色」。

道宣依據唐初盛行的法相宗（稱之為「圓教宗」）的唯識理論來解釋戒體。他以八識中的阿賴耶識所藏有「善種子」為戒體。《羯摩疏》卷三說：

> 作法受（按：受戒），還熏妄心於本識藏（按：阿賴耶識）成善種子，此戒體也。[095]

這是說受戒這個行為，透過諸識「熏習」阿賴耶識，便在此識之中形成善法種子。這種善的種子便是戒體。此後，「依體起用，防邊緣非」，可使受戒者常記住和持守戒規，防範過錯，又可反過來影響阿賴耶識，使妄情消失，以利於達到解脫。道宣首次用大乘理論來解釋戒體，又把大乘佛

---

[095]　原文匯入元照《四分律刪補隨機羯摩疏濟緣記》卷三之五。

教的重視心性修養的思想引入律學，在佛教史上具有重要歷史意義。

道宣的南山律宗後來成為中國佛教律學的正統，並且傳到朝鮮、日本，成為這些國家佛教界長期依用的律學。

二、鑑真東渡前的日本佛教和戒律

從佛教傳入日本到鑑真東渡，佛教已在日本流傳了二百多年，開始主要受到天皇和貴族的信奉，後來逐漸傳播到平民之中。西元7世紀末全日本有寺五百四十五所，僧尼也逐年增加，僅京城七大寺就有僧尼三千三百六十三人。[096]

日本自西元710年定都奈良，到西元794年遷都平安為止的八十多年時間，史稱「奈良時代」。原在舊都飛鳥的大寺，在遷都過程中也相繼移建奈良。此外，聖武天皇以舉國的財力在奈良建造供奉盧舍那佛金銅造像的東大寺，在各地建造國分寺，皆安置一定數量的僧尼供奉、誦讀「護國經典」《金光明經》、《法華經》、《仁王般若經》等，以祈禱佛菩薩、善神護國佑民。

隨著日中兩國佛教交流的發展，大量漢譯佛教經典和中國僧人的著述相繼傳入日本，到西元8世紀出現以研究一部經典或幾部經典為中心的佛學團體，開始形成具有學派性質的奈良六宗，即三論宗和成實宗、法相宗和俱舍宗、華嚴宗，最後是由「過海大和尚」鑑真創立的律宗。

在鑑真東渡之前，日本雖然從朝鮮、中國陸續傳入一些戒律，然而佛教界長期以來一直在不具備符合戒律規定的條件下舉行度僧授戒儀式。戒律規定，皈依佛教佛、法、僧「三寶」並受五戒成為居士，受十戒為沙彌或沙彌尼，受具足戒後才可成為正式僧尼。如果要舉行授具足戒的儀式，

---

[096]　有關寺僧數字，詳見《日本書紀》卷二十二、卷二十五，皇圓《扶桑略記》卷五，《日本書紀》卷三十的相關記載。

第四節　鑑真和尚東渡和日本律宗

必須具備「三師七證」的十師才行。所謂「三師」是：戒和尚，是正授戒律的和尚，需戒臘（受具足戒後的年數）十年以上，戒行清淨的高僧；羯摩師，讀羯摩文（授戒儀式宣告文），主持授戒儀式；教授師，向受戒者講授威儀規則和做法。羯摩師、教授師皆需戒臘五年以上才能擔當。「七證」是出席授戒儀式擔任證師的七位和尚。在邊遠地區，如果具備「三師二證」也可以授具足戒。此外，還有種種程序規定。

然而，日本長期以來缺乏系統的律學理論和合格的律師，僧尼出家受戒是按大乘佛教經典《占察善惡業報經》、《菩薩地持經》、《瑜伽師地論·戒品》的說法，或是請受過戒的僧人授大乘三聚淨戒（攝律儀、攝善法、饒益有情三戒），或是在佛、菩薩像前自己發誓受戒。

當時僧尼享有免除課役的特權，朝廷為保障財政收入和維持社會的穩定，必須制定措施控制僧尼出家的數量和加強對僧尼的管理。元正天皇養老元年（西元 717 年）下詔，為防止百姓「規避課役」而出家，規定年齡「十六以下不輸庸調者」才可出家為童（《續日本紀》卷八）。從養老二年至養老五年（西元 718～721 年）由藤原不比等擔任總裁撰定的《養老令》中《僧尼令》規定，對「私度」為僧尼者及冒名頂替者，皆令還俗。從養老四年（西元 720 年）正月開始，審核出家為僧者，然後發給公驗（合法出家為僧的官方證明，後來特指戒牒）（《續日本紀》卷八）。這種公驗由治部省負責下發。聖武天皇神龜元年（西元 724 年）十月，經治部省在京城及各地勘查僧籍之後，發給 1,122 位僧尼公驗（《續日本紀》卷十一）。據日本學者介紹，在鑑真赴日授戒之前，凡出家為僧尼者，首先要得到治部省下發的度緣（相當中國的度牒），在受戒時將度緣繳回，得到治部省的公驗，從而獲取合法僧尼的身分。[097] 法相宗僧行基和尚名聲很大，身邊經常跟有很多男女居士。聖武天皇三年八月下詔，允許追隨行基「如法修

---

[097]　井上光貞：《日本上古的國家和佛教》第三章第二節，岩波書店 1971 年版，1981 年第 8 次印刷。

行」的「男年六十一以上，女年五十五以上」正式出家為僧尼，其他不許私度出家（《續日本紀》卷十一）。按照日本在「大化革新」中制定的租庸調法，租是按土地納租稅；庸是代勞役的實物，如布、糧、棉等；調是按田、戶向政府繳納棉、布等，規定男子二十一歲至六十歲為「正丁」，須擔負全部調庸及雜役；十七歲至二十歲為「少丁」，負擔正丁調庸的四分之一。由此可見，聖武天皇只允許行基身邊六十一歲以上的男子出家，是有保護承擔課役民戶的意圖的。

然而沒有按照佛教戒律規定為出家僧尼授戒，是難以保證僧尼品德的，容易使品行不良之徒混入僧團，對佛教與社會造成不利後果。元正天皇養老六年（西元722年）七月，太政官在奏言中批評僧綱管理僧尼不嚴，工作拖拉，建議以藥師寺為僧綱固定辦公場所，並批評京城僧尼的不良表現，提議嚴加制止。他說：

近在京僧尼，以淺識輕智，巧說罪福之因果，不練戒律，詐誘都里之眾庶。內黷聖教，外虧皇猷。遂令人之妻子剃髮刻膚，動稱佛法，輒離室家，無懲綱紀，不顧親夫；或負經捧缽，乞食於街衢之間；或偽誦邪教，寄落於村邑之中，聚宿為常，妖訛成群。初似修道，終挾奸亂。永言其弊，特須禁斷。（《續日本紀》卷五）

奏言中反映兩種情況：一是在京城中的有些僧尼行為不端，違背佛教戒律和朝廷律令（《僧尼令》），詐騙民眾，妄說因果，勸誘民人出家，隨處乞食，宣傳邪教蠱惑人心；二是當時確實存在私度僧尼的情況，其中有的是受到不良僧尼勸誘而私自出家的。對此奏言，天皇允准。

從唐留學歸國弘傳三論宗的道慈（？～西元744年）曾著《愚志》一卷，對日本僧尼的素養和道風迥異於唐朝表示感慨，說：「今察日本素緇（按：居士與僧尼）行佛法，軌模全異大唐道俗傳聖教法則。若順經典，能護國土；如違憲章，不利人民。一國佛法，萬家修善，何用虛設，豈不慎

第四節　鑑真和尚東渡和日本律宗

乎?」(《續日本紀》卷十五)日本佛教界有不少像他一樣的有識之士,真心希望能從唐朝既引進經典,又引進戒律,使佛教發揮「護國」與「利民」的功效,推進日本佛教的發展。他們是持續推進日本與中國佛教文化交流的重要力量。

在僧尼逐年增加的情況下,日本朝廷為加強對僧尼的管理和透過集中授戒控制僧尼數量,積極從唐朝輸入戒律和律學著作,並且派使者聘請中國律僧東渡日本授戒傳律。據《三國佛法傳通緣起》記載,在天武天皇(西元673～686年在位)時,「請僧二千四百餘人大設齋會,僧尼雖多,未傳戒律」。天皇於是特詔道光入唐學習戒律。道光回日本後撰寫了《依四分律抄撰錄文》一卷。道光雖帶回道宣的《四分律刪繁補闕行事鈔》,然而尚未研讀。此後,道融讀了此書,並且向人宣講。《三國佛法傳通緣起》說:「自爾以後,《事鈔》之義,人多讀傳。」在聖武天皇天平年間(西元729～748年),道融應金鐘寺(東大寺前身)良辨之請,在僧眾布薩(半月一次舉行的說戒和懺悔儀式)的場合擔任「說戒師」,向僧眾宣講大乘戒律《梵網經》。良辨還請智璟向眾僧講道宣的《四分律刪繁補闕行事鈔》。此後,日本學習戒律和宣講戒律的人雖日漸增多,然而仍然沒有條件按照戒律規定舉行授具足戒的儀式。

據《東大寺要錄》記載,元興寺僧隆尊嘆戒不足,請知太政官事的舍人親王(天武天皇之子,西元676～735年)轉奏天皇派人入唐聘請律師到日本傳授戒律。[098] 聖武天皇在天平五年(唐開元二十一年,西元733年)敕興福寺僧榮睿、大安寺僧普照二人搭乘遣唐使丹墀廣成(或作「多治比廣成」)的船入唐留學,並尋訪聘請高僧到日本授戒傳律。

榮睿、普照二人入唐之後,先隨遣唐使到長安,從相部宗法礪的再傳

---

[098] 日本家永三郎《日本佛教史》第一卷第三章之五〈戒師招請〉,據《七大寺年表》認為,天平五年(西元733年)隆尊年僅二十八歲,由他出面請知太政官事的舍人親王上奏聘請唐朝律師是不可能的。

弟子定賓受具足戒，學習律學。然後到東都洛陽，在大福先寺認識道璿。道璿（西元 702～760 年）曾師從禪宗北宗神秀弟子華嚴學僧普寂（西元 651～739 年）學禪法和華嚴宗，對禪宗、華嚴宗和天台宗都有較高的造詣；在律學方面曾師事四分律學相部宗創始人法礪──滿意法系的定賓律師，對律學也有研究。他們講明來唐的用意，禮請道璿赴日傳律。道璿應請，在唐開元二十四年（日本天平八年，西元 736 年）搭乘遣唐使中臣名代之船到達日本，被安置住於大安寺。他隨身帶的佛書中有《華嚴宗章疏》和道宣《四分律刪繁補闕行事鈔》等律宗章疏。此後，他以大安寺為中心向日本僧人講授道宣的《行事鈔》，又講大乘《梵網經》等，然而因為沒有具備戒律規定的十師，仍不能立壇授具足戒。道璿在傳授律學之外，還向日本僧眾傳授北宗禪。他的弟子中善俊以律學著稱；行表年七十三從道璿「重受戒法」並受北宗禪，是以後平安時代日本天台宗創始人最澄之師。

將律宗正式傳到日本，被日本律宗奉為「第一祖」的是天平勝寶六年（西元 754 年）到達日本的唐大和尚鑑真。

三、鑑真大和尚簡歷

鑑真（西元 688～763 年），在日本被尊為「唐大和尚」（「尚」或作「上」），死後諡「過海大師」。俗姓淳於，廣陵江陽縣（今江蘇揚州）人。十四歲（或云十六歲）出家，唐中宗神龍元年（西元 705 年）鑑真十八歲，他從道岸（西元 654～717 年）律師受菩薩戒。景龍元年（西元 707 年）鑑真二十歲，先到東都洛陽，後入西都長安，翌年三月於長安實際寺登壇由弘景（西元 634～712 年）律師任戒和尚受具足戒。道岸、弘景都是唐代南山律宗創始人道宣的再傳弟子，是當時精通佛教戒律的著名律師。弘景，在宋以後的史書中因避太祖之父趙弘殷的名諱改稱恆景，曾從智顗弟子章安灌頂（西元 561～632 年）受學，精通天台宗教義，長期住天台宗

第四節　鑑真和尚東渡和日本律宗

傳法中心之一的荊州（治今湖北江陵）玉泉寺。鑑真從弘景受戒後還從他學習天台宗教義。此後，鑑真巡遊兩京，訪師求學，深入學習佛教經、律、論「三藏」，尤重律學。（主要據《東征傳》[099]並《宋高僧傳》卷十四〈鑑真傳〉）

鑑真在長安、洛陽先後從當時著名律學高僧學習南山宗和相部宗的律學。據日本鎌倉時代凝然（西元1240～1321年）《三國佛法傳通緣起》卷下，鑑真除師事道岸、弘景之外，還從道宣的另一弟子融濟學習道宣的《四分律行事鈔》、《羯摩疏》和《釋門亡物輕重儀》等；隨相部律宗法礪的再傳弟子義威、遠智、全修、慧策、大亮等學習法礪的《四分律疏》等。後來鑑真回到揚州，在大明寺傳授戒律。

在唐玄宗開元二十一年（西元733年）日本僧榮睿、普照二人奉敕入唐聘請律師之時，鑑真已經成為唐土著名律僧。如日本元開撰《唐大和尚東征傳》（下簡稱「《東征傳》」）所說：

昔光州道岸律師命世挺生，天下四百餘州以為受戒之主。岸律師遷化之後，其弟子杭州義威律師響振四遠，德流八紘，諸州亦以為受戒師。義威律師無常（按：去世）之後，開元二十一年時大和上年滿四十六，淮南江左淨持戒者，唯大和上獨秀無倫，道俗歸心，仰為受戒之大師。凡前後講大律並疏四十遍，講《律鈔》七十遍，講《輕重儀》十遍，講《羯摩疏》十遍。具修三學，博達五乘，外秉威儀，內求奧理。講授之間，造立寺舍，供養十方眾僧，造佛菩薩像其數無量，縫納袈裟千領、布袈裟二千餘領送五臺山僧，設無遮大會、開悲田而救濟貧病，設敬田而供養三寶，寫《一切經》三部，各一萬一千卷。

---

[099]　日本真人元開：《唐大和尚東征傳》，載《大正藏》卷五十一，第988頁至995頁。現有汪向榮的校釋本，中華書局1979年版，後附《大唐傳戒師僧名記大和上鑑真傳逸文》等，中華書局2000年版《中外交通史籍叢刊》，收入其第14冊。以下凡引用此傳，不再注明在《大正藏》中的頁數。

江淮之間，獨為化主。（《東征傳》）

引文中的「四百餘州」是個概數。據《舊唐書・地理志》，開元二十八年（西元 740 年）全國有郡府（相當州）328 個，縣 1,573 個。道岸的律學上承道宣——文綱，義威也曾師事法礪弟子滿意。「大律並疏」中的「大律」指《四分律》；「疏」指道宣的《四分律比丘含注戒本疏》（簡稱「《戒本疏》」）或法礪的《四分律疏》。《律鈔》是道宣的《四分律刪繁補闕行事鈔》（簡稱「《行事鈔》」）。《輕重儀》是道宣的《量處輕重儀》。《羯摩疏》全稱《四分律刪補隨機羯摩》，也是道宣撰。所謂《一切經》即大藏經，據智升《開元釋教錄》的《入藏錄》，大小乘三藏共一千零七十六部五千零四十八卷。引文說鑑真寫《一切經》三部，「各一萬一千卷」，有誤。其中「各」當為「共」字；「一千卷」應為「五千卷」。這段文字是說，鑑真是繼道岸、義威之後在淮南江左最有權威最有影響的授戒律師。他德高望重，博通大小乘佛法，在東渡日本之前已經宣講《四分律》及道宣《戒本疏》（或法礪《四分律疏》）40 遍，講道宣的《行事鈔》70 遍、《輕重儀》10 遍、《羯摩疏》10 遍，並且還從事造寺、造像、施捨、救濟貧困及抄寫佛典等多種弘法利生事業。

《東征傳》還記載，鑑真前後度僧尼、授戒約有四萬多人，其中的著名弟子有：

揚州崇福寺僧祥彥；潤州天響寺僧道金；

西京安國寺僧璿光；潤州棲霞寺僧希瑜；

揚州白塔寺僧法進；潤州棲霞寺僧乾印；

汴州相國寺僧神邕；潤州三昧寺僧法藏；

江州大林寺僧志恩；洛州福先寺僧靈祐；

揚州既濟寺僧明烈；西京安國寺僧明債；

越州道樹寺僧璿真；揚州興雲寺僧惠琮；

天台山國清寺僧法雲等。

共 35 人，「並為翹楚，各在一方，弘法於世，導化眾生」。

四、鑑真歷盡艱辛的東渡歷程（西元 743～754 年）

唐玄宗天寶元年（西元 742 年），日僧榮睿、普照在中國留學已經達十年之久，一直在尋訪能夠到日本傳律的高僧。他們聽說鑑真的盛名和學問，便特地到揚州大明寺邀請他東渡傳法。他們到達大明寺時，正值鑑真在向弟子講授律學。他們在向鑑真頂禮後，便誠心邀請他東渡傳法，說：

佛法東流至日本國，雖有其法，而無傳法人。本國昔有聖德太子曰：二百年後，聖教興於日本。今鐘此運，願和尚東遊興化。（《東征傳》）

鑑真聽後，立即萌生東渡之意，向門下弟子講，他過去聽說日本國長屋王[100]崇敬佛法，曾派人到中國將所造千領袈裟施給僧眾，袈裟邊緣上繡有「山川異域，風月同天，寄諸佛子，共結來緣」，可見日本必將「佛法興隆」，便問弟子：

今我同法眾中，誰有應此遠請，向日本國傳法者乎？（《東征傳》）

從這段文字看，鑑真首先是想動員弟子應邀前往日本傳法。然而弟子們對此沒有回應。弟子祥彥對鑑真說，眾人所以沉默沒有應允，是因為擔心「彼國太遠，性命難存，滄海渺渺，百無一至」。他說的是事實，在當時條件下東渡日本確實是充滿艱辛和危險的。鑑真聽後便斷然表示：

是為法事也，何惜身命！諸人不去，我即去耳！（《東征傳》）

---

[100] 日本天武天皇之孫，西元 721 年任右大臣，反對藤原不比等之女光明子為皇后，西元 729 年以謀反罪名被殺。

第三章 唐代佛教東漸與奈良六宗的興起（上）

祥彥立即表示，既然和尚要去，他也願意跟隨前往。於是，弟子道興、道航、神崇、法載、德清、思托、曇靜及高麗僧如海等二十一人紛紛表示願隨鑑真同去。

自從鑑真決定赴日傳法，到最後到達日本，前後東渡六次，其中五次失敗，第六次才東渡成功。（現依據《東征傳》及中日兩國研究[101]，將鑑真六次東渡的艱辛歷程作簡單介紹。）

第一次東渡是在唐天寶二年（西元 743 年），鑑真五十六歲。榮睿、普照在長安時已經得到宰相李林甫之兄李林宗寫給揚州倉曹（主管漕運）李湊的書信，請他幫助造船備糧。鑑真對外假稱要到天台山供養僧眾，開始做出海的準備。當時因為有海賊吳令光侵擾江浙沿海，官府下令封鎖海岸，禁止公私船隻出海。鑑真弟子道航嫌高麗僧如海年輕，反對他隨鑑真同往日本，這引起如海的憎恨，便到官府誣告道航私自造船入海，勾結海賊，並告有多人已備好乾糧，有百賊入城。官府大驚，到各寺捉人。不久官府雖判清真情，但沒收了船隻，並將榮睿、普照等日本僧人拘禁達四個月。於是，第一次東渡便告失敗。

同年九月後準備第二次東渡。鑑真從嶺南採訪使劉巨鱗處買到軍船一隻，雇船員十八人，備足乾糧，並選擇好準備帶到日本的金字佛經《華嚴經》、《大般若經》、《大集經》、《大涅槃經》及各種章疏、法物用品、袈裟、香料、藥材等。跟隨同往日本者有弟子祥彥、道興、德清、思托及日僧榮睿、普照等十七人，還有精於製作玉器、繪畫、刻鏤、鑄寫、刺繡、鐫碑的能工巧匠八十五人。十二月正值嚴冬，鑑真一行舉帆東下，但不幸遇上颶風船破，眾人艱難地回到岸上。

---

[101] 中國方面有汪向榮校注：《東征傳》；汪向榮著：《鑑真》，吉林人民出版社 1979 年版；週一良著：《鑑真的東渡與中日文化交流》，載《中日文化關係史論》，江西人民出版社 1990 年版；楊曾文著：《日本佛教史》，浙江人民出版社 1995 年版。日本方面的重要研究成果有安藤更生著：《鑑真大和上傳之研究》，平凡社 1960 年版。此外有石田瑞麿著：《鑑真的思想及其生涯》，大藏出版社 1958 年版；杉山二郎著：《鑑真》，三彩社 1977 年版。

第四節　鑑真和尚東渡和日本律宗

　　第三次東渡在同年底或天寶三載（西元 744 年）初。船修復後再次起航，出長江口向東南方航行，打算先到桑石山（今檞山），但風急浪高，在舟山北面不遠之處船破，鑑真一行再次上岸。有人發現，告明州（今浙江寧波）刺史，便將他們安置在縣（今浙江鄞縣南）阿育王寺。

　　第四次東渡雖做準備，但未能成行。天寶三載（西元 744 年）鑑真應請為越州（今浙江紹興）、杭州、湖州（今浙江湖州市南）、宣州（今安徽宣城）諸寺的僧眾講律授戒，並為東渡做準備，先派弟子法進等人到福州買船備糧。此後鑑真率弟子南下，先巡禮天台山國清寺，然後取道臨海縣（今浙江臨海市）、永嘉郡（今浙江溫州）往福州方向進發，某日進入禪林寺住宿。越州等地的僧眾和鑑真的弟子揚州崇福寺靈祐等人擔心鑑真東渡「死生莫測」，便告官府制止鑑真東渡。為此，榮睿、普照一度被官府拘捕。江東（江南東道，在今蘇州）採訪使傳牒各州縣，命見到鑑真一行務必將他們留住。鑑真一行在禪林寺被官差截住押送到採訪使處，後被送回揚州住入崇福寺。

　　天寶七載（西元 748 年），六十一歲的鑑真與榮睿、普照等讓人造船，準備第五次東渡。與第二次東渡一樣，造船，買香藥，購置雜物。同行者有祥彥、神崙、德清、思托及榮睿、普照等僧俗十四人、水手十八人，還有願意隨從同往者，總共三十五人。他們於六月二十七日從揚州啟航，進入東海後順風前行，至越州界的三塔山（定海中的小洋山）停留一月，然後到暑風山（大概在舟山附近），又停留一月。十月十六日風起，再次起航，不久遇上颶風，眾人誦念觀音，冒著風浪漂流過蛇海、飛魚海、飛鳥海。人們每日吃少許生米充飢，然而苦於沒有一滴水可以解渴。

　　鑑真一行在海上經過十七天，漂至振州（今海南省三亞市西北崖城）下船，受到州別駕馮崇債的歡迎和供養，被安置住入大雲寺一年。此後北至萬安州（今海南省萬寧縣北），受到「大首領」馮若芳的供養，北經崖州

（當時應為珠崖郡，今海南省瓊山縣東南），渡過瓊州海峽，登上雷州半島北上，經今廣東、廣西、江西、江蘇等省的許多地方，一路時停時行，所經之處受到官民的禮拜和盛情招待。鑑真經常應請向僧俗傳法授戒，還主持造寺、造佛像等。

在這個充滿曲折艱辛的行程中，行至端州（今廣東高要縣）時，日僧榮睿去世，鑑真哀痛悲切，為他送喪，然後起程。鑑真途經韶州（今廣東韶關）時，曾到禪宗六祖慧能居住傳法的曹溪法泉寺[102]參拜六祖遺像。天寶九載（西元750年），日僧普照辭別鑑真先往嶺北，鑑真拉著他的手不覺失聲悲泣，說：「為傳戒律，發願過海，遂不至日本國，本願不遂。」（《東征傳》）鑑真當時認為，他這一生已經沒有希望到日本傳法授戒了。此時鑑真已經六十三歲。炎熱的氣候，加上內心的憂傷，使他患上眼疾，又不幸診治不當，致使雙目失明。行至吉州（今江西吉安）時，追隨他多年的弟子祥彥去世。鑑真途經江州（今江西九江）廬山時，參訪東晉高僧慧遠居住過的東林寺。此後參訪江寧（在今江蘇）瓦官寺、攝山（在今南京）棲霞寺等歷史名寺，大約在天寶十載（西元751年）才輾轉回到揚州，住入龍興寺。

天寶十二載（西元753年），日本國遣唐大使藤原清河、副大使大伴宿禰胡麿（或作大伴古麻呂）、祕書監吉備真備晉見唐玄宗，在完成使命之後，攜同在中國留學長達三十六年並在唐朝任祕書監兼衛尉卿的朝衡（阿倍仲麻呂），準備取道揚州回國。他們到達揚州後，十月十五日到延光寺拜謁鑑真，說：

> 弟子等早知和上五遍渡海向日本國，將欲傳教。今親奉顏色，頂禮歡喜。弟子等先錄和上尊名，並持律弟子五僧，已奏聞主上，向日本傳戒。

---

[102] 據《曹溪大師傳》及《天聖廣燈錄》卷七〈慧能章〉，曹溪寶林寺在唐中宗時曾改名中興寺，下敕重修後改稱法泉寺，後改廣果寺，玄宗時改名建興寺，肅宗時改名國寗寺，宣宗時改名南華寺。

第四節　鑑真和尚東渡和日本律宗

主上要令將道士去。日本君王先不崇道士法，便奏留春桃原等四人，令住學道士法。為此，和上名亦奏退。願和上自作方便。弟子等自有載國信物船四舶，行裝具足，去亦無難。(《東征傳》)

唐玄宗奉老子為皇室李姓之祖，崇尚道教，在看到日本大使請派鑑真等到日本傳法的奏文後，便提出派道士到日本傳教，然而因為日本不信奉道教，大使便以日本君主不信奉道教表示婉拒，然而礙於唐玄宗的面子，仍留下四人學習道教，同時收回了派鑑真赴日的請求。因此，日本大使在見到鑑真後，便提出請鑑真自己決定是否願意東渡傳法。鑑真當即表示同意，於是便開始準備第六次東渡。他先住進了揚州龍興寺。

鑑真東渡的消息不脛而走，官府在寺院周圍防護甚嚴，鑑真難以動身。鑑真弟子在江邊準備好船隻，等待鑑真隨時到來。當年十月十九日，鑑真離開龍興寺，在江邊主持為特地趕來的二十四位沙彌授具足戒之後，便乘船駛向蘇州港口黃泗浦，以便改乘日本使節的船隻。隨鑑真同行者有揚州白塔寺僧法進、泉州超功寺僧曇靜、臺州開元寺僧思托、揚州興雲寺僧義靜、衢州靈耀寺僧法載、竇州開元寺僧法成等十四人，還有藤州通善寺尼智首等三人以及揚州居士潘仙童、胡人安如寶、昆侖國（泛指中印半島南部及南洋諸島）人軍法力、瞻波國（占婆，在今越南中南部）人善聽等，共二十四人。

鑑真一行所帶往日本的物品中，一是佛、菩薩雕像繡像及佛舍利；二是佛經，有唐實叉難陀譯《華嚴經》八十卷等；三是戒律《四分律》及其單行僧尼戒本、律論《律二十二明瞭論》；四是律宗三家的律學注疏，其中最多的是道宣南山宗的著作，有《四分律比丘含注戒本》、《戒本疏》、《羯摩疏》、《行事鈔》、《關中創開戒壇圖經》，法礪相部宗的著作有《四分律疏》，定賓《飾宗義記》、《補釋飾宗義記》、《戒疏》，觀音寺大亮《義記》，懷素東塔宗的著作有《戒本疏》，此外還有北魏慧光《四分律疏》、唐智周

《菩薩戒疏》、靈溪釋子《菩薩戒疏》、大覺律師《批記》、法銑《尼戒本》和《尼戒本疏》等；五是天台宗的著作，有隋智顗《摩訶止觀》、《法華玄義》、《法華文句》、《四教義》、《釋禪波羅蜜次第法門》、《行法華懺法》、《小止觀》、《六妙門》。此外還有梁寶唱《比丘尼傳》、唐玄奘《大唐西域記》等；六是珍貴文物和工藝品，其中有東晉王羲之的真跡行書一帖，王獻之真跡行書三帖及水晶、金銀等制的佛具。按照以往東渡準備的物品推測，此次也可能帶有香料、藥物等。

當年十一月十五日，日本使船四艘同時從蘇州黃泗浦起航東渡。鑑真與弟子搭乘的是大伴副大使的船。日僧普照也從明州趕到蘇州，與祕書監吉備真備同船。十二月二十日，鑑真所乘的船冒著風浪到達日本薩摩國阿多郡秋妻屋浦（今鹿兒島川邊郡坊津町秋目）。鑑真一行被迎送到位於九州北部的太宰府（在今福岡）。此時是日本孝謙天皇天平勝寶五年十二月二十六日，即西元754年陽曆1月23日。

五、鑑真和弟子在日本授戒傳律情況

鑑真到達日本的時候，原來派榮叡、普照到唐聘請律師的聖武天皇已在五年前退位為太上天皇，由其女兒繼位，此即孝謙天皇。天平勝寶六年（西元754年）正月十一日，日本大伴副使將鑑真到達日本的消息上奏朝廷。在朝廷的安排下，鑑真一行在向京城奈良行進途中受到各地官員、僧眾的歡迎和熱情照料。二月四日，鑑真一行到達奈良，安宿王奉敕在羅城門（正門）迎接，命東大寺別當、少僧都良辨將鑑真一行送到東大寺安置住下，律師唐僧道璿、僧正印度僧婆羅門菩提及內道場僧五十人，都前來拜謁、慰問。日本朝廷中以右大臣藤原豐成、大納言藤原仲麿、式部卿藤原永手為首的百餘名官員前來禮拜。[103]

---

[103] 《東征傳》，並參見汪向榮校《東征傳》後附從各書輯錄的思托撰《大唐傳戒師僧名記大和上

第四節　鑑真和尚東渡和日本律宗

官居正四位下吉備真備奉敕到鑑真住處宣讀詔書：

大德和上遠涉滄波，來投此國，誠副朕意，喜慰無喻。朕造此東大寺，經十餘年，欲立戒壇，傳授戒律，自有此心，日夜不忘。今諸大德，遠來傳戒，冥契朕心。自今以後，授戒傳律，一任和上。(《東征傳》)

從內容看，這是聖武上皇的詔書。正是聖武天皇在位之日，主持營造了東大寺，並且為政府統一主持按照佛教戒律授戒而派人入唐聘請律師。他在這封詔書中，將主持日本授戒傳律的職權交給鑑真。不久，又敕授鑑真以「傳燈大法師」位，這是日本國內的最高榮譽僧位。隨鑑真同來的其他法師也得到不同僧位。

四月初，在東大寺盧舍那佛殿前建立戒壇，鑑真把原取自五臺山的土加到戒壇中。戒壇建成後，鑑真為聖武上皇授菩薩戒[104]，光明皇太后、孝謙天皇、皇太子也登壇受戒。此後，鑑真主持為澄修等四百四十位沙彌授具足戒。

在鑑真到來之前不少在佛學上很有造詣的僧人，此時意識到自己當初受戒不符合戒律規定（「不如法」），屬於「無戒」，並且也出於對鑑真的敬仰，願意以鑑真為戒和尚重新受戒。然而也有相當多的僧人一時想不通，甚至有所質疑。據鎌倉時代宗性所編《日本高僧傳要文抄》卷三引思托撰《延曆僧錄‧高僧沙門釋普照傳》記載：「鑑真、普照、思托一行剛到日本，合國不伏（服）無戒，不知傳戒來由。僧數不足，先於維摩堂已具敘竟，從此以後伏（服）受戒，其中志忠、靈福、賢璟，引《占察經》許自誓受戒。便將《瑜伽論‧決擇分》第五十三卷，詰曰：『諸戒容自誓受，唯聲聞律儀不容自受。若容自者，如是律儀都無規範。』志忠、賢璟等杜口無

鑑真傳》逸文。

[104] 《東征傳》載：「天皇初登壇受菩薩戒。」汪向榮《鑑真》據《東大寺要錄》中「四月五日，太上天皇於盧舍那佛前請鑑真和上登壇受（授）菩薩戒」的記載，斷定受戒天皇應是聖武上皇。另，日本豐安《戒律傳來記》也講：「太上天皇先請大和上親對受菩薩之淨戒也。」

對，備以衣缽受戒。」

以上是說，在鑑真即將遵照日本朝廷之命向日本僧授戒之際，有很多日本僧人不承認自己以往自誓所受的戒無效（未得戒），不願意重受戒。因為人數不足，不能立即舉行授戒儀式。於是普照在東大寺的維摩堂向他們解釋。其中志忠、靈福、賢璟等人引證《占察善惡業報經》中的自誓受戒的經文來辯護。普照便引證《瑜伽師地論》第五十三卷〈決擇分〉中的經文反問和說服：諸大乘經雖允許自誓受戒，然而聲聞（小乘）戒律並不允許自誓受戒，否則律儀便失去規範。這樣一來，他們便無言以對，表示願意從鑑真受戒。《東征傳》記載，與靈福、賢璟、志忠一起捨棄舊戒，以鑑真為戒和尚重新受具足戒者，還有善頂、道緣、平德、忍基、善謝、行潛、行忍等，共八十餘人。

鑑真此後被敕任為日本的僧官少僧都（《東大寺要錄》）。天平勝寶七年（西元755年），在東大寺大佛殿的西邊，移聖武上皇受過戒的壇土，建立戒壇院，作為日本全國的中心戒壇。鑑真又在此院北邊建造唐禪院，作為講授戒律之所。翌年五月，鑑真與日僧良辨同時被敕任為大僧都，鑑真弟子法進被任為律師。此年，一向大力支持鑑真師徒的聖武上皇去世。天平寶字元年（西元757年），孝謙天皇為了供給四方來京從鑑真學戒律的僧人的食宿，特地施給備前國（在今岡山縣）水田百町，又賜給鑑真故一品新田部親王的舊宅作為建造伽藍之地。年已七十歲的鑑真在此地建立唐招提寺，與弟子法載、義靜、如寶等人在此研究和傳授戒律。淳仁天皇天平寶字二年（西元758）年，詔賜鑑真「大和上」之號，同時又說：「政事躁煩，不敢勞老，宜停僧綱（按：指僧官）之任。集諸寺僧尼，欲學戒律者，皆屬令習。」（《續日本紀》卷二十一）從此鑑真不再擔任僧官，集中力量在唐招提寺傳授律學，培養人才，而將原在東大寺唐禪院和戒壇院的事務交給弟子法進負責。

第四節　鑑真和尚東渡和日本律宗

鑑真師徒在日本傳授戒律和授戒的開始階段，確實有不少僧人對過去自誓受戒受到否定（「無戒」）表示不滿，雖然經過解釋願意重新受戒，但是仍有一些守舊的僧人或是感到自己的既得利益受到影響者表示反對，對於普照邀請鑑真赴日傳戒，「不以為德，反以為仇」[105]。然而從總體情況看，鑑真師徒不僅受到以天皇為首的朝廷的信任，也受到佛教界廣大僧眾的崇敬。他們所傳授的律學和授戒儀規，很快就受到佛教界的承認和接受。

經鑑真的奏請，日本朝廷在下野的藥師寺和筑紫的觀世音寺也相繼建立了戒壇，它們與東大寺戒壇成為日本朝廷統一控制的為出家僧尼授戒的「天下三戒壇」。根據凝然《律宗綱要》卷下，新建的兩所戒壇是按照「邊國」的授戒儀式由五人授戒（三師二證）；東大寺戒壇按中國（此指中印度）方式由十人（三師七證）授戒。據日本慧堅《律苑僧寶傳》卷十《鑑真傳》記載，在唐招提寺也建有戒壇，孝謙天皇曾在此受菩薩戒，詔：「出家者先入招提受戒學律，而後學自宗。」

在鑑真到日本之前，僧尼出家受戒之後，由朝廷發給蓋有治部省之印的公驗，作為合法僧尼身分的證明。在鑑真到日本開創新的授戒制度之後，則以授戒十師連署的「戒牒」作為合法受戒證明，以代替原來的公驗。然而實際上授戒是在政府的控制之下進行的，因為治部省既掌握著度僧之權，又負責管理僧尼的名簿。[106]

日本天平寶字七年，唐代宗廣德元年（西元 763 年）五月六日，鑑真結跏趺坐，面向西去世，享年七十六歲。遵照鑑真和尚的遺囑，思托等弟子在東大寺戒壇院另立影堂。日本光仁天皇寶龜八年，唐代宗大曆十二年

---

[105]　《日本高僧傳要文抄》卷三引《延曆僧錄·高僧沙門釋普照傳》說：「將知合國僧徒身佩戒香，並是普照。僧僧身上四萬二千福河，日夜恆流，皆由普照。戒光遍日本國界，皆清淨開佛菩提門，出僧尼智慧，皆由普照。不以為德，反以為仇。普照不請得大唐僧來，合國僧尼身上無戒，不銷信施，身壞命終，不生善道。」

[106]　日本速水侑著：《論集日本佛教史》第二卷，雄山閣出版社 1986 年版。

（西元 777 年），日本國使至唐通報鑑真去世的消息，揚州各寺僧眾得知後皆穿喪服，舉哀三天，聚集到龍興寺舉行盛大齋會。

六、鑑真在中日文化交流史和日本佛教史上的巨大貢獻

鑑真和尚具有中華民族世代相傳的優秀特質，具有堅強的意志和一往無前的精神。在《東征傳》中有這樣一段話，生動地概括了鑑真不惜身命六次艱辛東渡的經歷和表現出來的非凡頑強的精神：

大和上從天寶二載始為傳戒，五度裝束，渡海艱辛。雖被漂回，本願不退。至第六度過日本，卅六人總無常去（按：死亡），退心（按：退縮，改變初衷）道俗二百餘人。只有大和上、學問僧普照、天台僧思托，始終六度，經逾十二年，遂果本願，來傳聖戒。方知濟物慈悲，宿因深厚，不惜身命，所度極多。

日本凝然《律宗綱要》卷下所說：「四度造船，五回入海，十二年中辛苦無量，道俗逝化三十六人，永（按：榮）睿、祥彥等是也。退還之者二百八十人。」可以作為上引文字的注釋。

鑑真是古代中日文化交流史上的偉大且傑出的人物，為向日本弘傳戒律，為傳播中國文化，為促進中日兩國人民之間的友誼，作出了不可磨滅的貢獻。

1.鑑真及其弟子到日本傳律授戒，改變了日本以往不能按照佛教戒律規定授戒的局面。在鑑真師徒參與下建立的奈良東大寺戒壇、下野藥師寺戒壇和筑紫觀世音寺戒壇，成為日本政府直接管轄之下的為出家僧尼授戒的場所，從而為日本在一定時期控制僧尼人數，使佛教保持正常有序的發展創造了條件。

2.鑑真師徒在東大寺、唐招提寺以及大安寺等地向日本學僧傳授戒

第四節　鑑真和尚東渡和日本律宗

律，培養了很多掌握律學知識，能夠如法授戒的人才。據《東征傳》介紹，鑑真赴日之後，度僧近四萬人，與弟子思托等人講述《四分律》以及律宗南山宗道宣《行事鈔》、相部宗法礪《四分律疏》、定賓《鎮國道場飾宗義記》等多遍，培養出忍基、善俊、忠惠、常慰、惠新、真法等律學僧人，他們皆能講授上述律學典籍和理論。因此，鑑真被奉為日本律宗之祖。

3. 鑑真在日本的弟子很多，其中著名的有法進、仁韓、法顯、曇靜、思托、法載、義靜、法成、智顗威、靈耀、懷謙、惠雲、如寶、慧良、慧達、慧常、慧喜等，他們對日本佛教和社會文化都作出不同的貢獻。

法進（西元 709～778 年），俗姓王，原在中國揚州白塔寺，到日本後是鑑真講授戒律和授戒的得力助手，並且是臨壇的戒師之一，被日本律宗奉為僅次於鑑真的「第二和上」。在鑑真晚年退居唐招提寺之後，他接任經管東大寺唐禪院及戒壇院。他經常向僧眾宣講大小乘戒律和中國的律學章疏，其中有唐智首《梵網經疏》、道宣《戒本疏》、《羯摩疏》、《行事鈔》、《四分律拾毗尼義鈔》和智首《四分律疏》（廣疏）、法礪《四分律疏》（中疏）、北魏慧光《四分律疏》（略疏），合稱「律五大部三要疏」。在光仁天皇寶龜五年（西元 774 年）任大僧都。據日本江戶時期師蠻《本朝高僧傳》卷五十七所載，法進在講授律學之外，還經常向日本學僧講述天台宗教義，曾講天台三大部（智顗《摩訶止觀》、《法華玄義》、《法華文句》）四遍，深受歡迎。著作有《東大寺授戒方軌》、《沙彌十戒威儀經疏》、《梵網經注》等。

思托，俗姓王，赴日前是臺州開元寺僧人。鑑真東渡六次，他都跟隨在身邊，對律學、天台宗都有很深的造詣，赴日後是鑑真的另一位得力助手，他與普照等人積極協助鑑真營造唐招提寺。思托在向僧眾講授律學之外，也講授天台宗教義。日本真言宗創始人空海就是從他受的菩薩戒。在

第三章　唐代佛教東漸與奈良六宗的興起（上）

鑑真移住唐招提寺之際曾遭到「謗」，思托根據自己的見聞和經歷撰寫記述鑑真東渡傳法事蹟的《大唐傳戒師僧名記大和上鑑真傳》，並且請日本信徒淡海三船（也稱「真人元開」）參考此傳另行撰寫《唐大和尚東征傳》（《延曆僧錄・思托自敘》）[107]。思托善於撰述，著有日本最早的佛教史傳《延曆僧錄》五卷。原書雖佚，但在《東大寺要錄》、《東大寺雜錄》及鎌倉時代宗性所編《日本高僧傳要文抄》中保存不少逸文，是研究奈良時代佛教的珍貴資料。

如寶（約西元 725～814 年），即《東征傳》中的「胡國人安如寶」，隨鑑真赴日時尚是個沙彌，到日本後受具足戒，在鑑真奏請建造下野藥師寺後，曾負責主持該戒壇，後受鑑真之命主持唐招提寺。鑑真死前將唐招提寺託付給法載、義靜和如寶三人。如寶後來擴建唐招提寺，在進入平安時代之後，曾為桓武天皇及後妃、皇太子授戒，自此名聲更大，曾任少僧都。弟子有昌禪、豐安、壽延等人。豐安撰有《戒律傳來記》三卷（現僅存上卷）。

日本律宗將唐南山律創始人道宣奉為高祖，奉鑑真為一祖，東大寺法進為二祖，藥師寺如寶為三祖，元興寺昌禪為四祖，唐招提寺豐安為五祖。繼鑑真之後在唐招提寺的傳承世系是法載、真璟、戒勝、壽高、增思等。[108]

4. 鑑真與其弟子除傳授戒律、授戒，講授天台宗教義之外，還參加佛典的校勘工作，並且在建造唐禪院及唐招提寺等寺院過程中，將中國先進的建築技術、雕塑、美術等介紹到日本。鑑真還善醫術並通曉醫藥學，《日本見在書目錄》中載錄有《鑑上人祕方》，可見他對日本醫藥學發展也作出了貢獻。

---

[107]　載《日本高僧傳要文抄》卷三。
[108]　關於鑑真和日本律宗，還可以參考凝然《律宗綱要》(載《大正藏》卷七十四)、《八宗綱要》(載《大日本佛教全書》第 101 冊)。

第四節　鑑真和尚東渡和日本律宗

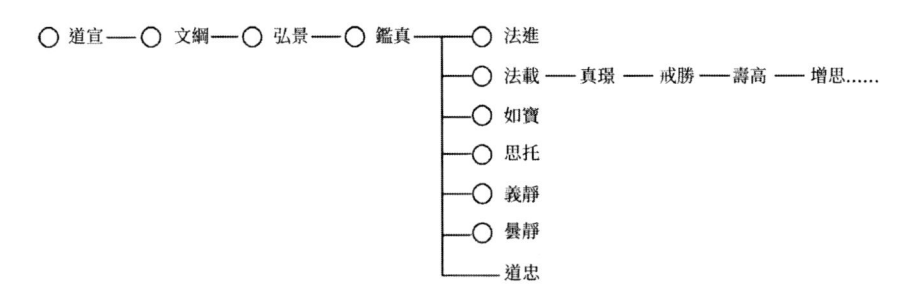

```
○道宣──○文綱──○弘景──○鑑真──┬○法進
                              ├○法載──真璟──戒勝──壽高──增思……
                              ├○如寶
                              ├○思託
                              ├○義靜
                              ├○曇靜
                              └道忠
```

日本律宗傳法世系表
（名字前有○者為中國人）

綜合以上所述，可以說奈良佛教至少具有以下特點：

（1）佛教在國家直接管轄和控制之下，前往中國的留學僧和求法僧由朝廷委派，所謂「奉敕入唐」，往返一般搭乘遣唐使的船。

（2）在各宗最早傳入者和學僧中，來自朝鮮半島諸國和中國的僧人占有很大比例。

（3）佛教六宗傳入不久，諸宗傳承者之間沒有嚴格界限，一寺一人兼傳二宗以上的現象相當普遍。六宗中不僅俱舍宗、成實宗原本屬於學派，其他四宗也帶有學派的性質。

（4）奈良六宗是以後日本佛教的出發點，其中的法相宗、華嚴宗、三論宗得到繼續發展，而六宗的僧人從中國輸入的大量佛典也包含其他宗派的教典，例如有密教、天台宗的教典；三論宗的道慈還兼傳密教，鑑真師徒「皆兼台宗」（天台宗），都直接地影響到平安時代創立的真言宗和天台宗。

第三章　唐代佛教東漸與奈良六宗的興起（上）

第四章
天台與密宗的傳入及入唐求法僧
（下）

日本桓武天皇延曆三年（西元784年）從奈良遷都長岡，延曆十三年（西元794年）又從長岡遷都平安（今京都）。自此，直到西元1192年東國武士集團首領源賴朝以征夷大將軍的名義設立幕府實施對日本全國的統治為止，是日本歷史上的平安時期。平安時期長達400年，相當於中國唐代後期、五代、北宋和南宋的前期。

第一節　平安時代的社會和佛教

一、平安時代的社會概況

日本在西元7世紀中葉實施的「大化革新」中仿照中國隋唐均田制、租庸調制實行的班田制和租庸調制，在進入奈良後期以來，隨著皇族、貴族和佛寺、神社兼併土地的日益加劇及土地私有制的迅速發展，不斷遭到破壞，到西元10世紀前後已經基本結束，逐漸形成以經營莊園為主要社會經濟形式的領主土地所有制。皇族和有勢力的貴族占有很多莊園，擁有不許政府官員入內的「不入權」和不向政府繳納地租的「不輸權」。作為地方政府的國司也將原屬國衙管理的公田變為私田，設立由代理人經營的

莊園。各地一些弱小的領主為對抗國司和逃避課役,將自己的莊園以「寄進」的方式奉獻給權門豪族乃至在朝廷中更大的官僚貴族(稱「本所」),甘心以「莊官」的身分直接控制和管理莊園進行。

在這種領主土地所有制之下,莊園與莊園之間、莊園與國司之間經常為爭奪土地或因為各種利害關係而發生糾紛乃至爭鬥。在這種社會環境中,便出現了眾多的以領主和莊官為中心的武裝組織勢力,國司為了應付這種局面也加強了地方武裝。於是,在日本社會形成了新的武士階層。佛教中的官寺、大寺也擁有自己的莊園,並且為了保衛莊園和與別的宗派對抗,組成了自己的武裝——僧兵。在各地武士集團對抗和爭鬥過程中,到西元 11 世紀後期形成以出身皇族的關東源氏和關西伊勢平氏為首的兩大武士集團,左右了日本全國的政治局面。

在「大化革新」中確立的以天皇為首的中央集權制,是以土地國有制和班田制、租庸調制為前提的,隨著土地兼併和領主莊園制迅速發展而不斷受到衝擊和削弱。在奈良末年的光仁天皇和平安初期的桓仁天皇,先後針對日益嚴重的土地兼併和官吏腐敗等情況提出對策來治理,曾一度出現所謂「光仁、桓武之治」,然而終究未能遏制領主土地所有制急劇發展和天皇制中央集權削弱的總趨勢。到西元 9 世紀末,天皇已經大權旁落,而由占有全國很多土地、莊園的藤原氏(中臣鎌足後裔)外戚集團壟斷了朝政,形成所謂「攝關政治」、「攝關」[109]。藤原氏為便於控制朝政,有意扶持年幼皇子即位,自己以外戚身分攝政,即使天皇成年執政後仍然加以控制。這種制度到藤原道長(西元 866～1027 年)、藤原賴通(西元 992～1074 年)父子之時達到極盛。

---

[109] 是攝政與「關白」的統稱。所謂「關白」原是諮稟、打招呼的意思。天皇懾於藤原氏的權勢,有什麼想法先告訴藤原氏,然後才敢作出決定。宇多天皇曾說:「萬機巨細,百官總已,皆關白於太政大臣,然後奏下。」後來,「攝關」用來指在藤原氏壟斷朝政的職位,意為天皇年輕擔任攝政;天皇成年後擔任關白。此即所謂「攝關政治」。

第一節　平安時代的社會和佛教

　　佛教興盛之後，幾乎歷代天皇都信奉佛教，受到佛教極大的影響。奈良時代先後有元明、聖武、孝謙三位天皇出家。當然，對他們來說出家並不是放棄一切權力。此後，進入平安時代，特別進入藤原氏壟斷朝政實行攝關政治以來，天皇讓位出家的更多，先後達二十一位之多。有些天皇不甘心當藤原氏的傀儡，讓位出家後以「上皇」或「法皇」名義設立「院廳」執政。他們聯合對藤原氏專權不滿的中小貴族和地方武士擴展自己的勢力，以對抗藤原氏的攝關政治。此即為「院政」。其中以白河、鳥羽、後白河、後鳥羽天皇的院政最有名。關東源氏、關西平氏兩大武士集團就是在這種政治形勢中壯大起來的，平氏集團在後白河上皇支持下曾一度控制中央政權。

　　平安時代的日本文化受中國影響較大，漢文和漢詩、漢文章十分盛行。在歷史著作方面，繼奈良時代編纂正史《日本書紀》之後，先後有菅野真道《續日本紀》、藤原冬嗣《日本後紀》、藤原良房《續日本後紀》、藤原基經《文德天皇實錄》、藤原時平《三代實錄》（記清和、陽成、光孝三代天皇史事）等史書出世。漢詩有嵯峨天皇敕撰《凌雲集》、《文華秀麗集》、《經國集》等。藤原佐世所編《日本國見在書目錄》將從中國輸入的漢籍編目，總數達一千五百七十九部一萬六千七百九十卷。唐文化在傳播中逐漸實現日本化，形成所謂「國風文化」。日本人將漢字簡化、改造，創造假名文字，推動了日本文學的發展，相繼產生很多優秀文學作品。

　　在宗教方面佛教最為盛行，甚至日本原有的神道信仰和神道教也不得不依附於佛教。奈良六宗中除法相宗比較有影響外，其他各宗日漸衰微。新從中國傳入的天台宗和真言宗由於得到天皇朝廷特別的支持，在整個平安時期，它們是最盛行最有影響的佛教宗派。

二、平安時期的佛教

隨著佛教的迅速傳播和發展，佛教不僅在社會生活中，乃至在政治上也產生較大的影響。在奈良時代後期，佛教六宗中的法相宗勢力最大。法相宗僧玄昉、道鏡前後參與並左右朝政，激化了統治者內部早已存在的矛盾，加深了社會危機。由於濫造寺院和佛像，僧尼人數迅速增加，天皇朝廷向僧尼大量施捨，導致國庫空虛，民丁減少。因為政府和各級僧官對寺院僧尼管理鬆弛，僧尼違戒犯法的現象十分嚴重。

在這種情況之下，奈良後期的光仁天皇（西元770～781年在位）曾制定措施以整頓，主要有：鼓勵僧尼持戒潛修，允許僧尼進入山林修行；核實僧籍，嚴禁私度，加強對僧尼的控制和管理；要求僧綱（僧正、僧都、律師等）和各級僧職，以身作則，糾正僧風，引導僧尼「宜修護國之正法，以弘轉禍之勝緣」（《續日本紀》卷三十六），發揮佛教維護國家安定的宗教功能。

進入平安時代以後，桓武天皇繼續整頓佛教。主要措施有：(1) 限制僧尼增加，嚴肅僧團法紀。命國司清理國分寺僧尼，規定國分僧寺、尼寺的僧尼數量保持原來規模，若有死亡，只許從當地僧尼中選補。禁止僧尼借說善惡福禍報應或借占卜方術等，蠱惑、欺詐民眾。(2) 禁止濫造寺院，限制兼併土地。不許寺院放高利息貸款，不得「專占山野」，並且禁止民眾將土地出賣或施捨給寺院。(3) 改革度僧制度，鼓勵佛學研究。規定每年定額出家者（年分度者）人數，在一般情況下不得超額，並且制定受度者必須通過考試——背誦《法華經》或《金光明最勝王經》一部，並通曉佛教禮儀，且是已經「淨行」（居士修行）三年以上者。在延曆十二年（西元793年）下詔，「年分度者」必須會用漢語讀誦佛經（《類聚國史》卷一八七）。此後規定在每年十二月之前由僧綱主持度僧考試，從佛教經論

中選出「大義」（佛教義理）十條進行考問，能夠回答五條以上者方可得度受戒為僧。顯然，這是有意鼓勵僧眾深入研究佛學。

日本與中國之間的佛教文化交流直接影響到日本佛教的傳播和發展。平安時代在佛教界最重要的事件是最澄、空海二人分別從中國傳入天台宗和真言宗並且得到迅速傳播。然而唐朝自從爆發「安史之亂」（西元755～762年）後，國勢日弱，中央朝廷由宦官專權，各地出現程度不同的藩鎮割據，西元9世紀末爆發王仙芝、黃巢大規模起義，唐朝瀕臨滅亡。從日本國內情況來看，進入西元9世紀後財政日益困難，難以繼續支撐派遣唐使的龐大費用。在這種情況下，宇多天皇在寬平六年（西元894年）採納菅野道真的建議，決定停止派遣唐使。但日本與中國之間的佛教交流並沒有自此完全中斷，兩國僧人仍可以搭乘中國商人的船往返於兩國之間。

平安時代奈良仍是佛教中心，舊有六宗中法相宗最有影響，前後湧現很多著名學僧，其中有興福寺（北寺傳）的善珠、玄賓、行賀，元興寺（南寺傳）的護命、仲繼等人。善珠（西元723～797年）著有《成唯識論述記序釋》、《唯識義燈增明記》、《唯識論分量決》等。行賀（西元720～803年）曾入唐學法相、天台二宗，在天平寶字三年（西元759年）歸國，帶回經疏五百餘卷，天皇敕三十人從他受學，著有《唯識論僉記》等。護命（西元750～834年）在嵯峨天皇弘仁七年（西元816年）受任大僧都，後任僧正。當日本天台宗創始人最澄上奏朝廷希望在比睿山設立大乘戒壇時，護命站在南都佛教的立場上表示反對。奈良六宗中的三論宗等其他宗派日漸衰微。

第四章　天台與密宗的傳入及入唐求法僧（下）

第二節　最澄入唐求法和日本天台宗

中國隋唐時成立的佛教宗派中，以天台宗最早。天台宗是由隋代智顗（西元539～598年）創立的，不僅繼承以印度龍樹為代表的大乘中觀學說，也直接繼承了南北朝時慧文、慧思的思想，建立了以止觀學說為中心的龐大教義理論體系，無論在內容和論證方式上都超越了印度經論和中國以往的佛教撰述的模式。天台宗是隋唐時期盛行的佛教宗派之一。

日本平安初期最澄入唐求法，將天台宗傳入日本，正式創立了日本天台宗。在日本佛教和文化發展史上，天台宗曾有較大影響，甚至被稱為「日本文化之母」。在平安後期和鐮倉時代（西元1192～1333年）陸續形成的新佛教宗派中，融通念佛宗、淨土宗、淨土真宗、日蓮宗的教祖以及從中國傳入的禪宗臨濟宗、曹洞宗的日本教祖，原來都是日本天台宗的僧人。日本天台宗對日本歷史和文化其他領域也有多方面的影響。

日本天台宗雖源自中國天台宗，基本教義與中國天台宗相同，但在傳播和發展中也形成自己的某些特色。

一、隋代智顗和中國天台宗

天台宗是由隋智顗創立的，然而在名義上卻奉印度龍樹為初祖，以生活在北魏、北齊之際的慧文及其弟子慧思為二祖、三祖，智顗為四祖。

智顗，字德安，俗姓陳，出家後先後師事法緒、慧曠，學大乘經典，後到光州（今河南光山縣）大蘇山投到慧思門下，學習《法華經》、《般若經》等，修習法華三昧等禪法，學修優異，受到慧思的讚賞，甚至讓他代自己向徒眾講經。智顗有一次講《摩訶般若經》至「一心具萬行」時感到困惑。慧思告訴他這是未能擺脫《般若經》「次第意」的束縛，而應當

從《法華經》實相圓頓（主要指大乘空義和中道不二論）思想來加以理解。這種觀點對智顗後來創立天台宗教義體系有很大影響。智顗著作中的「中道」、「三諦圓融」、「一念三千」、「一心三觀」等等，都貫穿著這種實相圓頓的精神。

智顗遵照慧思的建議到南朝陳的國都建康（今南京）傳法，與法喜等二十七位僧人被安置到瓦官寺。智顗在此八年，向僧俗信眾講《法華經》、《大智度論》等，並盛傳禪法，受到陳朝左僕射徐陵、尚書令毛喜等權貴乃至陳宣帝的敬信與支持。南朝陳太建七年（西元 575 年），智顗率弟子到天台山（今浙江省天台縣），建造寺院修行和傳教，受到陳朝政府的關照和支持。

隋開皇九年（西元 589 年），晉王楊廣（後即位為煬帝）率兵攻入建康，陳滅。楊廣任揚州總管，坐鎮江都（今江蘇揚州），建立佛、道二教的四道場，其中慧日、法雲二道場是佛寺，把江南一些著名的學僧招致自己的周圍。如成實和涅槃學者智脫、法論、慧覺，三論學者法澄、道莊、智矩、吉藏等人，都被他請入慧日道場。智顗是楊廣最為敬信的和尚，曾應請為他授菩薩戒和說法，撰寫注釋《維摩詰經》（又名《淨名經》）的〈淨名義疏〉。

智顗創立天台宗得以成功，首先靠的是南朝陳宣帝、後主的「外護」，其次是隋朝晉王楊廣的大力支持。開皇十六年（西元 596 年）智顗回到天台山，專心從事傳法和著述，並規劃擴建寺院事宜。隋開皇十七年十一月二十四日（已進入西元 598 年），智顗去世，年六十歲。

智顗精研大乘經典《法華經》、《般若經》、《中論》、《大涅槃經》等，上承慧文、慧思的思想，著有《摩訶止觀》、《法華玄義》和《法華文句》（此為「天台三大部」）及《四教義》、《法華三昧懺儀》、《觀心論》、《釋禪波羅蜜次第法門》、《童蒙止觀》（《小止觀》）《六妙門》、《維摩經文疏》、《維

摩經略疏》、《觀音玄義》、《觀音義疏》、《金光明經玄義》等，建立了以止觀學說為中心，包括判教論、中道實相論、心性論及修行解脫論在內的系統的教義體系。

1. 五時八教的判教論

智顗雖對南北朝時的「南三北七」（江南有三種、北方有七種）的判教學說一一提出批評，但他的「五時八教」的判教論實際是在繼承這些學說的基礎上創立的。

智顗認為不同的經典是佛在不同的時期宣說的。據《法華玄義》卷十，所謂「五時」是佛在五個時期所講說五類經典：一是華嚴時，謂佛成道後先向菩薩講高深的《華嚴經》，小乘人雖在場也聽不懂；二是鹿苑時，佛在鹿野苑向小乘人講《阿含經》；三是方等時，佛開始講《維摩詰經》等大乘佛法（「方等」指大乘經），引導小乘人嚮往大乘；四是般若時，講各類《般若經》；五是法華涅槃時，佛在最後講一切眾生皆可成佛的《法華經》，入滅（去世）前講眾生皆有佛性的《大涅槃經》。

如果按經典的內容和形式來說，可分為「化法四教」和「化儀四教」，統稱「八教」。

化法四教被比喻為「藥味」，是從經典的內容來說的，包括三藏教（小乘三藏）、通教（大乘初期之教，指《般若經》等）、別教（專向大乘菩薩講述的《華嚴經》）、圓教（以《法華經》為最圓滿之教）。

化儀四教被比喻為「藥方」，是從經典所載佛的說法形式講的，包括頓教（不歷階次，頓悟成佛之教，如《華嚴經》等經中所說的頓悟教義部分）、漸教（透過修行達到覺悟是有淺深的漸進層次的，指大小乘多數經典）、祕密教（雖然同在聽法，但因每人的根性所聽到的不一樣，彼此不知）、不定教（同聽異聞，彼此相知，但理解不同）。據《四教義》，頓、

漸二教涵蓋面廣，其他各教無不在其內，然而最終歸結到「非頓非漸」的「佛乘」，即「法華涅槃時」的教法之中。

五時八教的說法並不是佛教史實的概括，只是智顗用來為天台宗的成立提供理論根據的。既然在一切經典中唯有《法華經》是最高最圓滿的經典，那麼以《法華經》為主要依據的天台宗自然是最優越的宗派。

2. 中道實相論 —— 空、假、中三諦圓融

這是天台宗的宗教真理觀，是修行者追求達到的最高體悟。

「實相」或「諸法實相」指事物的真實面貌或本質，與大乘佛經中常見的「真如」、「實際」、「法性」、「性空」等大體同義。智顗特別指出它與「佛性」、「如來藏」、「中實理心」、「非有非無中道」等也同義。智顗在著作中強調的「實相」，是不偏頗空與有兩邊，會通空與有的「中道實相」。

印度龍樹《中論》中有一偈曰：

因緣所生法，我說即是空

亦名為假名，亦名中道義。

相傳當年慧文讀到此偈，恍然大悟，立即曉悟一切事物無非是因緣所生，並且進而想到：既然是因緣所生，那麼，「有不定有」（空）；「空不定空」（假有）；「空有不二，名為中道」（《佛祖統紀》卷六）。此空、假（謂世界萬物皆不真實，只是些假名，屬於假有）、中道（非空非假，亦空亦假，任何事物皆同時具有前兩個對立的方面），被稱為「三諦」（諦，審實不虛）。

智顗的「中道實相」即承此而來，然而又有所發展。他強調一切為心所造，說「只是無明（按：愚癡、煩惱）一念因緣所生法，即空，即假，即中，不思議三諦，一心三觀」。三諦相即不二，彼此圓融。任何事物，既屬空、假，又是中道實相。他又說「三諦具足，只在一心」（《摩訶止觀》

卷六）。因此可以說「中觀觀心，心即實相」(《法華玄義》卷二上)。真理實相，不離自心。既然心造萬法（萬物），那麼可以說「心、佛、眾生，三無差別」（原語出自《華嚴經》）。心即佛法，心即眾生，由此推演開來，萬事萬物都是實相，所謂「一色一香，無非中道」。[110]

從這個理論的社會意義來說，人們的生產活動、日常生活，都與中道實相相通。人們在各個階層，從事任何活動，都可以透過覺悟體現在眼前事物的實相而達到覺悟解脫。

3. 觀心 —— 所謂「一念三千」、「一心三觀」

智顗在總結傳統禪法的基礎上提出了三種止觀和四種三昧（三昧，即禪定的「定」，也可稱為「禪定」）。他特別重視的是其中的「圓頓止觀」（在禪定中觀想理與事相即不二、一色一香無非中道）、「非行非坐三昧」（不拘形式，寓禪定於日常生活之中）。修行止觀，尤重「觀心」，即觀察平常情況下的「意識」——「一念無明心」，也就是觀察剎那間的思維活動。據稱，人的一念之心即具有整個宇宙，稱之為「三千諸法」，說：

夫一心具十法界，一法界又具十法界，百法界。一法界具三十種世間，百法界即具三千種世間。此三千在一念心。若無心而已，介爾有心，即具三千。(《摩訶止觀》卷五上)[111]

十法界是指佛教所說的廣義的眾生：地獄、餓鬼、畜生、阿修羅、人、天（以上是六凡）；聲聞、緣覺、菩薩、佛（此為四聖）。謂此十法界是一念心所具，故法界又互具，十法界成百法界。另，每一法界又各有五陰（色、受、想、行、識）世間、眾生世間、國土世間，是分別就法界構成的要素、法界主體和所居住的環境講的。每一法界又各具「十如是」，

---

[110] 以上所引的《佛祖統紀》，載《大正藏》卷四十九，《摩訶止觀》載卷四十六，《法華玄義》載卷三十三。因為主要引證大意，一般不再注明頁數。
[111] 《大正藏》卷四十六，第 54 頁上。

第二節　最澄入唐求法和日本天台宗

即《法華經‧方便品》中的「如是相、如是性、如是體、如是力、如是作、如是因、如是緣、如是果、如是報、如是本末究竟等」，是就觀察事物不同側面講的。這樣，十法界互具成百法界，各具三種世間、十如，成三千種法界或世間。這三千世間是個假設的說法，象徵「無量法」。只要稍一動念，即具三千（想像中的宇宙）。這雖源於一種特定的禪的意境，然而在不少場合被賦予宇宙存在論的意義。

以一念所生的「三千」作為觀想的對境，觀察事物的空、假、中三諦，此為「一心三觀」。透過體認三諦之間互相圓融的道理，達到滅惑（見思惑、塵沙惑及無明惑，概指一切世俗認識和煩惱）證智，覺悟解脫。

天台宗還主張「性具善惡」，說佛與眾生都有善與惡的兩種本性，因為惡人也有善性，所以在有的條件下可以改惡從善；佛雖有惡性，但因為通達惡性，能夠不被惡性驅使，可以到三界六道中利用惡的法門（如刑殺）化度眾生（智顗《觀音玄義》等）。這種理論是為天台宗適應世俗社會爭取不同階層的信奉和支援提供依據的。

按照天台宗的佛法世系，智顗是繼龍樹、慧文、慧思之後的四祖（實為初祖），弟子章安灌頂（西元 561～632 年）是五祖，然後六祖、七祖、八祖分別是法華智威、天台慧威、左溪玄朗，九祖是荊溪湛然（西元 711～782 年）[112]。天台宗在灌頂死後長期不振，至湛然時才得以復興。湛然將智顗的著作詳加注釋，著有《法華經玄義釋簽》、《法華文句記》、《止觀輔行傳弘決》、《摩訶止觀大意》等，並將華嚴宗的教理——真如緣起或法界緣起思想也引入天台宗，所著《金剛論》主張「無情有性」，意為山河大地、瓦礫、草木也有佛性，也有成佛可能。湛然晚年在天台山國清寺（也稱「佛隴寺」）傳法，弟子有蘇州開元寺元浩、天台山國清寺的道邃

---

[112] 按天臺山歷代祖師傳承，以智顗為初祖，然後是二祖章安灌頂、三祖法華智威、四祖天臺慧威、五祖左溪玄朗、六祖荊溪湛然。

和行滿等人。

道遂，南宋志磐所撰天台宗史書《佛祖統紀》卷八稱之為「興道尊者」，將他奉為繼湛然之後的天台宗第十代祖；稱其弟子廣修為「至行尊者」，奉為天台宗第十一代祖。

二、最澄和日本天台宗

1. 鑑真師徒和日本天台宗

日本天台宗是最澄傳入中國天台宗而創立的，然而這不是說以前天台宗在日本沒有人聽聞過。前面提到，最早將天台宗主要著作帶到日本的是鑑真師徒。據《東征傳》記載，鑑真最後一次東渡，就隨船帶有天台宗的章疏，有智顗的《摩訶止觀》(稱《天台止觀》)《法華玄義》、《法華文句》、《四教義》、《釋禪波羅蜜次第法門》(《次第法門》)《法華三昧懺儀》(《行法華懺法》)《修習止觀坐禪法要》(也稱《童蒙止觀》、《小止觀》)《六妙門》，已經包括智顗的最重要的著作。鐮倉時代學僧凝然在《三國佛法傳通緣起》中說：

鑑真和尚齎天台宗章疏而來，謂《摩訶止觀》、《法華玄義》、《法華文句》、《小止觀》、《六妙門》等是也。和尚門人法進、曇靜、思托、如寶等，並天台宗學者也。道璿律師亦學天台。

傳教大師(按：最澄)作〈天台付法緣起〉(按：當即《內證佛法相承血脈譜》中的〈天台法華宗相承師師血脈傳〉)三卷，其中列道璿、鑑真並其門人法進等為弘天台之匠。

鑑真弟子法進除向日本僧眾講授律學，還宣講天台宗教義，據載曾講天台三大部──《摩訶止觀》、《法華玄義》、《法華文句》四遍，深受歡迎。思托在向僧眾講授律學之外，也講過天台宗的教義。比他們早到日本

第二節　最澄入唐求法和日本天台宗

的道璿通曉華嚴宗和天台宗，但是否宣講過天台宗教義，沒有相關記載。然而可以肯定地說，無論是道璿還是鑑真師徒，並沒有專門弘傳天台宗，也沒有培養傳承天台宗的日本僧人。因此，在他們去世之後，他們帶到日本的天台宗章疏長期被置諸高閣，少有問津者。

日本最早虔誠信奉並致力研究、弘揚天台宗的是最澄。他在研讀天台宗的主要章疏並開始向別人宣講之後，經奏請朝廷同意得以入唐求法，專學天台宗，然後歸國創立日本天台宗。

2. 最澄簡歷

最澄（西元 767～822 年），死後追諡傳教大師，後世尊稱睿山大師、根本大師、山家大師，據傳說遠祖來自中國，俗姓三津首，滋賀人。十二歲時入近江國分寺，跟唐僧道璿的弟子行表出家，學習法相唯識章疏等，二十歲到奈良東大寺受具足戒，取得正式僧人資格。

此後，最澄決定遁身山林潛心修行，便到地處京都東北的比睿山下結庵修行，每日坐禪，精讀佛經，所讀佛經中有《法華經》、《金光明經》和《般若經》等大乘經典。他曾自寫「願文」說：「悠悠三界，純苦無安也。擾擾四生，唯歡不樂也。牟尼（按：釋迦牟尼佛）之日久隱，慈尊（按：彌勒佛）之月未照……」表示自己要刻苦修行，達到「六根相似位」（即六根清淨位，相當菩薩修行階位的成就信心、精進心、念心等十心的「十信」位），誓願深入六道（地獄、餓鬼、畜生、阿修羅、人、天），「淨佛國土，成就眾生」。

最澄再次回到奈良時，讀到唐華嚴宗祖法藏的《華嚴五教章》、《大乘起信論義記》等抄本，後來又得以抄寫和閱讀原由鑑真一行帶來的天台宗教典，智顗的《摩訶止觀》、《法華玄義》、《法華文句》及《四教義》等，對天台宗產生虔誠的信仰，並致力於向僧俗信眾宣講天台宗教義。桓武天皇

延曆十六年（西元797年）召請最澄為十位「內供奉」法師之一，並以「近江正稅，充山供養」。最澄從此經常得到來自朝廷的支持。最澄為擴大天台宗教理在日本佛教界的影響，曾在比睿山寺、地處京都北邊的高雄山寺向請自奈良六宗的學僧講天台宗教義，在佛教界逐漸出名。他的傳教活動得到有意扶持新興佛教宗派在京都傳播的桓武天皇，和在朝廷擔任祭酒、吏部侍郎的和氣弘世的大力支持。（以上主要據〈睿山大師傳〉）[113]

最澄為深入學習天台宗教義並得到完備的天台宗教典，表奏朝廷建議派留學僧、還學生（短期入唐請益學問，隨遣唐使船往返）入唐學習天台宗並尋求天台教典。他所列的主要理由是當時日本收藏的天台宗教典已經「字謬行脫」，靠自己研讀難以從中了解微妙之義，而最盛行的宗派三論宗、法相宗皆「以論為宗，不為經宗」。三論宗是據《中論》等三論立宗，法相宗主要依《成唯識論》等論立宗，然而天台宗是據《法華經》立宗。經是論之本，豈可「舍本隨末」，希望朝廷派人入唐學習天台宗，「令運法華寶車（按：喻天台宗）於此間」。天皇允准，並決定派最澄以「入唐請益天台法華宗還學生」的身分隨遣唐使入唐求法。最澄又上奏請弟子義真擔當「譯語」（翻譯）隨他一起入唐，也得到允准。（以上據〈睿山大師傳〉）

3. 最澄入唐求法

延曆二十二年（西元803年）四月，最澄與弟子義真隨遣唐使藤原葛野麻呂從難波乘船入唐，但因遇上颶風折回。第二年，即唐德宗貞元二十年（西元804年）七月，遣唐使一行四艘船從肥前國松浦郡田浦再次起航，遣唐使藤原葛野麻呂和留學僧空海等人乘坐第一船，判官菅野清公和最澄、義真乘坐第二船。途中四船因風離散，最澄乘的船經過五十多天到達唐明州縣（今浙江寧波）登岸。最澄和義真與判官等人分手，往南向天

---

[113]　〈睿山大師傳〉，載《傳教大師全集》卷五附文。

第二節　最澄入唐求法和日本天台宗

台山進發。

當時中國天台宗正盛行六祖湛然（西元 711～782 年）的著作，湛然比較系統地注釋天台宗智顗所著《摩訶止觀》、《法華文句》等基本教典。湛然的著名弟子中，道邃擔任天台山修禪寺座主（一座之主，經理一寺，亦即住持），行滿擔任佛隴寺座主。[114]

最澄與義真到達臺州臨海縣（在今浙江）的時候，恰逢臺州刺史陸淳迎請道邃座主來州府所在地臨海縣的龍興寺，宣講《摩訶止觀》等天台宗教義。經陸淳介紹，最澄禮請道邃講授天台宗的「一心三觀」等教理，回答關於天台宗教理的疑難問題，並受贈天台宗多種教典的抄本；又禮請道邃授包括攝律儀戒（奉持一切戒規）、攝善法戒（眾善奉行）、攝眾生戒（饒益一切眾生）在內的大乘「三聚淨戒」。現存《道邃和尚付法文》，是道邃親自寫給最澄作為付法證明的，最後有「開宗示奧，以法傳心，化隔滄海，相見杳然，共持佛惠，同會龍華（按：意為未來彌勒菩薩出世在龍華樹下成道，三度說法度眾時，再共相會）」[115] 之語。

臺州刺史陸淳也應最澄之請為他書寫從道邃受法的證明，稱之為〈印記文〉。全文曰：

> 最澄闍梨[116]，形雖異域，性實同源。時稟生知，觸類懸解，遠求天台妙旨，又遇龍象邃公，總萬行於一心，了殊途於三觀（按：後兩句概述天台宗「一念三千」、「一心三觀」的教理）。親承祕密，理絕名言。猶慮他方學徒不能信受，所請當州印記，安可不任為憑。

---

[114] 國清寺原稱「佛隴寺」，建於南朝陳末，在天臺山佛隴峰南麓，故名。隋初智顗入天臺山，因夢有人相告：三國（北周、北齊、陳）合一，有大勢力人將建成此寺，寺即「國清」，遂名國清寺。參考日本圓珍《在唐日錄》、三善清行《圓珍傳》、尊通《圓珍年譜》，修禪寺（後稱「禪林寺」）、佛隴寺應為在所謂「銀地」的同一寺院，為國清寺的一部分。如果道邃、行滿為同一寺的座主，那麼是同時任座主呢，還是異時擔任座主呢？暫付闕疑。

[115] 載日本名著普及會 1978 年重刊、佛書刊行會編纂《大日本佛教全書》第 24 冊。

[116] 闍梨，阿闍梨之略，意為師、導師、規範師，此處為法師尊稱。

第四章　天台與密宗的傳入及入唐求法僧（下）

　　貞元二十一年（按：西元805年）二月二十日，朝儀大夫、使持節臺州諸軍事、守臺州刺史、上柱國陸淳之書記。（〈臺州刺史陸淳之印記文〉）[117]

　　陸淳（？～西元806年），因避唐憲宗之諱改名陸質，《舊唐書》卷一八九之下有傳，曾任信州、臺州二州刺史，順宗時官至給事中、太子侍讀，憲宗元和元年（西元806年）卒，著有《集注春秋》等。最澄在臺州從道邃受法之時，陸淳尚未改名，「陸淳之」中的「之」字，相當於助詞「的」字。

　　最澄在得到道邃的〈付法文〉之後，又請臺州刺史陸淳書寫〈印記文〉證明，自然是為了回國後向朝廷證明自己確實得到天台宗的正傳，為取得天台宗在日本立足並傳播提供合法依據。他大概當時已經預料到，回國後在奈良佛教六宗外，特別在盛行的法相宗、三論宗之外另立天台宗一定會遭遇重重困難，而鑑於日本佛教源自中國，日本僧俗信眾對中國佛教懷有的仰慕情感，如能取得中國佛教聖地傳法高僧及所在地方官員的付法證明，容易得到朝廷和僧俗信眾的信任，減少來自反對方面的壓力。直到宋元時代，類似情況依然存在，來中國求法的日本禪僧歸國時，往往攜帶中國傳法禪師的袈裟或頂相、禪宗傳法世系圖、語錄、偈頌等，以作為在中國得到正法傳授的證明。

　　最澄此後與義真登上天台山，在佛隴寺又跟行滿座主受傳天台宗教法。行滿還以天台宗教典八十二卷相贈，其中有湛然的著作多種，並親書囑咐說：

原得大師（按：指天台大師智顗）以本念力，慈光遠照。早達鄉關，弘我教門，報我嚴訓，生生世世，佛種不斷，法門眷屬，同一國土，成就菩提，龍華三會，共登初首（按：意為共同覺悟成佛）。（〈睿山大師傳〉）

　　詞語間蘊涵著對最澄的誠摯情誼和天台宗能在日本傳播的期待。

---

[117]　載《大日本佛教全書》第24冊。

第二節　最澄入唐求法和日本天台宗

最澄在臺州臨海州龍興寺、天台山等地先後受贈和抄寫佛書、天台教典共一百二十八部三百四十五卷。

在最澄入唐求法的時候，中國禪宗南宗開始盛行，六祖慧能再傳弟子馬祖道一、石頭希遷之下第一世、二世的禪師正在今江西、湖南和江浙等地的傳法中心弘傳南宗頓教禪法，影響日大。興起於潤州（今南京）牛首山的牛頭法融一派的禪法雖不屬於南宗，但禪法接近南宗。此外，唐中期以來由印度僧善無畏、金剛智和不空等僧弘傳的真言密教，此時仍在京城和南方一帶地方傳播。

最澄在天台山求法期間，在禪林寺遇到傳承牛頭宗的翛然禪師，從他受牛頭禪法，並且還從國清寺惟象受密教的「大佛頂大曼荼羅法」。唐貞元二十一年（西元 805 年）四月，最澄在與義真離開天台山到港口城市明州（今浙江寧波）準備回國期間，趁空到越州首府（今浙江紹興）拜訪龍興寺和尚。順曉是唐開元年間（西元 713～741 年）弘傳密宗的著名印度高僧善無畏的弟子。最澄在此禮拜順曉為師，從他受密教灌頂（密教傳法儀式）和金剛界、胎藏界兩部曼荼羅，並受贈密教經典、圖像等。順曉也為最澄寫了〈付法書〉，說自己上承善無畏之法，現傳付於「日本國供奉大德弟子僧最澄」，希望「佛法永永不絕」。最澄與義真在越州龍興寺抄寫密教經典、圖像等一百零二部一百一十五卷。最澄從越州回到明州以後，還從江泌受密教普請壇、如意輪壇之法，從開元寺的靈光受軍荼利菩薩壇法（密教所修「軍荼利明王法」，為祈求息災、降伏及增益而修的祕法），並受各種契像。[118]

這樣，最澄在唐受傳天台宗、密宗、禪宗和大乘戒法，此即所謂「四宗相承」。唐貞元二十一年（日本延曆二十四年，西元 805 年）五月，最澄在歸國前夕在明州見到刺史鄭審則時，又請他為自己入唐求法書寫證

---

[118]　據《傳教大師全集》卷五所載〈睿山大師傳〉、卷一所載〈內證佛法相承血脈譜〉及《大正藏》卷五十五所載〈傳教大師將來越州錄〉。

第四章　天台與密宗的傳入及入唐求法僧（下）

明「執以為憑」（〈傳教大師將來越州錄〉）[119]。此後，最澄、義真乘坐遣唐使藤原葛野麻呂的船歸國，共帶回佛教經書章疏、圖像等二百三十部四百六十卷。

同年七月，最澄上表桓武天皇，將從唐帶回的佛典疏記進奉朝廷。現存《傳教大師將來臺州錄》、《傳教大師將來越州錄》分別記載最澄從臺州和越州搜尋書寫帶回的佛教圖書目錄，其中除有天台大師智顗的《法華玄義》、《法華文句》、《摩訶止觀》及《觀音玄義》、《觀音義疏》、《釋禪波羅蜜次第法門》（《禪門修證》）《六妙門》、《觀心論》、《童蒙止觀》（《小止觀》）《維摩經疏》、《維摩經略疏》、《四教義》等外，還帶回以往沒有傳入日本的天台宗九祖湛然的著作，其中多數是他系統注釋智顗的著作，主要有：

《法華玄義釋籤》十卷（現作二十卷）

《法華文句記》十卷（現作三十卷）

《摩訶止觀輔行傳弘決》十卷（現作四十卷）

《摩訶止觀文句》二卷

《摩訶止觀義例》二卷

《維摩經疏記》三卷（現作六卷）

《維摩經略疏》十卷

《法華經科文》一卷

《法華經大意》一卷

《金剛錍》一卷

《大涅槃經疏》十五卷

---

[119]　載《大正藏》卷五十五，第1060頁上。

第二節　最澄入唐求法和日本天台宗

此外，最澄還帶回《金字妙法蓮華經》、《金字金剛般若經》、《金字菩薩戒經》、《金字觀無量壽經》及密教經典《五佛頂轉輪王經》、《大輪金剛陀羅尼經》和《理趣品別譯經》、《無量壽如來瑜伽儀規》等，還有佛像、曼荼羅、念誦供養圖。

在最澄帶回的圖書中，有十分珍貴的歷史文獻，數量最多的是天台宗代表人物的傳記、遺文、碑銘等資料，例如《國清百錄》、《天台山智者大師別傳》、《天台山智者大師墳裡碑》、《天台山智者大師墳前左碑》、《天台山智者大師墳前右碑》、《天台山章安大師別傳》、《天台山六祖略傳》、《天台山第五祖左溪和尚傳》、《天台山第六祖荊溪和尚碑》，還有記載禪宗六祖慧能傳記語錄的《曹溪大師傳》。

桓武天皇敕將最澄帶回的天台教籍抄寫七份，分送七大寺──奈良的東大寺、興福寺、元興寺、大安寺、藥師寺、西大寺、法隆寺，另抄一份藏於皇宮，敕選原學三論宗、法相宗的學僧研習天台教籍，又命在京都北部的高雄山寺設置法壇，命學僧道證、修圓、勤操、正能、正秀、廣圓等人禮拜最澄為師，讓最澄為他們舉行密教灌頂儀式，並且命石川、樫生二禪師代替桓武天皇受灌頂傳法，跟隨最澄受學天台宗，以「守護國家，利樂眾生」（〈睿山大師傳〉）。這樣一來，最澄名聲迅速遠揚，為他在日本創立天台宗創造了良好的條件。

桓武天皇延曆二十五年（西元806年）正月，最澄上表，建議除給予原來六宗「年分度者」之外，再增加天台法華宗，也給予度僧名額。他的表奏得到朝廷的允准，天皇敕文中有「禳災殖福，佛教尤勝，誘善利生，無如斯道⋯⋯今欲興隆佛法，利樂群生，凡此諸業，廢一不可」，即按照最澄的建議給予諸宗度僧之數，即華嚴宗二人，天台法華宗二人，律宗二人，三論宗與成實宗三人，法相宗與俱舍宗三人，並提出各宗度僧須通過考試，規定分給天台宗的得度僧二人中，一人讀《大毗盧遮那經》（《大日

經》),一人讀《摩訶止觀》(〈天台法華宗年分緣起〉[120])。這實際是採納最澄的主張,意味讓一人側重修持密教,一人側重修持天台宗。從此天台宗得以與其他六宗並行傳布,代表著天台宗在日本正式成立。

最澄從此以比睿山為天台宗的傳法中心積極展開傳教活動,擴大天台宗在日本社會的影響。最澄於嵯峨天皇弘仁十三年(西元 822 年)六月四日將後事託付弟子義真,於中道院去世,年五十六歲。翌年,嵯峨天皇賜比睿山寺以「延曆寺」之號。自此,比睿山寺成為官寺,義真為比睿山延曆寺第一代座主。四十四年後,清和天皇貞觀八年(西元 866 年)追贈最澄以「傳教大師」的諡號。這是日本有大師號的開始。最澄的主要著作有《天台法華宗年分學生式》(六條式)《勸獎天台宗年分學生式》(八條式)《法華宗年分度者回小向大式》(四條式)及《依憑天台集》、《照權實鏡》、《法華秀句》、《守護國界章》、《決權實論》、《顯戒論》、《內證佛法相承血脈譜》等,然而其中以《顯戒論》三卷、《守護國界章》三卷最為有名。

最澄弟子主要有義真、圓澄、光定、圓仁等人。圓仁與義真的弟子圓珍先後入唐求法,對推進日本天台宗進一步與密教結合,建立所謂「台密」有很大影響。繼義真之後,圓澄、光定、圓仁、安慧、圓珍先後為比睿山延曆寺第二代至第六代座主。

4. 最澄所創立的日本天台宗的思想特色

最澄創立的日本天台宗既然源自中國,自然尊奉中國天台宗的基本教義,但因為受到最澄個人對天台宗教義的理解、他的傳教際遇和日本社會環境的影響,在傳播和發展中形成了自己的一些特色。

最澄回國之際,日本佛教已經相當流行。然而奈良六宗情況並非一樣,其中最有勢力的是法相宗,其他宗派或為附宗,或已經衰微。全國最

---

[120]　載《傳教大師全集》卷一。

第二節　最澄入唐求法和日本天台宗

高僧官機構僧綱的職務——僧正、僧都、律師被出身法相宗和奈良諸大寺的高僧把持，有關佛教重大事務需事先徵得他們的同意。

最澄創立天台宗雖得到天皇的支持，在手續上也得到僧綱同意，但在他從事傳教的過程中，經常受到來自以法相宗為代表的奈良舊有佛教宗派的反對。最澄回國後在京城、九州、本州東部等地向僧俗信眾宣述天台宗教理，其間經常與舊有宗派的學者發生爭論。在這種情況下，如果最澄對於來自舊有宗派的質難、挑戰不予以反駁，是難以使剛剛創立的天台宗在日本立足的。

從現存最澄的著作來看，他在當時的形勢下特別強調以下四點：

第一，針對法相宗的論難，強調一切眾生皆有佛性，皆能成佛。

最澄傳教過程中遇到的阻力主要來自法相宗。法相宗與天台宗在教義上分歧雖然很大，但其中最重要的分歧是表現在成佛論上，即是一切眾生都可以成佛，還是只有部分眾生可以成佛。

天台宗以《法華經》為主要經典，以《大涅槃經》、《大品般若經》、《大智度論》等為輔助經典。《法華經》主張人人可以成佛，其中包括小乘的聲聞（直接聽聞佛的說法而得悟者）、緣覺（透過觀想緣生的道理而得悟者）二乘和女人在內。《大涅槃經》說一切眾生皆有佛性，皆可成佛，其中甚至包括被看成是善性滅絕的惡人（一闡提）。然而法相宗依據《解深密經》、《入楞伽經》和唐窺基《大乘法苑義林章》、《成唯識論掌中樞要》等，把一切眾生分為五類，稱「五性各別」：小乘中的聲聞、緣覺二乘，生來必定成為這二乘，不可能成佛；大乘中的菩薩，既可以成為菩薩，又可以成佛；有一種「不定種性」者，既可以成為上述小乘中的二乘，又可以成為菩薩，或進而成佛；另有所謂「無性」眾生，不能成為以上任何一種，更不能成佛。

當時出面向最澄質問、提出批評的是出身於奈良興福寺的法相宗的學

第四章　天台與密宗的傳入及入唐求法僧（下）

僧德一（也稱得一），他著有《佛性抄》、《中邊義鏡》、《惠日羽足》、《遮異見章》等，論難和批評最澄在傳法中所講述的上述思想。為此，最澄寫出《依憑天台集》、《照權實鏡》、《守護國界章》、《決權實論》、《法華秀句》等，依據天台宗的教理對德一的批評一一反駁和說明。主要內容有：

（1）針對德一根據法相宗教理闡述的「五性各別」說，強調「一切眾生，皆有佛性」的思想。他不否認有些佛經中確實有五種性的說法，但他依據《法華經》等，指出這些說法不過是佛為了適應不同根性的眾生而作的權宜「方便」說教，並不能反映佛的真正本意，只有《法華經》中所說人人可以成佛的「一乘」（引導眾生成佛之法）才是宣述佛的本懷的真實教法。他依據大乘佛教的佛性論，來駁斥法相宗的「五性各別」和「無性」眾生不能成佛的說法，而指出一切眾生皆有佛性，皆能成佛，甚至連被認為是善性滅絕的惡人——「一闡提」也有佛性，也能成佛。

（2）引用《法華經》中的「唯有一乘法，無二亦無三」等經文，宣稱天台宗屬於主張人人可以成佛的「一乘」，是實教，而法相宗和奈良其他宗派皆屬信奉二乘（小乘的聲聞、緣覺二乘）、三乘（小乘二乘加上大乘的菩薩乘）的權教。他指出，佛為了引導根基淺的、對佛法未有深刻理解的人信奉佛法，提出從淺入深的聲聞乘、緣覺乘、菩薩乘，其實真正的佛法只有宣說人人皆有佛性，皆能成佛的「一乘」（佛乘）。最澄《守護國界章》卷下之下說：

> 聲聞、辟支佛（按：即緣覺，二者為小乘）皆入大乘。大乘者即是一乘，故三乘即是一乘……皆佛因故……二乘入於一乘者，二乘皆為佛因，當成佛故……一乘即第一義乘也，此說一乘為真實，二乘為非真實也。[121]

> 一乘者即是第一義乘者，顯一乘是真實，非方便也。

---

[121]　關於最澄與德一的爭論，詳見楊曾文《日本佛教史》第二章第一節相關部分，中國社會科學出版社 1995 年版。

第二節　最澄入唐求法和日本天台宗

這種說法是以一切眾生皆能成佛的佛性論為前提的。最澄認為天台宗的教理貫徹了這個思想原則，是完全符合佛出世的本懷真意的，而所謂二乘、三乘的教法雖也存在，然而它們只是佛在「眾生未熟，施教待機」時的權宜說教，所表達的不是佛的本意。因而他對德一說：「汝法相宗隨宜三（按：三乘）故，是權非實；我法華宗究竟一（按：一乘——佛乘）故，是實非權也。」（《守護國界章》卷下之下）

最澄與法相宗學僧德一圍繞「一、三權實」之爭，實際是關於天台宗與包括法相宗在內的奈良六宗何者優越、天台宗為什麼應當得到朝廷支援在日本流傳的爭論。最澄為了使剛在日本成立的天台宗順利傳播，對這場爭論十分重視是可以理解的。

第二，主張教、戒一致，日本天台宗既然是大乘教法，就應只受大乘戒。

日本佛教通用來自中國的漢譯戒律，受戒制度是在鑑真和尚到達日本之後完備起來的。僧尼受戒和僧團日常修行、營運等主要依據《四分律》和唐道宣的有關詮釋著作。《四分律》是小乘法藏部的戒律。唐朝道宣在《四分律刪繁補闕行事鈔》等著作中依據大乘教理對《四分律》作了詮釋和發揮，將《四分律》納入大乘佛教的體系之中，建立了系統的會通大小乘戒法的律學體系。僧尼出家，先受十戒為沙彌、沙彌尼，到二十歲以後才可以受具足戒而正式成為僧尼。鑑真赴日傳律授戒，主要依據道宣的律學理論。鑑真在世時，經日本朝廷批准在奈良東大寺建立戒壇院，又在下野（今栃木縣）藥師寺、築豐（今福岡）觀世音寺也設立戒壇，作為全國僧尼受具足戒之所。

然而長期以來，這些戒壇皆被以法相宗為首的奈良六宗的僧人把持。遵照朝廷的規定，凡是正式出家者必須到上述寺院受戒。天台宗成立之後，依照朝廷每年規定數額的得度新僧也必須下山到這些戒壇受具足戒，

其間有不少人被法相宗等宗派的人勸誘改宗，使天台宗的僧團的穩定性受到威脅。從平城天皇大同二年（西元807年）至嵯峨天皇弘仁九年（西元818年）的十二年間，最澄按朝廷給予的名額先後度僧二十四人，最後留在比睿山的僅有十人，在前往奈良受戒不歸者當中竟有六人加入了法相宗。

為改變這種局面，最澄表示，既然天台宗是大乘「圓教」，那麼此宗的得度者就不應下山受小乘《四分律》的戒，只受大乘戒（也稱「菩薩戒」，依據《梵網經》）即可。他決定在比睿山設立大乘戒壇，今後得度為天台宗的新僧不必下山去受具足戒。最澄首先自己經過發誓捨棄以往據《四分律》受的具足戒。在嵯峨天皇弘仁九年（西元818年），最澄向朝廷上奏《天台法華宗年分學生式》，正式提出天台宗的僧人只受大乘戒，成為「菩薩僧」，而不必再下山受小乘戒的要求。他說：

>　　國寶何物？寶，道心也。有道心人，名為國寶。……釋教之中，出家二類：一小乘類；二大乘類，道心佛子，即此斯類。今我東州，但有小像（按，指小乘），未有大類。大道未興，大人難興。誠願先帝（按：此指平城天皇）御願，天台年分（按：按照朝廷每年分配的數額入天台宗的出家者），永為大類，為菩薩僧。（載《傳教大師全集》卷一）

最澄還建議朝廷給予天台宗出家受大乘戒的人以「佛子」的稱號，請官府在其戒牒上蓋印。此後，他又正式提出在比睿山設立大乘戒壇的請求。然而，最澄的奏請受到掌管僧綱事務的法相宗等奈良舊有宗派的反對，一直未獲批准。在最澄為此而寫的《顯戒論》等著作中，值得注意的是他把受大乘戒與成佛論結合起來，宣稱受大乘戒，「即入諸佛位」，就是「佛子」；另外，引用《梵網經》論證，任何人包括奴婢在內，只要受大乘戒為僧，在教團內的身分都是平等的。這對爭取各個階層的人支持和信奉天台宗是有利的。

然而，最澄在比睿山建立大乘戒壇的主張，在生前未能實現，直到他去世之後朝廷才允許比睿山設立大乘戒壇，以後天台宗僧只受大乘菩薩戒即可，不必下山受具足戒。

第三，主張天台宗和密教一致、合一。

最澄在唐朝跟天台宗的道邃、行滿學習天台宗，又跟密宗順曉學習密教，他將二宗教法和著作同時帶回日本，並且同時向信眾、弟子傳授。朝廷每年分配給各宗一定數量的「得度」（出家）者。最澄規定入天台宗的得度者必須在十二年期間專心讀經修學，或修學天台（止觀業），讀《法華經》、《金光明經》、《仁王般若經》、《守護國界主陀羅尼經》等「護國眾經」和《摩訶止觀》等天台宗教典；或修學密教（遮那業），讀《大毗盧遮那經》、《孔雀王經》、《不空罥索陀羅尼經》、《佛頂最勝陀羅尼經》等「護國真言」，學習密教的修法。他認為天台、密教是一致的，彼此沒有優劣，所謂「圓密一致」，在他寫給空海的信中說「遮那宗與天台融通」（《傳教大師全集》卷四下）。

最澄死後，經過弟子圓仁、圓珍、安然等人的發展，在比睿山形成與空海創立的日本真言宗以京都東寺為中心的「東密」相對應的「台密」（天台密教）。

第四，以「鎮護國家」為日本天台宗的使命。

最澄在創立和傳播天台宗的過程中，一直以「護國」作為自己的使命。他在《守護國界章》的結尾部分，認為自己已經把以德一為代表的奈良佛教各個宗派駁敗，以充滿自信的語調寫道：

而今而後，國無謗法聲，萬民不減數，家有贊經頌，七難（按：《仁王般若經》中所說的日月失度、星變、火、水、風、旱、賊七種災難）令退散，守護國界，蓋謂其斯歟。願國家大士，任意取捨耳。我今為護妙法城，造章述義救世傾……（載《傳教大師全集》卷二）

第四章　天台與密宗的傳入及入唐求法僧（下）

最澄堅信，弘傳天台宗能夠保佑風調雨順、國泰民安。他在上奏朝廷的《天台法華宗年分度者回小向大式》（所謂《四條式》，載《傳教大師全集》卷一）中說：「彌天七難，非大乘經何以除？未然大災，非菩薩僧（按：此特指受大乘戒的天台宗僧）豈得冥滅？」因此，他向朝廷申明，如果朝廷同意在比睿山設立大乘戒壇，允許天台宗僧只受大乘戒取得菩薩僧的資格，就可以對護國滅災發揮正面作用。最澄在《顯戒論》中也向朝廷表示，如果在比睿山安置百部《般若經》，居住百名只受大乘戒的菩薩僧，就可以使他們發揮「國之城郭」、「國之良將」的作用；天台宗僧人將以修持天台、密教，「為國念誦」，「為國轉經」，守護國家。

佛教傳入日本以後，在引進大陸先進文化當中發揮過重要作用，它的宗教哲學思想、道德規範也在不知不覺中陶冶著人們的情操。然而同時，當時的以天皇為首的統治階級確實也相信透過建寺、造佛像、寫經和主辦各種佛事活動可以得到佛、菩薩的保佑，使他們多福長壽，國家安定。奈良佛教以誦讀「護國經典」、興辦各種以祈禱現實利益為目的的法會，而得到天皇和貴族的崇信、優遇。最澄要使他創立的天台宗在日本存在和發展，就必須申明天台宗不僅可以護國，而且可以比舊有的奈良各宗發揮更好的護國作用。為此，他甚至不惜將奈良六宗統統貶為「小乘」，宣稱只有天台宗才是大乘，它的「菩薩僧」能夠有效地護國滅災。在最澄之後，日本天台宗也經常舉辦以「鎮護國家」、「積福滅災」為標榜的種種祈禱、讀經和祕密修法的法會。

以上四點有力地影響了日本天台宗的發展，對日本天台宗特色的形成發揮直接的制約作用。後世日本天台宗的所謂「本覺」（人人先天具有佛性，皆可成佛）思想，就源於大乘經典的佛性論和中國天台宗強調的「一乘」思想；其他如只要求天台宗僧受大乘戒、天台與密教的結合、鮮明的護國思想，則構成與中國天台宗相異的民族特色。

第三節　空海入唐求法和日本真言宗

在隋唐時期成立的佛教宗派中，密宗出世最晚，是唐中期由所謂「開元三大士」——來自印度的善無畏和金剛智、不空傳入成立的。日本密宗稱「真言宗」，是由入唐求法僧空海從中國傳入創立的。空海與最澄同時入唐求法，但比最澄晚一年歸國。日本真言宗與天台宗是平安時代兩個最盛行的佛教宗派。

一、唐朝「開元三大士」與密宗

密宗也稱「真言宗」，一般稱「密教」、「瑜伽密教」，發源於印度，是西元7世紀以後大乘佛教部分派別與印度教、民間信仰相結合的產物，主要經典有《大日經》、《金剛頂經》、《蘇悉地經》。「密」，意為教旨深奧；「真言」即直接用梵文語音表述的咒語，本教在傳法和修行中經常使用真言密咒。本教相傳，大日如來法身佛授法於金剛薩埵，近千年後傳龍猛（即龍樹），數百年後龍猛傳龍智，又數百年後龍智傳金剛智和善無畏。

唐玄宗開元年間，印度密教高僧善無畏（西元637～735年）和金剛智（西元669～741年）及其弟子不空（西元705～774年）來華，先後由善無畏譯出《大日經》（全稱《大毗盧遮那成佛神變加持經》），金剛智與不空譯出廣、略二本《金剛頂經》[122]等密教經典，善無畏的弟子一行（西元673～727年）撰《大日經疏》，把源自印度的密教正式傳入中國。他們受到皇帝和王公貴族的尊崇，在以長安、洛陽為中心的廣大地區弘傳密教，使密教盛極一時。善無畏、金剛智和不空，後世被統稱為「開元三大士」（大士，意為菩薩），一般以他們作為中國密宗的創始人。

---

[122]　譯本的廣、略二種：金剛智譯《金剛頂瑜伽中略出念誦經》為略本，不空譯《金剛頂一切如來真實攝大乘現證大教王經》為廣本，後者最流行。

第四章 天台與密宗的傳入及入唐求法僧（下）

唐朝在「安史之亂」（西元755～763年）後，由於藩鎮割據和回紇、吐蕃、吐谷渾、黨項等族的武裝侵擾，社會連年動亂。唐肅宗、代宗二帝虔信密教修法祈禱能夠息難滅災，對不空特別尊崇，使其地位更加顯赫。不空受唐代宗之命，為「福利蒼生」、「助寧國土」而重譯護國經典《仁王般若經》，受贈「特進鴻臚卿」，號「大廣智不空三藏」。唐代宗大曆九年（西元774年）封不空「開府儀同三司、肅國公、食邑三千戶」。當年不空死，唐代宗又追封他為司空。不空所譯的密教經典中，以《金剛頂經》最流行，此外《般若理趣經》、《大孔雀明王經》也比較有名。不空的主要嗣法弟子有五臺山金閣寺含光、新羅慧超、長安大興善寺慧朗、青龍寺曇貞和惠果、保壽寺元皎和覺超，而由慧朗繼其後。在中日佛教交流史上影響較大者是長安青龍寺惠果和尚。[123]

惠果（西元746～806年）[124]，俗姓馬，京兆府萬年縣（今西安市）人，自幼出家，從不空弟子曇貞學習佛教經書，後禮拜不空為師，皈依密教，先從善無畏弟子玄超受密教胎藏界和蘇悉地瑜伽密法，後從不空受金剛界密法以及真言密契等。此後惠果將金、胎兩部密法加以會通，形成自己的「金、胎不二」的思想。唐代宗大曆十年（西元775年）在青龍寺設置毗盧遮那灌頂道場，惠果常奉敕為皇帝皇室修法祈福、舉行祈雨儀式等，被奉為國師，曾先後為唐代宗、德宗、順宗三帝和朝廷顯貴臣僚主持過密宗灌頂（密宗授法）儀式。

惠果的弟子中著名的有長安大興善寺惠應、惠則，成都惟尚，河北義圓，青龍寺義滿、義明、義操等人。此外，惠果有外國弟子訶陵國（或謂

---

[123] 參見唐圓照《貞元釋教錄》卷十五、十六（載《大正藏》卷五十五）及趙遷〈不空三藏行狀〉、贊寧《宋高僧傳》卷一〈不空傳〉（載《大正藏》卷五十）、不空《大辨正廣智三藏和上表制集》卷三〈三藏和上遺書〉（載《大正藏》卷五十二）、海雲〈兩部大法相承師資付法記〉（載《大正藏》卷五十一）。

[124] 惠果生卒年月一般作西元746～805年，然而據〈大唐青龍寺三朝供奉大德行狀〉，惠果卒於唐順宗永貞元年十二月十五日，此時已進入西元806年。

第三節　空海入唐求法和日本真言宗

在印尼的爪哇島中部，或謂在今馬來西亞的吉打）辨弘（或謂汴州人）、新羅國惠日和悟真等人。日本空海入唐也從惠果受法，回國創立日本真言宗。[125]

日本天台宗僧圓仁繼最澄之後入唐求法，曾從惠則的弟子元政、義操的弟子法全受法；圓珍、圓載二人皆曾從法全受法，推動了日本天台宗的進一步密教化和「台密」的形成與發展。

唐朝繼「開元三大士」等人之後，印度僧般若、蓮華精進（音譯「勿提提犀魚」）、戒法（音譯「尸羅達摩」）等人也陸續譯出一些密教經典。

密宗教義可用《大日經》卷一所說「菩提心為因，悲為根本，方便為究竟」來加以概括。「菩提心」原意是誓願成佛之心，密教常把它等同於佛性、真如，乃至大日如來（被認為是佛的法身）。「悲」指普度眾生的慈悲心願。「方便」指包括修持「三密」在內的各種修行方法，也包括普度眾生的方法和行為。這句話即是說：應當懷有追求成佛的心願，以慈悲之心用一切方法去修行和普度眾生，最後就可以得到佛的智慧。

密宗認為世界萬物、佛和眾生，皆由法身佛大日如來所普現的地、水、火、風、空、識「六大」生成。稱大日如來的理（佛性）德為「胎藏界」，與前述「六大」中的「地、水、火、風、空」的「色法」相應，而大日如來的智（智慧）德為「金剛界」，與「六大」中的「識」的「心法」相應，認為色心不二，金胎為一。「曼荼羅」原意為「壇場」，祭祠供養之所。密宗信奉者依據《大日經》原理繪製出「胎藏界曼荼羅」，據《金剛頂經》原理繪製出《金剛界曼荼羅》，作為供養和修行觀想的對象。

唐中期的密宗有這樣幾個特點：（1）翻譯來自印度的密教經典雖多，然而與其他宗派相比，中國人自己的相關注釋或撰述卻甚少。一行的《大

---

[125]　主要依據〈大唐青龍寺三朝供奉大德行狀〉（載《大正藏》卷五十）及海雲〈兩部大法相承師資付法記〉（載《大正藏》卷五十一）。

日經疏》可以說是中國人對密教經典注釋的代表作。(2)密宗主要在長安、洛陽兩京地區以皇室、貴族為中心的上層社會傳播，對一般民眾影響較小。(3)密教在「安史之亂」以後由於得到皇帝、朝廷的支持而特別盛行，被用來修法祈求佛、菩薩和善神的保佑以降服敵人，國泰民安，並且為皇帝、皇室增福滅災而修法祈禱。(4)密宗雖為唐朝佛教宗派之一，然而與中國其他宗派一樣，沒有嚴密的組織系統，並且也不排斥其他宗派。

密教在經歷唐武宗禁毀佛教及唐末的戰亂之後，已趨於衰微，其念咒、供養儀規等部分逐漸融入其他各宗之中。進入宋代之後，雖然來自印度的密教高僧天息災（宋太宗賜名法賢）、施護、法天、法護等人在朝廷組織下譯出大量密教經典，然而因為這些經典以宣述樂空不二的「無上瑜伽」密法為主，與中國以儒家為正統的社會文化環境相抵觸，沒能在社會上廣泛傳播。此後在西藏地區，密教信仰迅速興起，成為中國佛教的重要組成部分。[126]

二、空海入唐求法和回國創教經歷

空海（西元 774～835 年），號遍照金剛，俗姓佐伯，日本贊岐國（今香川縣）人，出身當地豪族。自幼接受中國儒家文化薰陶，從十五歲開始跟擔任伊豫親王侍講的外舅阿刀大足學習《論語》、《孝經》等經典和史書，在十八歲時進入由朝廷設立的大學，學「明經道」，學習《毛詩》、《尚書》及《左氏春秋》等，對中國經史乃至詩文書畫皆有較深的造詣。

然而在佛教日益普及的社會環境中，他對佛教逐漸產生越來越濃厚的興趣，經常閱讀佛經，在奈良從一僧（或謂此即勤操）得到唐善無畏翻譯的密教經典《虛空藏求聞持法》，相信經中所說「誦此真言一百萬遍，即得

[126] 以上詳見楊曾文、日本源了圓編：《中日文化史交流大系·宗教卷》第三章之（二），浙江人民出版社 1996 年版。

第三節　空海入唐求法和日本真言宗

一切教法文義暗記」。後來認為，自己學習的一切儒家經史知識，不過是「古人之糟粕」，便產生出家的念頭。[127] 空海在其所著《三教指歸》（又名《聾瞽指歸》）三卷中對儒、釋、道三教作了比較，認為三教雖然「淺深有隔」，然而皆為聖人所說；比較而言，只有宣述善惡因果報應和覺悟解脫之道的佛教最為優越，而在佛教中，又以主張眾生可以成佛的大乘佛法最高。空海在尚未結業之時，就曾到阿波的大瀧嶽、土佐的室戶崎等有深山密林的地方修苦行和佛教的懺悔之法。

在延曆十二年（西元 793 年），空海二十歲時到在大和（在今奈良縣）的石淵寺投勤操和尚出家，受沙彌戒，受法名曰教海，後自稱如空。勤操是三論宗學僧道慈的再傳弟子。兩年後，空海在奈良東大寺戒壇院受具足戒，得法名空海。此後，空海到處尋找佛經閱讀，其間在大和高市郡久米道場訪求到從唐朝傳入的一行翻譯的密教經典《大日經》，雖專心閱讀一遍，然而對其中的很多梵字真言、印契等密教特有的表述方法和教理不能理解，向周圍學僧請教也得不到解答，於是便有入唐求法的願望。

日本延曆二十三年（唐德宗貞元二十年，西元 804 年）七月，空海奉敕與最澄、留學僧橘逸勢搭乘遣唐使藤原葛野麻呂一行的船入唐。八月，空海與遣唐使藤原乘坐的第一艘船在福州長溪縣登岸，年底到達長安，被安置到西明寺，不久投到青龍寺惠果和尚的門下。

惠果和尚擁有尊貴的國師地位，名望很高。當時惠果已患重病，然而對渡海前來求法的空海表示熱情歡迎。唐德宗貞元二十一年（西元 805 年）六月至八月之間，惠果先後替空海舉行隆重的授予胎藏界、金剛界兩部曼荼羅大法的灌頂儀式，並傳授其他密教教法和各種儀規，最後還舉行授予空海「傳法阿闍梨」（意為傳法導師）之位的灌頂儀式。此後，惠果特

---

[127]　以上據《弘法大師全集》首卷所載真濟記〈空海僧都傳〉、藤原良房等奉敕撰〈大僧都空海傳〉及鎌倉時代宗性指導性撰《日本高僧傳要文抄・弘法大師傳》等。

請丹青高手繪製密教胎藏界和金剛界兩部大曼荼羅圖像十鋪，安排經生（抄經者）抄寫《金剛頂經》等大量密教經典，請工匠製作供養和修法的法器等，皆贈予空海。然後，惠果囑咐空海說：

> 如今此土緣盡，不能久住。宜此兩部大曼荼羅、一百餘部金剛乘法及三藏轉付之物，並供養具等，請歸本鄉，流轉海內。才見汝來，恐命不足，今則授法有在，經像功畢，早歸鄉國，以奉國家，流布天下，增蒼生福。然則四海泰，萬人樂，是則報佛恩，報師德，為國忠也，於家孝也。義明供奉，此處而傳，汝其行矣，傳之東國，努力努力！（《御請來目錄》）[128]

惠果殷切希望並勉勵空海早日歸國，將他在長安學到的密教大法帶回日本廣為傳播，為國家、民眾的平安福祉祈禱，營造「四海泰，萬人樂」的盛世，以報佛恩和師德，為國盡忠。

三個多月之後，惠果去世，空海又跟般若等其他密教僧人學習。唐憲宗元和元年（日本平城天皇大同元年，西元806年），空海與橘逸勢同時搭乘遣唐使判官高階遠成的船回國，帶回佛典注疏等共216部461卷，其中有新譯佛經142部247卷，其中大部分是不空翻譯的密教經典；還有梵字真言讚等42部44卷；經論注疏等32部170卷，其中有史料價值很大的《大唐大興善寺大辯正大廣智三藏表答碑》六卷。此外，還有佛菩薩圖像、曼荼羅和密教祖師像、道具及惠果贈送的佛舍利、佛祖師像和法器等。（《御請來目錄》）

密教特別注重念誦真言密咒和舉行種種祭祀、祈禱法會。空海回國後三年，嵯峨天皇接替平城天皇即位，朝廷發生密謀迎接平城天皇復位的事件。在朝廷平定這個事件之後，空海奏請在京城北部的高雄山寺按照密教的儀規修法誦經，為國祈禱摧滅災難，調和國時，「護國護家，安己

---

[128] 《大正藏》卷五十五，第1065頁中。

安他」(《遍照發揮性靈集》卷四)。空海的這個做法,引起嵯峨天皇對他的賞識,任命他為奈良東大寺的別當(相當於寺主,一般仍兼本職)。自此,空海以此寺為中心很快將真言宗傳到奈良,並對其他各宗產生巨大影響和滲透作用。嵯峨天皇對空海在日本創立和傳播真言宗給予很大的支持,在他的關照下,空海先後以紀伊的高野山(在今和歌山縣,建有金剛峰寺)、京都的東寺作為傳法基地與中心。因為空海的真言宗以京都東寺為中心,所以他的這一支密教也稱「東密」。

空海善詩文、書畫,經常應請入宮與嵯峨天皇談論,很受天皇的賞識。他參照中國六朝、隋唐的詩論著作,撰寫《文鏡祕府論》,論述詩文的聲韻格律。空海尤善草書,人稱「草聖」,與嵯峨天皇、橘逸勢被稱為「日本三筆」。

空海在唐朝求法期間看到各個縣鄉、村落都辦有學校,重視培養人才,很受感動。回國後在傳法的同時,效仿唐朝設立面向民眾的學校,名為「綜藝種智院」,請僧俗學者前來講授佛教和儒、道二教,普及教育。這是日本民間辦學之始。

空海於仁明天皇承和二年(西元835年)三月二十一日去世,年六十二歲。八十六年後,後醍醐天皇延喜二十一年追賜「弘法大師」諡號。

三、空海所創立的日本真言宗的教義思想

空海在創立日本真言宗的過程中,依據密宗主要經典《大日經》、《金剛頂經》以及唐朝一行所撰《大日經疏》等典籍,並參照其師長安青龍寺惠果的傳授,先後撰述了論述密宗教義的大量著作,主要有《辨顯密二教論》二卷、《即身成佛義》、《祕密曼荼羅十住心論》十卷(簡稱《十住心論》)、《祕藏寶鑰》三卷,另有弟子真濟集其所著編纂的《遍照發揮性靈

集》十卷（前三卷已佚，有濟暹所編《續性靈集補闕》三卷）等，為日本真言宗建立了教義思想的體系。

空海在著作中提出了獨具特色的判教理論，對源自印度、傳自中國的密教基本教理作了系統的介紹和論證。

1. 以顯、密二教和「十住心」判釋佛法，奉真言密宗為最高佛法

在空海歸國前，日本佛教界流傳的宗派有三論宗、法相宗、華嚴宗、律宗及由最澄新成立的天台宗。空海在傳播真言宗的過程中，為向天皇、貴族、僧人、民眾宣傳和解釋何為真言密宗，此宗有什麼優越之處，陸續撰寫了三部重要著作。空海首先寫了《辨顯密二教論》，在淳和天皇天長七年（西元830年）又奉詔寫出《祕密曼荼羅十住心論》（簡稱《十住心論》），此後又將此論加以簡化，撰寫了《祕藏寶鑰》，提出系統的判教理論。他站在真言密教的立場，將全部佛法分為顯、密二教，然後詳加評述不同教派，判別深淺高低，強調真言宗在教義上比其他宗派優越，能夠引導眾生達到最高覺悟的境界。

空海的判教論由兩個層次組成：一是從橫的方面將全部佛法分為顯教與密教；二是從縱的方面，以自淺至深、自低至高的次第說明全部佛法，旨在表明真言密宗最高最優越。對前者作論述的是《辨顯密二教論》，對後者作說明的是《十住心論》和《祕藏寶鑰》。

(1) 顯教和密教

在印度佛教史上，釋迦牟尼佛創立佛教，提出四諦、八正道等佛法，主要經典存《阿含經》之中，此後一二百年形成部派佛教，論書大興；西元前後形成大乘佛教，主張四面八方到處有佛，其數無量，大乘經典相繼出世。大乘佛教對佛身提出種種說法，一般是說佛有三身：①法身，也稱「自性受用身」，實際是佛法的最高象徵，與真如、法性同義，被認為無所

不在、無時不在，然而不能直接說法；②報身，也稱「他受用身」，是對無數劫（難以計算的長時）往世修行的圓滿報應之身，為進入較高階位的菩薩說法；③化身，也稱「變化身」、「應化身」，謂佛為教化眾生而顯現世間的佛身，認為釋迦牟尼佛是化身佛之一。

空海的《辨顯密二教論》列舉大量經典來論證顯教、密教。他說：

佛有三身，教有二種。應化開說名曰顯教，言顯略逗機；法佛談話，謂之密藏，言祕奧實。

問：顯密二教，其別如何？答：他受用、應化身隨機之說，謂之顯也。自受用法性佛說內證智境，是名祕也。[129]

按照此論的說法，密教以外的佛經皆屬於他受用身（報身）佛、應化身佛適應眾生的根機而說，教義淺顯、淺略，所以名之為顯教；由自受用法性佛（法身）為自己眷屬所說的親自證知的智慧境界，教義深奧、祕密，難被一般人理解，稱之為「密教」或「祕密教」、「真言祕密教」。這裡所謂的自受用法性佛，也就是《大日經》中的大毗盧遮那佛，意譯大日佛、大日如來，說他光明遍照，顯現於宇宙一切場所，隨時顯現各種形象，透過各種聲音向眾生宣說深妙佛法。如《大日經》卷一所說：「毗盧遮那一切身業，一切語業，一切意業，一切處，一切時，於有情界宣說真言道句法。」[130] 密教最重要的內容是由身密、語密、意密組成的「三密」法門，經典有《大日經》、《金剛頂經》等。

空海《十住心論》卷十對密教的傳承世系作了如下說明：大日佛傳金剛薩埵，然後金剛薩埵 —— 龍猛菩薩 —— 龍智菩薩 —— 金剛智三藏 —— 大廣智（不空）三藏 —— 青龍寺惠果阿闍梨（導師）。如此相承，空海自然是繼惠果之後。

---

[129]　《大正藏》卷七十七，第 374 頁下、375 頁上。
[130]　《大正藏》卷十八，第 1 頁

空海透過這個判教，將以往流傳的其他佛教判為淺顯的顯教，密教是源自法身佛大日如來的深奧之教，從而從邏輯上讓人得出他引進創立的日本真言宗是日本佛教中最優越的佛法。為此，他又按照自淺至深、自低到高的演進程序提出「十住心」的判教理論，進一步加以說明。

(2) 以「十住心」判釋佛教，將真言密教奉為最高佛法

空海《十住心論》中包括日本流傳的各宗在內的全部佛法，分為十個層次，稱「十住心」。「住心」二字取自《大日經・入真言門住心品》，原意是在接受「菩提心為因，悲為根本，方便為究竟」的前提下，契入相應的心地修行，以期最後透過真言法門達到解脫。空海既以「住心」二字表述密教修行者所應經歷的次第和心境——「住心次第」，也用以表達「顯、密二教差別」。這十個階次是：異生羝羊心、愚童持齋心、嬰童無畏心、唯蘊無我心、拔業因種心、他緣大乘心、覺心不生心、一道無為心、極無自性心、祕密莊嚴心。

①異生羝羊心，指不信奉任何宗教的人及其心境。

異生是凡夫，羝羊是公羊。《十住心論》所謂「凡夫不知善惡之迷心，愚者不知因果之妄執。我、我所執，常懷胸臆；虛妄分別，鎮蘊心意。逐陽焰而渴愛，拂華燭而燒身」。是說不信奉任何宗教、道德的眾生，不知道善惡因果報應，經常懷著對自身及自己的一切的執著，不斷地思慮著是非、美醜、得失等，不能正確分辨真假，好像在野地有人以為遠處陽焰是河便去找水喝，飛蛾撲燈被燒身一樣。他們不奉佛法，甚至連世俗社會遵守的儒家道德也不信守，「不忠不孝，無義無慈。五常（按：仁義禮智信）不能羅網，三乘不得牢籠，祖習邪師，依憑邪教」。經常偷盜、邪淫、誹謗、傷害生命，作種種罪惡。空海說這種眾生只知吃飯，生育後代，像草原上的公羊「但念水草及淫欲事，餘無所知」。[131]

---

[131]　引文見《大正藏》卷七十七，第 304 頁上中。

他對佛教的十善（不殺生、不偷盜、不邪淫、不妄語、不兩舌、不惡口、不綺語、不貪、不嗔、不癡）和善惡因果報應等基本教義作了介紹，強調生前作惡在死後將受惡報，或下地獄，或生為畜生等。空海還比較詳細地對佛教的世界生成說、五趣（地獄、餓鬼、畜生、阿修羅、人）、外道等作了介紹。

空海寫這一部分，有向尚未信奉佛教的人宣傳佛教善惡因果報應的道理，引導他們接近佛教，進而信奉佛教的用意。

②愚童持齋心，指已經信奉佛教的人修持五戒、十善，相當佛教五乘中的「人乘」；也包括接受世間儒教倫理，奉行五常的人及其心境。

對此，《十住心論》概括說：「初信因果，漸諾罪福，孝於親親，竭忠國主。不及之善生，探湯之惡休。內外三歸，從此而發。人天十善，因是修行。」空海在釋文中對佛教的三皈依（皈依佛、法、僧，正式信奉佛教），五戒（不殺生、不偷盜、不邪淫、不妄語、不飲酒），八戒（五戒外加不坐高廣大床、不觀聽伎樂和不穿薰香衣、過午不食），十善等作詳細介紹。奉佛居士在特定日期奉行八戒，稱「持八關齋戒」，簡稱「持齋」。釋文最後還說明國王如何以「正理」治理天下，引《金光明經》指出國王應做到：「一者，不放逸，親近有德；二者，正信聽受是經；三者，犯王法，正法治擯。」又介紹佛教傳說中理想的君王——**轉輪聖王**。《祕藏寶鑰》說：「王者及民，必行五戒十善，得生人中。未有棄此能得。前生修善，今生得人。此生不修，還墮三途（按：地獄、餓鬼、畜生）。」[132] 這是說修此五戒十善，來生可以得到好的報應，再生為人。可見，空海講的第二心，相當於佛教「五乘」的「人乘」。

空海在這裡又更深入一步地引導人們信奉佛法，修持五戒、十善，甚至有意以佛教傳說中的理想君主的模式奉勸國主以「正法」治國。從中可

---

[132] 以上引文見《大正藏》卷七十七，第 314 頁上、317 頁中、364 頁中。

第四章　天台與密宗的傳入及入唐求法僧（下）

窺見他蘊藏在文字中的現實用意。

③嬰童無畏心，既指佛教五乘中的「天乘」，也指相信修持禪定可以生到天界的「外道」。

《十住心論》說：「至如護戒生天堂，修善脫地獄，惡下之心稍發，欣上之願初起。於是求皈依彼天龍，盡虔誠此神鬼（按：此二者指外道），仰拔苦悲，祈與樂眄……三途苦果，畢前因出；四禪樂報，感今緣升。因果不可不信，罪福不可不慎。……嬰童據初心得名，無畏約脫縛樹稱。」以上是說因相信修五戒十善死後可以免下地獄而生天堂，便產生厭離世間，願生天界的想法，勤於修善持戒，後世可以避免輪迴三惡途（地獄、餓鬼、畜生）的惡果；如果修四禪（四靜慮）死後可以生有色天。勸人相信因果、罪福業報。以嬰童比喻初發心皈依佛教者，而說相信死後可以生天便可感到無畏。

這裡所說不僅指修持佛教，也包括外道。印度外道有數論外道、聲論外道、勝論外道、時論外道等，如果相信天、大天、自在天等，於是皈依，供養和修持各種禪定，死後可以生到天界。空海在釋文中對佛教所說的欲界、色界、無色界的諸天、印度的十六種外道以及各種禪定等，也作了介紹。《祕藏寶鑰》特別強調這一心是就外道而說的，謂「嬰童無畏心者，外道厭人凡夫，欣天之心也」。

空海在此說明以修善追求生天比修善生人間，更進一步。並且從論這一心開始，在釋文的最後，從淺略、深祕兩種意義上解釋。所謂淺略義，即前面按顯教之義所說，而深祕義，是按真言密教的意義來解釋。他對此心以梵字五字真言作說明。他說如果按照真言實義解釋，「則若人若天若鬼畜等法門，皆是祕密佛乘」，據此修行可迅速解脫。[133]

④唯蘊無我心，五乘中的聲聞乘，屬於小乘佛教。

---

[133]　引文見《大正藏》卷七十七，第 322 頁下、328 頁下、364 頁下。

第三節　空海入唐求法和日本真言宗

《十住心論》說，以上人乘、天乘和外道，因為沒有斷除對「人我」（或「生我」也簡稱「我」）的迷執，仍難免超脫生死。因此佛便向眾生說此解脫之道：「遮生空於唯蘊，譬我倒於幻炎。二百五十戒防身口非，三十七菩提習身心善。告時則三生六十，示果則四向四果。說識唯六種，攝法則五位。四諦四念瑩其觀，六通八解得其證。」大意是，引導人們認識組成人身心（人我、生我、我）的是五蘊（色、受、想、行、識），由於五蘊聚散無常，生命也無常，如同幻想中的火焰，從而斷除我執，體認「我空」之理；制定二百五十戒（《四分律》規定的比丘的具足戒）以防非止惡，提出「三十七菩提分」[134]，引導修行；至於何時可以達到解脫，少則三生，多則六十劫；解脫的果位有所謂「四向四果」[135]；在說人的心識時，只提出六識，即包括人的感覺和思維的眼、耳、鼻、舌、身、意六識；在分析現象時提出五位法，包括色法、心法、心所法、不相應行法、無為法；禪觀有觀四諦觀（觀想苦、集、滅、道）和四念處（觀想身、受、心、法，體認無常、苦、空、無我之理）；修行此乘可以得到六種神通和八解脫。空海在釋文中說：「此唯蘊無我一句中，攝一切小乘法盡。」確實，空海對「唯蘊無我住心」的概括和他在釋文中的詳細解釋，幾乎涵蓋了小乘的全部教義。

空海又站在真言密教的角度對此聲聞乘來解釋，說在密教中有代表聲聞乘的真言，它代表「法佛如來」（大日佛），如果有人由此「入道」修行，便可體悟「法界一門，法身一德」，從而領悟此乘即是「佛乘」。[136]

⑤拔業因種心，五乘中的緣覺乘，也屬於小乘佛教。

---

[134] 舊譯「三十七道品」，是原始佛教和部派佛教所遵循的三十七種修行方法，意謂有助於達到菩提（覺悟）。包括：(1) 四念處；(2) 四正勤；(3) 四神足；(4) 五根；(5) 五力；(6) 七覺支；(7) 八正道。
[135] 包括須陀洹向（預流向）、須陀洹果（預流果）、斯陀含向（一來向）、斯陀含果（一來果）、阿那含向（不還向）、阿那含果（不還果）、阿羅漢向、阿羅漢果。
[136] 以上引文見《大正藏》卷七十七，第 329 頁中下、334 頁上。

第四章 天台與密宗的傳入及入唐求法僧（下）

「拔業」源自《大日經》卷一，原文是「拔業煩惱株杌」。株杌，原意是露在地面的樹根。全句意為拔除產生煩惱的根源。緣覺，佛教所說的透過觀想十二因緣的道理而達到覺悟者。因為是獨自修行達到覺悟，也稱獨覺，或比喻為麟角。《十住心論》說：「觀因緣於十二，厭生死於四五（按：四大、五蘊）。見彼華葉，覺四相（按：現象之生、住、異、滅）之無緣；住此林落，證三昧於無言。業煩惱株杌由此而拔，無明種子因之而斷。」[137] 所謂十二因緣是構成生命過程的十二個環節：無明——行——識——名色——六處——觸——受——愛——取——有——生——老死，由無明（癡）為根本原因，導致生死輪迴不已。在禪觀中對此可以採取不同的觀法，然而最重要的目的是認為人生的一切苦惱是始於「無明」，從而尊奉佛教修行，認識由四大（地、水、火、風）和五蘊組成的生命是無常的，苦的和空、無我的，不可執著。

空海按密教的祕密之義解釋中，說也有代表此乘的真言，如果有人誦此真言，可以得入「法界胎藏」，即悟入佛性之理而解脫。

空海對聲聞、緣覺二乘的介紹，是對佛教基本教義的宣傳，有助於擴大佛教的影響。

⑥他緣大乘心，大乘佛教，特別指法相宗。

空海對「他緣大乘心」的解釋是：「緣法界有情，故他緣；簡聲、獨、羊、鹿，故大名，運自他乎圓性義，故曰乘。此乃君子之行業，菩薩之用心。」釋文又說：「發平等大誓，為法界眾生行菩薩道，乃至諸一闡提及二乘未入正位者，亦當以種種方便折伏攝受，普令同入是乘，約此無緣大悲，故名他緣乘。」綜合起來是說，以菩薩道普度一切眾生，甚至對惡人（「一闡提」）、小乘（聲聞、緣覺，在《法華經》中被比喻為「三車」中的羊車、鹿車）的人也引導他們覺悟成佛，既然以眾生為普度對象，故稱此

---

[137] 《大正藏》卷七十七，第 334 頁上中。

第三節　空海入唐求法和日本真言宗

乘佛法為他緣（平等性空，也是無緣）乘。然而在對此乘的表述中，是以法相宗為重點的。

空海在釋文中對法相宗主張的修行果位「五位」——資糧位、加行位、通達位、修習位、究竟位以及對唯識學說的基本主張、五重唯識等，都作了介紹。

空海在此段釋文最後用祕密義解釋，說此屬於彌勒菩薩三摩地門，是所謂「大慈三昧」，也有真言梵字為代表，如果能夠讀誦此真言，可以「早證大慈三昧」，「同彌勒所行」，一生成佛。[138]

從這一心開始，空海分類介紹在中國、日本流傳的主要佛教宗派，排列它們的淺深次第，逐漸突出和抬高真言宗的地位。

⑦覺心不生心，是指三論宗。

空海在釋文中說：「誠知一為百千之母，空即假有之根。假有非有而有有森羅，絕空非空而空空不住。色不異空，建諸法而宛然空；空不異色，泯諸相而宛然有。是故色即是空，空即是色。諸法亦爾，何物不然。似水、波之不離，同金、莊（按：金制裝飾品）之不異，不一不二之號立，二諦四中之稱顯。觀空性於無得，越戲論（按：不真無益之論）於八不。」這裡說的正是般若中觀學說，也就是三論宗的教理。

空海從真言祕密義的角度解釋說，此覺心不生心法門就是「文殊師利菩薩三摩地門」，也有它的代表真言，具有「大空」深義，若誦持此真言，「則證大空三昧，等同文殊菩薩」，得悟「八不」之理。[139]

⑧一道無為心，是指天台宗。

空海首先對《法華經》的大意作介紹，即所謂「會三歸一」，是指此經將聲聞、緣覺、菩薩三乘皆歸於佛的權宜之說，唯有一佛乘才是真實之

---

[138]　本段引文見《大正藏》卷七十七，第 337 頁上至 346 頁下。
[139]　本段引文見《大正藏》卷七十七，第 346 頁下至 350 頁中。

第四章　天台與密宗的傳入及入唐求法僧（下）

教，三乘會歸佛乘，人人可以成佛；「指本遮末，成覺之久遠」，說全經二十八品分本門、跡門，前十四品是跡門，後十四品是本門（此為《法華文句》的分法），透過此二門以「開權顯實」，顯示其《如來壽量品》的「久遠實成」的法身釋迦牟尼佛（或謂三身合一）的真實之教——「唯有一乘法，無二亦無三」，顯揚佛乘；「十個如是，安止觀之宮殿」，是指其《方便品》中的「諸法如是相，如是性，如是體，如是力，如是作，如是因，如是緣，如是果，如是報，如是本末究竟等」，被智顗《摩訶止觀》選取作為構建「一念三千」實相論的「觀心」法門的重要組成部分。

據空海的釋文，所謂「一道」就是法身、真如、諸法實相、佛乘，稱之為「一道無為之真理」。他對天台宗的觀心法門——十乘觀法以及「一念三千」的實相論、三諦論、一心三觀等教理都有比較詳細的介紹。

空海在本段最後對「一道無為住心」的真言密義解釋中，說此法門就是「觀自在菩薩三摩地門」，也有其真言梵字，受持讀誦此真言密法，可以迅速達到解脫，「等同觀音菩薩」。[140]

⑨極無自性心，華嚴宗。

日本奈良時代傳入華嚴宗，是「奈良六宗」之一，以奈良東大寺為中心。空海在嵯峨天皇即位後，被任為東大寺別當（相當寺主），並在此建立真言宗道場，從此把真言宗擴展到奈良，東大寺成為真言宗傳法中心之一。

「極無自性心」原出自《大日經》，是指真如、心，空寂無自性，既無自性，便隨緣而生起。空海在釋文中引善無畏的話說：「此極無自性心一句，悉攝華嚴教盡。」華嚴宗以華藏世界（蓮華藏世界）為報身盧舍那佛的淨土，主張以真如法界為本體的緣起重重無盡。這就是空海說的「苞華藏以為家，籠法界以為國」；「真如法界，不守自性，隨緣之義」。華嚴宗又

---

[140]　本段引文見《大正藏》卷七十七，第 350 至 351 頁、352 頁上。

第三節　空海入唐求法和日本真言宗

主張時間的長短、修行的前後、理與事、萬有現象之間，彼此圓融無礙。此即空海所說：「攝九世於剎那，舒一念於多劫，一多相入，理事相融。」因此，從圓融門來說，「初發心便成正覺」。空海在釋文中對華嚴宗的基本教理──五教、十玄門、六相圓融等等，結合法藏的《華嚴金師子章》作了概要介紹。

在本段後面以祕密之義作的解釋中，說此心即「普賢菩薩所證三摩地門，亦是大毗盧遮那如來菩提心之一門」，也有真言表示，受持讀誦此法門即同「普賢之門」，能得「佛境界莊嚴三昧自在之力」。[141]

⑩祕密莊嚴心，真言宗。

空海將真言密教稱為「莊嚴祕密住心」。他在介紹中說：「莊嚴祕密住心者，即是究竟覺知自心之源底，如實證悟自身之數量，所謂胎藏海會曼荼羅、金剛界會曼荼羅、金剛頂十八會曼荼羅是也。如是曼荼羅，各各有四種曼荼羅、四智印等。言四種者：摩訶、三昧耶、達摩、羯摩是也。如是四種曼荼羅，其數無量，剎塵非喻，海滴何比。」

真言密教認為法身佛大日如來是以「六大」（地、水、火、風、空、識）為體的，表現為萬事萬物、一切眾生。大日佛在宇宙萬物中的表現有理德和智德兩大方面，理德（真如、佛性、本覺）具足一切功德，稱胎藏界；智德（智慧、果、始覺、自證）具有摧破煩惱的強有力的功能，稱「金剛界」。從大日佛之體來說，「六大」中的地、水、火、風、空五大，屬於胎藏界；識（心識）屬於金剛界。從理事、色心彼此圓融來說，色心不二，金胎為一。至於空海所說的「金剛頂十八會曼荼羅」是指密教所傳大本《金剛頂經》有十萬偈十八會，現存不空譯的《金剛頂經瑜伽十八會指歸》[142] 有介紹。金、胎二界代表大日如來之心體，顯現為宇宙萬有，此

---

[141]　本段引文見《大正藏》卷七十七，第 353 頁中至 359 頁上。
[142]　會，指大日如來在天上人間不同場所說法之地，謂此經廣本在十八個處所講完。從經文說，會也相當於品、章。

為「相」。「相」有四大「集聚」，也就是四大類，稱四大種類的曼荼羅，以手的動作（印契）表示為四種曼荼羅，則是所謂「四智印」。

以上所說都貫徹著一個思想：大日佛與世界、與眾生是融通的，是息息相關的。據此提出修行的身、口、意「三密」法門，稱「三密用大」。空海在《十住心論》、《祕藏寶鑰》的釋文及所著《即身成佛義》等中，對此有詳細論證。

這樣，空海以判教這種形式將日本流行的佛教各宗排了一個順序：真言宗第一，華嚴宗第二，天台宗第三，三論宗第四，法相宗第五。

(3) 空海判教論的時代意義和歷史特色

空海在日本平城天皇大同元年（西元806年）回國，將密教傳入日本，創立日本真言宗。歷經平城、嵯峨、淳和、仁明天皇，在朝廷的支持下先後以京都東寺、紀伊的高野山為傳法中心，又在奈良東大寺建立真言宗傳法道場，使具有神祕特色的供養灌頂儀式和真言密咒的真言宗在皇室、貴族中產生了很大影響。然而奈良佛教中的三論宗、華嚴宗、法相宗仍是有相當大的影響的。其中法相宗最有勢力，此外，最澄剛成立的日本天台宗也富有朝氣，是與真言宗相抗衡的新宗派。空海要爭取到天皇、貴族和社會其他階層的理解、支援，使真言宗得到順利傳播，必須向人們進一步說明真言宗具有什麼特色，與諸宗相比有什麼優越之處。同樣，在彼此競爭的形勢下，其他宗派也以自己的傳法和宗教活動，或透過與反對者的辯論，向社會表明自己存在的宗教價值。

淳和天皇天長七年（西元830年）敕三論、法相、律、華嚴、天台、真言諸宗各撰本宗要旨上奏。空海為此撰寫《十住心論》，此後又奉敕將此簡化為《祕藏寶鑰》。他在這兩本著作中以較詳細地介紹並比較各宗教義的判教方式，將真言宗置於第一地位，強調此宗是法身大日佛所說，比已有各宗深奧。表示如果信奉此宗，透過修持「三密」可以即身成佛。後

第三節　空海入唐求法和日本真言宗

來，真言宗在日本得到迅速傳播，影響所及，甚至帶動其他各宗也吸收密教的成分，以致出現密教化傾向。這不僅與空海及其弟子的出色活動能力有關，應當說與空海透過判教著作和其他著作的宣傳也是有密切關係的。

空海的判教著作及其判教論，現在讀起來還可以發現是具有鮮明的時代特色的。

其一，適應日本佛教尚未深入傳播於社會的情況，將判教論寫成涉及內容廣泛的百科全書式的著作。中國隋唐時期佛教宗派的判教學說一般置於論釋某一部經論的著作之中，例如天台宗的判教論主要載於智顗《法華玄義》卷一、卷十及《四教義》六卷之中；三論宗判教論載於吉藏《法華遊意》卷一；法相宗的判教論載於窺基《成唯識論述記》卷一、《大乘法苑義林章》卷一等等，篇幅較短。然而《十住心論》長達十卷，按十門（十心）詳細介紹了佛教的世界構成、人類社會的形成學說，和大小乘佛教各個主要流派的代表人物、著作、教義、特色，也概要介紹了與佛教有關的外道。因此，可以把《十住心論》看作是一部全面介紹佛教的百科全書。從這裡也可以看到空海對佛教具有廣博的和深入系統的知識。

其二，日本佛教是中國佛教的移植並適應日本社會作了新的發展。空海到中國留學，傳入真言密教。從他的判教著作中，可以看到他在對佛教某些概念和思想的描述與中國的佛教著述一樣，也帶有與儒家會通的痕跡。例如《十住心論》卷二論述「愚童持齋住心」的部分對五戒解釋中說：

五戒同於外書，有五常之教，謂仁義禮智信。慍傷不殺曰仁，防害不淫曰義，故心禁酒曰禮，清察不盜曰智，非法不言曰信。此為五德，不可造次而虧，不可須臾而廢。王者履之以治國，君子奉之以立身，用無暫替，故曰五常。在天為五緯，在地為五嶽，在處為五方，在人為五臟，在物為五行。[143]

---

[143]　《大正藏》卷七十七，第315頁上。

第四章　天台與密宗的傳入及入唐求法僧（下）

將五戒格義為五常，早在中國南北朝已經這樣做了，例如偽經《提謂波利經》（實為中國人著作）將五戒比做五常、五行、五星、五方；[144] 北齊顏之推《顏氏家訓》卷五《歸心第十六》將五戒比為五常。空海的這種做法，對於佛教融入受到儒家影響的社會是十分有利的。

其三，自佛教傳入日本至空海創立日本真言宗已經有近250年的歷史。佛教在傳播中也逐漸出現一些腐敗現象，引起天皇和朝廷官員的注意。奈良後期的光仁天皇和平安初期的桓武天皇都曾下令整頓佛教，禁止濫建寺院，限制僧尼增加，嚴肅戒律，獎勵學問等，並取得成效。然而佛教中的混亂腐敗現象仍然存在。這在空海《祕藏寶鑰》中也有反映。此書卷中在論述「唯蘊無我心」中，插入一段篇幅很長的文字，自設賓主，記述「憂國公子」（代表儒者）和「玄關法師」（佛教代表，也可看作是空海自稱）的交談。「憂國公子」認為國家支持佛教傳播本來是為了護國安民，然而佛教界的實際情況卻於此無補。他說：

> 前來聖帝賢臣，廣建伽藍，安置僧人，割萬戶而鳴鐘，開千頃而鼎食，憑仰非他，只在鎮押國家，利濟黎元。然今所在僧尼，剃頭不剃欲，染衣不染心，戒定智慧乏於麟角，非法濫行郁於龍麟。日夜經營，叩頭臣妾之履；朝夕苞苴，屈膝僕婢之足。釋風因茲陵替，佛道由之毀廢。旱潦洊至，疫癘年起，天下版蕩，公私塗炭，職此之由也。不若一切停度絕供。若有羅漢得道者，屈身頂敬，傾國供給而已。[145]

日本在奈良時代出於「鎮護國家」的目的，由聖武天皇發起，在奈良建立東大寺，各地建立國分寺，賜予土地，安置僧尼為國泰民安、五穀豐登而祈禱。[146] 這就是引文中「憂國公子」所說聖帝賢臣廣建佛寺，給予種

---

[144]　詳見任繼愈主編：《中國佛教史》卷三第四章第二節，中國社會科學出版社1988年版。
[145]　《大正藏》卷七十七，第366頁上。
[146]　參考日本家永三郎等人監修：《日本佛教史・Ⅰ・古代篇》第三章之五「國分寺、東大寺的創造」，法藏館1967年版；大野達之助著：《新稿日本佛教思想史》第二章第七節「國分寺、大佛的造立」；楊曾文著：《日本佛教史》第一章第四節之四「東大寺和國分寺」，浙江人民出版

第三節　空海入唐求法和日本真言宗

種優待，期望「鎮押國家，利濟黎元」的事。然而佛教界道風衰落，僧尼腐敗，不僅沒有使社會得益，反而招致災害。所以這位公子提出乾脆禁止佛教流行，如果真有得道者出現，再個別供養。

對此，所謂「玄關法師」提出種種解釋和反駁，指出即使儒者、官員、百姓之中，也多有寡廉鮮恥，不行仁義、忠孝、禮信的人。批評這位公子「不曾顧自己乖越法教，還談毀他人違犯經法……何以釋緇違犯，吹毛求疵（按：原作『瑕』），儒素邪非，含弘不糾」？接著說，「夫諸寺封戶不出一萬，僧尼啜粒不過一缽。讀經禮佛，報國家之恩，觀念坐禪，答四恩（按：父母恩、眾生恩、國王恩、三寶恩）之德」，而朝廷官員、儒者的待遇超過此多倍，卻沒有卓越功德可聞，對此為什麼不加以檢討呢？[147]

今天讀這段饒有趣味的儒佛辯論的文字，可以想到，空海在提出自己的判教論時，雖想論證真言宗優越，爭取在已有佛教宗派之外，為真言宗發展開闢新的空間，然而同時也意識到社會上的儒者、朝廷中某些官員，對佛教迅速擴張及已經出現的弊病而產生的疑慮，所以在著作中順便對此加以辯解，以期得到他們的理解，有利於佛教的傳播。

其四，真言密宗自唐中期印度僧善無畏和金剛智、不空譯出《大日經》、《金剛頂經》等經典後，開始較廣地傳播，然而中國人自己撰述的密教著作不多，重要的有善無畏的弟子一行撰寫的《大日經疏》，其中雖有帶有判教意味的說法[148]，然而嚴格地說尚未提出系統的判教理論。空海師承的惠果在向空海傳授密教的過程中，雖有可能將自己判釋佛法的見解

社 1995 年版。
[147]　《大正藏》卷七十七，第 366 頁至 367 頁上。
[148]　善無畏與弟子一行所譯的《大日經》卷一《入真言門住心品》中有「無始生死愚童凡夫」、「愚童凡夫，類猶如羝羊」、「唯蘊無我」、「拔業煩惱株杌」、「無緣乘心」、「自心本不生」、「極無自性心」等說法。一行《大日經疏》卷一至卷三對此有所解釋，卷三謂此經（實指密教）「橫統一切佛教"，從橫的方面說它包括大小乘諸教；此疏也以所謂「淺略、深密」兩種方式解釋經文。詳見《大正藏》卷三十九，第 579 至 616 頁。

告訴空海，然而沒有這方面的文字記載。因此，空海繼承《大日經》和一行《大日經疏》中的思想，以密教的觀點撰寫《辨顯密二教論》、《十住心論》和《祕藏寶鑰》，提出系統的判教論，不僅在日本佛教史上有重要意義，即使在北傳漢語系佛教史上也有它獨特的意義。

總之，空海的判教論不僅在日本，而且在東亞漢語系佛教中也有其獨特的地位。空海是出於讓日本朝廷、社會各階層的人了解真言宗，支援真言宗傳播而提出判教理論的。他雖判真言宗為最高最優越的宗派，但並未籠統地全部否定其他宗派，有意地將它們置於廣義真言密教包容的範圍內，予以一定的地位。

2. 從體、相、用三個方面論述真言宗教理

空海論證真言密教的教理的最重要的著作是《即身成佛義》[149]。此書依據和發揮《金剛頂經》、《大日經》和印度龍猛《菩提心論》等的思想，核心思想是說大日如來在體、相、用三個方面與世界萬有和一切眾生息息相應，眾生只要按照密教規定的程序修持「三密」就可以即身成佛。空海在一首偈頌中說：

六大無礙常瑜伽（體），四種曼荼各不離（相），

三密加持速疾顯（用），重重帝網名即身（無礙）。

引文中括弧中的字是據空海自己的解釋「初一句體，二相，三用，四無礙」而加，空海大體就是從體、相、用三個方面論證日本真言宗的教理的。

體，即本體，大乘佛教一般用來表述法性、法身，在密教特指法身佛大日如來。空海依據《大日經》等密教經典的經文來發揮，認為大日如來既是世界萬有的本體，也是一切佛、菩薩和眾生所依據的本體。構成這

---

[149] 篇幅不長，載《大正藏》卷七十七，第 381 頁中至 384 頁上。以下所引不再注明頁數。

種本體有六種因素,即地、水、火、風、空、識(心),稱之為「六大體大」。空海在《即身成佛義》中說:

> 如是六大能造一切佛及一切眾生、器界等四種法身、三種世間。

四種法身是指自性身、受用身、變化身、等流身。前二者相當於法身與報身,後二者相當於應身(或化身)。三種世間是指眾生、國土、五蘊(色、受、想、行、識)三世間,實際是指整個世界和一切眾生。原始佛教與部派佛教乃至大乘佛教,經常用地、水、火、風四種物質元素,以及由這四種元素組成的東西表示五蘊中的「色」。「空」是指空間,常常用來指構成身體內部的空隙、空腔,也指廣闊的虛空。「識」,心識,相當於心。空海在《即身成佛義》中舉印度天親(世親)的「三界唯心」(此當出自《十地經論》),認為心與識「名異義通」。可見,六大當中的前五大——地、水、火、風、空,大體相當於色(物質),最後一大——識,是心(精神)。空海認為大日如來作為世界的本體,透過六大顯現出萬物,包括佛與菩薩、眾生在內。這樣,大日如來無時不在、無所不在。這是對大乘佛教法身概念的一種新的發展。大乘佛教一般偏重於用「空」、「畢竟空」或「空性」來解釋法身,認為地、水、火、風及其所形成的事物只是法身虛幻的表現(假有)。

相,是形相或形象,是大日如來(六大)所外現出來的現象,包括山河大地、萬物萬象,其中也包括各種佛、菩薩和一切眾生。密教用所謂「曼荼羅」(譯為壇場,這裡是「集聚」、「類」的意思)的術語表現,包括如下四種曼荼羅(四大類):

大曼荼羅,一切佛、菩薩、眾生的形象,也包括有關繪畫;

三昧耶曼荼羅,「三昧耶」意為本誓,諸佛與菩薩解救眾生的誓願,透過各種標識——刀劍、輪寶、金剛、蓮華等來表現,這種曼荼羅也包括對這些東西的繪畫;

法曼荼羅，也稱「種子曼荼羅」，代表諸佛、菩薩的真言符號，象徵大日如來的「法」或「種子」的是梵文「阿」(A)字；

羯摩曼荼羅，「羯摩」是指諸佛、菩薩等的動作姿態、事業，也包括有關造像。

這四種曼荼羅（四大類現象）充滿宇宙，彼此融通無礙，是大日如來自體的顯現。

空海以上所說大日如來法身佛的「六大」之體是世界萬有和眾生的本源、本體，與眾生融通無礙；法身佛的「四種曼荼羅」之相也與世界萬有以及眾生會通，如同帝釋天（佛教所說的三十三天之主）宮殿的珠網上眾多寶珠的光影彼此掩映，相融無礙。這至少在理論上可以推導出兩個結論：第一，佛與眾生具有共同的本體，在本質上並無根本的差別；第二，「六大」之中雖有色（前五大）、心之別，但彼此又是相即不二的，在世界萬有融為一體的網路中，色即是心，心不異色，因為此心體現大日如來之悲、智，可以說佛的悲、智（佛法、理）也體現在萬事萬物和眾生身上。這便為真言密教的即身成佛論提供了理論依據。

那麼，應當如何修行才能與大日如來契合無間，達到成佛解脫呢？空海用構成「用」的所謂「三密」來加以解釋。

用，是作用，是「六大法界」的作用。大日如來有三密，即身密、語密和心密（或意密），是指為了引導、佑助（加持）眾生達到覺悟解脫而透過身體動作（常以手勢）、語言（各種聲音）、心意（悲、智、佛法道理）表現出來的啟示、徵象。《即身成佛義》謂：「法佛（按：大日如來）三密甚深微細，等覺（按：佛）、十地（按：正在十個階位修行的菩薩）不能見聞，故曰密。」大日如來有三密，眾生也有三密，可以與其相應。什麼是眾生的三密呢？就是按照密教的教義修持的三種密法，即手結印契（一些特定的手勢）是身密，口誦真言密咒是語密，內心觀想法界實相、大日如來是

第三節　空海入唐求法和日本真言宗

心密（意密）。據稱，透過修持三密就能夠與大日如來的三密相互契合。空海說：

　　三密相應加持故，早得大悉地（按：意為大成就、成佛）。（《即身成佛義》）

真言宗的主要修行方法就是三密，認為按照本宗規定的方法修持身密、語密和心密，就可能迅速達到覺悟，即身成佛。

3. 空海的「即身成佛」論

　　成佛是大乘佛教修行者的最高追求目標。然而，如何才能成佛，經過多長時間才有可能成佛，各個佛教派別有各自不同的看法。僅就成佛的時間來說，中國佛教宗派內部存在的分歧很大。天台宗、華嚴宗在理論上雖也主張即身可以成佛，但在其教義中並不特別強調；禪宗也主張即身可以成佛，但因為比較強調煩惱與菩提（覺悟）、眾生與佛相即不二的關係，如六祖慧能所說：「自性迷，佛即是眾生；自性悟，眾生即是佛。」（敦煌本《六祖壇經》）從而使得這種說法在其教義體系中不很突出。法相宗等宗派則明確主張至少必須經過三阿僧祇劫（難以計算的無量長的時間）的修行才有可能成佛。與此相對，密教教義的一個最突出的特色是主張即身成佛。

　　對此，空海在《即身成佛義》的開頭假借有人出來質疑，他作出回答。原文曰：

　　問曰：諸經論中皆說三劫成佛，今建立即身成佛義，有何憑據？

　　答：祕密藏（按：指密教經典）中，如來如是說。

　　問：彼經說云何？

　　答：《金剛頂經》說，修此三昧（按：密教的一種禪定）者，現證佛菩提。又云：若有眾生遇此教，晝夜四時精進修，現世證得歡喜地（原是菩

薩修行階位十位中的初位。但此文卻注曰：非顯教所說初地，是則自宗佛乘之初地），後十六生成正覺（原為佛位。此原文注曰：指十六大菩薩生）。又云：若能依此勝義修，現世得成無上覺……《大日經》云：不舍於此身，逮得神境通，游步大空位（按：空寂無形的法身位），而成身祕密。又云：欲於此生入悉地（按：意為成就，即成佛），隨其所應思念之，親於尊所受明法，觀察相應作成就……龍猛菩薩《菩提心論》說：真言法中即身成佛故，是說三摩地法（按：密教的三昧法門）於諸教（按：指所謂顯教）中闕而不書。又云：若人求佛慧，通達菩提心，父母所生身，速證大覺（按：指佛）位……

據此，所謂「即身」的含義具有「現世」、「此身」、「此生」、「父母所生身」等義。因此可以說，所謂「即身成佛」就是此生現身成佛。

眾生為什麼可以即身成佛？既然眾生與佛皆以「六大」——地、水、火、風、空、識（心）為體，那麼眾生在本質上與佛已無差別。空海在《即身成佛義》中強調「佛身即是眾生身，眾生身即是佛身」，正是根據這點提出的。另外，如前所述，「六大為法界體性」，既有形象——四種曼荼羅，又有作用——三密，它們之間彼此融通，相互交涉，佛與眾生時時處處相互感應。空海表示：眾生只要修持身密、語密和意密，便可與大日如來的三密密切相應，使「如來大悲與眾生信心」相應。空海在解釋「加持」二字時稱：「佛日之影現眾生心水，曰加；行者心水能感佛日，曰持。」正是由於這種相互感應，使眾生生來具有的佛性（菩提心）得以顯現，達到即身成佛，所謂「父母所生身，速證大覺位」。

空海在解釋眾生即身成佛義時所作的種種論證，不僅具有宗教修行解脫論的意義，而且也具有哲學思辨的意義。他在論述「六大」（體）、「四曼荼羅」（相）及它們的相互作用時，實際已經在一定程度上接觸到了哲學當中的本質與現象、一般與個別的對立統一關係的重要問題。認為本質或一

般表現為現象與個別，現象或個別當中包含著本質與一般；本質與現象、一般與個別之間存在著密切的互相依存、互相貫通、互相滲透和互相轉化的關係。只不過空海是將所謂的法身佛大日如來作為本體（具有本質的含義）和一般，而將世界萬物和眾生作為現象與個別。可以認為，在古代的社會環境中，如果能夠透過這些宗教方面的詞語和表述，辨析其中包含的哲學意義，對於訓練或提高人們的抽象思維能力還是有啟迪意義的。

四、日本真言宗在後世的流派

空海的弟子中著名的有實慧、真濟、真雅、真然等人。他們及其他們的法系雖然基本繼承空海傳入和闡釋發揮的真言宗教理（教相）體系，然而在修行儀規、儀式等（事相）方面卻有所發展，形成很多不同的門派。

在實慧的後繼法系，西元10世紀時寬朝（西元916～998年）在嵯峨的廣澤建遍照寺傳法，因傳授獨特的事相，發展成日本真言宗的「廣澤流」，後來發展為六個流派，稱「廣澤六流」。

在真雅的法系，西元11世紀出了仁海（西元955～1046年），在山城的小野建曼荼羅寺傳法，因他傳承的事相而形成所謂「小野流」，後發展為六個流派，稱「小野六流」。

平安時代後期，屬於廣澤流的覺鑁（西元1095～1143年），在鳥羽上皇的支持下在高野山建立大傳法院和密嚴院，受鳥羽上皇敕命既任大傳法院座主，同時兼任金剛峰寺座主。由此引起原高野山僧眾的強烈反對，他們在京都東寺僧眾聲援和支持下對覺鑁發動襲擊。覺鑁不得已帶領門徒700餘人逃離高野山，到根來（在今和歌山縣那賀郡）擇地建圓明寺居住和傳法。覺鑁著有《密嚴諸祕釋》、《密嚴遺教錄》、《父母孝養集》等。他在《五輪九字明祕釋》中用真言密教的教理和概念闡釋西方阿彌陀佛淨土

法門,稱大日如來與阿彌陀佛同體異名,西方極樂淨土也就是大日如來的「密嚴淨土」。在對真言密教「三密」之一的「語密」解釋中,說淨土念佛就是密教的「語密」,主張按照密教的修持方法來修淨土念佛法門。

從此以後,以高野山與根來圓明寺為傳法中心的真言宗僧眾之間,經常發生衝突。進入鐮倉時期以後,屬於真言宗廣澤流的賴瑜(西元1226～1304年),將在高野山的大傳法院和密嚴院遷到根來,由此日本真言宗正式分裂為兩大派:以根來寺為傳法中心的一派稱「真言宗新義派」,以高野山、京都東寺為傳法中心的一派稱「真言宗古義派」。這兩派在教義上的最大分歧在對大日如來能否說法這個問題上。新義派論據賴瑜的理論,認為「本地身」(法身佛)大日如來是不說法的,然而大日如來的「加持身」(化身)可以應機向眾生說法,其所說即《大日經》。古義派主張大日如來能夠說法,其所說即《大日經》。

在空海創立日本真言宗之後,密教信仰在日本社會十分盛行,對舊有的奈良佛教各宗也產生很大影響。密教的修法、供養和祈禱儀式,在祈求降雨、祛病、滅災以及「鎮護國家」等各種佛法儀式上被廣泛地運用,為日本歷代天皇、貴族所重,對普通民眾也有較大影響。真言宗的教理和多樣化的佛神信仰,也逐漸地滲透到日本原有的神道以及哲學、文學、藝術等各種文化形式之中。

第四節　最澄、空海以後的日本入唐求法僧

日本平安時代入唐求法僧最有名的有八人,日本佛教史書稱之為「入唐八家」或「入唐八大家」,即最澄、空海、常曉、圓行、圓仁、惠運、圓珍、宗睿。其中,最澄創立日本天台宗,圓仁是他的弟子,圓珍是他的再傳弟子,其他人皆是真言宗僧。空海創立日本真言宗,常曉是他的弟子,

圓行、惠運是他的再傳弟子，宗睿是他的三傳弟子。儘管他們不屬於一個宗派，然而皆從中國繼續輸入真言密教，分別對日本「台密」、「東密」的形成和發展產生較大影響，並且皆從中國進一步傳入佛教典籍，在中日佛教文化交流史上占有一定地位。此外還有平城天皇之子真如親王也曾入唐求法，然而後來從中國西行赴印求法，死於羅閱國；圓載在唐土求法長達四十年，最後不幸在起航歸國途中船破葬身大海。

最澄、空海的事蹟已經介紹，圓仁將在後面設專節介紹，這裡僅對其他五人和真如親王、圓載赴唐求法的事蹟略作介紹。

一、圓珍入唐求法事蹟

圓珍（西元814～891年），原姓因岐首（入唐稱姓殷），後賜姓和氣，日本贊岐國那珂郡（今香川縣）人。家世殷富，母親是空海的姪女。圓珍自幼讀《毛詩》、《論語》及《漢書》、《文選》並讀佛經《因果經》等。年十五隨叔入比睿山，禮座主義真為師，廣讀《法華經》、《金光明經》、《大日經》等經典及天台章疏。淳和天皇天長十年（西元833年），圓珍十九歲之時充天台宗當年度僧（「年分度者」）之額，經考試及格受戒為僧，然後在山中研習天台、密教經典十二年，成績優異。因在長期閱讀經典中累積很多疑問，便萌發入唐求法釋疑的意向。仁明天皇嘉祥元年（西元848年）圓珍奉敕任內供奉持念禪師。

文德天皇仁壽元年（西元851年）五月，圓珍經奏請天皇，前往九州太宰府（在今福岡縣），準備搭商船入唐。仁壽三年（唐宣宗大中七年，西元853年）七月，他搭乘唐商欽良暉之船起航，八月至唐福州連江縣，登岸。經報當地官衙，福州刺史韋署及其屬官將圓珍一行安置到開元寺居住。在此寺逗留期間，圓珍從印度僧般若怛羅學梵字《悉曇章》，並受「金剛界大悲、胎藏界大日佛印」及其他密法。開元寺律師存式贈送給他懷素

第四章　天台與密宗的傳入及入唐求法僧（下）

所著《四分律開宗記》、《開四分律家拾遺鈔》[150]及嘉祥吉藏、慈恩窺基對《法華經》、《華嚴經》、《涅槃經》及《俱舍論》所作的注疏，共約三百卷。此後，圓珍北上溫州，在州府所在地永嘉縣的開元寺聽僧宗本講授《四分新疏》（指懷素對《四分律》作的注疏）及《俱舍論》、《楞伽經疏》等。

圓珍是天台宗僧，對天台山嚮往已久。大中七年（西元853年）十二月，圓珍一行先到臺州治所臨海縣，住入開元寺。在此見到當年接待過最澄的天台山國清寺僧清翰的弟子知建，得授《維摩詰經》、《因明入正理論》的注疏。經申報，臺州刺史李肇給予公驗（官府驗明蓋章以說明持者身分行由的文書）。

接著，圓珍到了唐興縣（今天台縣）天台山國清寺。參考圓珍《行曆抄》、《在唐日錄》及三善清行《圓珍傳》、尊通《圓珍年譜》，圓珍最初到的「國清寺」在全寺最南邊[151]，座主（住持）是當年傳法於最澄的道邃的弟子物外和尚；此寺東北方被稱作「銀地」的地方有智原建的「修禪寺」，隋時建國清寺後改稱「修禪道場」，後稱「上禪林寺」或「禪林寺」，也稱「佛隴寺」，住持是冷座主（法名全稱不詳）；在禪林寺西北有天台山最高之峰——華頂峰，傳說是隋代定光和尚向智顗招手和智顗「降魔」之處。以上統稱「國清寺」。圓珍在此與早在唐文宗開成三年（西元838年）與圓仁一起作為留學僧入唐的圓載會合，此後經常一起修學。

圓珍一行先在國清寺居住修學一年，其間得到國清寺物外座主、禪林寺冷座主和當年最澄求法時結識的學僧文舉等人的弟子清觀、元璋等僧的熱情招待，參拜了天台大師智顗的遺跡、墳墓和其他名勝，聽物外座主講

---

[150]　日本三善清行《天臺宗延曆寺座主圓珍傳》（下簡稱《圓珍傳》）謂《四分律東塔疏》。「東塔」是指長安西太原寺東塔院的懷素（西元624～697年），是唐代四分律學三大家之一。據圓珍〈智證大師請來目錄〉（載《大正藏》卷五十五），所謂《四分律東塔疏》應為《四分律開宗記》、《開四分律家拾遺鈔》（《新疏拾遺鈔》）。

[151]　唐代征君所纂《天臺山記》謂國清寺在唐興縣北十里，在國清寺東北十五里有禪林寺。載《大正藏》卷五十一，第1054頁中。

第四節　最澄、空海以後的日本入唐求法僧

《摩訶止觀》及天台宗教理，並借抄天台教典近三百卷。

大中八年（西元854年）九月，圓珍離開天台山，到越州首府會稽（今浙江紹興）開元寺拜謁天台大師第九代、廣修的弟子良諝，請他傳授天台宗教義及解答疑難問題，並在此寺抄寫佛教典籍。半年後離開，與圓載結伴往京城進發，大中九年（西元855年）五月經洛陽到長安。

當時長安仍盛行密教，青龍寺、大興善寺等皆是著名密教傳法中心。在青龍寺傳法的是法全和尚，是來自印度那爛陀寺的善無畏法系的第五代傳法弟子，曾任皇宮內長生殿「持念供奉大德」。在大興善寺傳法的是來自西域（應是中亞一帶）的智慧輪（音譯「般若斫迦」），屬不空法系的第三代傳法弟子，著有《佛法根本》、《示教指歸》。《佛法根本》現存碑文稱大日如來（大毗盧遮那）是佛的根本，為「諸佛所依」，可以顯現各種佛身；「真言陀羅尼」（真言密咒）是一切佛法的根本，主張透過修持身、語、意「三密」等密法引導眾生解脫。[152] 智慧輪的主要弟子中有紹明。

圓珍在青龍寺受到法全和尚的熱情接待，向他傳授瑜伽密教宗旨，並且提供密教經典讓他抄寫，又舉行隆重法會為他和圓載傳授密教胎藏界、金剛界和蘇悉地大法。法全還特地為圓珍舉行「授傳兩部大教阿闍梨」的灌頂儀式，意味著圓珍今後有傳授胎藏界、金剛界兩部密教大法的資格。在大興善寺，圓珍又從智慧輪和尚受傳「兩部大曼荼羅教祕旨」和新譯密教經典的「持念經法」。圓珍一行在長安求法、巡禮諸寺和禮拜不空三藏塔等聖跡，前後經過半年時間。大中九年（西元855年）十一月他們離開長安東行，在洛陽特地禮拜善無畏、金剛智三藏的墳塔等遺跡。在經過越州的時候，特地到開元寺探望良諝和尚。良諝贈他智顗《法華玄義》、湛然《法華疏記》（《法華文句記》）等。

---

[152]　《宋高僧傳》卷三載有智慧輪之傳（《大正藏》卷五十，第723頁上）。智慧輪所著《佛法根本》被弟子刻成碑，《大正藏》卷四十六，第988頁至989頁所載《明佛法根本碑》，即此碑文。

第四章　天台與密宗的傳入及入唐求法僧（下）

　　大中十年（西元 856 年）六月，圓珍一行又回到天台山，在此居住修行兩年多時間。其間，圓珍拿出來唐前右大臣（當為藤原良房）托他奉獻天台大師智顗影堂的砂金十三兩，重修智顗墓龕及國清寺大殿。他又想到當年最澄曾施資在天台山建僧院以備以後學法僧居住，然而在會昌滅佛中遭到毀壞，又施錢四十千文，糾工購料在國清寺止觀院建造止觀堂和房屋三間，題額「天台國清寺日本國大德僧院」。[153] 圓珍此後住於此院，回國前請清觀擔任主持人。[154] 唐懿宗咸通二年（西元 861 年）國清寺請鄉貢進士沈懂撰寫〈天台國清寺日本國大德僧院記〉記述此事。這是中日佛教文化交流史上的一段佳話。

　　大中十二年（西元 858 年）初，圓珍將自己奉敕入唐求法的緣由和經過以及從各地搜求抄寫的佛教典籍目錄，專書呈報臺州刺史嚴修睦，請求按照貞元二十一年（西元 805 年）臺州刺史陸淳對最澄求法給予官方證明文書那樣，開具蓋上官印的證明（公驗）。此事似乎並不順利，現存圓珍〈乞臺州公據印信狀〉共三通，所署時間分別是大中十二年閏二月某日、三月五日、四月一日，直到四月八日，臺州刺史嚴修睦才在圓珍第一通〈乞臺州公驗狀〉後批復文字並蓋印章，其中有「問法尋師，頗得宗旨。傳寫經義，益見精勤」，「懇請印狀，以表行由」等。這就是以州府的名義對圓珍求法予以證明的公驗。

　　為什麼必須得到州府的證明呢？正如圓珍在〈乞臺州公據印信狀〉中所說：「所抄習經教，若得大唐使君批給兩字及印信，本國方信傳得天台

---

[153]　以上所述主要依據圓珍在大中十二年（西元 858 年）的〈乞臺州公驗狀〉。至於〈圓珍傳〉中所載重修天臺大師墓龕和國清寺大殿是在大中八年（西元 854 年）圓珍赴長安之前，用「太政大臣送供智者大師影砂金四十兩」；大中十年（西元 856 年）六月圓珍從長安回到國清寺以後，出「右大臣」給圓珍的「路糧砂金三十兩」建止觀堂。其中右大臣與太政大臣應為一人，即藤原良房，他在圓珍入唐前為右大臣，圓珍回國前一年才任太政大臣；另砂金錢數目也不統一。現依據圓珍〈乞臺州公驗狀〉的說法，〈圓珍傳〉只作參考。

[154]　〈圓珍傳〉記載，止觀院建成，「即請僧清觀為主持人」。然而同書所載沈懂〈天臺國清寺日本國大德僧院記〉說此院在大中十年（西元 856 年）九月七日建成後，圓珍法師「即主持此院，苦節修行」。因此，請清觀主持此院當在大中十二年（西元 858 年）六月圓珍歸國之前。

第四節　最澄、空海以後的日本入唐求法僧

法教。如不得憑據、印信，招後學之反誤，永失功德之因。」當時佛教已傳入日本三百多年，然而日本學僧仍願以中國學僧為師，在碰到疑難問題時，總希望有機會得到「唐決」，為此不惜冒險渡海到中國求法釋疑。在圓珍之前入唐的圓載曾帶來比睿山座主圓澄提出的天台教理「三十問」求天台山僧人回答。據此，圓珍執意求臺州刺史公驗印信的做法是可以理解的。當圓珍得到臺州刺史的公驗印信之後，立刻準備歸國。

大中十二年（西元858年）六月八日，圓珍一行乘商人李延孝的船回國，十四天後從九州松浦登岸。圓珍從入唐到回國，在中國求法修行前後經過六年。

圓珍將在唐搜尋抄錄的佛經、章疏、著述及碑銘等隨時加以整理，先後編寫出以下兩類目錄：第一類是按求得典籍的地點編錄，編出福州《開元寺求得經疏記等目錄》載錄一百五十六卷、《福州溫州臺州求得經律論疏記外書目錄》載錄四百五十八卷、長安《青龍寺求法目錄》載錄一百一十五卷，後有圓珍求青龍寺法全「檢校」予以證明的疏狀、法全表明圓珍已受密教大法及得阿闍梨位的書狀。第二類屬於總目錄，編有《日本比丘圓珍入唐求法目錄》載錄三百四十一本（部）七百七十二卷，前後也按得書地點編目，其中不包括零碎經論和抄寫未畢者；《日本國上都比睿山延曆寺比丘圓珍入唐求法總目錄》載錄四百四十一本（部）一千卷，前面有「大唐國浙江東道臺州唐興縣天台山國清寺」，表明這正是圓珍在大中十二年閏二月透過國清寺上呈臺州刺史要求給予公驗印信的目錄。然而現本後面署的時間是大中十二年五月十五日，表明後又有修補。現《大正藏》卷五十五所載名稱為〈智證大師請來目錄〉，因為「智證大師」是圓珍死後三十六年天皇所賜諡號，可見這個名稱是後人改用的。

圓珍回國後，將自己在唐求法經歷寫成《在唐巡禮記》五卷，現已不存，僅有後人摘編部分內容的《行曆抄》、《在唐日錄》。另有《師友唱酬詩

集》十二卷,已佚,現存西元 18 世紀園城寺敬光編錄的《風藻餕言集》,載有圓珍在唐僧俗友人的詩十六首二句、書狀七篇。

圓珍回國的第二年,得到清和天皇的召見,他將先文德天皇願求的胎藏、金剛界兩部曼荼羅進奉天皇,得到朝廷允許他在全國傳法的敕印公驗。當時藤原良房擔任太政大臣,對圓珍傳法給予種種方便。

當時日本朝野風行密教。清和天皇貞觀六年(西元 864 年)圓珍奉敕入京,在仁壽殿結壇,為乙太政大臣藤原良房為首的臣僚舉行密教胎藏界灌頂儀式,為天皇等人講《大日經》,後被安置於冷然院「持念壇」專為天皇寶祚、皇后祈禱。清和天皇貞觀十年(西元 868 年),圓珍五十五歲,敕任比睿山延曆寺座主。圓珍在清和天皇貞觀十四年(西元 872 年)九月回到比睿山,直到去世也沒有出山。他的地位日益提升,在宇多天皇寬平二年(西元 890 年)經全山僧眾上表推舉和太政大臣藤原基經的推薦,圓珍受任全國僧官職位之一的少僧都。圓珍於寬平三年(西元 891 年)十月去世,年七十八。

在延曆寺的山王院之南有稱為「御井」的地方,有座由西元 7 世紀弘文天皇(天智天皇之子,一般稱「大友皇子」)之子與多王所建的寺院。清和天皇貞觀元年(西元 859 年)圓珍改御井為三井,將此寺重建,並在寺內建「唐房」,將從唐帶回暫寄藏太政官府(「尚書省」)的佛教典籍運到此處收藏。三井寺也名「園城寺」,在今日本滋賀縣大津市的長等山。

圓珍去世之後,圓仁與圓珍的門徒之間矛盾日益加劇,導致比睿山僧團發生分裂。圓仁法系以延曆寺為中心形成山門派;圓珍法系被迫遷來三井寺,形成日本天台宗寺門派,兩者經常發生衝突,甚至刀兵相見。

圓珍除前述佛書目錄和入唐行記等著作外,還著有很多闡述天台宗和密教教理、儀規的著作,其中重要的有《法華論記》十卷、《入真言門住如實見講演法華略儀》二卷、《觀普賢菩薩行法經記》二卷、《大毗盧遮那

經指歸》一卷、《大毗盧遮那成道經心目》一卷等。圓珍入唐再傳密教，並且撰寫闡述密教教理、儀規的著作，強調真言密教的優越，對日本天台宗進一步與密教結合，推進日本天台密教（簡稱「台密」）的發展發揮重大作用。

二、真言宗僧常曉、圓行、惠運和宗睿入唐求法

在空海之後，他的弟子常曉，再傳弟子圓行、惠運及三傳弟子宗睿相繼入唐求法。

常曉（？～西元866年），山城（在今日本京都南部）小栗棲人，出生後遭母遺棄被別人收養，幼年到奈良元興寺跟僧正豐安學三論宗，後跟空海學密教。仁明天皇承和三年（西元836年）五月，常曉奉敕入唐求法，隨遣唐使藤原常嗣一行出航，然而不久遇上颶風漂回，第二年也因逆風出航失敗。直到承和五年（唐文宗開成三年，西元838年）六月，遣唐使藤原常嗣一行又出航起程，常曉、圓行和天台宗僧圓仁、圓載相隨入唐求法。常曉與遣唐判官菅原善同船，八月在揚州登岸，由揚州節度使府衙安置住入廣陵館。當時揚州是淮南道首府所在地，節度使是檢校戶部尚書兼揚州大都督李德裕。

在日本遣唐使一行獲准進京之時，常曉未能得到允許一起同行，留在揚州參訪佛寺尋師。常曉在棲靈寺遇到密教高僧、不空嗣法弟子惠應的弟子文璨和尚以及華林寺學僧元照座主。後經淮南節度使李德裕的允准，常曉住入棲靈寺並兼住華林寺，跟文璨學修密教，同時又向元照學習般若三論之學。常曉從文璨得授金剛界密法和阿闍梨（導師）之位，此後，又得授日本尚未流傳的密教大元帥密法。[155]

---

[155] 關於常曉受密法之事，《元亨釋書》卷三〈常曉傳〉記載是元照座主傳授，然而《本朝高僧傳》卷六〈常曉傳〉則說是文璨傳授。據《常曉和尚請來目錄》，元照是「三教講論大德」，像是以

第四章 天台與密宗的傳入及入唐求法僧（下）

所謂「大元帥祕法」，是據密教經典《阿吒婆拘鬼神大將上佛陀羅尼神咒經》（失譯）和善無畏譯《阿吒薄俱元帥大將上佛陀羅尼經修行儀規》所修的護國法事之一。「大元帥」，又作「大元帥明王」，音譯「阿吒婆拘」或「阿吒薄俱」，是密教所奉「藥叉大將」之一，被認為是能鎮護國土、保護民眾安樂、消除惡獸及水火刀兵等障難之神。《阿吒婆拘鬼神大將上佛陀羅尼神咒經》有曰：

……佛告阿難：此咒極有大神力，能消除一切諸難並諸時惡，擁護眾生多所利益，汝好受持，廣令流布。若有城邑村落誦此咒者，莫不蒙利；若有國王大臣誦此咒者，其人境土無有惡賊怖難、災橫疾疫、水旱風霜。若遇惡賊，應誦此咒。若系著高幢頭，賊見此幢，賊尋退散降伏。[156]

《阿吒薄俱元帥大將上佛陀羅尼經修行儀規》說：

若國土衰禍，雨澤不調，以此咒安四城門上，即得風雨順時。若將此咒鎮國土，四方一切鄰敵及大臣不起逆心。若有作逆者，三稱觀世音菩薩名，即大元帥召一切鬼神興雲降雨，下其刀劍而滅逆臣。若有國王大臣誦持此咒者，其王境土無有惡人惡賊及諸鬼神。若善男子善女人持此咒者，所在之處當得平吉，晝安夜安。[157]

常曉相信這個密法對祈禱佛菩薩善神護國佑民、降福除禍十分靈驗，稱之為「如來之肝心，眾生之父母，於國城塹，於人筋脈」（《常曉和尚請來目錄・入唐學法沙門常曉言》）。他深知日本正盛行密教，如將此法傳入日本不僅會受到真言宗的歡迎，也一定會受到以天皇為首的朝廷、群官及民眾的歡迎。因此，他雖為未能進入唐朝京城而感到遺憾，但為得到大元帥法的傳授而感到非常幸運。這從他回國進呈請來佛經目錄的上奏文中可

　　　　傳授顯教為主的法師，而文璨是不空再傳弟子，又有密教「灌頂阿闍梨」之資格，所以授常曉密教金剛大法及大元帥法的「大師」應是文璨。
[156]　《大正藏》卷二十一，第 178 頁中。
[157]　《大正藏》卷二十一，第 193 頁中。

第四節　最澄、空海以後的日本入唐求法僧

以清楚地看到。

常曉在揚州期間，除分別從元照、文璨學顯、密二教外，還抄寫大量經典，並請人繪製多種大元帥曼荼羅等密教尊像。在唐文宗開成四年（日本仁明天皇承和六年，西元 839 年）八月，常曉隨遣唐使藤原常嗣一行回國。據〈常曉和尚請來目錄〉，他帶回的佛典共有三十一部，其中主要是中國人的佛教著述和密教經典。在中國人的著述中，比較珍貴的有唐元康《百論疏》三卷、《三論玄樞》二卷、《中論三十六門執疏》一卷，還有唐關中道掖《維摩經疏》四卷、《維摩經釋批》三卷、《金剛般若疏》二卷等；在密教經典中，既有修密教大元帥法所依據的《阿吒婆拘鬼神大將上佛陀羅尼神咒經》、《大元帥念誦儀規》等經典，還有諸如「大元帥本身將部曼荼羅」、「大元帥大悲身像」、「大元帥忿怒身像」等多種密教菩薩及神像。

常曉在回國第二年經奏請朝廷，將帶回的密教諸尊像安置於山城宇治（在今京都南部）小栗棲法林寺，按照密教儀規為「保護國家」修大元帥密法。此後，常曉也曾為祈雨修持此法。自文德天皇仁壽元年（西元 851 年）正月以後，開始在皇宮修大元帥法。常曉於清和天皇貞觀六年（西元 864 年）受任權律師，兩年後去世。[158]

圓行（西元 799～852 年），山城（今京都）人，自幼從奈良元興寺歲榮出家，十七歲受具足戒。十年後，正值空海盛傳真言密教，圓行隨空海受胎藏、金剛兩部密法。此後，圓行又禮拜空海弟子杲鄰為師，入壇接受灌頂，隨後跟他廣學密教經典。

仁明天皇承和五年（唐文宗開成三年，西元 838 年），圓行奉敕與常曉、圓仁、圓載等人隨遣唐使藤原常嗣一行入唐求法。圓行在當年底到達長安，被安置住入青龍寺。當時青龍寺座主是惠果弟子義操的付法弟子

---

[158]　以上主要依據《常曉和尚請來目錄》（載《大正藏》卷五十五）、《入唐五家傳·小栗棲律師傳》及《元亨釋書》卷三、《本朝高僧傳》卷六〈常曉傳〉。

第四章　天台與密宗的傳入及入唐求法僧（下）

義真。圓行住下以後，長安保壽寺「內供奉臨壇大德」光辯等密教高僧奉命前來會見圓行，就經文和密教義理向他提出質詢。據載，圓行「答辭如流」。他們感到滿意，便上報覆命。同日，統管全國僧尼事務的左神策中尉、左功德使、右驍衛大將軍的宦官仇士良、青龍寺上座圓境一起接見圓行，告訴他已被朝廷任為「內供奉講論大德」。此後，圓行師事義真學習密教義理，隨時請教疑難問題。翌年閏正月，圓行從義真受密教阿闍梨（導師）位的灌頂，還受贈佛典、道具及佛舍利等。

圓行在開成四年（日本承德四年）十二月（已進入西元840年）回國，帶回顯密佛典和著述六十九部一百二十三卷，舍利三千粒，附屬物三種（印度僧難陀付授的菩提葉一枚、義真付授的沉香念珠、中天竺難陀和靈仙分別付授的梵夾），佛像及曼荼羅圖樣十二種、道具十六個。圓行此後奉敕住入京城的靈岩寺，後在播磨（在今兵庫縣）建造大山寺，大力提倡密教。圓行在文德天皇仁壽二年（西元852年）去世，年五十四。[159]

惠運（西元738～869年），平安城（今京都）人。出家後從奈良東大寺泰基、藥師寺中繼二位法師學習大乘經典和法相宗，又從空海的弟子、京都東寺實慧受密教灌頂。仁明天皇承和九年（唐武宗會昌二年，西元842年），惠運搭乘唐商李處人之船入唐求法，八月到達溫州樂城縣，登岸。他北上到長安入青龍寺禮義真為師，登壇受密教灌頂，受傳密教教理及諸部密印。惠運在唐留學六年，唐宣宗大中元年（日本承和十四年，西元847年）六月從明州（今浙江寧波）搭乘唐商張支信、元淨之船回國。據《惠運律師書目錄》，他將從唐朝帶回的密教經典、儀規等二百二十二餘卷進呈朝廷。[160]惠運在唐期間趕上唐武宗會昌五年（西元845年）禁斷佛教事件，寺院大量被毀，僧尼被迫還俗。他回國時將青龍寺的「鎮守神體」

---

[159]　主要據〈靈岩寺和尚請來法門道具等目錄〉（載《大正藏》卷五十五）、〈入唐五家傳〉（載《大日本佛教全書》第113冊）、《本朝高僧傳》卷六〈圓行傳〉。

[160]　《大正藏》卷五十五，第1089頁。

帶到日本，後供奉到他住持的山科（在今京都東南）安祥寺作為該寺的鎮守神。[161]

清和天皇貞觀六年（西元864年），惠運任少僧都。他鑑於各地寺僧受戒做法的混亂，向朝廷上表提出改進措施。他在表奏中說，按照舊例，凡得度出家，必須先由有司給予「度緣」（相當於中國的度牒，即准予出家的合法證明），然後才准入寺。如果屬於朝廷分配的「年度」者（允准當年出家得度的人數），得度後必須以沙彌身分經過兩年修行；臨時得度者須經三年修行才有資格受具足戒。年齡必須在二十歲至六十歲之間，受戒前須通過考試。一是從《法華經》、《金光明最勝王經》和《威儀經》（當為後漢安世高譯《大比丘三千威儀經》）三經內容中提出十個問題（「十難」），以測試考者對三經的熟悉和理解程度；二是就「十遮」（戒有對重罪的性戒、對輕罪的遮戒，然而此當指十戒）[162] 舉行考試。考試及格者方可到奈良東大寺戒壇院受具足戒，得到戒牒成為正式僧人。惠運認為這樣才能制止由於違背嚴格的授戒制度而帶來的混亂，以使「戒壇清靜，佛法興繁，國土之豐樂不期而來，內外之災殃不禳而去」（《本朝高僧傳》卷七〈惠運傳〉）。惠運這個奏文，為我們了解當時日本佛教界和僧眾出家受戒情況提供了重要的資訊。

惠運於清和天皇貞觀十一年（唐咸通十年，西元869年）去世，年七十二。

宗睿（西元809～884年），俗姓池上，平安城（今京都）人。十四歲入比睿山從戴鎮出家，受具足戒後投到奈良興福寺義演門下學法相宗。此後，宗睿回到比睿山從義真座主學天台宗教義並受菩薩戒，又到園城寺從圓珍受傳密教胎藏界、金剛界兩部大法。然後，他到真言宗傳法中心東

---

[161]　以上主要據《入唐五家傳‧惠運傳》、《本朝高僧傳》卷七〈惠運傳〉。
[162]　十戒是不殺生、不偷盜、不淫欲、不妄語、不飲酒、不以香花裝飾自身、不觀聽歌舞、不坐臥高廣大床、不非時食（過午不食）、不蓄金銀財寶。

第四章　天台與密宗的傳入及入唐求法僧（下）

寺，從空海的弟子實慧僧正受金剛界密法，又到禪林寺從空海的再傳弟子真紹受阿闍梨位的灌頂。這樣，宗叡先後受傳法相宗、天台宗教義，又受傳台密和東密，然而最後皈依的是東密之法。當時尚為太子的清和天皇對他十分賞識，常召請他入宮講經，即位（西元858年）後，對他更加崇敬。

清和天皇貞觀四年（唐咸通三年，西元862年），宗叡隨真如親王入唐求法。在北上經過汴州（治今河南開封）時，他參謁密教高僧玄慶，從受金剛界灌頂，然後巡禮五臺山，遵照出國前天皇之旨在大華嚴寺[163]舉行供養千僧的齋會。然後隨真如親王到長安，在青龍寺參謁密教高僧法全，從受胎藏界灌頂和金剛杵儀規；又從慈恩寺造玄、大興善寺智慧輪等密教大師受真言密教之法。他此後南下，經參訪洛陽聖善寺善無畏居住舊址，到了天台山，向當地天台宗僧請教天台教理。唐咸通六年（日本清和天皇貞觀七年，西元865年）[164]，宗叡搭乘唐商李延孝之船回國，帶回佛教經論一百三十四部一百四十三卷。[165]

在最澄、空海及圓仁、圓珍等人相繼弘傳真言密教之後，日本朝野乃至佛教各宗興起崇奉密教之風，盛行舉辦密教供養、傳授密法、灌頂、誦密咒祈禱福祥祛除災害的法會。宗叡回國後，立即受到清和天皇的優遇。他在東寺宣講從唐新學的密教義理，並且設壇為四方慕名前來學密教的僧人舉行灌頂儀式。清和天皇貞觀十六年（西元874年），清和天皇從宗叡受金剛界三摩地法和觀音法，又在宮中建修法院持念堂，安置金、胎兩部大曼荼羅。兩年後，清和天皇讓位太子，居清和院，屢請宗叡前來為他講《華嚴經》、《涅槃經》等大乘經典。陽成天皇元慶三年（西元879年），宗

---

[163]　大華嚴寺在五臺山，然而《入唐五家傳・宗叡傳》、《本朝高僧傳》卷七〈宗叡傳〉皆誤將大華嚴寺置於天臺山。

[164]　關於宗叡歸國日期，《入唐五家傳・宗叡傳》謂「八年到明州，適遇弟子李延孝……」此八年是日本清和天皇貞觀八年，唐咸通七年，西元866年。然而據《入唐五家傳・真如親王入唐略記》記述，應是咸通六年，即西元865年。今取後者。

[165]　現存〈新書寫請來法門等目錄〉即為宗叡帶回的佛典目錄，多數為密教目錄，載《大正藏》卷五十五。

第四節　最澄、空海以後的日本入唐求法僧

睿任東寺長者（相當於住持）。清和上皇建圓覺寺，設立灌頂臺，特請宗睿為他授三摩耶戒（也稱「祕密三昧耶戒」、「祕密戒」）。在清和上皇巡遊山城（今京都）、大和（今奈良）、攝津（今兵庫、大阪）等地名山佛寺的過程中，皆召宗睿陪伴。宗睿最後升任全國最高僧官——僧正。

宗睿於陽成天皇元慶八年（西元884年）去世，年七十六。[166]

三、真如親王從中國西行求法

在最澄、空海之後西渡唐土求法的人中，具有親王身分並且在入唐之後又遠赴印度求法者只有真如親王一人。現存資料中關於他的事蹟雖然記載不詳，然而基本輪廓還是清楚的，從中可以了解唐代中日佛教文化交流的另一個側面。

真如親王（西元799～865年），也稱「真如法親王」，即高岳親王，真如是他出家後的法名。平安初期平城天皇（西元806～809年在位）的第三子。平城天皇在大同四年（西元809年）讓位於同母弟嵯峨天皇，被尊為太上皇，高岳被立為太子。然而翌年在平城上皇身邊任「尚侍」的藤原藥子與其兄藤原仲成密謀起事擁戴上皇復位，結果失敗，仲成被射殺，藥子自殺，高岳也被廢去太子之位。

此後，高岳出家，人稱「真如親王」，住入奈良東大寺。他致力研讀儒佛經典，先後從道詮、宗睿學三論宗，從修圓學法相宗，又跟從唐求法而歸的空海修學密教，得授阿闍梨之位。高岳後來在奈良建超升寺作為居住和修行之所。在修學真言密教過程中，他深感有入唐深入考究密教教理的必要。高岳經過奏請，在清和天皇貞觀四年（唐懿宗咸通三年，西元862年）九月從九州太宰府（在今福岡）乘船入唐，隨從者有宗睿、賢真、慧

---

[166]　以上主要依據《入唐五家傳‧宗睿傳》、《元亨釋書》卷三及《本朝高僧傳》中的〈宗睿傳〉。

蕚、忠全、安展、禪念、惠池、善寂、原懿、猷繼及包括唐人張支信、船夫在內的僧俗共六十人，可以說這是一支規模十分龐大的西渡入唐求法的隊伍。因為風順，十天的時間便到達唐的明州（治今寧波），從揚扇山登岸。經明州官府上奏朝廷允准，真如親王一行經水路北上，咸通五年（西元864年）五月輾轉進入長安，被安置住入西明寺。他與宗睿一樣，先到青龍寺參謁法全，從受胎、金兩部密法灌頂。

此時，在唐留學已經二十六年的日本天台宗學僧圓載也住在西明寺。經他奏請朝廷，唐懿宗敕派密教法味阿闍梨（導師）前來為真如親王傳授密教教理，並解答他的疑難問題。半年後，真如親王仍未感到滿足，決定親自到印度求法。再經圓載奏請，唐朝廷授給他「官符」（當指蓋印證書），准予他西行求法。

據《入唐五家傳‧真如親王入唐略記》，真如親王等人先南下到廣州，在咸通六年（西元865年）正月帶領安展、圓覺、秋丸等人出發西行，然而此後行蹤不明。《元亨釋書》卷六〈真如傳〉僅記載：「杖錫西邁，翩翩孤影，流離絕域。」又載，日本陽成天皇元慶五年（西元881年），在唐日本留學僧中瑾（或作「中瓘」）寄書國內說，真如親王穿越過流沙，「傳聞到羅越國逆旅（按：旅店）遷化」。「羅越」，當在今馬來半島南端新加坡國的範圍之內。[167] 如果此說可信，也許真如親王西行求法走的是海路，而沒有走穿越沙漠的陸路。[168]

四、在唐求法四十年的圓載

在日本入唐求法僧人中，也許圓載算是最令人惋惜的悲劇性人物了。

---

[167] 參考陳佳榮、謝芳、陸峻嶺編：《古代南海地名匯釋》第981頁，中華書局1986年版。
[168] 以上主要據《入唐五家傳‧真如親王入唐略記》、《元亨釋書》卷六、《本朝高僧傳》卷六十七〈真如傳〉。後者還記載關於真如親王死亡的另一種說法：「欲行天竺過獅子國（按：今斯里蘭卡），路逢群虎而逝。」

第四節　最澄、空海以後的日本入唐求法僧

他在唐土生活達四十年之久，其間遭到唐武宗「滅佛」的迫害，一度還俗，最後在歸國途中喪生於浩瀚的大海之中。

現存圓載的資料甚少。日本江戶時期臨濟宗僧師蠻（西元1626～1710年）據宗睿《新書寫請來法門等目錄》、《日本高僧傳要文抄第二・智證傳》等資料所寫的〈江州睿山沙門圓載傳〉，載於他編撰的《本國高僧傳》卷七，應當說是我們了解圓載生平的寶貴資料。現據此傳，並參考圓仁《入唐求法巡禮行記》、《行曆抄》（摘錄自圓珍《在唐巡禮記》）、《天台宗延曆寺座主圓珍傳》（簡稱《圓珍傳》）等，介紹圓載的事蹟。

圓載（？～西元877年），氏族不詳，大和（今奈良）人。自幼跟隨比睿山最澄，精通梵書，並熟悉儒家經書。承和五年（唐文宗開成三年，西元838年）六月，圓載以留學僧的身分與作為請益僧（短期入唐求法，隨遣唐使歸）的圓仁隨遣唐使藤原常嗣入唐求法，七月到達揚州海陵縣，登岸，先向揚州節度使府交涉辦理各種在唐留學和請益佛法的手續。直到開成四年（西元839年）三月，經揚州節度使奏請朝廷，允准具有留學僧身分的圓載及其隨從二人到天台山國清寺學法，而不允許圓仁前往。

圓載到達天台山後，首先遵奉日本皇太后之命，將帶來的袈裟供奉在天台大師遺影前，又將帶來的聖德太子所著《法華義疏》贈天台山收藏，在參謁國清寺維蠲座主、禪林寺廣修座主之時，又將日本比睿山座主圓澄致國清寺之信及所提出的三十個問題呈上，希望得到回答。

禪林寺座主廣修是道邃的弟子，先對此三十問作出回答，題目為「日本國三十問謹案科直答」，然後奉請臺州刺史李文舉[169]出具蓋印的證明（「判印」）。翌年，廣修的弟子國清寺維蠲座主也作出答釋，題目為「答

---

[169] 臺州刺史李文舉，原文作「李端公」。據郁賢皓編，安徽大學出版社2000年出版《唐刺史考全編》第三冊2050頁，據《赤城志》的記載，李文舉從開成二年任臺州刺史。唐稱侍御史為「端公」，李端公當即李文舉。廣修、維蠲之文，現載日本編《續藏經》第二編甲第五套第五冊。

日本國問」，並且贈送佛教經論及義疏三十本，然後送請臺州刺史漆邁出具證明文書。漆邁在書寫的文字中對圓載有不少讚譽之詞，說：

> 圓載闍梨，是東國至人，洞西竺妙理，梯山航海，以月系時，涉百餘萬道途之勤，曆三大千世界之遠，經文翻於貝葉，鄉路出於扶桑（按：此指日本），破後學之昏迷，為空門之標表，遍禮白足（按：南朝宋朝有位俗姓張的高僧，足白不染，人稱白足。此借指高僧），淹留赤城（按：此指臺州），游巡既周，巾錫將返，懇求印信，以為公憑，行業眾知，須允其請。

可見，請臺州刺史開具證明（判印、印信、公憑）原本是出自圓載的請求。圓載既得到天台山高僧的答問，又得到州府的蓋印證明，回國後便可以向比睿山僧團正式覆命，也可以得到朝廷乃至社會的承認。當時日本佛教界，碰到佛學上的疑難問題希望得到「唐決」的普遍心理從這裡可見一斑。

唐武宗從會昌三年至會昌五年（西元 843～845 年），不斷加強對佛教的限制乃至最後推行全面禁斷政策，廢毀寺院，銷毀佛像，強迫僧尼還俗。一些信仰虔誠的僧人不得已用布裹頭，藏匿於民間，等待時機再出來修道弘法，例如著名禪僧黃檗希運、溈山靈祐和洞山良價等人皆有這樣的經歷。在這種嚴峻形勢下，連外國僧人也不能倖免。在北方的圓仁也用布裹頭穿著俗服逃避迫害，圓載被迫還俗。據圓珍《行曆抄》記載，他聽長安青龍寺法全和尚對他講，圓載「久在刻縣（按：在今江蘇鎮江），養婦蘇田，養蠶養兒」。如果此說屬實，圓載在唐武宗禁毀佛教的時候曾經一度還俗，種地娶妻，並且已有小孩。然而《行曆抄》也記載，圓珍在唐宣宗大中七年（西元 853 年）八月入唐，十二月（已進入西元 854 年）到達天台山國清寺，在見到圓載從越州到來時，他「出門迎接……禮拜，流淚，相喜」，轉給他朝廷給他的砂金、禮物等，可知圓載在唐宣宗即位興復佛教

後已經再度剃髮為僧了。在圓珍到長安參謁青龍寺、大興善寺的高僧法全、智慧輪等人及接受密法的過程中，圓載一直與他作伴並給予幫助。

大概在大中十年（西元 856 年）六月圓珍回到天台山之後，唐宣宗聽說圓載在唐求法的事蹟，便降敕召圓載入住西明寺內某院，曾召請他入宮講經，賜以紫袈裟。這在當時佛教界是十分榮光的事。唐懿宗咸通五年（西元 864 年）五月，日本真如親王、宗睿一行到長安，被安置住入西明寺。他們受到圓載的熱情接待和各種幫助。據宗睿《新書寫請來法門等目錄》記載，宗睿從唐抄回的一百三十四部一百四十三卷佛典，皆是「大唐咸通六年（西元 865 年）從六月迄於十月於長安城右街西明寺日本留學僧圓載法師院求寫雜法門等目錄」[170]。

據宋代贊寧《大宋僧史略》記載，唐懿宗咸通十一年（西元 870 年），「日本國僧圓載住西明寺，辭回本國，賜紫遣還」[171]。若據「賜紫遣還」四字，圓載在準備歸國之際，懿宗皇帝又賜以紫袈裟。然而不知什麼原因，這次出航沒有成功。直到唐僖宗乾符四年（日本陽成天皇元慶元年，西元 877 年）十月，圓載才搭乘唐商李延孝的船回國。然而在歸途中不幸遇上颶風逆浪，船體毀壞，圓載和李延孝等人皆遇難溺亡。

圓載踏上唐土，在唐求法和生活達四十年。圓載於大中七年十二月（已進入西元 854 年）在天台山見到圓珍時，在唐已經生活了十六年，他對圓珍說：「我在唐國已經多年，總忘卻日本語。」（圓珍《行曆抄》）從圓珍回國（西元 858 年）至圓載動身回國，又過了二十年。當時，圓珍已任比睿山延曆寺座主，得知圓載遇難的消息，曾悲愴地流淚對弟子說：「嗟呼！留學和尚圓載，歸朝之間，漂沒於滄海之中。悲哉！不歸骸於父母之國，空葬身於鮫魚之鄉，今也如何？」（〈圓珍傳〉）看來圓珍對圓載是十分同

---

[170] 《大正藏》卷五十五，第 1111 頁下。
[171] 《大正藏》卷五十四，第 249 頁上。

第四章　天台與密宗的傳入及入唐求法僧（下）

情並懷有深切情誼的。然而現存《行曆抄》在多處提到圓載時帶有輕蔑語氣，甚至稱之為「賊」，不知出於什麼原因。

圓載在唐期間與不少著名文人有密切交往，例如太常博士皮日休（字襲美，約西元834～883年）、陸龜蒙（？～約西元881年）、顏萱等人，在他歸國之際皆贈詩為之送行。皮日休撰詩二首〈送圓載上人歸日本國〉、〈重送圓載上人歸日本國〉，載於《全唐詩》卷六一四。從後者題目來看，圓載確實曾先後兩次出發歸國。陸龜蒙也撰詩兩首，一首是應皮日休第二首詩的〈和襲美重送圓載上人歸日本國〉，一首是〈聞圓載上人挾儒書泊釋典歸日本國，更作一絕以送〉，分別載《全唐詩》卷六二六、六二九。顏萱的詩是〈送圓載上人〉，載《全唐詩》卷六三一。[172]

他們的詩既蘊涵對圓載學德的欽敬，又流露出彼此結成的深情厚誼。皮日休的第一首詩有「講殿談餘著賜衣，椰帆卻返舊禪扉。貝多紙上經文動，如意瓶中佛爪飛」。讚譽圓載應請入宮為皇帝講經受賜袈裟，不久即將回歸日本舊居之寺，不僅帶有佛典，而且還有蘊涵神通的佛指舍利。第二首〈重送〉最後兩句是「不奈此時貧且病，乘桴直欲伴師遊」，意謂自己如果不是貧病，真想與法師一起東渡日本呢。陸龜蒙的第一首詩中的「見翻經論多盈篋，親植杉松大幾圍」，前句似乎是說圓載在唐期間也曾參與翻譯佛典，後句自然是指他在西明寺親手植的樹已經高大。陸龜蒙的第二首詩是看到圓載既帶佛典又帶儒書而作的七言絕句，後兩句是「從此遺編東去後，卻應荒外有諸生」，意為將儒書帶到「荒外」日本，那裡也就會有儒生了。看來陸龜蒙對日本還很不了解，其實在此之前日本已經有儒書流傳，也有修學儒書的學者了。顏萱詩中最後兩句是「料得還鄉無別利，只應先見日華生」，是設身處地為圓載想：歸國之後沒有別的好處，至少比在唐土可以更早看到日出。

---

[172] 孫東臨、李中華編著，春風文藝出版社1988年出版的《中日交往漢詩選注》中收有上述三人的詩，並且加以注釋，可以參考。

《本朝高僧傳》的作者師蠻對圓載評價很高，對他不幸葬身大海感到痛惜，在《本朝高僧傳·圓載傳》後加「贊曰」說：「吾邦南詢者，未有如載公淹久逾於三紀，揚其風聲。無高妙邁人之才，烏能至於茲耶？若使載公布帆無恙，化導之盛，故土有賴焉。不幸戢化於龍宮海，命乎悲夫！」認為圓載有非凡之才，如果能夠順利歸國，將為佛教文化在日本傳播作出重大貢獻。

從上述在最澄、空海之後入唐求法僧的事蹟可以得出如下結論：

（1）為適應日本真言密教日益盛行的需求，日本天台宗僧、真言宗僧入唐求法，皆把進一步輸入密教及其經典、圖像、修法儀規作為首要任務。

（2）長安青龍寺法全、大興善寺智慧輪等人，分別屬於善無畏、不空的法系，是向日本求法僧傳授密教的高僧，而在天台山及其他地方向日僧傳授天台宗的廣修及其弟子維蠲、物外、良諝等人，則屬於曾經傳法於最澄的道邃的後裔弟子，皆上承湛然的法系。

（3）除常曉、圓行、圓仁、圓載是搭乘遣唐使的船隻入唐外，其他人皆搭乘唐商的船入唐求法，而在歸國之時，除常曉外，幾乎皆乘唐商的船。唐代商人欽良暉、李延孝、李處人、張支信等人為聯結和促進中日兩國佛教文化交流作出了不可磨滅的貢獻。

（4）從圓珍、圓仁及圓載等人入唐求法釋疑，歸國之前執意請州官出具證明的事實，可以看出當時日本佛教界仍將到中國修學佛法、求得「唐決」作為重要目的。

（5）從真如親王入唐求法並進而西行印度求法死於西土的事蹟，可以看到佛教在日本社會及最高統治階層極其盛行的情況。

（6）從圓載在唐求法和生活的曲折經歷到最後葬身大海的悲劇，可以想像古代日僧來往中國求法的艱辛情景。雖然圓載不過是眾多葬身浩瀚大

海中的一人而已，然而他在中國漫長修學佛法的事蹟也反映古代中日佛教血緣關係的密切，兩國僧俗民眾之間情誼的深厚。

▍第五節　圓仁和日本天台宗

日本天台宗是由最澄（西元767～822年）從中國傳入並建立教團的，傳法中心在京都東北的比睿山。日本天台宗在發展中形成了自己的特色，其中最重要的一個特色是與密教的密切結合，形成所謂「台密」。日本天台宗對密教的引入和結合是由最澄開始的，然而對台密的正式形成貢獻最大的是其弟子圓仁和其後的圓珍、安然。

圓仁是所謂「入唐八家」或「入唐五家」之一，因其著有《入唐求法巡禮行記》而聞名於世。近年國內學術界有人對此書詳加研究並重新校勘出版，但對他在日本天台密教發展史上的地位研究較少。

一、圓仁的經歷和入唐求法

圓仁（西元794～864年），俗姓王生，下野國（今枥木縣）人。自幼喪父，九歲從鑑真的三傳弟子廣智出家，十五歲登比睿山成為最澄的弟子，從最澄受學天台宗的重要禪觀著作《摩訶止觀》，學業優異，後來可以代替最澄向其他人講授。嵯峨天皇弘仁五年（西元814年）官試及格，二十三歲時到奈良東大寺受具足戒，後又從最澄受圓頓大戒。

最澄生前提出天台宗屬於大乘，比睿山的僧眾不必受小乘具足戒，只受大乘菩薩戒即可，曾一再向朝廷奏請在比睿山建立大乘戒壇向比睿山僧眾授大乘菩薩戒，然而一直沒有得到朝廷允准。直到最澄在弘仁十三年（西元822年）去世之後，朝廷方准予在比睿山設立戒壇授大乘戒。翌年，

第五節　圓仁和日本天台宗

圓仁擔任教授師，攜助義真在此戒壇首次向比睿山僧眾授大乘菩薩戒。自此，天台宗僧可以不必下山受小乘具足戒而成為正式的僧侶。這為日本天台宗的獨立發展提供了方便條件和自由的空間。

此後，圓仁按照先師的教示，足不下山，「晝則弘傳天台法門，夜亦修練一行三昧」[173]。他如此修行堅持了十二年（〈慈覺大師傳〉）[174]。嵯峨天皇天長五年（西元828年），圓仁應請下山傳法。後因身體不好回比睿山，創建首楞嚴院修行和養息身體。仁明天皇承和五年（唐文宗開成三年，西元838年）六月，圓仁被朝廷作為請益僧（短期入唐求法，隨遣唐使同歸）與留學僧圓載等人隨遣唐使藤原常嗣入唐求法，七月到達揚州海陵縣。當時揚州節度使是李德裕。

圓仁在唐土的經歷艱難曲折。因為唐朝廷只允許留學僧圓載前往天台山尋師求法而不允許圓仁到天台山、五臺山巡禮，圓仁不得不搭乘遣唐使的船歸國。然而在途中遇上逆風，圓仁與弟子先在海州東海縣（今山東海陽縣）下船，後乘船又遇逆風，下船後到達文登縣的赤山法華院。唐開成五年（西元840年）二月，在當地政府的幫助下得以走上到五臺山、長安巡遊求法的路程。

當時五臺山的大華嚴寺是天台宗的中心之一。此寺以天台宗學僧志遠為首座，經常舉行宣講天台宗教籍的集會，並修持「法華三昧」。全寺有十五個院，每天早晚分別由閣院的玄亮座主講《法華經》和「天台疏」（當即《法華玄義》），涅槃院法賢（原作賢，從上下文看乃法賢之誤）座主講《摩訶止觀》，與會者達四十多人。此外，般若院的文鑑座主、洪基等人，也是天台宗學僧。圓仁說：「實可謂五臺山大華嚴寺是天台之流也。」（《入唐求法巡禮行記》3 卷三）

---

[173]　即常坐三昧，天臺宗的四種三昧（禪定）之一，在禪定中從專心念一佛、多佛，轉入觀想空寂的實相。
[174]　載《續群書類從》第八輯下，另參見《元亨釋書》卷三、《日本高僧傳文抄》卷二之〈圓仁傳〉。

第四章 天台與密宗的傳入及入唐求法僧（下）

這裡與天台山也有密切的關係。在圓仁出發入唐之際，比睿山座主圓澄把致天台山國清寺的信和眾僧提的三十條有關天台宗教義的疑問[175]托圓仁轉交。但因圓仁不能前往天台山，曾將此信及「三十問」托圓載轉交。當圓仁面見志遠，請他為此「三十問」作答時，志遠回答：「見說天台山已決此疑，不合更決。」（《入唐求法巡禮行記》卷三）後來圓仁從天台山方面來的信得知，對此「三十問」是由天台山國清寺的廣修座主作出回答的，並已請臺州刺史蓋章證明。天台山修禪寺的敬文座主特將此抄寫送五臺山大華嚴寺。圓仁在大華嚴寺從志遠、法賢、玄亮、文鑑等學天台教法，抄寫天台教籍三十七卷。

長安自唐玄宗開元年間以來密教逐漸盛行。來自印度的著名的譯經高僧、所謂「開元三大士」——善無畏、金剛智和不空，在朝廷的支持下大力弘傳密教，將大量密教經典譯成漢文。善無畏（輸波迦羅）和弟子一行譯的《大日經》、金剛智的弟子不空譯的《金剛頂經》和善無畏譯的《蘇悉地經》等，是密教依據的重要經典。百年後，當圓仁到達長安時，青龍寺的法潤、義真，大興善寺的元政、文悟，玄法寺的法全，大安國寺的元簡等人是著名的密教高僧，他們屬於繼承善無畏和金剛智——不空——惠果法系的後裔弟子。

圓仁在開成五年（西元 840 年）八月到達長安。當時唐武宗已經即位，翌年改元會昌，開始實行尊崇道教、貶斥和壓抑佛教的政策。從會昌三年至會昌五年（西元 843～845 年），朝廷不斷推行強化限制乃至全面禁斷佛教的政策。在這樣一種十分嚴峻的氛圍中，圓仁先後拜謁長安各寺的密教高僧，從大興善寺元政受灌頂，受學金剛界曼荼羅；從青龍寺義真受胎藏界密法，始學《大日經》中的「真言印契，並真言教中祕密法要，受蘇悉地大法」；從玄法寺法全受胎藏界密法儀規。還從來自南印度的寶

---

[175] 日本所編《續藏經》第二編甲第五套第五冊所載廣修《日本國三十問謹案科直答》中有此三十問。

第五節　圓仁和日本天台宗

月三藏學習悉曇（梵文）（〈慈覺大師傳〉）。圓仁在長安六年，收集和抄寫各種教法經論章疏五百五十九卷，並繪製金、胎兩部和諸尊曼荼羅、高僧圖像、道具等二十一種。因為武宗強制實行滅佛政策，圓仁曾被迫一度還俗。

圓仁在唐前後達十年之久，在唐宣宗大中元年（日本仁明天皇承和十四年，西元 847 年）回國。與他同船到日本者有「唐客四十餘人」（〈慈覺大師傳〉）。圓仁翌年入京，受賜傳燈大法師位，任內供奉十禪師之一。圓仁經請奏朝廷，在嘉祥二年（西元 849 年）舉行有千僧參加的盛大的密教灌頂法會，「上翊對聖躬，延寶祚於無窮；下勸器性，傳法燈而不絕」，一時受三昧耶戒[176]者達一千餘人（〈慈覺大師傳〉）。嘉祥三年（西元 850 年），圓仁奏建總持院作為天皇的「本命道場」，配置十四名禪師。此外，他又得到朝廷的允准，每年可以度四人，其中二人分別讀《金剛頂經》、《蘇悉地經》，另二人專修天台止觀業。

圓仁在弘傳天台宗的同時，還將唐土流行的淨土法門進一步傳到日本。文德天皇仁壽元年（西元 851 年），圓仁在比睿山引入五臺山僧法照的念佛法門。齊衡元年（西元 854 年）圓仁任比睿山延曆寺座主。後應詔入宮為文德天皇、皇子及大納言藤原良相、藤原良綱、藤原基經等人授密法灌頂，又為天皇授菩薩戒。清和天皇即位（西元 858 年）後，應請為天皇授戒，授法號素真；還為太后等人授戒。

圓仁於清和天皇貞觀六年（西元 864 年）正月去世，享年七十一歲。貞觀八年（西元 866 年）清和天皇敕賜慈覺大師諡號，同時追賜最澄傳教大師諡號。

圓仁歸國後先後受到三位天皇的崇信，繼空海之後再次在日本朝野掀起密教熱。當時以東寺、高野山為中心的真言宗──「東密」因為沒有著

---

[176]　是依據《大日經》的密教戒法。「三昧耶」意為平等，佛與眾生的三密等同。

名的高僧，而圓仁在唐十年的求法經歷被人廣泛傳頌，因而一時之間天台密教——「台密」風靡朝野，勢力和影響都超過真言宗。

圓仁著有《金剛頂經疏》七卷、《蘇悉地經略疏》七卷、《法華跡門觀心絕對妙釋》、《法華本門觀心十妙釋》、《寂光土記》、《真言所立三身問答》以及《顯揚大戒論》等。

二、以密教勝於天台圓教的判教論

中國佛教從南北朝興起判教，到隋唐佛教宗派形成以後，各教作為開宗明義的一個重要環節是提出自己的判教理論。所謂判教，就是按照自己的觀點對全部佛法作出分類和評述，判明以某些經典為代表的教法的深淺、高低，斷定自己所信奉的經典是一切經典中最優越的經典。

隋代天台智顗在《法華玄義》等著作中提出五時、八教的判教理論，把《法華經》奉為最優勝的經典。此後其他教派也提出自己的判教主張。應當指出的是，唐代的真言密宗沒有提出自己完整系統的判教理論，但這不意味著當時的密教高僧沒有這方面的見解。日本空海在入唐求法回國後，把在唐學習的密教正式傳入日本。他所寫的判教理論著作《辨顯密二教論》、《十住心論》、《祕藏寶鑰》等，其中不僅利用了漢譯佛經，而且利用了唐朝密教高僧良賁的《辨凡聖因果界地章》，也很可能利用了惠果等人的口頭傳授。空海在這些著作中把一切佛法分為顯教、密教，認為以《大日經》、《金剛頂經》等經為依據的密教是法身佛大日如來所說，最為優越；又把當時日本流行的各種教說、各個宗派分為十個等級並加以評論，把法相宗、三論宗、天台宗、華嚴宗分別置於第六、七、八、九的等級，而把真言密教置於最高的地位。[177] 密教的「即身成佛」的教義和禳災求福

---

[177] 詳見楊曾文著：〈空海和日本真言宗〉，載中國中日關係研究會編《日本的中國移民》，三聯書店1987年版。

第五節　圓仁和日本天台宗

的修法儀規，對當時日本的皇室和貴族有很大的吸引力，曾風靡一時。

最澄在唐僅半年多時間，在歸國前夕才從越州（治今浙江紹興）龍興寺的順曉受學密教，回國後撰述的密教著作很少。因此，儘管他也在比睿山教團引進密教，但與空海的真言宗相比，對日本佛教界的影響要小得多。從現存可斷定是最澄的密教著作來看，他主張天台圓教與密教是一致的。他在《守護國界章》中說，密教經典翻譯者，包括善無畏、金剛智、不空在內，「所傳一乘正義，皆符天台義……大唐一行阿闍梨《遮那經疏》等如是等宗，依憑天台」；他在給空海的信中也說，「遮那宗與天台融通」（《傳教大師全集》卷四下）。總之，最澄主張「圓、密一致」，即天台宗與真言密教不分優劣，並且將二者在實際上加以結合，規定比睿山的學僧不僅應修天台教義，而且要修學《大日經》等密教經典。[178]

對於真言宗空海判教理論中貶低天台宗的說法，圓仁和以後的圓珍、安然等人是持反對態度的，但是他們所用以反對的說法是不同的。圓仁在《金剛頂經疏》和《蘇悉地經略疏》中提出了自己的判教理論，認為密教優於顯教，而以《法華經》為代表的天台宗不屬於顯教，也屬於密教，但其地位要低於以《大日經》、《金剛頂經》等為代表的密教。

他表示，按照顯教所說，法身佛不說法，這正是顯教的局限性的一個表現，如其《真言所立三身問答》所謂：「理體恆然常住不說法者，是為淺略機所說，名為顯教也；若理法身能為眾生說者，是為深機所說，以為祕密也。」[179] 他在《金剛頂經疏》卷一說，顯教就是《大智度論》中所說的「顯示教」，是「漸教」；密教即是「祕密教」，是「頓教」。顯教只是佛「隨他說」，「但說隨機六度、四攝等法」，而未講三密（身、口、意三密）和五智（成所作智、妙觀察智、平等性智、大圓鏡智、法界體性智），認為需

---

[178] 詳見楊曾文著：〈最澄和日本天臺宗〉，載《東方文化集刊一》，商務印書館1989年版。
[179] 《大正藏》卷七十五，第53頁上。

要經過歷劫修行才能成佛。[180]

以《法華經》為代表的天台宗並非如空海所說是密教之外的顯教，也屬於密教，然而是僅論述「理密」的密教，即只宣述俗諦、勝義諦的圓融不二的道理，而沒有宣說「事密」，沒有講大日如來的身密、口密、意密和真言印契等，所以稍劣於以宣述大日如來祕密深義的《大日經》、《金剛頂經》、《蘇悉地經》等為代表的「理事俱密」的密教。

這實際上是用另一種方式表述密教優於天台宗。後來人們將圓仁的主張概括為「理同事異」。圓仁在《蘇悉地經略疏》卷一以自設賓主的文體作了這樣的論述：

問：何等為顯教耶？

答：諸三乘教是為顯教。

問：何故彼三乘教以為顯教？

答：未說理、事俱密故也。

問：所言理、事俱密者，其趣如何？

答：世俗、勝義，圓融不二，是為理密；若三世如來身、語、意密，是為事密。

問：華嚴、維摩、般若、法華等諸大乘教，於此顯、密何等攝耶？

答：如華嚴、維摩等諸大乘教，皆是密教也。

問：若云皆是密者，與今所立真言祕教有何等異？

答：彼華嚴等經雖俱為密，而未盡如來祕密之旨，故與今真言教別。假令雖說少密言等，未為究盡如來祕密之意。今所立毗盧遮那（按：《大日經》）、金剛頂等經，咸皆究盡如來事理俱密之意，是故為別也。[181]

---

[180] 《大正藏》卷六十一，第 13～17 頁。
[181] 《大正藏》卷六十一，第 393 頁中。

第五節　圓仁和日本天台宗

從以上所引可以看出，圓仁不僅把《法華經》說成是密教，連《華嚴經》、《維摩詰經》等也是密教，說它們雖講真俗不二的「理密」，但未講身密、語密和意密這「三密」，故是「事密」，沒有完全地表述佛的「理、事俱密之意」，因此與《大日經》、《金剛頂經》等的密教有異。

圓仁在其《金剛頂經疏》卷一對「大教王」（按：《金剛頂經》原名《金剛頂一切如來真實攝大乘現證大教王經》）作解釋時說：

> 大教王者，或諸大乘經雖說成佛義，而經歷劫數，或得或不得。或大乘經雖明現證，但理無事。或大乘經雖粗明真言印契等，而支分不具，未盡佛意。今此經具說五部（按，金剛界曼荼羅中的佛部、金剛部、寶部、蓮華部、羯摩部）、三密、五智成佛等，事理俱足，盡佛本意，故云大教王也。[182]

在這裡不難看出，圓仁的意思是說，即使像《法華經》那樣的大乘經典，雖也說現身可以成佛（現證），但只講其「理」，未講其「事」，不能說是已盡「佛意」。言下之意，《法華經》劣於《大日經》等經典，以《法華經》為基本經典的天台宗也劣於以《大日經》等為基本經典的密教。從這一點來看，圓仁的判教見解已經遠離中國隋代智顗創立的天台宗的五時、八教的判教理論。

不僅如此，圓仁還對當初最澄提出的「顯密一致論」作了進一步的發揮，在「理同事別」的口實下，為天台、密教的結合，實質是天台依附密教的「台密」提供理論依據。到圓珍（西元 814～891 年）時正式提出「理同事勝」，「顯劣密勝」的理論；安然（西元 841～？）時，甚至提出真言宗（特指台密）第一、佛心宗（禪宗）第二、天台宗（法華宗）第三的判教理論。從此，以比睿山為中心的日本天台宗已經進一步密教化了。

---

[182]　《大正藏》卷六十一，第 9 頁下。

三、對即身成佛論的論證

　　密教主張透過修持身、口、意的「三密」來達到即身成佛。當初空海創立真言宗時對此進行論證，所著《即身成佛義》說眾生如能修持「三密」，就能與大日如來的「三密」相應，使自己所具的佛性顯現，「父母所生身，速證大覺位」[183]。這種教說對於社會各個階層的佛教信徒都有很大的吸引力。日本已經流行的佛教宗派大部分是主張歷劫（劫，意為不可計算的長時）修行才能成佛的。天台宗雖主張人人可以成佛，智顗在《摩訶止觀》中也提出「六即佛」（理即、名字即、觀行即、相似即、分證即、究竟即）的理論，然而他並沒有強調即身成佛，甚至在他死前說自己只是達到「五品位」（觀行五品位）。最澄在創立日本天台宗時，曾與反對說一切眾生皆有佛性的法相宗的德一辯論，反覆引證大乘經典論證一切眾生皆有佛性，皆能成佛，但也沒有強調即身成佛。

　　圓仁生活的時代，真言密教的即身成佛的教義已在日本流行很久，並且深入人心，而他又到中國修學密教近十年之久，對密教教義有深入的了解，因此他在自己的著作中大力宣傳即身成佛的教義是很自然的。

　　首先他發揮《金剛頂經》、《蘇悉地經》等密教經典中的有關教義，反覆強調一切眾生皆有佛性、與佛沒有根本差別的思想。這是他論證即身成佛的理論基礎。他在《胎藏界虛心記》卷上說：「但當運心思惟觀察一切眾生本性清淨，為諸客塵之所覆蔽（按：原作「弊」字），不見清淨真如法性。為令清淨，應當至心誦前密語真言。」又說：「所謂三昧耶者，是等義，謂我等於佛，佛等於我，無二無二分，究竟皆等也。」《大正藏》[184]他在《金剛頂經疏》卷四說，第八識——阿賴耶識就是如來藏，無論是眾生還是佛，所具的清淨佛性都是一樣的，所謂「如來清淨藏，世間阿賴耶，如金

---

[183]　楊曾文著：《空海和日本真言宗》。
[184]　卷七十五，第1頁上、3頁下。

第五節　圓仁和日本天台宗

與指環，輾轉無差別。若有如來藏，必當得如來無上悉地果也」；「有真如性故，無性有情（按：法相宗所說沒有佛性的一類眾生）等，必當得阿耨菩提也」[185]。這裡所說的「無上悉地果」、「阿耨菩提」都是達到最高覺悟成佛的意思。關於這方面的論述很多，天台宗和密教在這一方面的思想本來是一致的。

這裡特別想指出的是，圓仁在對密教經典中的「菩提心」、「心」的解釋中，特別強調「心」在解脫中的作用。他在《金剛頂經疏》卷三說，「菩提心者，萬德之源，眾行之本。是故如來先顯心相，清淨圓滿，猶如月輪，大菩提相也」；「此三昧耶是佛智心，故名如來心，又是三世諸佛一乘之道，故名為心」。[186] 此心與法身佛毗盧遮那、法性、眾生本具的佛性在本質上是等同的。眾生之所以能達到解脫，就是因為具有與佛相同的本性，心性相通，故透過祕密修法，可以與佛心相契，即身成佛。圓仁所著《蘇悉地經略疏》卷六有這樣一段話：

　　自性清淨是為真如。然諸法生時，此心不生；諸法滅時，此心不滅。不增不減，故名之為真；三世諸佛及以眾生，同以此一淨心為體，故名如也。[187]

圓仁明確地把認為是永恆的真如與作為佛和眾生本性的「心」等同起來，為即身成佛的解脫論提供依據。他強調世法和出世之法，唯在一念；「諸法之中，心為其首」；「在心為德，施之為行」。[188] 實際是強調將對大日如來的信仰與修持密法密切結合起來，以成就佛果。

成佛是歷劫成佛還是頓悟成佛，是中國佛教史上長期爭論的問題之一。頓悟成佛從含義上是指當即成佛，自然是即身成佛，但提倡者一般同

---

[185]　《大正藏》卷六十一，第 61 頁中下。
[186]　《大正藏》卷六十一，第 56～59 頁。
[187]　《大正藏》卷六十一，第 61 頁下、403 頁下。
[188]　《蘇悉地經》卷六，《大正藏》卷六十一，第 460 頁上。

第四章　天台與密宗的傳入及入唐求法僧（下）

時持「相即不二」論，並不特別確定成佛即在當世。在這方面，中國的禪宗表現得尤為突出。但密教卻明確宣明成佛即在生前，在「即身」。圓仁在其著作中一再強調即身成佛，並以此作為批評其他宗派的重要根據。圓仁在《金剛頂經疏》卷一說，如果有人學習並修持密教，「厥修之者，疾得踐極階（按：意為成佛）」；「若學此教，不歷劫數，破煩惱賊，早成佛故也」；卷二說，「言速具者，速是速疾，不歷劫數，得菩提也」。[189] 這裡的「疾得」、「不歷劫數」主要是說即身成佛，或稱為凡夫（異生）成佛。

圓仁所說的成佛有兩種，一種是「凡位成佛」，另一種是「聖位成佛」。簡單來說，「凡位成佛」是普通眾生由於修持身、口、意「三密」，得到大日如來的佑助（加持），使得自身達到與三世諸佛法界相融無間，雖本人不知道，但已達到佛的境地。他引大興善寺和尚（當指元政）的話說：「諸法無定性，為識之所轉，若三密解起，此凡夫之身，轉為如來身。此身之外，無別佛身。」所謂「聖位成佛」是透過日夜修行，斷除惑障，達到主體客體相互融通，修得神通，並且能分辨上聖下凡的佛的境地。[190]

圓仁依據這種理論批評其他佛教宗派的歷劫成佛論。圓仁《金剛頂經疏》卷五說，顯教要人修行「久久經三大無數劫」[191]，然後才有可能成佛。他在《蘇悉地經略疏》卷一說：「諸三乘教經歷三大阿僧劫修因得果，今此祕教（按：即密教）不爾，或現身得證，或異生得成」；卷二說：「彼三乘教經歷三無數劫，希得成佛，故今此祕教不歷劫數，速成佛故。」[192] 如上所述，這是稱三乘教為顯教以及說顯教劣於密教的主要理由。

---

[189]　《大正藏》卷六十一，第 7 頁下、9 頁上、102 頁中。
[190]　《蘇悉地經略疏》卷一，《大正藏》卷六十一，第 401 頁中下。
[191]　《大正藏》卷六十一，第 74 頁中。
[192]　《大正藏》卷六十一，第 401 頁中、408 頁中下。

四、把五臺山法照的念佛三昧引入日本天台宗

當初最澄從中國傳入天台宗，就已經把天台宗原有的「四種三昧」之一的念佛三昧傳入日本。智顗的《摩訶止觀》中所講的「四種三昧」當中就有或口常唱阿彌陀佛名號，或心常念阿彌陀佛的「常行三昧」，所據經典是《般舟三昧經》。這是彌陀念佛法門所依據的經典之一。此外，最澄還從中國帶回智顗的《觀無量壽經疏》、《阿彌陀經疏》、《淨土十疑論》等。最澄曾在比睿山建立法華三昧堂，令學僧修四種三昧。可以說，在圓仁到唐土以前比睿山已經有彌陀淨土法門了。

圓仁到五臺山巡禮求法時，在竹林寺看到「有般舟道場，曾有法照和尚於此堂修念佛三昧，有敕號大悟和尚」（《入唐求法巡禮行記》卷三）。

法照（約卒於西元777年後），據《廣清涼傳》卷中「法照和尚入化竹林寺」記載是南梁（今河南臨汝）人。法照曾在南嶽承遠門下受教，在唐大曆五年（西元770年）與同伴十人到五臺山巡禮文殊菩薩靈跡。據稱因受到文殊菩薩的點示，他在五臺山建造「大聖竹林之寺」，專心提倡和修持彌陀念佛法門（《廣清涼傳》卷中、《宋高僧傳》卷二〈法照傳〉）。

法照撰有《淨土五會念佛誦經觀行儀》三卷（現存中下兩卷，得自敦煌文書）、《淨土五會念佛略法事儀讚》一卷。法照以主張「五會念佛」著稱。所謂「五會念佛」是在念誦「南無阿彌陀佛」之時，按五種聲調和緩急節拍發出聲音，如《淨土五會念佛略法事儀讚》說：

第一會，平聲念南無阿彌陀佛；第二會，平上聲緩念南無阿彌陀佛；第三會，非緩非急念南無阿彌陀佛；第四會，漸急念南無阿彌陀佛；第五會，四字轉急念阿彌陀佛。

或是：第一會時，平聲入；第二，極妙演清音；第三，盤旋如奏樂；第四，要期用力吟；第五，高聲唯速念。聞此五會悟無生。

第四章　天台與密宗的傳入及入唐求法僧（下）

可見淨土宗內已出現變單調的念佛為帶有音樂節奏的念佛了。[193]

唐文宗開成五年（西元840年）日本天台宗僧圓仁禮五臺山竹林寺時，曾參觀了當年法照念佛三昧的「般舟道場」（《入唐求法巡禮行記》卷三）。據圓仁《入唐新求聖教目錄》記載，他在從唐歸國時曾把法照的《淨土五會念佛略法事儀贊》帶回。[194] 圓仁在回國後於比睿山建立常行三昧堂，在文德天皇仁壽元年（西元851年）「移五臺山念佛三昧之法，傳授諸弟子等」（〈慈覺大師傳〉）。從此比睿山興起按照法照的「五會念佛」方法修持彌陀淨土法門。這種五會念佛的方法，受到民眾的歡迎和接受，流傳迅速，據說至今仍在比睿山流行。

圓仁所傳入的淨土念佛法門對後世興起淨土信仰影響很大。平安後期比睿山的學僧源信（西元942〜1017年）著有《往生要集》，分類彙編各種淨土經典，提倡淨土念佛法門，推動了淨土信仰的傳播。西元13世紀以後日本形成許多帶有鮮明民族特色的佛教宗派，其中最早成立的宗派就是由源空（西元1133〜1212年）創立的淨土宗，此後又有由親鸞（西元1173〜1262年）創立的淨土真宗。從他們的著作來看，都受到法照淨土思想的影響。

---

[193]　法照事蹟，還見《淨土往生傳》卷下、《佛祖統記》卷二六等。日本塚本善隆《唐中期的淨土教》對法照事蹟有詳細考證，可以參考法藏館1975年新版。

[194]　《大正藏》卷五十五，第1085頁上。

第五章
宋元佛教交流與淨土、禪宗東傳

中國的宋元時期大體上相當於日本的平安中後期和鐮倉時期。

在這個時期，日本僧人適應時代和日本社會環境、民眾的宗教心理需求，依據久已在日本流傳的漢譯佛經，和中國的佛教著述進行新的闡釋和發揮，透過著書立說和向民眾傳教來建立自己的教說體系。首先，有平安後期以比睿山源信為代表的天台宗學僧，梳理和論述漢譯彌陀佛淨土經典和中國的淨土著作，撰寫《往生要集》，有力地推動了淨土念佛法門在社會的廣泛傳播。此後，鐮倉時期以弘揚彌陀淨土法門為中心的淨土宗、淨土宗真宗、時宗和以弘揚《法華經》「一乘」信仰為主旨的日蓮宗相繼出現。這些宗派與以往透過日本留學僧或求法僧、中國赴日傳法僧創立的奈良六宗和天台、真言二宗不同，宗派創立人並沒有到過中國。應當說，這是中日佛教文化交流的另一種形式——中國佛教文化借助漢譯佛典和中國著述傳入日本，透過日本學僧的吸收和重新解構、組合，根植於日本。這與中國隋唐時期帶有民族特色的佛教宗派形成的情況是極為相似的。

同時，舊有的法相宗和天台宗、真言宗等宗派也完成了民族化的歷程。隨著中國的禪宗迅速傳入日本，將中日之間的佛教文化交流推向新的高潮。禪宗不僅逐漸受到皇室、貴族的理解和支持，而且受到以幕府為代表的正在迅速興起的武士階層的歡迎，越來越在社會生活和文化藝術各個領域產生廣泛影響。

第五章　宋元佛教交流與淨土、禪宗東傳

本書將中國佛教「東傳日本」設為中心，以兩國佛教文化的直接交往為重點。因此，擬對淨土宗、真宗、時宗和日蓮宗作概要介紹，而對中國禪宗傳入日本作較詳介紹。

本章首先參照相關資料，介紹彌陀淨土信仰在日本的傳播和源信的《往生要集》，然後概述日本佛教宗派淨土宗、真宗、時宗和日蓮宗的成立，最後側重考察和論述將禪宗傳入日本的中日兩國禪僧以及他們的著作、禪法。

第一節　彌陀淨土信仰在日本的傳播和源信的《往生要集》

日本平安時代天台宗和真言宗最為盛行。平安後期，在天台宗內部以源信為代表的學僧編撰專著特別提倡西方淨土信仰，對社會上層廣泛興起淨土念佛之風，和後來鐮倉時代正式成立日本淨土宗具有直接的影響。然而源信的彌陀淨土思想是在系統吸收來自中國的淨土思想的基礎上形成的，因此在介紹源信的淨土思想之前，有必要首先介紹中國的淨土思想。

一、淨土經典和中國淨土思想

「淨土」也叫「佛剎」、「佛國」，是大乘佛教所說的佛居住和教化眾生的地方。據稱，宇宙的四維上下到處有佛，到處有佛國淨土，數量如同恆河之沙。佛經中常描述的佛國淨土有東方阿佛的妙喜淨土，西方阿彌陀佛的極樂淨土（也稱「安樂淨土」或「極樂世界」），還有彌勒菩薩的兜率天淨土等。然而最流行的是對西方阿彌陀佛的淨土的信仰，因而一般所說的淨土信仰就是西方彌陀淨土信仰。

第一節　彌陀淨土信仰在日本的傳播和源信的《往生要集》

西方彌陀淨土信仰雖發源於印度，而在中國得到很大發展。講述西方彌陀信仰的經典有漢譯《無量壽經》、《阿彌陀經》、《觀無量壽經》及印度世親的《往生論》（原稱《無量壽經優婆提舍願生偈》），統稱「淨土三經一論」。中國自漢魏至南北朝陸續將主要的西方彌陀淨土經典譯為漢文，並且隨著這種淨土信仰的普及，歷代產生不少注釋和論述西方淨土的著作。

在中國淨土信仰和淨土宗發展史上，東晉慧遠（西元334～416年）曾在廬山結社提倡念佛法門，被後世奉為淨土宗初祖。此後歷代都出現一些提倡淨土法門的高僧，其中著名的並對中日兩國的淨土信仰影響較大的有曇鸞、道綽、善導和法照。

淨土信仰和淨土宗的說教比較通俗，很少有晦澀難以理解的哲學思辨成分，因而在社會各個階層擁有眾多的信徒。然而淨土宗在組織上沒有嚴格的歷代相承的師承世系，對歷代祖師的說法也很不一致。因此，從嚴格的意義上來說，中國的淨土宗沒有建立獨立的佛教宗派，是寓於佛教各宗內部的諸佛信仰形態之一。然而由於它擁有相當完備的理論體系，對佛教各宗和歷史文化有較大的影響，一般仍把它當作佛教宗派看待，而不輕易地用「寓宗」的稱法。

曇鸞（西元476～542年），生活在北魏東魏之際，晚年住汾州石壁玄中寺（今山西交城縣），原擅長佛教般若中觀學說，後來從菩提流支接受《無量壽經》，便一心弘傳淨土教義，撰有《往生論注》、《贊阿彌陀佛偈》、《略論安樂淨土義》等。他在《往生論注》中引述印度龍樹《十住毗婆沙論》的說法，最初用「難行道」與「易行道」來判釋一切佛法，認為在現實世界按傳統的依靠「自力」修行方法達到解脫是難以做到的，因而將彌陀淨土法門以外的所有佛法稱為「難行道」，而認為彌陀淨土念佛法門主張借助阿彌陀佛的「他力」達到解脫是簡單易修的，稱之為「易行道」。所謂「自力」是指持戒、禪定和其他靠自己力量的勤苦修行；「他力」是指《無

量壽經》中所說阿彌陀佛成佛前所許下的拯救眾生的「四十八願」的神祕力量，簡稱彌陀「願力」。認為無論透過何種淨土修行方法，或對阿彌陀佛禮拜，或讚嘆——口稱阿彌陀佛的名號，或在禪定中觀想彌陀及其淨土，都可以在死後被阿彌陀佛及其眷屬接引而往生西方淨土。但曇鸞在各種淨土修行的方法中特別提倡口稱佛的名號（口稱念佛）的做法，認為最簡便易行。曇鸞為後世的淨土教說奠定了基礎。

道綽（西元 562～645 年），俗姓衛，並州文水（原誤作「汶水」。今山西省文水、交城之間）人。十四歲出家之後，讀《大涅槃經》，又修學般若空理和禪法。道綽後來進玄中寺，看到記載曇鸞提倡專修淨土法門事蹟的碑文，很受啟發。自隋大業五年（西元 609 年）以後，按照曇鸞的主張一心專修淨土念佛法門。他在玄中寺為道俗信徒講《觀無量壽經》近二百遍，勸人專念阿彌陀佛名號，「或用麻豆等物而為數量，每一稱名，便度一粒，如是率之，乃積數百萬斛者」。這是提倡口稱阿彌陀佛之名，用麻子或豆粒計數，積攢下來數量很大。道綽還教人把木槵子串在一起計念佛的數目。據載，道綽經常面西坐禪念佛，「才有餘暇，口誦佛名，日以七萬為限」。由於道綽的影響，唐初在今山西中部一帶淨土信仰十分盛行。[195]

道綽著有《安樂集》二卷，專論西方淨土思想。他認為當時已經進入佛法即將滅亡的「末法」時代，眾生的根性極低，對淨土教法以外的「聖道門」佛法難以理解，難以修行，只有講述淨土念佛的「淨土門」才適合末法時代眾生的需求，最易於修行。他雖然也提倡觀想念佛，但又重視並提倡口稱念佛。

善導（西元 613～681 年），俗姓朱，泗州（今江蘇宿遷東南）人[196]，

---

[195]　以上據《續高僧傳》卷二〇〈道綽傳〉，載《大正藏》卷五十，第 593 頁下～594 頁中。
[196]　一般〈往生傳〉皆云「不知何處人」。此據傳為唐文諗、少康撰的《往生西方淨土瑞應傳》。

第一節　彌陀淨土信仰在日本的傳播和源信的《往生要集》

年少出家，唐貞觀年（西元 627～649 年）中至石壁玄中寺，看見道綽據《觀無量壽經》設立「九品（九類不同眾生）道場」，講誦此經，很受啟發，高興地說：「此真入佛之津要，修餘行業，迂僻難成，唯此觀門，速超生死。」從此在道綽門下專修淨土法門，「勤篤精苦，盡夜禮誦」。後來到長安傳教，教信徒稱念阿彌陀名號，「每入室互跪念佛，非力竭不休」。善導在向人宣傳淨土法門的同時，勤苦修行，據說三十餘年「不暫睡臥」，不間斷地從事念佛、禮佛的活動。持戒嚴格，堅持吃素，並且只吃粗惡之食。他把別人施捨的錢財用來寫經和繪淨土畫。據載由他出資，「寫《彌陀經》十萬卷，畫淨土變相三百壁」。[197]「淨土變相」是根據《無量壽經》等彌陀經典的情節內容繪製的圖畫。「三百壁」是在三百堵的牆壁上畫淨土變相圖。淨土宗重視觀佛像，觀想西方安樂淨土的美妙景象。此為觀想（或觀相）念佛的重要程序，也有利於激勵信徒從事口稱念佛。由於善導的提倡，長安僧俗之中有很多人信奉淨土法門。

善導的著作皆為宣說淨土教義的，共有五部：

（1）《觀念阿彌陀佛相海三昧功德法門》（簡稱《觀念法門》）一卷，引《觀無量壽經》、《無量壽經》、《阿彌陀經》及《般舟三昧經》、《觀佛三昧經》等，說明各種念佛、懺悔、發願往生的方法。

（2）《轉經行道願往生淨土法事讚》二卷，講設立念佛淨土道場的方法及在法會念誦的讚詞和偈頌，還有懺罪發願之文。

（3）《往生禮讚偈》（也稱《六時禮讚》）一卷，據《無量壽經》、《往生論》及善導本人的著作等，所寫的在六時（日沒、初夜、中夜、後夜、晨旦、日中）禮讚阿彌陀佛，發願往生淨土的偈頌。

（4）《依觀經等明般舟三昧行道往生讚》一卷，依《無量壽經》之意而著勸人專修念佛及對發願往生的讚頌。

---

[197]　《佛祖統記》卷二六〈善導傳〉，載《大正藏》卷四十九，第 263 頁上、中。

(5)《觀無量壽佛經疏》，簡稱《觀經疏》，因有四卷，也稱《四帖疏》，分「玄義分」、「序義分」、「定善義」、「散善義」四部分。其中「玄義分」論證《觀無量壽經》的要義，說「以觀佛三昧為宗，亦以念佛三昧為宗，一心回願往生淨土為體」；「序義分」是對《觀無量壽經》序文的解釋；「定善義」是對十六觀中前十三觀的解釋；「散善義」是對第十四至第十六觀的解釋，最具特色。《觀經疏》反映了善導淨土思想的基本內容。

善導的淨土思想主要有以下幾點：(1) 強調人人都能往生西方淨土，包括極惡的惡人在內；(2) 達到往生的最重要的條件是對阿彌陀佛及其淨土的「深信之心」；(3) 特別提倡口稱念佛，稱此為決定往生的「正定之業」，其他任何淨土修行法門僅僅是起輔助作用的「助業」，說一個人哪怕是連續十聲念佛，便可消除一切罪惡，死後往生淨土；(4) 說阿彌陀佛是「報身佛」（從菩薩修行所得的報應之佛身），西方淨土是「報土」，往生淨土就意味著達到相當於菩薩的地位。

以上提到的淨土經典和著作隨著中日兩國佛教文化的交流皆傳入日本。

二、彌陀經典和淨土思想在日本的早期傳播

西元 6 世紀中葉佛教傳入日本後，隨著漢譯佛典陸續傳入日本，阿彌陀佛西方淨土信仰也傳入日本。推古天皇朝攝政聖德太子（西元 574～622 年）虔誠信奉佛教，對《勝鬘經》、《維摩詰經》、《法華經》三經作注釋，提倡大乘佛教，其中已經提到《無量壽經》和「無量壽國」。他去世後，其妃橘大女郎上奏推古天皇，說：「我大王所告：世間虛假，唯佛是真。玩味其法，謂我大王應生於天壽國之中，而彼國之形，眼所叵看，希因圖樣，欲觀大王往生之狀。」（《上宮聖德法王帝說》）天皇便命宮女繡出「天壽國曼荼羅繡帳」。日本有的學者認為此「天壽國」就是彌陀西方

第一節　彌陀淨土信仰在日本的傳播和源信的《往生要集》

極樂淨土。推古天皇十六年（西元608年）隨遣隋使小野妹子第二次出使隋朝的留學僧慧隱，在中國學習三十多年，回國後曾應請入宮講《無量壽經》。

奈良時代，中國佛教宗派三論宗、成實宗、法相宗、俱舍宗、華嚴宗、律宗相繼傳入日本，形成六宗並盛局面。這些宗派的僧眾中也有兼修淨土法門的，例如三論宗學僧智光撰《無量壽經論釋》五卷、《觀無量壽經疏》及《四十八願釋》，精心繪製的彌陀淨土變相圖被稱為「智光曼荼羅」。聖武天皇時，光明皇后也虔信彌陀淨土，在聖武天皇去世後命各地國分寺造阿彌陀佛淨土畫像，書寫玄奘譯《稱讚淨土佛攝受經》。

進入平安時代以後，日本天台宗創始人最澄所依據「天台三大部」之一的隋智顗《摩訶止觀》之中，就記述了以念佛為內容的「常行三昧」的修行方法。最澄從唐土帶回的佛書中就包括《觀無量壽經》、《阿彌陀經》及智顗《淨土十疑論》等淨土經典。比睿山第三代座主圓仁入唐巡禮求法歸國後，將五臺山法照的「五會念佛法」教授門下，建常行三昧堂，修淨土念佛法門。

比睿山是日本傳播彌陀淨土信仰和思想的重要中心。平安後期，淨土思想得到進一步推廣和發展，不少學僧大力提倡彌陀淨土信仰和念佛法門，著名的有空也（西元903～972年）注重到民間宣傳口稱念佛，源信撰《往生要集》，良忍（西元1073～1132年）提倡「融通念佛」等。然而從總體來看，他們在理論上仍然依附於天台宗教義。[198]

在這些學僧中，對後世日本淨土宗的創立有直接影響的是源信。他彙集各種重要彌陀淨土經典語句並分類編錄、評述的三卷《往生要集》有力

---

[198]　以上參見日本大野達之助：《新稿日本佛教思想史》第一章第三節、第二章第一節及第三章第三節相關部分，吉川弘文館1975年版，1981年第5次印刷；家永三郎等監修：《日本佛教史·古代篇》第六章，法藏館1967年版，1982年第8次印刷。

地推動了淨土信仰和思想的廣泛傳播,是啟示和激勵鐮倉時代源空創立日本淨土宗的重要「入門」書。

三、源信簡歷及其著作

日本天台宗繼承中國天台宗的教義思想,本來就有修持淨土念佛的傳統,在所修的禪法中有「常行三昧」的禪定,其中有唱念彌陀名號的內容。圓仁入唐求法,將五臺山淨土宗僧法照的「五會念佛法」的修持儀規帶回日本,在比睿山建常行三昧堂作為修持法照的念佛法儀之所。此後,比睿山一直有人修持和弘傳淨土念佛的法門,其中有名的有圓仁弟子相應、圓珍弟子增命以及延昌、良源、覺運等人,然而以源信影響最大,所著《往生要集》系統介紹阿彌陀佛淨土經典和教義,為日本的淨土教發展為獨立的教派提供了理論基礎。

源信(西元942～1017年),俗姓卜,大和國葛木郡(在今奈良縣)人。九歲到京都東北的比睿山出家,從師於良源,學天台宗和密教(台密),廣讀大小乘經典,學業出眾,並以善於議論著稱。源信因撰寫《因明論疏相違略釋》逐漸出名,到他門下請教者日多。此後,他隱居於比睿山的橫川楞嚴院,專心從事撰述。

此時比睿山已興起淨土念佛之風。源信之師良源撰《極樂淨土九品往生義》,廣引經書,解釋《觀無量壽經》中的「九品往生」,提倡觀想念佛,認為透過專心觀想佛的「功德」可以得到「如實智慧」。在這種環境的影響下,源信從花山天皇永觀二年(西元984年)開始廣泛搜集、閱讀和講述西方彌陀淨土的佛經和著作,編寫《往生要集》,第二年完成。此後他到外地參訪佛教聖地和修行,在九州沿海遇到宋朝商人周文德,將《往生要集》和良源《觀音和贊》、慶滋保胤《日本往生極樂記》等書托他帶到宋朝。周文德歸國後將這些書贈給了天台山國清寺。

第一節　彌陀淨土信仰在日本的傳播和源信的《往生要集》

源信居住的楞嚴院是比睿山淨土念佛的活動中心，信奉西方淨土法門的僧俗信徒每月十五日在此舉行念佛結社，每二十五人為一組，共同念佛，祈願死後往生西方極樂世界。源信在一條天皇永延二年（西元988年）為此念佛結社起草了《橫川首楞嚴院二十五三昧式》，規定在念佛之前先要講《法華經》，然後按規定的程序念佛。這個做法很快在別的淨土信仰者當中得到推廣。

源信是比睿山上比較有學問的學僧，對天台宗教義也有很深的造詣。一條天皇長保五年（西元1003年），源信在弟子寂昭入宋求法之際，托他將有關天台宗教理的二十七條疑問——《天台宗疑義二十七條》帶給當時中國著名的天台宗學僧知禮（西元960～1028年），請他回答，後來知禮做了回答，這件事成為宋代中日佛教文化交流史上的一段佳話。

源信曾任僧官少僧都，不久被辭退。晚年退居橫川惠心院致力修行和著述，世人尊稱為「惠心僧都」，他的流派被稱為「惠心流」。

源信的其他著作有《大乘對俱舍抄》、《俱舍疑問》、《一乘要訣》、《阿彌陀經略記》、《觀心略要集》、《觀心往生論》等。據師蠻《本朝高僧傳》卷十〈源信傳〉，源信有各種著述七十餘部一百五十卷，廣涉天台、密教（台密）和淨土、因明等各個方面，其中對後世影響最大的是《往生要集》及其淨土思想。

四、源信的彌陀淨土思想

源信的淨土代表著作是《往生要集》三卷。全書分十個部分，稱為十門，包括厭離穢土、欣求淨土、極樂證據、正修念佛、助念方法、別時念佛、念佛利益、念佛證據、往生諸業、問答料簡。

前三部分的中心內容是說處在「六道」（佛教所說眾生迴圈輪迴的六種趨向和生命形態，有地獄、餓鬼、畜生、阿修羅、人、天）的眾生，永遠

第五章　宋元佛教交流與淨土、禪宗東傳

處在充滿汙垢和痛苦、煩惱的環境之中，不能擺脫生死輪迴，因此將一切眾生所在的國土、環境，包括人間在內，皆稱為「穢土」。眾生應當對此有清楚的了解，形成「厭離之心」，迅速選擇彌陀淨土法門，依之修行，欣求往生西方淨土。後七部分講應當如何修持淨土法門，廣引淨土經典和中國的淨土撰述，從不同的方面詳加論證。書中的第四門是全書的中心，集中論述了源信的彌陀淨土思想。

《往生要集》全書在十門之下又分若干小門類，在敘述正文之間，分類選錄大量淨土典籍的文字。他引述的經論達一百六十餘種，除推薦《無量壽經》、《阿彌陀經》、《觀無量壽經》和《往生論》外，還推薦《般舟三昧經》、《觀佛三昧經》、《念佛三昧經》、《十住經》、《十住毗婆沙論》等，還有中國隋代天台宗創始人智顗《摩訶止觀》、《淨土十疑論》、唐代道綽《安樂集》、善導《觀念法門》（即《觀念阿彌陀佛相海三昧功德法門》）、《六時禮讚》（即《往生禮讚偈》）、窺基《西方要訣》、懷感《釋淨土群疑論》、迦才《淨土論》及少康《往生瑞應傳》等。

下面對源信的淨土思想作概要介紹。

1. 淨土念佛之教是「末法」時代最適宜眾生修行的法門

《往生要集》的序言說：

夫往生極樂之教行，濁世末代之目足也。道俗貴賤，誰不歸者？但顯、密教法，其文非一；事理業因，其行惟多。利智精進之人未為難，如予頑魯之者，豈敢矣。是故依念佛一門，聊集經論要文，披之修之，易覺易行。[199]

源信認為佛教已經進入即將滅亡的所謂「末法」時代（「末代」），人們的根性和智慧普遍低下，對於顯教（大小乘、天台、華嚴、法相諸

---

[199]　《大正藏》卷八十四，第33頁上。

宗)、密教的大量而繁雜的經文和著述以及講述的眾多教理和修行方法,已經難以理解和接受,但對於淨土念佛的教說和修行方法卻能夠輕易地理解和接受,將依憑這種教法得到往生解脫(喻之為「目、足」)。源信甚至將自己也歸於根性低下的人之中,自稱「頑魯之者」,不能如那些聰明智慧的人那樣去修持顯、密二教,所以特地將佛教經論中有關淨土念佛的文字集編起來,以方便自己和別人閱讀與依照修行。

按照大乘佛教某些經典的說法,釋迦牟尼佛去世之後,佛教是一代不如一代,開始的五百年既有教法,又有修行與證悟(修行達到覺悟),稱之為正法;此後的一千年,只有教法、修行,已經沒有證悟者,稱之為像法;再後的一萬年進入所謂末法時代,只有教法,既無真正的修行者,又無證悟者,佛法行將滅亡。此外還有別的一些說法。日本佛教內部認為已經進入末法的觀點,反映了佛教徒的危機感,迫使他們考慮佛教如何適應時代、社會的種種問題,促使佛教發生新的變革,形成新的教派。從社會背景考察,平安中期之後,日本社會已經處於社會變革的醞釀階段:在藤原氏專權的攝關政治體制之下天皇大權旁落,國有班田制日益遭到破壞,地方莊園經濟急劇發展和武士階層的迅速興起,平安後期攝關政治也開始走向沒落,佛教界出現種種腐敗現象……這些現象,導致社會呈現出一種不安定的氣氛。這是佛教界盛行末法思想的重要社會原因。這種末法思想既是平安末期興起淨土信仰的重要原因,也是以後鎌倉時代新佛教宗派產生的動力之一。

源信在《往生要集》中表示,在這種末法時代,以往佛教的顯、密二教的各種教法已經遠遠地脫離了大多數民眾,他們對這些深奧的教法既無興趣,也不理解。那麼,有什麼教法能夠使他們理解和接受呢?源信認為只有彌陀淨土念佛的教法能夠使他們輕易地接受並遵照修行,引導他們達到往生解脫。

2. 以觀想念佛為主、口稱念佛為輔的「正修念佛」

淨土信仰和淨土宗所說的念佛，從形式上看有兩種：一種是透過坐禪，在心中觀察、想念阿彌陀佛的形象或其淨土——極樂世界，也可透過阿彌陀佛等佛的具體形象進而觀想佛的無形的法身、實相；另一種是口稱念佛，即口念「阿彌陀佛」名號或「南無（按：意為禮敬、皈依）阿彌陀佛」。前一種念佛主要面向具有較深佛教修養的僧俗信眾，普通民眾難以做到；後一種念佛因為隨時隨地可以做到，容易為一般民眾接受。在淨土信仰的發展史上，雖然兩種念佛是同時並行的，但實際是從強調前一種念佛到提倡後一種念佛，反映了淨土信仰逐漸深入普通民眾之中的發展趨勢。

源信在《往生要集》中提倡以觀想念佛為主，以口稱念佛為輔。他在該書第四門《正修念佛》的章節對此作了集中的評述。

《正修念佛》門按印度世親《往生論》中所說的「五念門」分為該禮拜門、讚嘆門、作願門、觀察門、回向門。源信表示，如果能夠照此五門修行，「畢竟得生安樂淨土，見彼阿彌陀佛」。

源信認為其中的「觀察門」尤為重要，是「正修念佛」門的中心。修行者應將自己的心意集中，一心觀察和想念阿彌陀佛，又具體分為三種觀想方法：

(1) 別相觀，分別觀察和想像阿彌陀佛的華座、頭、髮、耳等。

(2) 總相觀，從整體觀想佛，從阿彌陀佛及其無量化身的具體形象，進而觀想無形無相的佛的法身，看到真如實相，並由此體悟中道實相之理，說：

所觀眾相，即是三身即一之相好（佛的體貌大的特徵名「相」，小的特徵名「好」）光明也，諸佛同體之相好光明也，萬德圓融之相好光明也。

第一節 彌陀淨土信仰在日本的傳播和源信的《往生要集》

色即是空,故謂之真如實相;空即是色,故謂之相好光明;一色一香,無非中道,受想行識,亦復如是。我所有三惡道(按:指地獄、餓鬼、畜生),與彌陀佛萬德,本來空寂,一體無礙。願我得佛,齊聖法王。[200]

這裡很明顯是將天台宗的「空、假、中」三諦的教理與淨土念佛的思想結合了起來。阿彌陀佛的形象與光明,也就是佛的法、報、應三身合為一體的形象光明,是一切佛的形象光明,是諸佛一切智慧、功德、神通等匯通圓融的形象光明。從色的本體空寂來說,色(諸佛形象光明)就是真如實相;從空寂本體就是色來說,空即名形象光明;世界上一色一香,乃至「五蘊」中的受、想、行、識的任何一蘊,無一不是真如實相,無一不是中道。即使處於三惡道的眾生,在本質上與阿彌陀佛的智慧、功德等也是一樣的,本來都是空寂的,並且是融為一體的,都有可能覺悟成佛。

(3)雜相觀,是略微地觀察和想像阿彌陀佛的形象,注重觀佛眉間的白毫相及其光明。源信要求修持此觀的人應當對阿彌陀佛具有信心,喜悅地期待自己與「諸眾生往生安樂國」。

在「五念門」之外,還有一些輔助「正修念佛」的措施,稱之為「助念方法」,包括準備必要的坐禪處所和用具,有過長期念佛的訓練,在坐禪念佛過程中應當善於控制身心,努力止惡修善等等。

該書的第九門是「往生諸業」(或作「往生諸行」),介紹透過什麼修行能夠在死後往生西方淨土。源信明確地說:「求極樂者,不必專念佛。」[201]根據個人的情況,可以嚴格持戒、施捨、盡孝道、忍辱、行慈心等,皆可以作為往生淨土的業因。

源信雖然十分重視觀想念佛,為此用較大篇幅論證,但他確實提出口稱念佛也是往生之業。在前述「觀察門」之三的「雜略觀」的後面,他

---

[200] 《大正藏》卷八十四,第56頁上。
[201] 《大正藏》卷八十四,第77頁中。

提出：

> 若有不堪觀念相好，或依歸命想，或依引攝（按：想阿彌陀佛接引眾生往生的情景）想，或依往生想，應一心稱念，行住坐臥，語默作作（按：當為「息」字），常以此念，在於胸中，如飢念食，如渴追水。或低頭舉手，或舉聲稱名，外儀雖異，心念常存，念念相續，寤寐莫忘。[202]

在這裡可以看到，源信是為了適應那些沒有能力或條件坐禪觀想念佛的人，才提出比較簡單易行的做法的。這種做法是：或在心裡想念往生淨土的諸種情景，或用口稱念彌陀名號，基本要求是專心致志，「心念常存」。

在該書第十門《問答料簡》中，源信又把念佛分為四種：「定業」念佛，坐禪入定念佛，相當前述的「觀察門」念佛；「散業」念佛，在平常的行住坐臥情況下的散心念佛；「有相業」念佛，或觀佛的身相，或念佛的名號，發願往生淨土；「無相業」念佛，觀諸法性空，空有不二，觀佛的法身。在這裡，他把口稱念佛置於「散業」之中，而認為「定業」念佛是高深的修法，「散業」念佛是淺的修法；以「有相」與「無相」兩種念佛相比，又認為觀想佛的法身的「無相」念佛是「最上三昧」。[203]

由此可以認為，源信最重視的淨土念佛是在坐禪狀態下的觀想念佛，雖也提出口稱念佛，但在他的淨土學說中處於較低次要的地位。

3. 念佛與「一心三觀」

源信是天台宗學僧，他的淨土念佛思想深受天台宗思想的影響。他在論述念佛問題的過程中，盡量將天台宗的止觀學說與淨土念佛思想加以會通和融合。

他主張在禪定情況下的念佛，雖與天台宗觀想「空、假、中」三諦的

---

[202]　《大正藏》卷八十四，第 56 頁中。
[203]　《大正藏》卷八十四，第 82 頁上。

第一節　彌陀淨土信仰在日本的傳播和源信的《往生要集》

止觀在觀想的內容上不同，但兩者形式相同，都是禪觀。他在《往生要集》的第四「正修念佛」門的《觀察門》的「總相觀」中，在第十《問答料簡》的「無相業」念佛中，都把念佛與觀悟中道實相結合起來。

此外，源信《觀心略要集》把念佛與「一心三觀」直接等同，更清楚地表明他將天台宗與淨土念佛法門會通與結合的意圖。

《觀心略要集》一卷[204]，是源信在去世之年寫的。主要講天台宗的觀心禪法，然而其中第二章「寄念佛明觀心」之中明確地說：

念佛名其意云何？謂於阿彌陀三字，可觀空、假、中三諦。彼阿者即空，彌者即假，陀者即中也。

其自性清淨心，凡聖無隔，因果不改，三世常住，二邊不動，是中道也；百界、千如、三千世間諸法，森然而幻有者，是假諦也；四句（按：是「A，非A，A非A，非A非非A」的句型）推檢，不存一法，是即空也。

前面一段將「阿彌陀」三字解釋為空、假、中三諦，是原來天台宗教義中沒有的新意，後面一段對三諦的解釋大體上用的是天台宗的傳統教義。源信硬將二者等同，認為在禪定中觀想「阿」、「彌」、「陀」三字，也就是觀想空、假、中三諦。也就是說，「阿」字相當於空諦，觀此即可領悟世界萬有皆空的道理；「彌」字相當於假諦，觀此即可認識森然萬有的世界（三千世間諸法）皆為假有（假名）；「陀」字相當於中諦，觀此可以領悟中道。他特別將此中諦與「自性清淨心」（與佛性同義）等同，並且強調這種清淨心是包括凡聖在內的一切眾生都永遠具有的。據此，進而可以觀想三諦相即圓融，「一心三諦，三諦一心」的道理，達到最高智慧。為什麼可以將「阿彌陀」與三諦等同起來呢？他沒有詳細論證。

在《觀心略要集》的第三章「嘆極樂依正德」中，又說阿彌陀佛極樂

---

[204]　載《大日本佛教全書》第31冊。

淨土本身具有三諦的意義：既然阿彌陀佛與淨土由「淨業之因緣」而生，「緣生無主」，故本體為「空」；本體雖空，但有現象存在，此則為「假」；假有畢竟不離法性，空有不二，故為「中」。因此彌陀極樂淨土既具有「一念三千」之義，同時又具有「畢竟空」、「如來藏」和「實相」等意義。源信說：「非三而三，三而非三，所觀淨土如此，能觀身心亦爾。」

在《觀心略要集》最後的第十章《問答料簡》釋疑中有這樣的結論，既然「阿彌陀」的名號能夠統攝空、假、中三諦，並且具有法報應三身、佛法僧三寶、法身般若解脫三德等等一切法門，所以稱念阿彌陀佛的名號，便可以迅速具備一切功德，能夠在死後往生西方極樂淨土。

據前所述，源信雖提倡彌陀淨土念佛思想，但他的這種思想並沒有超出天台宗的教理體系。源信長期生活在比睿山，接觸的多是有較高佛教修養的僧人和經常上山參加念佛結社的貴族、文人。他的淨土念佛學說是面對這些人的，是不可能普及到社會普通民眾之中去的。然而他依據廣博的淨土典籍系統地論述彌陀淨土思想，對口稱念佛也作了介紹和提倡，為以後鐮倉時代源空創立以口稱念佛為主要教義的日本淨土宗，提供了重要的理論依據。

第二節　日本的淨土宗、真宗和時宗

佛教從西元 6 世紀傳入日本至進入鐮倉時代（西元 1192～1333 年），已在日本社會傳播六百多年。佛教作為外來的宗教，經過長期與日本的自然條件和社會環境相適應，並且與日本傳統的宗教文化和民間習俗密切結合，逐漸實現民族化，先後形成了一些具有日本民族特色的佛教宗派：淨土宗、真宗、時宗和日蓮宗。這些佛教宗派是日本學僧適應日本的社會形

第二節　日本的淨土宗、真宗和時宗

勢和民眾的宗教心理需求，對漢譯佛典和中國的佛教著述加以詮釋和發揮，提出自己的教義體系而創立的。它們與以往透過日本留學僧或求法僧、中國赴日傳法僧創立的奈良六宗和天台、真言二宗不同，宗派創立人並沒有到過中國。應當說，這是中日佛教文化交流的另一種形式──中國佛教文化借助漢譯佛典和中國著述傳入日本，透過日本學僧的吸收和重新解構、組合，根植於日本國土、日本的社會。

與此同時，日本舊有的佛教宗派法相宗和天台宗、真言宗等，也在日本社會長期的傳播中實現了民族化。在這期間，又從宋元傳入了中國禪宗中最有影響的兩派──臨濟宗和曹洞宗，在幕府和武士階層乃至貴族的支援下得到迅速傳播，並且逐漸走上日本民族化的道路。

一、源空和日本淨土宗

1. 源空生平和創教經歷

源空（西元 1133～1212 年），日本淨土宗創始人。號法然，俗姓漆間，幼名勢至丸，美作國（今岡山縣）久米郡人，出生於武士家庭。

源空自幼出家，十三歲時登比睿山，先拜西塔北谷持寶坊的源光為師，後師事東塔西谷功德院的皇圓，並從他受戒。皇圓（？～西元 1169 年）是平安時代後期很有學問的學僧，是著名史書《扶桑略記》的作者。源空在此期間系統地學習天台宗的教典。後來源空到西塔黑谷，投到睿空門下學習彌陀淨土教說。睿空是比睿山宣導「融通念佛」的良忍的弟子，經常向弟子講授源信的《往生要集》，提倡淨土念佛法門。睿空對源信刻苦修學和傾心淨土信仰的表現十分賞識，認為他「法然具足」，便授他法號「法然」，又取他先師「源光」之名中的「源」字與自名「睿空」中的「空」字，給他起法名「源空」。

第五章　宋元佛教交流與淨土、禪宗東傳

　　源空後來到京都、奈良等地參訪遊學，廣學佛教諸宗，如法相宗、三論宗、華嚴宗、律宗乃至密教等，而尤關注彌陀淨土法門。他在奈良期間，接觸到諸宗中提倡淨土法門的學僧永觀、重譽、珍海、昌海、實範等人的淨土著作和學說。三論宗學僧永觀所著《往生拾因》、珍海《決定往生集》，已據唐僧善導的《觀無量壽經疏》提倡彌陀他力的念佛法門了。源空從他們的著作受到很大啟發。

　　此後，源空回到黑谷，集中精力在收藏佛典的報恩藏廣讀各種佛書和古今著述。在這期間，他對源信的《往生要集》尤感興趣，進行了深入思考和研究。據源空弟子源智《淨土隨聞記》記載，源空曾這樣表述自己讀《往生要集》的感受：

　　本朝渡到聖教及俗間史傳等，無不厭眼。然思出離（按：指超離世間生死煩惱）道，身心不安，因閱惠心（按：源信號惠心）《往生要集》。彼序云：往生極樂之教行，濁世末代之目足，道俗貴賤誰不歸者。但顯密教法，其文非一。事理業因，其行惟多。利智精進之人未難，如予頑魯之者豈敢矣。是故依念佛一門，聊集經論要文。披之修之，易覺易行。……此集專依念佛，其事顯然。

　　予故《往生要集》以為先導，入淨土門，而窺此宗奧旨，取善導和尚釋（按：此指善導《觀無量壽經疏》）再讀，以為往生不容易矣。三讀乃知：亂想凡夫依稱名行，決定可得往生也。但於自身出離已得決定，又欲普為眾生弘通斯道。

　　然時機難計，心懷猶豫。一夜夢紫雲大起，遍覆四海，雲中出無量光，光中百寶眾鳥翻翻飛散。時予陟高山，忽值一高僧，腰下金色宛如佛身，腰上緇衣如尋常僧。高僧云：吾是唐善導，汝能弘通專修念佛，故來為證之。（勢觀《淨土隨聞記》）[205]

---

[205]　載於惠集《拾遺黑谷上人語燈錄》卷上，《大正藏》卷八十三，第240頁上中。

另外，在上蓮房抄、信阿重寫《知恩講私記》中有這樣一段記載：

先師（按：指源空）摧骨肝，尋《往生要集》惠心之祕懷，善導之規模。是以上人自述（按：即《選擇本願念佛集》）曰：善導是彌陀化身也，可謂此疏（按：《觀無量壽經疏》）彌陀直說。……披閱慈典，組織素意，立舍餘行，云歸念佛。自行化他，唯（按：當即「唯在」）念佛。……當知善導和尚證定疏，正是淨土宗之濫觴。[206]

據以上引文，可以得出以下四點結論：

（1）源空在認真閱讀源信的《往生要集》之後才正式決定接受並皈依彌陀淨土之教。

（2）源空從《往生要集》大量引證的淨土著述中得知唐道綽撰《安樂集》，善導為宣導淨土念佛法門而編撰的《觀無量壽經疏》（稱之為《觀經善導禪師玄義》）、《往生禮贊》、《觀念法門》、《法事贊》和《般舟贊》等，然後想找來閱讀。如凝然《淨土法門源流章》記述：「彼《要集》中引善導《玄義》等文，因此即尋善導所制，果獲《觀經疏》、《禮贊》、《法事贊》等（《般舟贊》者，彼世未獲），並研窮精詳，通達義理。乃以善導和尚為所依宗師，《選擇集》中具明此義。」[207] 源空在找到善導的《觀無量壽經疏》、《往生禮贊》等書後，仔細閱讀，深入思考、抉擇，最後決定尊善導為「宗師」，完全接受，並在修行中遵照善導提倡的口稱念佛的教理。

（3）源空對淨土法門的理解和接受是有個過程的。首先接受源信《往生要集》中的以觀想念佛為主的淨土念佛法門，後來在讀了善導的《觀無量壽經疏》等著述後，才意識到按照他的念佛法門修行是難以達到往生的，而善導提倡的口稱念佛的淨土法門，易於為「亂想凡夫」即普通民眾

---

[206] 日本櫛田良洪〈新發現的法然傳記〉，附有〈知恩講私記〉全文，載《日本歷史》1965 年 1 月號（總 200 號）。
[207] 《大正藏》卷八十四，第 196 頁中。

理解和接受，於是決定依照善導所著《觀無量壽經疏》等，捨棄以往修持的諸宗教義和修行方法，確立以口稱念佛為中心的淨土教說，誓願「普為眾生弘通斯道」。

（4）源空雖沒有到中國求法，然而他虔誠地認為善導是「彌陀化身」，《觀無量壽經疏》是「彌陀直說」，尊善導為「宗師」，甚至稱自己在夢中見到善導前來為他誓願「弘通專修念佛」而作證明，予以鼓勵。

源空大約是在他四十三歲時完成這個重大轉變的。此後，源空便深入日本各個階層，一心弘傳以口稱念佛為中心的淨土法門，門下弟子日多，在社會各界和佛教界的影響也日漸擴大。在後鳥羽天皇文治二年（西元1200年），天台宗學僧顯真邀請源空到位於京都北邊的大原勝林院去講淨土教義，同時請在京都、奈良的三論宗、法相宗、天台宗的多位學僧前來聽講，還有其他聽眾三百多人。源空主要根據善導的《觀無量壽經疏》闡釋淨土念佛教說，並回答在座學僧的質詢。他指出在進入「末法」時代以後，眾生根機低下，對於包括天台、華嚴、法相、三論諸宗在內的「聖道門」教理，已難以理解，依此修行自然達不到解脫，只有專念阿彌陀佛的名號，依靠阿彌陀佛的本願他力，才能使一切眾生死後往生極樂世界。據載，在座的學僧和其他聽眾對源空宣講的淨土念佛思想表示信服，在會後一起修念佛三天三夜。這就是日本佛教史上著名的「大原談議」。

在源空傳播自己的淨土念佛思想過程中，絕非是一帆風順的。以比睿山為傳法中心的天台宗和以奈良興福寺為傳法中心的法相宗，對源空脫離天台宗體系（所謂「專修念佛」）的念佛主張表示異議，甚至公開反對乃至迫害。然而源空的念佛主張不僅越來越得到平民的理解和歡迎，也得到在朝廷擁有重大影響的某些貴族的理解和支持。

鎌倉初期著名政治家、攝政九條兼實（西元1149～1207年）曾在武士源氏集團與平氏集團的爭鬥中支持源賴朝，對源氏幕府成立是有功的。

他虔信佛教，對源空的念佛往生之說十分讚賞，在其日記《玉葉》中記載了他與源空密切交往的情況。在後鳥羽天皇文治五年（西元 1189 年）八月，九條兼實請源空到家為他講授淨土往生的道理，並為自己授菩薩戒。此後，九條兼實開始念佛。源空還應請為九條兼實的女兒宜秋門院（後鳥羽天皇的中宮皇后）授戒。在源空創立淨土宗和傳教的過程中，可以說得到九條兼實這個「外護」的幫助是很大的。九條兼實在晚年病中多次請源空為他授戒以祈福。源空年老體衰，有時派弟子證空代他到九條兼實家中說法或授戒。建久九年（西元 1198 年），九條兼實向證空表示，為使自己經常增進念佛往生的信心，建議源空師徒將他們的淨土教說「抄物記賜」，即寫成文字相贈。於是，源空帶領弟子證空、真觀、安樂編寫出《選擇本願念佛集》。[208] 這象徵著日本淨土宗正式成立。當時源空已六十六歲。

源空的淨土宗迅速傳播，信徒增多，引起天台宗、法相宗等舊有教派的忌恨和激烈反對。在土御門天皇元久元年（西元 1204 年），比睿山的天台宗僧眾集會透過停止「專修念佛」的決議。在形勢日益嚴峻的情況下，源空深知如果對此不作出妥協將使自己的傳教事業遭受嚴重挫折。於是，他上書天台宗座主真性，表示自己並沒有離開天台宗而「偏弘念佛道，誹謗他教法」，在念佛的同時也閱讀天台宗典籍，只是門下的「愚昧」之徒才「專勸念佛」。他制定了七條禁戒——《七條起請文》，下達弟子遵照實行。《七條起請文》簽名連署的弟子達一百九十人。源空將此《七條起請文》上報天台宗座主真性，希望他了解真相。

《七條起請文》的主要內容有四點：一是嚴禁弟子批評天台、真言諸宗及其信奉者，防止引起爭論；二是不要勸說別宗的信眾改信淨土宗；三是

---

[208] 除九條兼實的日記《玉葉》外，還可參考藤原定家的日記《明月記》、三條長兼的日記《三長記》中的有關部分。井川定慶編，然上人全集刊行會 1954 年出版《法然上人傳全集》第三集有載。

第五章　宋元佛教交流與淨土、禪宗東傳

禁止宣傳淨土宗「無有戒行，專勸淫、食肉」，不守律儀，只須念佛；四是禁止妄稱「正法」、「師說」而隨己意宣傳邪偽之說。

雖然比睿山僧眾在看到源空的上書及弟子簽名連署的《七條起請文》之後暫時平靜下來，然而問題沒有完全解決。因為只要源空及其弟子按照其專修口稱念佛的教義傳教，就必然要直接或間接地批評被稱為「聖教門」、「難行道」的其他宗派，並且隨著信奉淨土宗的人增多，也必然損害舊有教派的既得利益。這種情況必然引起舊有宗派的反對和排斥。

元久二年（西元1205年），以奈良興福寺為中心的法相宗繼天台宗之後激烈反對源空的淨土宗，向朝廷上呈由學僧貞慶起草的〈興福寺奏狀〉，指責源空的「專修念佛宗」屬於「私立」宗派，教義違背佛法，排斥其他宗派，不信神明，否定觀想念佛，煽動「無戒失戒」……說如果聽任淨土宗傳播，必將導致已有的八宗（奈良六宗加天台、真言二宗）滅亡，國家也難安定。在他們的催促之下，朝廷不得不判源空的弟子行空、遵西等人有罪，處以流刑。此後，又暴露出源空的弟子安樂、住蓮在傳教中與宮女私通的事件。於是，朝廷在建永二年（西元1207年）二月下令取締淨土宗，禁止傳修念佛，將源空及其弟子中的八人處以流刑，將安樂、住蓮等四人處死。

源空被發配到土佐國（今高知縣）還俗，改名藤井元彥。同年十二月，朝廷降旨赦免源空，然而不許他回京。直到順德天皇建曆元年（西元1211年），源空才得到朝廷允許回到京都，然而在第二年便去世，年八十。江戶時期，東山天皇元祿十年（西元1697年）賜源空以「圓光大師」的諡號。

2. 源空的淨土著作 ──《選擇本願念佛集》

源空創立的日本淨土宗，在當時曾被日本天台宗、法相宗稱為「專修念佛宗」。日本淨土宗的基本教義，集中反映在源空的《選擇本願念佛集》

之中。此書問世早期，源空僅允許身邊弟子中少數幾個人抄閱，在一般情況下是祕而不宣的。

《選擇本願念佛集》（簡稱《選擇集》）卷首第一行的文字是「南無阿彌陀佛」，接著是「往生之業，念佛為先」，可以說是日本淨土宗的「開宗明義」之語。意為如果人要在死後往生西方阿彌陀佛的極樂世界，最切實可行的捷徑是「念佛」。念什麼呢？「南無阿彌陀佛」。在這裡，念佛不是觀想念佛，更不是實相念佛，而是口稱念佛，是用自己的口稱念「南無阿彌陀佛」，或只念「阿彌陀佛」。

全書不分卷，設置十六章，每章開頭有標明選錄淨土典籍內容的標題，然後是選錄的佛典文字或淨土章疏的語句，最後是「私云」、或「私問曰」、「答曰」，表述的是源空的淨土見解和主張。例如，前三章標題：一是〈道綽禪師立聖道、淨土二門，而舍聖道，正歸淨土之文〉，二是〈善導和尚立正、雜二行，而舍雜行歸正行之文〉，三是〈彌陀如來不以餘行為往生本願，唯以念佛為往生本願之文〉，然後分別引述道綽《安樂集》、善導《觀無量壽經疏》、《無量壽經》等佛典著述中的語句，最後在「私云」後加上自己的詮釋和發揮。這三章引用的語句和源空的解釋、發揮的文字，圍繞口稱念佛這個淨土法門作了十分集中的論述，這恰是源空淨土學說中最重要的內容。

其他十三章圍繞眾生念佛教說，從不同方面引證和論述。第四章，解釋《無量壽經》中所說上、中、下「三品」眾生念佛往生之文；第五章，念佛的利益；第六章，念佛法門「機緣深厚」，適用於末代；第七章，佛光唯照攝念佛的眾生；第八章，修淨土念佛應具備至誠心、深心、回向發願心「三心」；第九章，念佛四修：恭敬修、長時修、無餘修、無間修；第十章，彌陀不讚嘆聞經，唯讚嘆念佛；第十一章，彌陀不讚嘆雜善，唯讚嘆念佛；第十二章，釋迦佛唯以念佛付囑阿難；第十三章，以念佛為「多善根」；第

十四章，諸佛唯證念佛；第十五章，諸佛護念念佛者；第十六章，釋迦佛以彌陀名號傳授舍利佛。

源空除引證漢譯「淨土三部經」之外，引用最多的是中國善導的《觀無量壽經疏》、《往生禮贊》、《觀念法門》、《法事贊》等，還有道綽的《安樂集》、法照的《五會法事贊》、窺基的《西方要訣》等。他在評述中還引用中國北魏曇鸞的《往生論註》、日本源信的《往生要集》等。從全書的引證和評述來看，源空主要是論證發揮善導提倡口稱念佛的淨土理論，所謂「偏依善導一師」。這正是源空淨土理論的最大特色。

3. 日本淨土宗教義

日本淨土宗奉源空為宗祖，在教義上以漢譯三經一論，即三國魏康僧鎧譯《無量壽經》、後秦鳩摩羅什譯《阿彌陀經》、南朝宋畺良耶舍譯《觀無量壽經》和北魏菩提流支譯《往生論》（全稱《無量壽經優婆提舍願生偈》）為基本依據，以源空《選擇本願念佛集》闡釋的淨土學說為基本教義。

下面主要依據《選擇本願念佛集》，並參考慧道光所輯《黑谷上人語燈錄》及《拾遺黑谷上人語燈錄》等書，對日本淨土宗的教義作概要介紹。

(1) 強調淨土宗應獨立於舊有諸宗之外

日本原有所謂奈良六宗，即早期從中國傳入的三論宗、成實宗、法相宗、俱舍宗、華嚴宗、律宗；又有平安二宗，即平安時期從中國傳入的天台宗、真言宗，統稱「八宗」。這些宗派皆得到朝廷的承認，具有合法地位，甚至受到朝廷的優遇，每年給予度僧名額（年分度者）。源空在弘傳淨土法門過程中意識到，如果要在日本順利弘傳以念佛為主旨的淨土信仰，必須在諸宗外建立獨立的宗派。於是，他在以往佛典中選取原來只蘊涵「淨土教說」意義的「淨土宗」這個概念，用來作為自己要成立的淨土信

仰宗派的名稱。

源空成立淨土宗，必須像中國隋唐各宗那樣提出自己的判教理論。源空的判教理論是在直接援引中國淨土判教理論的基礎上提出來的。前面已經介紹，唐代道綽繼承北魏曇鸞《往生論注》的理論，在所著《安樂集》中以所謂「聖道門」、「淨土門」及「難行道」、「易行道」來判教，認為在進入「末法」時代以後，淨土教門以外的「聖道」諸宗已經難為眾生理解和修持，只有以勸修念佛為主旨的「淨土門」教說才能被眾生接受和修持，引導眾生借助佛的本願之力達到往生解脫。他在《選擇集》的第一章〈道綽禪師立聖道、淨土二門，而捨聖道，正歸淨土之文〉中引證道綽《安樂集》的相關文字之後說：

……凡此集（按：《安樂集》）中立聖道、淨土二門意者，為令捨聖道入淨土門也。就此有二由：一由去大聖遙遠，二由理深解微。……且曇鸞法師《往生論注》云：謹案龍樹菩薩《十住毗婆沙論》云：菩薩求阿毗跋致有二種道，一者難行道，二者易行道。

難行道者，謂於五濁之世，於無佛時，求阿毗跋致（按：意為修行達到不退轉的階位）為難。……一者外道相善，亂菩薩法；二者聲聞自利，障大慈悲；三者無顧惡人，破他勝德；四者顛倒善果，能壞梵行；五者唯是自力，無他力持。如斯等事，觸目皆是，譬如陸路步行則苦。

易行道者，謂但以信佛因緣願生淨土，乘佛願力，便得往生彼清淨土。佛力住持，即入大乘正定之聚，正定即是阿毗跋致。譬如水路，乘船則樂（已上）。

此中難行道者，即是聖道門也；易行道者，即是淨土門也。

源空直接繼承並發揮道綽、曇鸞的判教理論，認為佛教已經進入遠離佛陀在世的「末法」時代，眾生根性低下，對於大小經論中深奧的「聖道門」教理難以理解，再加上有「外道」、「惡人」的干擾、破壞搗亂，眾生難

第五章　宋元佛教交流與淨土、禪宗東傳

以接受並修持「聖道」，憑藉自力達到覺悟解脫。在這種形勢下，只有簡單易行的淨土念佛法門才能被眾生理解和修持。如果真心相信並修持念佛法門，可憑藉阿彌陀佛的本願之力往生西方極樂淨土，達到如同菩薩那樣不再退轉的境地，永遠擺脫生死輪迴。在這裡，源空不外是說，只有他創立的淨土宗才是適應「末法」時代的最切實可行的佛法。

佛教諸宗皆有自己的傳承世系，那麼源空創立的淨土宗的傳承是什麼呢？他在《選擇本願念佛集》中說，中國淨土教說有三系，即東晉慧遠，唐代慈湣（慧日），道綽、善導的三個法系。源空決定以道綽、善導一系作為自己繼承的法系。因此，他將菩提流支、曇鸞、道綽、善導、懷感、少康奉為日本淨土宗的六祖。後來，他在《類聚淨土五祖傳》去掉菩提流支，以曇鸞等五人為日本淨土宗五祖。按照這個世系排列，源空應是日本淨土宗的六祖，實際是日本淨土宗的始祖。

(2) 主張專修口稱念佛 ——「往生之業，念佛為本」

鎌倉時代，日本社會政治體制發生了重大變化，以幕府將軍或執權為首的由不同等級組成的武士，在社會經濟政治社會中占有支配的地位。與此相應，形成了超越於以往局限於宮廷和貴族狹隘圈子的貴族文化的新文化。因為武士講求實際，中下級武士經常接觸社會各個階層，所以這種新文化帶有平民色彩。鎌倉時代形成的新佛教宗派是這種平民文化的重要組成部分。從這個意義來說，源空《選擇本願念佛集》中的「選擇」是具有時代色彩的詞彙。

「選擇」一詞原出自三國時吳支謙譯《大阿彌陀佛》，而在此經的異譯本《無量壽經》中譯作「攝取」。源空將二者加以會通，說「選擇與攝取，其言雖異，其意是同」，又說「選擇者即是取捨義」。自然，有所捨才有所取，是行為主體透過思考比較之後而採取的舉措，先棄捨而後選擇取。那麼，棄捨（選捨）什麼、選擇（選取）什麼呢？概言之，他在一切佛法中，

第二節　日本的淨土宗、真宗和時宗

棄捨「難行」的「聖道門」教法，而選取「淨土門」教法中最簡單易行的口稱念佛。

按照《無量壽經》的說法，無量壽佛（即阿彌陀佛）在難以計數的往世是位比丘，名法藏，在成佛前曾發下四十八個宏願，述說他成佛後在他的佛國（安樂國或極樂世界）具有種種美好莊嚴景象，例如國中沒有地獄、餓鬼、畜生，此處眾生（人、天的生命體）形象端莊，沒有貪欲，壽命無限……如果不是這樣，他絕不成佛（「不取正覺」）。其中第十八願說：「設我得佛，十方眾生至心信樂，欲生我國，乃至十念，若不生者，不取正覺。」在這裡，「十念」的「念」可以解釋為「念頭」、「念願」，未必特指口的念誦。然而善導在《觀念法門》中卻作了這樣的引述：「設我得佛，十方眾生願生我國，稱我名字，下至十聲，乘我願力，若不生者，不取正覺。」不但字句有異，而且直接將「十念」改為「十聲」，用以突出口稱念佛的意義，即口稱「阿彌陀佛」十聲，即可往生。不僅如此，善導在《觀無量壽經疏》中對自己的念佛往生理論作了系統論證，主要有四點：第一，一切人，包括女人和「罪惡凡夫」皆可往生淨土。第二，西方極樂淨土雖屬報身佛所居之土（菩薩透過修行成佛所得到的佛國淨土），然而一切眾生皆可憑藉彌陀本願之力（他力）而可往生到此。第三，眾生往生的最重要的條件是對彌陀及其本願的「信心」、「深信之心」。第四，遵照淨土經典修行雖屬「正行」，然而「正行」中又分輔助往生性質的「助業」和真正決定往生的「正定業」。所謂「助業」包括讀淨土經典、觀想念佛及禮拜等等，而「正定業」是口稱念佛，即口念「阿彌陀佛」或「南無阿彌陀佛」。（主要見善導《觀無量壽經疏》卷四）[209]

源空的《選擇本願念佛集》對善導的淨土教說可以說全部接受下來，並有所發揮。他對善導《觀念法門》中所說口稱念佛「念念相續，畢命為

---

[209]　《大正藏》卷三十七，第 270 頁下～ 272 頁中。

第五章　宋元佛教交流與淨土、禪宗東傳

期」是與阿彌陀佛的本願「相通」的說法十分讚賞，並且引證《無量壽經》和善導的著作來詳細論證。他說人們追求往生，可以行布施、持戒、忍辱、精進、般若，乃至「起立塔像，飯食沙門，及以孝養父母，奉事師長等種種之行」。然而這一切皆不可取，應當捨棄，唯取口念佛號。他說：

今選捨前布施、持戒，乃至孝養父母等諸行，而選取專稱佛號，故云選擇也。……第十八願選捨一切諸行，唯偏選取念佛一行為往生本願乎？

答曰：聖意難測，不能輒解。雖然，今試以二義解之：一者勝劣義，二者難易義。

初勝劣者，念佛是勝，餘行是劣。所以者何？名號者是萬德之所歸也。然則彌陀一佛所有四智、三身、十力、四無畏等一切內證功德，相好、光明、說法、利生等一切外用功德，皆悉攝在阿彌陀佛名號之中。故名號功德最為勝也。餘行不然，各守一隅，是以為劣也。……然則佛名號功德勝於一切功德，故捨劣取勝以為本願歟。

次難易義者，念佛易修，諸行難修。是故《往生禮贊》云：問曰：何故不令作觀，直遣專稱名字者有何意也？答曰：乃由眾生障重，境細心粗，識揚神飛，觀難成就也。是以大聖悲憐，直勸專稱名字。正由稱名易故，相續即生。又《往生要集》：問曰：一切善業各有利益，各得往生。何故唯勸念佛一門？答曰：今勸念佛，非是遮餘種種妙行。只是男女貴賤，不簡行住坐臥，不論時處諸緣，修之不難，乃至臨終願求往生，得其便宜，不如念佛。……故知念佛易故，通於一切。諸行難故，不通諸機。然則為令一切眾生平等往生，捨難取易以為本願歟。[210]

引文中「選擇」（包括「選捨」、「選取」）的行為主體雖是指淨土經典中的阿彌陀佛，然而從前後表述來看，實際是源空對各種淨土法門的比較、判斷和做出選擇。他主要是依據善導的著作來闡釋自己的念佛主張：①口

---

[210]　《大正藏》卷八十三，第5頁中下。

稱念佛，即口稱彌陀名號必得往生才是阿彌陀佛的本願；②人們應「捨劣取勝」，宣稱「阿彌陀佛」名號自身包含佛的一切智慧、力量、光明、說法等等「內證功德」與「外用功德」，而修持其他布施、持戒、忍辱、精進、般若等，皆局限在某個方面，所以應選取念佛「勝行」，而捨棄其他「劣行」；③應「捨難取易」，說稱彌陀名號簡單易修，而修觀想念佛及其他諸行則有困難，所以應選捨難行之法，而選取易修的念佛法門。

源空在《選擇集》中特別強調「往生之業，念佛為先」及「往生之業，念佛為本」，十分概要地表明了創立的日本淨土宗的基本教義。他也吸收善導的觀點，認為口稱念佛的次數越多越好，越有功德，往生的品位越高。

(3) 面向一切民眾，推廣口稱念佛

源空在弘傳淨土法門、創立淨土宗的過程中，始終面向社會上一切民眾，特別是生活在社會基層的貧窮又沒讀過書的農民、漁民，也包括經常從事征戰的各種階級的武士。據源空的相關資料，他在被流放到土佐國期間及往來的途中，經常向各地民眾傳教，接受他的說教者中有武士、農民、漁民等。他決定捨棄聖道諸教，選擇淨土教說；捨棄淨土教說中的讀經、觀想、禮拜等諸行，而專門選擇口稱念佛，據稱皆是為了使多數民眾能夠理解和修行口稱念佛法門，死後得到往生。他在《選擇本願念佛集》結合對彌陀本願的解釋說：

若夫以造像起塔而為本願，則貧窮困乏之類定絕往生望。然富貴者少，貧賤者甚多。若以智能高才而為本願，則愚鈍下智者定絕往生望。然智能者少，愚癡者甚多。若以多聞多見而為本願，則少聞少見輩定絕往生望。然多聞者少，少聞者甚多。若以持戒持律而為本願，則破戒無戒人定絕往生望。然持戒者少，破戒者甚多。自余諸行，准是應知。當知以上諸行等而為本願，則得往生者少，不往生者甚多。然則彌陀如來法藏比丘之

昔，被催平等慈悲，為普攝於一切，不以造像起塔等諸行為往生本願，唯以稱名念佛一行為其本願也。[211]

確實，在當時信奉佛教的人中，有能力建寺、造佛像、建塔者極少，有文化有才能、學識淵博的人也少，無論是出家比丘還是在家居士，能嚴格「持戒持律」的人也不多。對於民眾的大多數人來說，按照傳統佛教諸宗的教義怎麼可以期望達到覺悟解脫呢？於是，源空透過何為阿彌陀佛本願的問題的解釋，提出接引口稱念佛者往生淨土才是阿彌陀佛的本願。為什麼呢？他說阿彌陀佛以「平等慈悲」、普度眾生為懷，是站在包括貧賤者、愚鈍下智者、少聞少見輩、破戒無戒者在內的最廣大民眾這一邊的。源空這樣說的目的，是希望社會各界民眾相信他創立的淨土宗是完全符合淨土經典的原意，符合阿彌陀佛的本懷和教旨的，希望有更多的人相信並支持淨土宗的傳播。

源空也繼承了善導淨土教說中的「一切善惡凡夫」，包括犯了「五逆」、「十惡」[212]的惡人也可往生淨土的思想。源空認為，念佛可以滅除一切輕重的罪惡，死後皆可往生淨土，此即《選擇本願念佛集》所說的「輕重兼滅，一切遍治」[213]。

源空創立的淨土宗在日本社會得到迅速傳播，不僅得到處於社會底層的漁民、農民和新興武士的信奉，也得到處於社會上層的貴族的信奉。正如凝然《淨土法門源流章》所說：「自此已後，淨教甚昌，貴賤俱修，教鄙咸遵。」[214]在源空死後，淨土宗雖一再遭到天台宗、華嚴宗等舊有諸宗僧

---

[211] 《大正藏》卷八十三，第5頁下至第6頁上。
[212] 大小乘各有五逆，即五種重罪。小乘五逆是害母、害父、害阿羅漢、惡意傷害佛身、破壞僧團。大乘五逆是破壞寺塔，毀壞經像；譭謗聲聞、緣覺和大乘法；妨礙出家人修行或殺害出家人；犯小乘五逆之一；否認因果業報。十惡是十善的反面，即殺生、偷盜、邪淫、妄語、惡口、兩舌、綺語、貪欲、嗔恚、愚癡。
[213] 《大正藏》卷八十四，第14頁中。
[214] 《大正藏》卷八十四，第196頁上。

徒的批判和反對，甚至再次遭到迫害，然而並未能從根本上遏制淨土宗在社會各階層迅速傳播的趨勢，淨土宗仍繼續在城鄉民眾中擴展勢力。

源空的弟子很多，著名的有幸西、隆寬、證空、聖光、信空、行空、辨長、長西及親鸞等人。其中除親鸞另外創立淨土真宗外，其他弟子在傳教中對淨土宗教義也作出若干不同的解釋，從而在淨土宗內部形成不同的流派，主要有幸西的一念義派、隆寬的多念義派、證空的西山派、辨長的鎮西派、長西的九品寺派等。

二、親鸞和日本真宗

淨土真宗，一般稱「真宗」，是源空的弟子親鸞創立的，從性質上說雖屬淨土宗的一個分派，然而它從創立以來，一直是作為一個獨立的宗派展開活動和發展的，是日本鎌倉時代成立的佛教宗派中最富有民族特色的宗派之一。在淨土「三經一論」中，真宗更強調依據《無量壽經》，並且提出以「彌陀本願」他力完全決定往生為前提的「信心為本」和以「惡人」往生為本位的「惡人正機」說等，從而與中國包括道綽、善導法系在內的淨土教說，乃至與尊善導為「宗師」的源空創立的日本淨土宗之間拉開了距離。

1. 親鸞的生平

親鸞（西元 1173～1262 年），京都人，俗姓藤原，父親是曾在皇太后宮中任「大進」之職的日野有範。親鸞九歲出家，師事比睿山天台宗著名學僧慈圓。慈圓是貴族九條兼實之弟，著作有《管愚抄》，曾出任天台宗座主。親鸞在比睿山修學長達二十多年，對天台宗教義及源信的淨土學說有較深的累積，並且曾經在修持念佛法門的「常行三昧堂」擔任過堂僧，從而對圓仁以來比睿山常修的念佛法門有實踐經驗。

第五章　宋元佛教交流與淨土、禪宗東傳

親鸞經過反覆考慮，決定棄捨天台宗而專修淨土念佛法門。在土御門天皇建仁元年（西元 1201 年），親鸞下比睿山，來到京都的六角堂連續百日閉關修行，向觀世音菩薩祈禱，希望觀世音菩薩為他指點擺脫煩惱之道。此後，他前往京都的吉水拜訪源空，連續百日向源空請教淨土念佛教說。源空告訴他，無論善人還是惡人，皆可透過念佛往生淨土而超脫生死。從此親鸞成為源空信任的身邊弟子之一，有資格與其他少數弟子一樣抄閱《選擇本願念佛集》。源空還借用中國弘揚淨土法門的高僧道綽、善導和日本源信及自己名字中的字，為他先後起「綽空」、「善信」的法名。[215]

建永二年（西元 1207 年）二月，在比睿山天台宗、奈良興福寺法相宗僧徒先後奏請和催促之下，朝廷宣旨禁止專修念佛，將源空及其身邊八位弟子流放外地，親鸞是被流放的弟子之一。後來親鸞在所著《顯淨土真實教行信證文類》（簡稱《教行信證》）卷末的「後序」中憶及此事，並表示憤慨，說：

聖道諸教（按：指「聖道門」的天台等宗派），行證久廢。淨土真宗（按：原指源空創立的淨土宗，後來被用來專指親鸞創立的真宗），證道今盛。然諸寺釋門昏教兮，不知真假門戶。洛都（按：指京都）儒林迷行兮，無辯（按：當為「辨」字）邪正道路。斯以興福寺學徒，奏達太上天皇諱尊成（按：指後鳥羽上皇），今上諱為仁（按：土御門天皇），聖曆承元丁卯歲仲春（按：此年仲春仍屬建永二年，至十月才改元承元）上旬之候，主上臣下背法違義，成忿結怨。因茲真宗興隆大祖源空法師並門徒數輩，不考罪科，猥坐死罪，或改僧儀，賜姓名，處遠流。予其一也。爾者已非僧非俗，是故以禿字為姓。[216]

---

[215]　關於親鸞的傳記，詳見楊曾文著《日本佛教史》第三章第三節。
[216]　《大正藏》卷八十三，第 642 頁下。

第二節　日本的淨土宗、真宗和時宗

親鸞說「聖道」諸宗已趨衰廢，而淨土真宗（淨土宗）日漸興盛。諸佛寺僧眾教理不明，不辨真假，京都儒者士大夫又不知何為正行，邪正不分。因興福寺學僧的奏文，上皇、天皇與朝臣「背法違義，成忿結怨」，判處淨土宗始祖源空及其弟子流放遠方，並革除僧籍，讓穿俗裝，賜以俗姓，有的甚至被判死刑。親鸞自己是被發配遠方的弟子之一。

親鸞流放地是越後國的首府（今上越市）。他在流放期間雖仍信奉淨土宗，然而娶妻生子[217]，過著所謂「非僧非俗」的生活，以「禿」字為姓，有時自稱「愚禿」，並取世親與曇鸞二人名字中各一字，將原名「善信」改為「親鸞」。

順德天皇建曆元年（西元 1211 年）十一月，朝廷降旨赦免親鸞，並且允許他回京都。然而親鸞在回京途中聽說其師源空已經去世，便打消回京都的念頭，又折回北越，在那裡居住兩年，向當地民眾傳教。十三年後，親鸞決定到關東傳教，攜妻子到常陸國（今茨城縣）笠間郡稱作稻田的地方居住並展開傳教活動。他在此地生活了二十多年，從他受淨土之教者以農民為主，此外有漁民、商人及武士，逐漸形成以他為教主的教團。

此後，在比睿山天台宗教團的強烈要求下，後堀河天皇貞應三年（西元 1224 年）朝廷曾降旨禁止「專修念佛」；四條天皇文曆二年（西元 1235 年）幕府針對真宗，下令驅逐破戒、吃肉、蓄妻的念佛者，又透過朝廷降旨取締「專修念佛」。然而這並沒有從根本上遏制真宗在廣大農村迅速傳播的趨勢。

就在幕府驅逐真宗信徒的時候，年近六十的親鸞攜妻惠信尼及子女回到京都。不久，妻惠信尼與親鸞作別，攜子女三人到越後國居住，管理在

---

[217] 關於親鸞結婚生子之事，日本學術界對其妻室有一人說、二人說及三人說。據笠原一男著，日本放送出版協會 1973 年出版《親鸞──煩惱具足之佛》，親鸞在成為源空弟子的第四年便與京都一位女子結婚，生子名善鸞；流放越後時，又與當地武士之女惠信尼結婚，生子明信（號信蓮房）。然而赤松俊秀監修《日本佛教史》第二章之二〈親鸞及其教團〉認為，親鸞之妻有可信資料證明的只有惠信尼一人，法藏館 1978 年第 6 次印刷。

那裡的土地財產。親鸞在京都主要靠各地信徒的施捨維持生活,與關東及其他地方的信徒組織保持著直接或通信聯繫,對他們給予指導。親鸞一生共有子女六人。他晚年由最小的女兒覺信尼贍養。親鸞於龜山天皇弘長二年(西元1262年)去世,年九十。女兒覺信尼操辦親鸞的一切喪事,在東山大谷建廟堂,將親鸞的遺骨安葬於此,先後由其子覺惠、孫覺如負責管理。此後經過世代相傳,以大谷廟堂為中心形成真宗內最大的本願寺教團。

2. 親鸞的《教行信證》及其他著作

親鸞在常陸稻田期間,利用當地藏有「宋版一切經」的條件,圍繞淨土念佛的思想收集大量資料,撰寫《教行信證》(全稱《顯淨土真實教行信證文類》)六卷,系統地論述了真宗的基本教義。全書引述經書原文的篇幅最大,親鸞只是在「謹按」、「謹」、「夫按」、「爾者」、「論曰」之後及自設問答的文字中,闡釋自己對所引經書語句的詮釋和見解,比較集中地論述自己的淨土教說——真宗的教義。據日本近代著名佛教學者村上專精《真宗全史》統計,親鸞在書中引證佛經二十九部、論書四部、中日佛教論釋著作三十八部,另引外典——《論語》一部,實際引用了六十四種佛書的語句。其中除引用淨土信仰最重要的「三經一論」和中國北魏曇鸞,唐代道綽、善導(光明寺和尚)的淨土著作外,還引用大乘經典《大涅槃經》、《大集經》、《首楞嚴經》、《藥師經》、《菩薩戒經》、《大乘起信論》以及宋代王日休(號龍舒)《龍舒淨土文》、宗曉《樂邦文類》、日本比睿山天台宗僧源信《往生要集》等。

《顯淨土真實教行信證文類》由六部分組成:

一是「顯真實教」,指依據的真實教法,特指《無量壽經》,稱之為「真實之教,淨土真宗」。將此經中所說阿彌陀佛的十八願「設我得佛,十

第二節　日本的淨土宗、真宗和時宗

方眾生至心信樂欲生我國，乃至十念。若不生者，不取正覺」稱作「念佛往生願」、「如來本願」、「往生本願」，將阿彌陀佛名號作為本經之體。

二是「顯真實行」，指所宣導的修行方法，特指稱念「南無阿彌陀佛」或「阿彌陀佛」。依據的是《無量壽經》中的第十七願：「設我得佛，十方世界無量諸佛，不悉諮嗟稱我名者，不取正覺。」稱此為「選擇稱名之願」。在解釋中將一念、一聲等同、正念與正行視為等同，將口稱念佛與心中念佛視為等同，正念就是念佛，就是念誦「阿彌陀佛」。

三是「顯真實信」，指所謂彌陀本願，即第十八願的絕對信心，將其中的「至心、信樂、欲生」稱為三心。如果修行者至誠地相信並歡欣地發願嚮往彌陀淨土，那麼，這種信心即與彌陀本願相通，便可憑藉彌陀的願力往生淨土。

四是「顯真實證」，證是修行結果，任何人皆可往生西方淨土，「入大乘正定聚（按：達到必定覺悟之位）之數，住正定聚故，必至滅度，必至滅度即是常樂，常樂即是畢竟寂滅，寂滅即是無上涅槃」。此即意味著往生淨土即永遠超脫生死，必定成佛。

五是「顯真實土」，說往生淨土即入光明無限的真實報身佛——阿彌陀佛的清淨報土。

六是「顯化身土」，如果不能專修念佛，「雜修」或「執心不牢」，死後雖也往生，但生於淨土邊緣之處，屬於佛的「顯化身土」，或稱之為「懈慢界、疑城胎宮」[218]。

以上六個組成部分中的前四項——教、行、信、證，是構成淨土真宗教義中的四個最基本的內容。簡言之，奉淨土三經中的《無量壽經》為最重要的經典，以念佛（口念、心念相通）為最重要的修行方法，對彌陀

---

[218]　《顯淨土真實教行信證文類》載《大正藏》卷八十三。

本願他力的信心是往生淨土的決定因素，往生淨土也就意味著成佛。

《教行信證》為日本淨土真宗的最重要的教典，是親鸞五十歲至六十歲（西元 1222～1232 年）在關東常陸國編撰的，回到京都後又作了一些修改，此書的完成象徵著日本淨土真宗的正式成立。

此外，親鸞還撰有《淨土和贊》、《高僧和贊》、《唯信鈔文意》、《淨土文類聚鈔》、《淨土三經往生文類》、《愚禿鈔》、《入出二門偈頌》、《一念多念文意》、《正像末和贊》、《尊號真像銘文》等。

親鸞在常陸國時，茨城郡河田村報國寺的唯圓，曾當面從親鸞受教。親鸞死後，唯圓看到信徒之間產生種種異說，在慨嘆之餘，根據自己的記憶將從親鸞那裡聽到的淨土念佛之教整理成文字，題為《嘆異鈔》。全書十八章，前九章記述親鸞的法語，後九章是他對當時真宗內出現的異說所作的批評。《嘆異鈔》是日本淨土真宗的重要教典之一，尤其在表述往生「信心為本」、「惡人正機」方面最具特色。[219]

3. 淨土真宗的教義

淨土真宗，一般稱「真宗」，因為以《無量壽經》中所說「一向專念無量壽佛」為主要修行方法，也被稱為「一向宗」；又因親鸞常稱信眾為「御門徒眾」，也被稱為「門徒宗」，近代以後才正式稱「淨土真宗」。

真宗教義主要依據親鸞《教行信證》，同時也參照親鸞的其他著作。現按判教、教祖、信心為本、惡人正機四個層次，對日本淨土真宗的教義作概要介紹。

（1）淨土法門頓漸、真假的判教論

親鸞在創立淨土真宗過程中，重新從整體上分類和評述佛法，提出自

---

[219] 《嘆異鈔》在日本有不同譯注本，筆者參考的是金子大榮《嘆異鈔（校注）》，岩波書店 1981 年版，及真鍋元之《嘆異鈔與親鸞》，金園社出版（原書未標出版時間）。國內有毛丹青譯注《嘆異鈔》，天津出版社 1994 年版，可以參考。

己的判教理論。他在京都寫的《愚禿鈔》中對此有系統論述。

親鸞在繼承以往中國淨土宗判教理論的基礎上，發揮自己的觀點，分類、比較和評判全部佛法。他首先把佛法分為大乘和小乘二教，進而將大乘分為難行道——自力聖道門和易行道——他力淨土門，然後將自力聖道門、他力淨土門分為漸教和頓教。接著，他又用所謂「豎」、「橫」；「豎出」、「豎超」；「橫出」、「橫超」等術語對前述佛法作進一步分類和評述。

所謂「豎」是指修行必須經歷前後和深淺的程序；「橫」是沒有固定的程序和次第；「出」是出離欲界、色界和無色界，達到最高解脫的境界；「超」是直達最高解脫的境界。親鸞用「豎」代表聖道門，指淨土宗以外的教派；用「橫」代表淨土門，即淨土宗。所謂「豎出」是指聖道門中的「漸教」、「權教」，如主張歷劫修行才能達到覺悟解脫的法相宗等；以「豎超」代表聖道門中的「頓教」、「實教」，如主張「即心是佛」或「即身成佛」的華嚴宗、天台宗、真言宗、禪宗（佛心宗）等。與此相對，所謂「橫出」是他力淨土門的「自力方便假門」，指《觀無量壽經》、《阿彌陀經》等經所說的修善功德和九品往生之教；「橫超」是他力淨土門講「選擇本願」（「念佛本願」）的「真實之教」，也就是《無量壽經》中所說的念佛往生報土之教。這樣一來，即使是淨土之教中也有頓教、漸教之分，前者是沒有依憑彌陀本願專修念佛的淨土教中的漸教，而後者是依憑彌陀本願專修念佛的淨土之教的頓教。用圖表示如下：

```
              ┌ 聖道門─難行道─自力 ┌ 豎出─漸教（法相宗等主張歷劫修行才能解脫之教）
              │                     └ 豎超─頓教（禪、真言、天台、華嚴等主張即身
大乘 ─────┤                              成佛之教）
              │                     ┌ 橫出─漸教（《觀無量壽經》、《阿彌陀經》的
              └ 淨土門─易行道─他力 │              淨土假門之教）
                                    └ 橫超─頓教（《無量壽經》的淨土真宗之教）
小乘─緣覺教、聲聞教
```

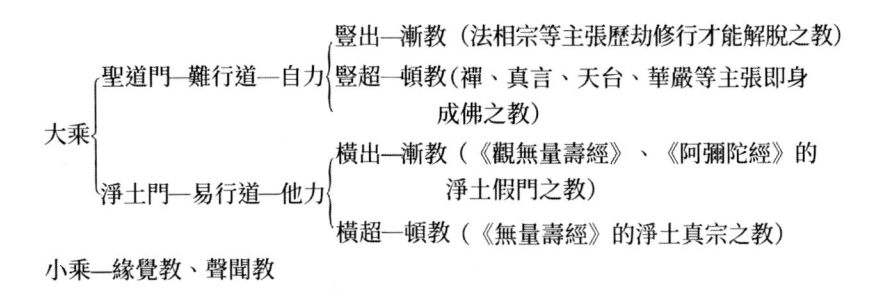

第五章　宋元佛教交流與淨土、禪宗東傳

這一方面將淨土教以外的佛法與淨土教劃清界限，藉以強調易行的淨土門比難行的聖道門優越；同時又將專修念佛（在親鸞那裡是以深信彌陀本願為前提的念佛）的淨土教法與其他兼修誦經、禮拜及做各種功德的淨土教法劃清界限，強調主要依據《無量壽經》的真宗又優於其他淨土教說或教派。親鸞這種判教的目的是突出《無量壽經》在各種淨土經典中的重要地位，以及他所論述的對「彌陀本願力」絕對信心是往生成佛之本的教說。

(2) 真宗所奉的教祖

親鸞以印度和中日兩國撰有淨土著作並弘揚淨土信仰的七人為教祖。他們是：印度著有《十住毗婆沙論》的龍樹，著有《往生論》（《無量壽經優婆提捨願生偈》）的天親（世親）；中國北魏時期著有《往生論注》的曇鸞，隋唐時期著有《安樂集》的道綽，著有《觀無量壽經疏》及《往生禮贊》等的善導；日本著有《往生要集》的源信，著有《選擇本願念佛集》的源空。

親鸞在所著《淨土高僧和贊》中以偈頌讚頌這七人，從中可以看出親鸞對他們的哪些思想特別感興趣、特別重視。他讚揚印度的龍樹顯示難行道和易行道、天親闡釋淨土經典中彌陀本願他力之教；中國的曇鸞主張「往還回向由他力，正定之因唯信心」；道綽闡明聖道門難行難證，唯有淨土門易修易證，「萬善自力貶勤修，圓滿德號勸專稱」；善導提倡口稱念佛，「矜哀定散（按：坐禪與不坐禪）與逆惡」，「開入本願大智海」。親鸞讚揚日本源信提倡淨土念佛之教，「極重惡人唯稱佛，我亦在彼攝取中」；親鸞之師源空是日本淨土宗創始人，親鸞讚揚：「本師源空明佛教，憐湣善惡凡夫人，真宗教證興片州，選擇本願弘惡世。」[220] 在這些偈頌中，親鸞著重讚頌他們將佛法判釋為難行的聖道門、易行的淨土門，強調信心和提倡專修念佛，宣傳一切善惡眾生皆能依憑彌陀「本願」他力往生淨土。

---

[220]　《淨土高僧和贊》原偈是古日文，詳見《大正藏》卷八十三，第 660 頁～ 664 頁。

(3)「信心為本」——超道德的修行解脫論

佛教的教義、戒律包含豐富的倫理道德的內容，例如大小乘佛教的善惡因果報應說教，要求廣大信眾遵守的五戒（不殺生、不偷盜、不邪淫、不妄語、不飲酒）、十善（不殺生、不偷盜、不邪淫、不妄語、不兩舌、不惡口、不綺語、不貪、不瞋、不癡）和出家僧眾應當遵守的沙彌戒（十戒）、具足戒（《四分律》規定男眾二百五十條、女眾三百四十八條）等，其中皆蘊涵豐富的相當於道德觀念、道德意志、道德準則和道德規範的內容，並將此道德說教與善惡因果報應理論結合起來，說善有善報，惡有惡報，或死後再生為人，或生諸天，或生為畜生，乃至下地獄、成餓鬼，旨在勸人淨化心靈，行善止惡。中國隋唐成立的各宗也將這些道德的基本內容採納到自己的教義體系當中。即使是淨土宗，雖貶低所謂「聖道」的傳統佛教，強調彌陀本願他力，然而也沒有完全否定守戒行善是修行者往生的重要條件，主張透過念佛消除以往罪惡，聲稱「稱佛一聲即除罪五百萬劫」，然後往生淨土。從邏輯上說，是先消罪後往生。源空的淨土教說繼承了善導關於念佛消罪往生的思想。

然而到了親鸞，情況有較大變化。首先，他認為一個人死後能否往生（即解脫成佛）與他生前修行好壞和行為善惡無關，而完全由他對彌陀本願他力的「信心」決定。親鸞稱這種對彌陀本願的信心為成就往生的「內因」、「真因」、「正因」。真宗本願寺第八代教主蓮如（兼壽，西元 1415～1499 年）在其《御文・五帖目》中歸納親鸞的淨土教說，說：「聖人（按：指親鸞）一流勸化之要，以信心為本。」因此，「信心為本」可以說是日本真宗的主要特色。

如：

大信心者，則是長生不死之神方，欣淨厭穢之妙術，選擇回向之直心，利他深廣之信樂，金剛不壞之真心，易往無人之淨信，心光攝護之一

第五章　宋元佛教交流與淨土、禪宗東傳

心,稀有最勝之大信,世間難信之捷徑,證大涅槃之真因,極速圓融之白道(按:通往淨土之光明大道),真如一實之信海也。斯心即是出於念佛往生之願(按:即《無量壽經》中的彌陀第十八願)。(《教行信證》卷三)[221]

親鸞所說的「信心」,蘊涵彌陀第十八願中的所謂「至心、信樂、欲生」三心,即至誠地相信並歡欣地發願嚮往彌陀淨土。這種信心與修行者生前的道德情操和持戒行善的行為沒有任何關係,是「出於念佛往生之願」。如果有了這種信心,便可立即與彌陀本願相通,死後必定憑藉彌陀願力往生淨土。所以親鸞稱這種信心是「長生不死之神方……世間難信之捷徑,證大涅槃之真因」。按照佛教教義,「涅槃」是指徹底斷除煩惱達到最高覺悟的境界,也就是成佛。親鸞實際是說,如果具備對彌陀本願的絕對信心,不僅可以死後往生「無量壽」的極樂世界,而且往生也就意味著成佛。

他還說:

彌陀本願不選人之老幼、善惡,應知信心為要旨。彌陀本願以救罪惡深重、煩惱熾盛之眾生為志,如信本願,則無需其他善行,無優於念佛之善行也。不必懼惡行,無有能妨礙彌陀本願,阻礙眾生往生淨土之惡行。(《嘆異鈔》)[222]

如來所以興出世,唯說彌陀本願海。五濁惡時群生海,應信如來真實言。

能發一念喜愛心,不斷煩惱得涅槃。凡聖逆謗齊回入,如眾水入海一味。(《教行信證》卷二《正信念佛偈》)[223]

---

[221]　《大正藏》卷八十三,第601頁上。
[222]　譯自《大正藏》卷八十三載《歎異鈔》。這段原文載第728頁上、中。
[223]　載《大正藏》卷八十三,第600頁上。第三句「五濁」是佛教所說「末法」時代的五種衰落表像:劫(時)濁、見濁、煩惱濁、眾生濁、命濁。第五句中的「喜愛心」,即發願往生淨土之心。

266

第二節　日本的淨土宗、真宗和時宗

不論人死之善惡，信心決定之人，必住正定聚（按：意為往生即達必定入悟的不退轉境地，親鸞稱此為佛位）。〔《末燈鈔》載正嘉二年（西元1258年）十二月十四日親鸞致乘信房的信〕[224]

據上面引文，親鸞認為對彌陀本願的信心和基於這種信心的念佛，不僅與修行者身分的富貴貧賤、出家在家、男女老少無關，並且是超越於修行者的道德善惡、行為邪正和有罪無罪之上的，如他在《教行信證》卷三所說：「凡按大信海者，不簡貴賤緇素，不謂男女老少，不問造罪多少，不論修行久近，非行非善，非頓非漸，非定非散，非正觀非邪觀，非有念非無念，非尋常非臨終，非多念非一念，唯是不可思議不可稱不可說信樂也。」[225]這種信心歸根到底是彌陀給的，與彌陀本願相通，是不可思議的和難以用文字表達的，具有這種信心的人，死後靈魂必定往生。《嘆異鈔》記載，親鸞曾說：「行者具有信心，天神外道不能障礙，雖有罪惡，不受業報。」甚至宣稱：人的善惡行為，乃至「殺百人千人」，皆是由前世的「業緣」決定的，並不是決定能否往生的原因，而往生淨土是由對彌陀本願的信心決定的。[226]這就是說，行善無助於往生，行惡也無礙於往生。

不難看出，這種超道德的念佛往生論有損於佛教傳統的勸善止惡的功能，會導致修行者道德意識滑落，行為放縱。據載，親鸞回到京都以後，在關東地區的真宗信徒中確實有人「專恃本願」，宣稱「造惡無礙」，並且否定彌陀信仰以外的佛教和神道的信仰，引起糾紛，危害社會安定。對此，親鸞也表示反對，說這樣做不僅妨礙別人念佛，也必然招致當局和世人的反對，斥之為「如獅子身上的蟲吃獅子之肉」。[227]到室町時期，真宗本願寺派教主蓮如為緩和真宗與各地守護地頭及信仰其他宗派、神道民眾

---

[224]　《大正藏》卷八十三，第713頁下。
[225]　《大正藏》卷八十三，第606頁中、下。
[226]　《大正藏》卷八十三，第731頁中、下。
[227]　《親鸞聖人御消息集》署九月二日給慈信房的回信。載《大正藏》卷八十三，第725頁下。

第五章　宋元佛教交流與淨土、禪宗東傳

的關係，在向信徒強調「信心為本」的同時，還提出「以王法為本，以仁義為先」、「以仁義為本」的要求[228]。約束信徒遵守「王法」（國家的法律、命令），遵循以仁義為核心的社會道德規範，有利於改善真宗信徒與其他民眾的關係，使真宗更容易融入日本社會。

基於「信心為本」的淨土思想，親鸞將以往淨土教提倡的口稱念佛、念佛消罪的做法也劃歸於「自力」修行，提出異議。據《嘆異鈔》記載，他置疑「一聲念佛消八十億劫重罪」的說法，認為這種說法仍相信自力，沒有建立對彌陀本願的絕對信心；說如果有此信心，即使「犯有罪業，臨終沒有念佛，也可迅速往生」。他也並非完全否定口稱念佛，說如果建立了對彌陀本願的信心，念佛就是報答阿彌陀佛恩德的表現。[229] 這與中國善導的淨土教說、源空創立的日本淨土宗提倡的口稱念佛的做法形成鮮明的對照。

（4）「惡人正機」說

既然往生成佛以信心為本，與個人的意識和行為的善惡沒有關係，那麼，從邏輯上說，那些對透過自力修行達到解脫失去信心，而對彌陀本願絕對相信的人最有條件往生，而既相信自力又程度不同地相信彌陀本願他力的人，則難以具備充分的往生條件。這就是親鸞提出的往生「惡人正機」說的理論前提。

何為善人、惡人？按照佛教傳統的教義，遵循五戒、十善的人可以稱為善人，而違犯五戒、十善的人可稱為惡人。如果犯有殺父、殺母、殺羅漢（殺僧）、害佛、破壞僧團的「五逆」罪，則為「五逆重罪之人」。中國的淨土教到唐代善導進入一個新的階段，在提倡口稱念佛和論證一切「罪惡凡夫」皆可往生方面，提出了更加完備的教義體系，對後世影響很大。善

---

[228]　《蓮如上人御文・三帖目》，載《大正藏》卷八十三，第 794 頁上、中。
[229]　詳見《大正藏》卷八十三，第 732 頁中、下。

第二節　日本的淨土宗、真宗和時宗

導在《觀無量壽經》等著作中論證不僅持戒行仁慈、孝養父母的善人可以往生，就連犯戒、作種種惡業，乃至犯十惡、五逆等罪者，只要信奉阿彌陀佛，修持淨土法門，哪怕是在臨終前連續念誦阿彌陀佛名號，都可往生淨土。日本源空繼承了善導的思想。

善導及源空的念佛往生論雖著眼於凡夫，強調惡人也能往生，但仍以善人為本位，如善導《觀念阿彌陀佛相海三昧功德法門》中說：「一切罪惡凡夫尚蒙罪滅，證攝得生，何況聖人願生而不得去也！」[230] 源空也說過類似的話，《黑谷上人語燈錄》卷十四記載他的一段話：「信犯十惡、五逆之罪者可以往生，犯小罪者可想而知。罪人尚可往生，何況善人！」[231] 意為惡人尚能往生，何況善人、聖人！這樣講便把淨土教說成是一切人皆可信奉和接受的教派了。

然而親鸞的淨土真宗在此基礎上有較大改變，不僅強調一切罪惡凡夫可以往生，而且進而宣稱凡夫中的惡人最堅信彌陀本願他力，是阿彌陀佛著力拯救的對象。《嘆異鈔》記載親鸞如下一段話：

善人尚可往生，何況惡人哉！然世人常謂惡人尚能往生，何況善人。此說看似有理，但有違本願他力之趣。蓋自力為善之人，無依他力之心，非為彌陀本願所攝。然如幡然改悟，棄捨自力之心而忖依彌陀本願之他力，則必往生真實之報土。煩惱具足之我人，作何種修行皆不能脫離生死。彌陀悲憫發宏願之本意，正為使惡人成佛。如此則信賴他力之惡人，本為往生之正因。故謂善人尚能往生，何況惡人。

在親鸞的外曾孫覺如（西元 1270～1351 年）編的《口傳鈔》卷下，記述了親鸞之孫如信（西元 1239～1300 年）傳自親鸞對「善人尚能往生，何況惡人」解釋的一段話：

---

[230]　《大正藏》卷四十七，第 28 頁上、中。
[231]　《大正藏》卷八十三，第 218 頁下。

惡凡夫為本，善凡夫為傍。既然傍機之善凡夫可以往生，正機之惡凡夫豈不能往生？故謂善人尚能往生，何況惡人。

據上面引文，可以看出親鸞如下的主張：①往生成佛以信心為本，不論善人惡人，也不論個人行為的善惡；②善人依仗自力持戒修行和行善積德可以達到解脫，不太相信彌陀本願他力，故不是彌陀發願拯救的對象；然而如果改信彌陀本願，也可往生淨土；③惡人沒有條件持戒修行和行善積德，真心相信彌陀本願他力，故是彌陀拯救的對象；④因此惡人是「往生正因」、「正機」，是往生眾生中的正體，而善人則為「傍機」，為附屬者，結論是「善人尚能往生，何況惡人」。

實際上，親鸞在自己的著作中對所謂「惡人」的解釋相當寬泛，雖然也包括犯有各種不同罪惡的惡人，然而在一般情況下是指最普通的廣大民眾：農民、漁民、獵人及商人、武士。廣大民眾過世俗生活，從事各種生產勞動和社會活動，難免傷生殺生，既無條件持戒修行，又無錢財行善施捨、造寺造佛像等等，按照佛教傳統觀點，至少難以將他們都歸於「善人」行列之中。親鸞把自己置於「惡人」之列，常稱自己是「垢障愚禿」、「煩惱具足之我人」、「罪人」等，從而使自己便於親近民眾，使真宗教義更容易為民眾接受。

在親鸞生活的時代，武士階層迅速興起並逐漸在社會政治和經濟體制中占據支配地位。真宗的「信心為本」和「惡人正機」的淨土往生說，對經常從事征戰殺伐的武士自然有很大吸引力。然而對這種往生說如果不輔之以法紀制約和道德要求，無論對社會還是對真宗教團本身，都有可能產生不良的負面作用。西元15世紀蓮如提出以「王法為本，以仁義為先」的口號，也許正是出於這方面的考慮。

應當指出的是，這種以「信心為本」和「惡人正機」的念佛往生論，在特殊情況下可以被用來鼓勵和安慰投身戰爭的軍官、士兵，使他們原有的

良知和道德理念受到侵蝕，從而對自己從事的攻戰殺掠無所顧忌，造成惡劣後果。二戰中真宗當局派往對外瘋狂侵略的日本軍隊中的「從軍僧」的所作所為，應當說就發揮這種作用。

親鸞死後，真宗在關東及其毗鄰專區迅速傳播，形成高田、橫曾根、鹿島、大網四大教團，在京都以親鸞廟堂為中心逐漸形成強大的本願寺教團。後世把這五大教團分為真宗十派，它們是高田派、佛光寺派、三門徒派、誠照寺派、出雲路派、山元派、興正寺派、木邊派、西本願寺派、東本願寺派（大谷派）。真宗各派在教義上彼此沒有根本差別。各派教團內部沒有僧俗之別，彼此稱「同行」、「同朋」，沒有另立的戒規，要求教徒遵守社會上通行的道德規範。

三、一遍和時宗

在日本淨土宗法系中，按成立時間是先有源空的淨土宗，後有親鸞的淨土真宗，然後是一遍創立的時宗。按年齡來看，一遍比源空小一百零六歲，比親鸞小六十六歲。在一遍生活的年代，淨土宗和真宗在日本社會已經相當盛行。因此，在一遍創立時宗的過程中不能不受這兩個宗派的影響。

一遍創立的時宗雖依據來自中國的漢譯淨土經典，並且受到中日兩國淨土著作的較大影響，同時也受到天台宗、真言宗和新從中國傳入的禪宗、日本民族原有宗教信仰——神道的影響，帶有突出的創新特色。

關於一遍生平及其創立的時宗的資料，有如下幾種：①西元 13 世紀末聖戒撰文、圓伊繪圖的《一遍聖繪》十二卷，在日本《續群書類叢》第九輯載有其文本；②西元 14 世紀初宗俊撰文、行光繪圖的《一遍上人繪詞傳》（也稱《一遍上人緣起》）十卷，前四卷記述一遍傳記，後六卷記述一遍弟子真教的傳記。原書已佚，但在日本《國文東方佛教叢書‧傳記部》

收載此書的文本；③西元 18 世紀一海編的《一遍上人語錄》兩卷，收錄前述兩書中的一遍及其門徒的傳記、法語等；④一遍弟子（傳為持阿）編的《播州法語集》，收載一遍在播磨國（今兵庫縣）傳教的語錄，日本岩波書店 1985 年出版的大橋俊幸校注《一遍上人語錄》附有《播州法語集》；⑤西元 18 世紀初師蠻編撰的《本朝高僧傳》卷十五〈智真傳〉，概要記述一遍的傳記。

1. 一遍生平和創教歷程

一遍（西元 1239～1289 年），史書一般稱「智真」，曾名隨緣，俗姓河野，伊豫國（今愛媛縣）松山人，出生於當地豪門武士家族。祖父、伯父曾參與支持承永三年（西元 1221 年）後鳥羽上皇為首的朝廷反對幕府武士政權的戰爭，失敗後遭到嚴懲，伯父被殺，很多領地被沒收，家族從此沒落。一遍之父通廣出家為僧，法名如佛。

一遍十歲時奉父命出家為僧，法名隨緣，三年後到九州太宰府（今福岡）禮淨土宗西山義派創始人證空的弟子聖達為師，學淨土宗。曾遵師命拜華臺為師，學習淨土宗教典及禪學，其間被改名智真。一遍在父親去世後曾回到故鄉，一度還俗，然而在遇上家族紛爭之後又再度出家。

龜山天皇文永八年（西元 1271 年），一遍到信濃國（今長野縣）的善光寺閉關修行。在這期間，他參照善導《觀無量壽經》中所說「二河白道」的文義[232]繪製一幅本尊圖。他此後回鄉，將此本尊圖懸掛於自建的草庵之中，日夜修行，專心念誦阿彌陀佛之號。兩年後，他將自己思悟的心得用偈頌寫到本尊圖上。此即《十一不二頌》：

十劫正覺眾生界，一念往生彌陀國，

十一不二證無生，國界平等坐大會。

---

[232] 據善導《觀無量壽經疏》卷四，「二河」是水、火二河，分別比喻眾生貪愛之心與瞋憎之心；二河中間的「白道」比喻眾生所具願往生淨土之心（《大正藏》卷三十七，第 273 頁）。

第二節　日本的淨土宗、真宗和時宗

四句偈頌的大意是：《無量壽經》所說法藏比丘經歷了難以計算的時間（十劫）修行，覺悟（正覺）成為無量壽佛（即阿彌陀佛），建立攝受眾生往生的極樂淨土；世上的眾生只要稱念阿彌陀佛一聲，死後就能往生彌陀的極樂國；彌陀經歷十劫入悟與眾生的一念往生是相即不二的，皆達到至高覺悟境界；在極樂世界沒有國界差別，眾生平等相處，出席阿彌陀佛說法的大會。一遍在偈頌中表達了念佛必定往生和佛與眾生平等、眾生與眾生平等的思想。這正是時宗教義的重要組成部分。

兩年後，一遍將自己的房屋、田產等全部施捨送人，帶領弟子離開家鄉，到處傳法，勸人念佛發願往生西方淨土。時宗稱這種巡遊傳法的方式為「遊行」。一遍對接受勸化、發願念佛往生的人，皆贈以念佛牌（「念佛劄」），此即時宗所謂的「賦算」。剛開始一遍只對表示相信念佛往生（「一念起信」）的人才授予念佛牌，後來決定向聽他勸化的人皆授念佛牌。儘管如此，一遍在思想深處對這種做法仍存在疑惑。

紀伊國（今和歌山縣）熊野神社供奉的神稱「熊野權現」，按照平安時期發展起來的神佛會通的「本地垂跡」理論，被認為是阿彌陀佛的化身（垂跡）[233]。一遍帶著自己的疑惑來到熊野神社，連續百日作閉關修行，祈請熊野之神給予教示。據《一遍聖繪》卷三記載的傳說，熊野之神顯靈，告訴他說：「『南無阿彌陀佛』的名號已經決定一切眾生皆可往生。不管是信還是不信、淨還是不淨，皆應授以念佛劄。」意為眾生往生淨土，達到解脫，皆由「南無阿彌陀佛」名號決定，與眾生信還是不信、淨與不淨（有無罪業）沒有直接的關係。並且授他偈頌一首，曰：

六字名號一遍法，十界依正一遍體，

萬行離念一遍證，人中上上妙好華。

---

[233]　關於熊野權現，參考楊曾文著：《日本佛教史》第二章第五節，第189頁。

此偈後來取四句中前一個字，稱〈六十萬人頌〉。不難理解，這是一遍假託神諭，將自己在閉關修行中潛心思考的結果用偈頌表達出來，偈中蘊涵的內容也是時宗教義的重要組成部分。

那麼，這首偈頌表達的是什麼意思呢？偈頌的前三句皆有「一遍」二字。一遍在《復山門橫川真緣上人》中說過：「唯南無阿彌陀佛六字以外，無我身心，（念）名號遍向一切眾生，名一遍。」（《一遍上人語錄》卷上）意為念佛時，將自己的身心完全融入「南無阿彌陀佛」六字名號之中，讓彌陀名號普被一切眾生，這才是「一遍」。這在含義上對「一遍」原意已有所發展。按照偈頌的原意，「一遍」就是念佛一次、一回、一聲、一遍的意思。從偈頌的整體結構來看，前三句表達的分別是：念佛的內容——法、念佛的主體——體、念佛達到的精神境界——證，最後一句是對念佛者的讚揚。就是說，念佛一遍或一回、一次、一聲的內容是體現佛法整體的「南無阿彌陀佛」六字名號；念佛的主體是十界的一切眾生，既包括流轉生死的凡夫，也包括已經達到解脫的菩薩和佛；念佛達到的境界是「萬行離念」，即除了任聲念六字名號之外，已經無思無念無欲，達到解脫的境界；世上一心念佛者是最高尚的人，好像美妙的蓮花。

這個偈頌賦予六字名號「南無阿彌陀佛」以眾生往生之本、成佛之本的最高地位，意味著任何人不管信還是不信、有罪還是無罪，只要稱此名號，死後必定往生。一遍自此將原名智真改為一遍。一遍在後來傳法中經常提到他在熊野神社接受神諭的事。《播州法語集》記載，一遍曾表示：「我之法門是熊野權現夢中所口授也。」此後，一遍到各地傳法、「賦算」，在送給民眾的念佛牌上寫著：「南無阿彌陀佛，決定往生六十萬人。」其中的「六十萬人」是取自前述偈頌中每句前的一個字，表示要勸化一切人念佛往生。一遍將凡是接受念佛牌的人的名字皆寫進他的「勸進帳」。他為了吸引更多的民眾念佛，還常帶著信眾一邊跳舞一邊念佛。這種舞蹈念佛，

第二節　日本的淨土宗、真宗和時宗

後來成為時宗特色之一。

一遍的淨土念佛思想還受到傳自中國的禪宗的影響。心地覺心（西元1207～1298年）曾從日本臨濟宗創始人榮西的弟子行勇、榮朝及從南宋徑山無準師範受法而歸的圓爾辯圓學習禪法，建長元年（西元1249年）入宋，在臨安（今杭州）從無門慧開受臨濟宗楊岐派禪法，歸國後在紀伊由良莊西方寺（後改興國寺）傳法，是當時日本著名禪師之一。據《一遍上人行狀》，一遍再次出家到各地傳法過程中，曾到覺心門下參禪；在熊野神社閉關修行之後，又參謁覺心，呈偈表達自己的悟境，受到印可。從一遍與覺心前後接觸的相關記載中，可以看到他受禪宗「空」和「無念」的思想影響較大。[234] 一遍後來把「空」和「無念」也吸收到他的念佛教義之中。

一遍重視巡遊各地傳教，被人尊稱為「遊行上人」，他一生幾乎走遍除北海道以外的大部分地區，足跡遍六十餘國（州），沿途巡拜佛寺、神社，逢人即勸人念佛。後深草天皇正應二年（西元1289年）八月二十三日，一遍在兵庫和田岬觀音堂去世，年五十一。他不僅將自己的一切財物、佛經都捨送別人，甚至連自己常用的圖書也焚盡不留，而且也勸弟子捨去一切。因此，他也被世人尊為「捨聖」。

2. 時宗的教義

時宗的教義實際在前述〈十一不二頌〉和〈六十萬人頌〉中已建立框架，主要是彌陀名號至上，無論凡聖，只要念佛名號必定往生極樂淨土。主要有兩點：

(1)「南無阿彌陀佛」六字名號至上

在一遍的教義體系中，「南無阿彌陀佛」六字名號占有至上的地位，從他的一些表述來看，簡直就相當於大乘佛教中的「真如」、「法性」、「佛

---

[234] 詳見楊曾文著《日本佛教史》第三章第四節之三（第283頁）有關部分。

性」，或是法身佛。然而作為淨土教說，一遍在傳法中經常將這個名號解釋為阿彌陀佛、彌陀本願的體現，認為它具有神聖的無上的不可思議的力量，是決定眾生往生解脫的依據。

《播州法語集》記載，一遍說過：「『南無』為十方眾生之機，『阿彌陀』是法，『佛』是能覺之人。六字暫開為機、法、覺三字，終為三重一體。然名號外無能歸之眾生，無所歸之法，無能覺之人。是則絕自力他力，絕機法，為南無阿彌陀佛。……絕迷悟、機法，去自力他力，則為不可思議名號。」據《一遍上人語錄》卷上〈為結緣殿上人書示法語〉，一遍曾表示：「名號之外無機、法，名號之外無往生。一切萬法，皆為名號體內之德。」所謂「機」是指接受佛法者的根性、根機，也用來指眾生；「法」指的是佛法；「佛」是指覺悟者，大乘佛教有釋迦牟尼佛、藥師佛、阿彌陀佛、毗盧遮那佛等等，這裡特指阿彌陀佛。一遍借用大乘佛教對真如、佛性等蘊涵本體、本原意義的概念的描述，說「南無阿彌陀佛」六字名號具有「相」（顯現、表像、現象）與「體」（本體、本原）兩個方面，從其具有外相的「相」來說，它具有眾生、佛法、佛三者，然而從其「體」來說，三者融會，空寂無相。因此，唱念六字名號進入最高階段的時候，自己的心已經與名號之「體」相應，不再有念佛者之「機」、被念之「法」和入悟之「佛」的觀念，即所謂「名號外無能歸之眾生，無所歸之法，無能覺之人」，從而達到念佛的最高境界。進入這種精神境界，也就意味著往生淨土。

從前引語句內容來看，這當是一遍在特殊場合，即對有較高佛學造詣的身邊弟子或其他人講的，在一般場合，他經常用比較淺顯形象的語言，講述念佛必然往生淨土的道理。

(2) 強調無論信還是不信，只要念佛必定往生

按照一遍的教義邏輯，既然六字名號是眾生往生之本、成佛解脫之本，那麼，任何人，無論富貴貧賤，也不管是信還是不信，平生有罪還

是無罪，只要唱念「南無阿彌陀佛」六字名號，便注定往生，在精神上便可進入「萬行離念」的覺悟境界，達到與佛等同不二的果位。這在一遍的〈十一不二頌〉、〈六十萬人頌〉中已經以偈頌形式作了表述。

此外，他還說過：

欣求淨土之人，不論我機信不信、淨不淨、有罪無罪，只要聽聞不思議名號而喜悅，稱念南無阿彌陀佛，命終之時，眾聖必來迎，得無生法忍（按：體悟空寂無生的解脫境界），是謂念佛往生。（《一遍上人語錄》卷上〈書答頭辨殿問念佛安心〉）

一遍強調不管「信不信、淨不淨、有罪無罪」，只要稱念「南無阿彌陀佛」皆可往生，是把社會上的一切民眾作為爭取對象的。

一遍還將「空」、「無念」和「捨」（捨棄）的思想納入時宗念佛教義之中。前面提到，他兩次到心地覺心門下參禪，受到禪宗的「空」、「無念」思想的影響。禪宗六祖慧能提出「無念為宗」，要求修行者在修行和日常生活中不要執意地有所追求或捨棄，做到「雖即見聞覺知，不染萬境」（《六祖壇經》）。此後，禪門五宗在禪法上皆沿著這個思想路線，引導修行者以「空」、「無念」的思想斷除對各種事物的執著，在修行和生活中貫徹自然無為的原則。但禪宗在理論上要求寄修禪於生活日用之中，並不是將「空」、「無念」與某一種特定修行形式連繫起來。然而一遍要求在任聲念佛中，即在不假思索、一聲接一聲地稱念六字名號過程中達到「無念」，心中忘掉一切，既無佛也無我，不再有任何欲望和追求。他引唐代法照的話說：「念即無念，聲即無聲。如此則名號即非名號。」（《一遍上人語錄》卷下）這種境界是要在任聲念佛中達到的。他又說：「任口高聲念佛，念佛，無佛亦無我。此中無種種道理。……外無所求，內無可厭。」（《一遍上人語錄》卷上）在有的場合，他甚至將西方淨土解釋為「空無我之土」，聲稱只要做到任聲念佛，「此穢身雖在穢土，心已往生而在淨土」

（《播州法語集》）。

既然在思想上要求達到「空」、「無念」的精神境界，在日常生活中也應捨棄自己的一切，包括物質財富、田產等。一遍本人這樣做了，也要求身邊弟子這樣做。至於對一般信眾，他只勸說他們捨棄「自力我執」，一心一意地念佛。

時宗在創立過程中雖受到淨土宗、真宗的影響，然而它具有不同於二宗的鮮明特色。與淨土宗相比，時宗雖提倡念佛，稱念六字名號，然而並非主張念佛遍數越多越好，說「名號之處無一念、十念之數也」（《播州法語集》）；也不主張先念佛消罪然後往生的思想。與真宗相比，一遍反對相信彌陀本願他力的「信心」是往生之本的說法，表示「非由信決定往生」，「凡夫之心不決定往生，決定者是名號」。（《一遍上人語錄》卷下）

一遍去世後，弟子真教繼承其業，將時宗發展為真正的教團，將傳法中心設在相模（今神奈川縣）當麻的無量光寺。在真教弟子智德以後，時宗發生分裂，一派繼續保持遊行勸化的傳統，一派廢止這個傳統。西元14世紀以後，時宗分為十二派。此後，有很多出身皇族、貴族及上層武士的人皈依時宗，時宗曾盛極一時，然而由於脫離基層民眾，逐漸衰微。

第三節　臨濟宗在日本的早期傳播──所謂「兼修禪」及其代表人物

中國宋元時期大體相當於日本的平安後期、鐮倉時期及室町初期。在這個時期，日本政治體制從古天皇制，逐漸過渡到以幕府將軍或執權控制國家權力的武士占據支配地位的政治體制。從文化上來說，在傳統的文化之外形成了反映武士和一般平民思想意識形態的新文化，在佛教方面形成

第三節　臨濟宗在日本的早期傳播─所謂「兼修禪」及其代表人物

許多帶有民族特色的新佛教宗派，並從中國傳入以提倡「道在日用」、「即心是佛」的禪宗。中國禪宗中最有影響的臨濟宗和曹洞宗傳入日本，迎來古代中日文化交流史上的第二次高潮。

一、中國禪宗概況及其初傳日本

中國隋唐時期形成許多帶有鮮明民族特色的佛教宗派，象徵著佛教民族化階段的基本結束，從此進入中國佛教的持續發展時期。在隋唐產生的佛教宗派中，禪宗具有易於適應社會現實和傳統文化，貼近儒教士大夫和普通民眾，簡單易行的特點，蘊藏著強大的生命力，使它得以在唐末五代迅速興起。

中國禪宗奉北魏來華的印度僧菩提達摩為初祖，然後是二祖慧可，隋代的三祖僧璨，唐代的四祖道信、五祖弘忍、六祖慧能。宋代以後所說的禪宗，一般是指由慧能開創的南宗禪。

然而從禪宗的發展歷史考察，在唐末以前存在過南宗、北宗並行傳播的時期，至少在弘忍去世（西元 674 年）到「安史之亂」（西元 755～763 年）結束之前，北宗在唐朝廷的直接支持下曾在以長安和洛陽東、西兩京為中心的廣大北方地區十分盛行。

北宗是相對於以在嶺南韶州曹溪（在今廣東韶關）的慧能為創始人的南宗說的，以弘忍的弟子神秀（？～西元 706 年）及其弟子普寂（西元 651～739 年）為代表。在 1920、1930 年代從敦煌遺書中發現大量早期禪宗文獻以前，流傳於社會上的禪宗典籍對北宗禪法僅有個別零散的介紹。隨著全球學者對敦煌禪籍的深入調查和研究，從中發現不少屬於北宗的史書和傳授禪法的語錄，其中的《觀心論》、《大乘五方便》等文獻，被認為是記述北宗神秀法系的禪法著作。神秀、普寂一系的北宗禪法的基本要點是：(1) 重視坐禪，在禪定中「觀心」、「攝心」、「住心看淨」；(2) 觀心、

第五章 宋元佛教交流與淨土、禪宗東傳

看淨是一個修行的過程,透過觀空,認識一切皆空的道理,並且堅持「息想」、「息滅妄念」(「拂塵」)等,深入領悟自己本具清淨佛性,循序漸進地斷除汙染心性的一切情欲和世俗觀念,達到與空寂無為的真如佛性相應的覺悟境界。

南宗創立人慧能(西元 638 ～ 713 年),俗姓盧,原籍范陽(治所在今河北涿縣),生於新州(今廣東新興)。自幼喪父,由母親撫養成人,家境貧寒,以打柴做零工維持生活,因聽人讀《金剛經》受到啟發,到黃梅東山參謁弘忍,一邊從事舂米等雜務,一邊學法。從弘忍得法後,慧能連夜南歸,曾流亡於廣州的新州、四會和懷集三縣之間,後來在廣州正式出家受戒,到韶州曹溪傳法,創立南宗,被後世禪宗奉為六祖。

根據記載慧能生平和說法語錄的《六祖壇經》,慧能在向信眾說法中,主要強調以下思想:

1. 眾生皆有佛性,皆可自修自悟

慧能強調佛在每個人的自心,說「佛是自性作,莫向身外求」,教人堅定主觀信仰,說自修自悟就可以成佛。

2. 提倡頓教法門和「識心見性」

人人皆具有清淨的佛性本心,但被世俗「妄念」所掩覆,不得顯現,如果借助般若智慧觀想主客觀世界,做到「識心見性」,體認自己的本有佛性,便能在精神上達到與真如佛性相契合的清淨超脫(無念,無憶,無著)的境界,就是「一悟即至佛地」。

3. 宣導「無念為宗」—— 寄坐禪於自然無為和日常生活之中

主張無論是出家還是在家,應對一切沒有「執著」,無論是行住還是坐臥,都可以看作是坐禪,所謂:「外於一切境界上,念不起為坐,見本

第三節 臨濟宗在日本的早期傳播──所謂「兼修禪」及其代表人物

性不亂為禪。何名為禪定？外離相曰禪，內不亂曰定。」「坐」已經不是原來意義上的「坐」（打坐，結跏趺坐），而是「念不起」，亦即不起雜念、妄念；「禪」不是原來意義上的「禪」（禪定，靜心思維），而是「見本性不亂」（「見」，意為顯現，與本性相應），意即堅持清淨自性（文中也稱「內心」）不受外界干擾。可見，慧能所說的「無念」不是要求人們離群索居，閉目塞聽，什麼也不想，什麼也不念，而是照常生活在現實的社會環境之中，照常從事各種活動，只是要求對任何事物、任何對象都不產生貪取或捨棄的念頭，沒有執意的好惡、美醜的觀念。

慧能死後，透過他的弟子們的努力，南宗從南方傳播到北方，並逐漸發展為禪宗的主流。

唐開元二十年（西元 732 年），慧能的弟子神會（西元 684～758 年）在靠近洛陽的滑臺（今河南滑縣東）與北宗僧人辯論，宣稱南宗慧能曾從弘忍受祖傳袈裟，是禪門正統，禪法主頓；北宗沒有祖傳袈裟，「師承是傍（按：法系為旁出），法門是漸」（宗密《中華傳心地禪門師資承襲圖》），竭力為南宗在北方傳播開闢地盤。「安史之亂」後，由於神會主持戒壇度僧斂錢籌餉有功，受到朝廷支援，南宗正統地位得到朝廷的確認。此後南宗發展成為禪宗的主流派。

慧能創立的南宗在傳播發展中形成傳承世系和禪法風格各異的許多禪派。神會的法系稱「荷澤宗」，然而在神會死後不久便衰微了。慧能的另兩個弟子行思（？～西元 741 年）和懷讓（西元 677～744 年）分別在吉州青原山（今江西吉安市東南）和南嶽（今湖南衡山縣）傳法。行思弟子中以石頭希遷（西元 700～791 年）最有名，長期在南嶽傳法。懷讓弟子中以馬祖道一（西元 709～788 年）最有名，長期在洪州（治所在今江西南昌）傳法。他們的弟子很多，分散到大江南北傳法，不斷擴大南宗的影響。

從唐末到五代，相繼從馬祖法系形成臨濟宗、潙仰宗；從石頭法系形

281

第五章　宋元佛教交流與淨土、禪宗東傳

成曹洞宗、雲門宗、法眼宗。此外，還有以江寧（今江蘇南京）牛頭山為傳法中心的牛頭宗。牛頭宗奉法融（西元594～857年）為初祖，中唐以後在江南一帶盛行。以往的禪宗史書將法融作為四祖道信的弟子，把牛頭宗看作是相對於五祖弘忍的「旁出」的法系。

中國自進入宋代以後，禪宗發展成為中國佛教中的主流派。在禪門五宗中，為仰宗在宋代以前已經衰微不傳，相繼傳播的禪宗派別是法眼宗、雲門宗、臨濟宗，最後是曹洞宗。雖然中國禪門五宗的著述或語錄皆傳到日本，然而作為宗派傳入日本的只有臨濟宗和曹洞宗。

臨濟宗在禪門五宗中成立最早，進入北宋以後曾與雲門宗相並盛行，而且一直流傳至今，對中國歷史文化的影響也較大。

臨濟宗的創始人是臨濟義玄（？～西元866年），長期在鎮州（治今河北正定）臨濟院聚徒傳法。臨濟宗主要是透過弟子興化存獎的法系而流傳後世的。存獎（西元830～888年）以魏府興化寺為傳法中心，有弟子慧，生活在唐末五代，在汝州（今河南汝州）寶應寺（南院）傳法。延昭上承慧，生活在五代末和宋初，在汝州風穴寺傳法。延昭的弟子中以首山省念最有名。省念（西元926～994年）先後在汝州首山、廣教寺、寶應寺傳法，門下著名弟子有汾陽善昭、葉縣歸省、谷隱蘊聰、廣慧元璉、三交智嵩等人。他們屬於臨濟下五世，主要活動在宋真宗和仁宗初期。當時社會相對穩定，經濟文化日趨繁榮，佛教在中央朝廷和各州縣政府的支持下比較盛行。他們多數在北方傳法，迅速將臨濟宗推向振興之路。然而到他們弟子的時候，即臨濟下六世時，已有很多禪師到南方傳法，將臨濟宗傳播範圍迅速擴大到全國。

在省念的弟子中，汾陽善昭（西元947～1024年）的影響最大。善昭在傳法中重視語言文字的運用，不僅經常引述以往禪師的語錄，而且有時以所謂代語、別語、詰語等禪語表達形式加以評論和發揮，還從流傳於叢

第三節　臨濟宗在日本的早期傳播——所謂「兼修禪」及其代表人物

林之間的禪語公案中，選擇出一百則以偈頌的形式加以評述，編撰成《頌古百則》，對宋代文字禪的發展影響極大。他培養出十幾位才智出眾的弟子相繼傳法於大江南北。自從進入北宋後期以後，傳布於各地的臨濟宗幾乎皆屬於善昭的法系。

在善昭弟子石霜楚圓（西元986～1039年）以後，弟子黃龍慧南（西元1002～1069年）與楊岐方會（西元992～1049年）分別創立臨濟宗黃龍派、楊岐派，將臨濟宗推向一個新的時期。從此，佛教史書往往將禪宗派別統稱為「五家七宗」，即臨濟宗、潙仰宗、曹洞宗、雲門宗、法眼宗和臨濟宗的黃龍派、楊岐派。

臨濟宗黃龍派在黃龍慧南下的二、三世是最繁盛的時期，慧南弟子晦堂祖心、東林常總、真淨克文；祖心的弟子靈源惟清、死心悟新及草堂善清，克文的弟子兜率從悅、泐潭文准及惠洪等人，都是在叢林乃至社會上十分活躍的著名禪師，極大地推進了臨濟宗在江南的傳播。黃龍下七世虛庵懷敞，西元12世紀後期日本榮西入宋從他受法，回國弘傳臨濟宗禪法，被後世敬奉為日本禪宗的「大祖」。臨濟宗黃龍派興盛雖比楊岐派略早，然而到北宋後期楊岐方會下二世五祖山法演以後，楊岐派迅速興起，黃龍派逐漸走向衰微。

法演弟子圓悟克勤、佛眼清遠、佛鑑慧勤、開福道寧、大隨元靜等禪師生活在北宋後期至南宋初期，在相當於今天的河南、安徽、江蘇、湖南、四川等地傳法，將臨濟宗楊岐派推向各地，並發展為臨濟宗的主流。他們在禪法上主張佛性本有，見性成佛，提倡修行不離生活日用，傳法方式生動活潑。其中圓悟克勤（或作圜悟克勤，西元1063～1135年）最有名，在雲門宗雪竇重顯所編禪宗公案《百則頌古》的基礎上，加上垂示、著語、評唱，編成《碧巖錄》十卷，風行全宗。南宋後期，臨濟宗幾乎全屬楊岐派，其中最有影響的是屬於圓悟克勤弟子大慧宗杲和虎丘紹隆的兩

第五章　宋元佛教交流與淨土、禪宗東傳

大法系,而在禪法上以宗杲的看話禪最有影響。

大慧宗杲(西元 1089～1163 年)著有《大慧書》及由弟子編錄的《大慧語錄》(包括說法語錄、法語、普說、書信、偈贊)及《正法眼藏》、《宗門武庫》等,曾十分流行。宗杲提倡「看話禪」,要人在參究前人公案語錄中的一句話、某個字(所謂話頭)時達到有無雙遣、取捨並亡的「無念」境地。這種看話禪不僅為他的弟子直接繼承,而且成為禪宗中占主流地位的禪法,一直流傳到明清時代,在流傳中也有人將它與淨土念佛法門相結合。

虎丘紹隆(西元 1077～1136 年)的法系在宋元時期與日本臨濟宗關係最為密切。紹隆傳應庵曇華,曇華之後是密庵成傑,下面有弟子松源崇岳、破庵祖先、曹源道生。松源有弟子無明慧性、運庵普岩、掩室善開。蘭溪道隆嗣法於無明,赴日傳法,在鎌倉建長寺等地嚴行宋代禪林制度。日本禪僧南浦紹明入宋從運庵弟子虛堂智愚受法。赴日傳法僧大休正念和日僧無象靜照是掩室弟子石溪心月的弟子。破庵弟子無準師範(西元 1177～1249 年),號佛鑑,對日本臨濟宗影響很大。日本禪僧辨圓從他受法,回國後在京都以東福寺為中心傳法,弟子中很多人成為日本臨濟宗骨幹人才。繼道隆之後,無準的弟子兀庵普寧、無學祖元也赴日傳法,受到幕府的尊崇。元初,作為使者赴日的一山一寧,是曹源道生的三傳弟子。[235]

早在鎌倉時代以前,中國禪宗雖曾傳入日本,然而並未在日本社會扎根並傳播開來。奈良時期應邀到日本傳授律學的唐僧道璿原是北宗普寂的弟子,曾向大安寺行表傳授北宗禪。日本天台宗創始人最澄在入唐求法之前,曾從行表受北宗禪法。最澄在延曆二十三年(西元 804 年)入唐求

---

[235] 上述內容廣泛涉及唐宋禪宗,有興趣者參考楊曾文著《唐五代禪宗史》、《宋元禪宗史》相關章節,中國社會科學出版社分別於 1999 年、2006 年出版;涉及的日本禪僧,詳見本書後面章節。

第三節　臨濟宗在日本的早期傳播──所謂「兼修禪」及其代表人物

法，從天台山的道邃、行滿受傳天台宗，又從翛然受牛頭宗的禪法，還從越州順曉受傳密教，從道邃受菩薩戒。這就是最澄在《內證佛法相承血脈譜》中詳細說的日本天台宗的四宗──禪、天台、戒、密教的相承，然而實際上牛頭禪並未在日本流行。此後，圓仁、圓珍入唐求法，皆帶回禪宗著作，中有《六祖壇經》等禪宗著名的著述，但也未能流行。

據《元亨釋書》卷六〈義空傳〉等資料記載，在日本仁明天皇承和初年（西元 834 年）[236]，慧萼奉橘太后之命攜金幣入唐，在巡禮五臺山之後，到杭州附近的鹽官縣靈池寺禮請馬祖的弟子齊安禪師東渡日本弘傳禪宗。齊安派他的弟子義空隨慧萼赴日。橘太后為義空建造檀林寺作為居住傳法之所，常前往問道，朝中官員也有前來聽法者。慧萼在齊衡初（西元 854 年）再次入唐，曾請蘇州開元寺僧契元撰刻石碑《日本國首傳禪宗記》附船送回日本，立於京都羅城門外。平安後期，有位天台宗僧人覺阿（西元 1143～1182 年）聽聞中國禪宗興盛，於承安元年入宋，從臨濟宗楊岐派圓悟克勤的弟子佛海慧遠（瞎堂慧遠）受法而歸，但他回國以後沒有弘傳禪法（《元亨釋書》卷六）。總之，日本在鎌倉時代之前雖有人對中國禪宗有所了解，然而未能在社會上廣泛傳播。

進入鎌倉時代以後，來往中日兩國之間的商船增多，陸續有日本僧人乘坐商船到中國求法學習禪宗，也有不少宋元禪僧前往日本傳法。在鎌倉初期，有位愛好禪宗的日本僧人大日能忍在攝津（今大阪、兵庫一帶）建三寶寺傳授禪法，然而因為沒有師承得不到世人信任。於是，他在文治五年（西元 1189 年）派弟子練中、勝辨入宋到阿育王寺參謁臨濟宗楊岐派大慧宗杲的弟子拙庵德光，把描述自己悟境的偈頌呈上請求印證。拙庵當即表示印可，並且請練中、勝辨轉付能忍法號、道號，又贈以題寫贊詞的達

---

[236]　慧萼兩次入唐，據《本朝高僧傳》卷六十七〈慧萼傳〉，慧萼在承和初（西元 834 年）入唐禮請義空東渡，齊衡初（西元 854 年）再次入唐，從五臺山請得觀音菩薩像，後留置於故昌縣海濱（今浙江普陀山）建寺供養。

摩像,還在練中、勝辨請人繪製的自己的畫像上題寫:「這僧(按:指自己)無面目,撥翻地軸。忍師(按:指能忍)脫體見得親,外道天魔俱竄伏。」(《本朝高僧傳》卷十九〈能忍傳〉)從此,能忍名聲漸著,有弟子覺晏繼其後。能忍的禪系長期被世人稱做「達摩宗」。

覺晏在奈良多武峰傳法,門下著名弟子有懷奘、懷鑑。懷奘依師覺晏臨終囑咐,攜覺晏《心要提示》及覺晏所贈遺物投到日本曹洞宗創始人道元的門下。懷鑑的弟子義介後來也投到道元門下。《本朝高僧傳》作者師蠻表示,在日本禪宗史上能忍有「資始」之功,是有道理的。

然而真正將中國禪宗傳入日本,並且致力於傳播、產生較大影響者是榮西,然後是辨圓、心地覺心等人。雖然因為他們受時代、環境的制約在弘傳禪宗的同時還兼傳天台、真言密教,然而他們在提倡禪宗心地法門、培養禪僧、爭取統治階層和民眾的理解支持等方面,為以後禪宗在日本的興盛奠定了基礎。

在日本禪宗史上,榮西、辨圓、覺心等人所弘傳的禪法被稱為「兼修禪」,此後來自宋元的禪僧蘭溪道隆、兀庵普寧、大休正念、無學祖元、一山一寧等禪師所傳臨濟禪法被稱為「純禪」、「純粹禪」。他們原原本本地將中國帶有鮮明現實主義風格的臨濟宗的禪法向日本人傳授,並且將中國禪宗的上堂說法和修學制度、叢林清規移植到日本。在中日兩國禪僧向日本輸入禪宗的過程中,還將包括程朱理學在內的宋元文化介紹到日本。

二、日本「禪門之大祖」榮西及其《興禪護國論》

據日本學者玉村竹二著、日本京都思文閣 1979 年出版《日本禪宗史論集》所載《典籍篇‧臨濟宗的宗派圖各說》之十六「本朝禪宗二十四流之圖」說:「本來傳法者,東渡十七師(按:指中國東渡禪僧),南詢三十一師(按:指日本入宋元求法歸國禪僧),合計四十八師,其中有法孫繼後者

第三節　臨濟宗在日本的早期傳播—所謂「兼修禪」及其代表人物

有二十四流。」在這二十四派中，屬於曹洞宗的只有道元、東明、東陵三派，其他皆屬於臨濟宗。在臨濟宗二十一派中，唯有奉榮西為祖的千光派傳黃龍派禪法，其他皆傳楊岐派禪法。日本在進入近代之後，臨濟宗分為十四派，其中奉榮西為祖的是臨濟宗建仁寺派。

1. 榮西兩次入宋求法和歸國後的傳法活動

關於榮西的傳記和入宋求法經歷，在西元14世紀虎關師煉《元亨釋書》卷二、西元17世紀師蠻《延寶傳燈錄》卷一、《本朝高僧傳》卷三的〈榮西傳〉及榮西《興禪護國論》，有詳略不同的記載。

榮西（西元1141～1215年），號明庵，又號葉上房，後世尊稱為千光祖師。俗姓賀陽，備中國（在今岡山縣）吉備津宮人，出身神官家庭。八歲時隨父讀《俱捨頌》，十一歲師事本郡安養寺靜心，十四歲正式出家，到比睿山戒壇受戒。靜心死後，改師千命，從受密教經典《虛空藏求聞持法》。十九歲到京都，投到比睿山學僧有辨門下學天台宗。此後，從伯耆大山的基好學習真言密教，並先後從千命、比睿山顯意受密教灌頂。後來萌發入宋求法的願望，於六條天皇仁安二年（西元1167年）離別父母，到筑前國（今九州福岡）做出航準備。當時日本的朝政已被平氏控制。從榮西以上經歷可知，他在入宋求法之前是日本天台宗學僧，對天台、密教（台密）已有相當的造詣。

仁安三年（南宋孝宗乾道四年，西元1168年），榮西二十八歲。四月十八日，榮西搭乘商船出航，七日後到達南宋明州（治今浙江寧波）。他在宋半年，先巡禮五臺山，在參謁萬年寺渡石橋時似乎看到兩條青龍，自認為「前身梵僧」據[237]曾在此寺，後到明州阿育王寺瞻禮佛舍利，於當年九月攜帶求得的天台宗新章疏三十餘部六十卷歸國，呈獻給天台宗座主明

---

[237] 載於榮西《興禪護國論》卷首作者不詳的序（謂出自榮西七世孫南叟朔「所記之冊」）。梵僧，原指來自印度或西域之僧，此當指嚴格持戒修行之僧。

云。據榮西《興禪護國論》卷中的記載，榮西在到達明州後，曾透過筆談請一位在廣慧寺擔任知客的禪僧「開示法旨」。這位知客告訴他，「佛法總是一心」，「一心才悟，唯是一門。《金剛經》所謂：應無所住而生其心也」，並且說「欲知源流，請垂訪友」。然而榮西這次赴宋，並沒有將學習和引進禪宗作為目標，便與在宋求法的日本僧重源相約一同回國。

榮西在此後約二十年之中在比睿山精心研究天台宗和密教教義，造詣卓著，建立了自己的密教學說，被尊稱為「葉上流」。榮西從以往最澄、圓仁、圓珍等人的著作中，特別是最澄《內證佛法相承血脈譜》中，得知比睿山曾傳承禪宗，決定再次入宋求法，並且計劃從宋地到印度巡禮佛教聖地。

後鳥羽天皇文治三年（南宋孝宗淳熙十四年，西元 1187 年），正值源賴朝消滅平氏集團實際控制朝政的第三年，榮西四十七歲。三月，榮西隨身攜帶《諸宗血脈》、《西域方志》（也許是唐玄奘《大唐西域記》）乘船再次入宋。他到南宋京城臨安（今杭州）向朝廷安撫侍郎申請西游印度的「執照」（交通憑證）。然而此時北方正在金朝、西夏及西遼占領之下，並且經常受到正在興起的蒙古的武裝侵擾，安撫侍郎以「關塞不通」為由不予允准。

在這種情況下，榮西便在南宋訪師學禪。他再次登天台山入萬年寺，禮臨濟宗黃龍下八世虛庵懷敞禪師為師。虛庵聽說日本盛行密教，讓榮西概述一下密教的宗旨。榮西答：「初發心時，即成正覺。不動生死，而至涅槃。」（《元亨釋書》卷二〈榮西傳〉）虛庵聽了表示說，這與禪宗是一致的。自此，榮西在虛庵身邊參禪問道近三年時間。淳熙十六年西元（1189年），虛庵應請赴奉國軍（治今浙江寧波）任天童寺住持。榮西也隨同前往，在虛庵身邊隨侍近兩年，除學臨濟宗禪法外，還學《四分律》、《菩薩戒》等。虛庵曾對他說：「菩薩戒，禪門一大事也。」榮西對此印象深刻。

第三節　臨濟宗在日本的早期傳播—所謂「兼修禪」及其代表人物

南宋紹熙二年（日本建久二年，西元1191年）七月，榮西辭別懷敞，準備回國。虛庵親書付法，其中說：

昔釋迦老子將圓寂，以正法眼藏、涅槃妙心，付囑摩訶迦葉，二十八傳而至達摩，六傳而至曹溪，又六傳而至臨濟（按：義玄），八傳而至黃龍，又八傳而至予。今以付汝，汝當護持，佩此祖印，歸國布化，開示眾生，繼正法命。（《元亨釋書》卷二〈榮西傳〉）[238]

懷敞是按照唐宋以來禪宗傳法模式向榮西講授禪宗傳法世系的。意為禪宗自迦葉上承釋迦牟尼佛以後，代代以心傳心，經西土（印度）二十八祖，至東土（中國）達摩 —— 慧可 —— 僧璨 —— 道信 —— 弘忍 —— 曹溪慧能的六祖，經慧能 —— 南嶽懷讓 —— 馬祖道 —— 百丈懷海 —— 黃檗希運 —— 臨濟義玄的六代，再經八傳至黃龍慧南，再經八傳至懷敞自己，然後傳給榮西。懷敞希望榮西回國後，能承此禪旨，廣為弘傳，「開示眾生，繼正法命」。同時，又授予榮西僧伽梨（袈裟），告訴他在中國自六祖慧能以後已經終止以傳袈裟為「法信」（受法的憑證）的做法，然而因為他是外國人，所以才向他傳袈裟以為「法信」。懷敞還為他授菩薩戒，並且贈送拄杖、應器（缽）、寶瓶等及《臨濟宗傳法世系圖》。[239] 榮西離開天童寺到奉國軍節度使所在地（今寧波），搭乘宋人楊三綱的船越海至平戶島葦浦（今長崎）登岸回國。

榮西在天台山萬年寺期間，曾出資三百萬修復三門及兩廡，並重修觀音院、大悲院和智者塔院。懷敞禪師出任天童寺住持，想重建原由宏智正覺（西元1091～1157年）建的千佛閣，榮西表示歸國後將致良材助建。榮西回國後的第二年，果然派人運來巨木助成此事。[240]

---

[238]　原文中的「佩此祖印」中的「印」誤作「師」，現據《興禪護國論》卷中的文字改正。
[239]　主要據《元亨釋書·榮西傳》，並參考《興禪護國論》卷中、《延寶傳燈錄》卷一〈榮西傳〉等。
[240]　詳見《元亨釋書》卷二及《本朝高僧傳》卷三的〈榮西傳〉。另，南宋樓鑰《攻媿集》卷五十七載〈天童寺千佛閣記〉、日本《續群書類從》第九輯所載南宋寶慶元年（西元1225年）臨安虞

第五章　宋元佛教交流與淨土、禪宗東傳

　　榮西回國之後沒有即刻回京都,先在九州一帶傳法。他在信眾支持下陸續建寺居住和傳法,先後在筑前國(今福岡市)建造建久報恩寺、聖福寺。榮西在傳法過程中,將宋地某些傳法儀式引入,例如每隔半月舉行一次的菩薩戒布薩(說戒及懺悔)儀式等。他的名聲漸著,也引起當地天台宗僧眾的猜忌。在筑前國莒崎的天台宗僧良辯上書比睿山天台宗當局,建議奏請朝廷禁止禪宗。建久九年(西元1194年)朝廷透過太政官宣旨禁止「達摩宗」,主要是針對能忍的禪派,然而也為榮西傳法帶來困難。據《元亨釋書·榮西傳》記載,就在次年,朝廷命「主當令」(大舍人頭)高階仲資、尚書左丞藤原宗賴召榮西審問傳布禪宗的事。榮西表示,他這樣做並未違背天台宗宗旨,他說當年傳教大師最澄在《內證佛法相承血脈》中已經記述天台宗傳授「達摩西來禪法」之事,辯駁說:「禪宗若非,傳教(按:最澄)亦非;傳教若非,臺教不立;臺教不立,臺徒豈拒我乎!」從此,榮西傳禪得到以比睿山為中心的天台宗的諒解。

　　榮西在行動上以復興日本天台宗久絕的禪宗為標榜,確實沒有提出另立禪宗的主張。為了取得世人的理解,減少麻煩,他撰寫了《興禪護國論》以及《出家大綱》、《日本佛法中興願文》,積極向人們介紹和傳授禪宗。

　　當時源賴朝以「征夷大將軍」頭銜執掌全國軍政權力的鎌倉幕府已經成立。正治元年(西元1199年)源賴朝去世,其妻北條政子控制幕府,幕府大權逐漸轉到北條氏家族手中,源賴朝之子源賴家、源實朝兄弟雖先後繼將軍之位,然而已經沒有實權。此後,北條氏以「執權」名義控制幕府。從西元1205年開始至1256年為止,先後擔任執權的有北條時政(政子之父)、北條義時、北條泰時、北條時賴等人。

　　榮西為取得幕府的支持,便到鎌倉傳法。果然,他得到幕府的優遇和支持。據日本史書《吾妻鏡》卷十五、十八的記載,榮西受幕府委託以

橹〈日本國千光法師祠堂記〉及明永樂二年(西元1404年)錢塘釋加蘭〈洛城東山建仁禪寺開山始祖明庵西公禪師塔銘〉。

第三節　臨濟宗在日本的早期傳播—所謂「兼修禪」及其代表人物

「律師」、「導師」身分為幕府主持佛事並祈禱，並且受到將軍源賴家、北條政子的皈依。政子在源義朝的邸地上建立壽福寺獻給榮西。此後，榮西以壽福寺為中心，在鐮倉武士階層中傳布禪宗，擴大影響。

在幕府支持之下，榮西到京都傳法。建仁二年（西元 1202 年），將軍源賴家把京都東南部一塊土地施捨給榮西，榮西在此興建建仁寺。榮西以此寺作為天台宗別院，內置真言、止觀（指天台）二院，弘傳天台、密（台密）、禪三宗。這固然與比睿山天台宗僧團控制京都佛教界的形勢有關，但也與榮西當時對禪宗的理解有直接關係。據其《興禪護國論》，榮西認為禪宗是綜合性佛教，與天台、密教一致，是可以兼修的。榮西逐漸出名，得到天皇和朝廷的支持，建仁寺被升格為官寺。建永元年（西元 1206 年）奈良東大寺的大勸進重源去世，朝廷任命榮西繼任。榮西運用他在天台山萬年寺修建堂廡的經驗，四年期間完成東大寺佛殿及七重東塔的修建。

榮西曾到鐮倉傳法，應請為幕府主持各種佛事法會。榮西利用這個機會，向在幕府任職的上層武士宣傳中國禪宗和在日本興禪的道理，以爭取他們的支援。他還將在宋地見聞的飲茶風習以及關於種茶、茶葉的功能、飲用方法向人們介紹，撰寫《吃茶養生記》二卷上獻將軍源實朝。榮西回國時曾從宋地帶回一些茶種，贈人在北九州及京都拇尾山、宇治種植。在榮西之前，日本已種茶和飲茶，然而由於榮西的提倡和撰寫《吃茶養生記》，對此後日本種茶、飲茶發揮極大推動作用。

榮西在建保三年（西元 1215 年）七月五日於京都建仁寺去世，年七十五。[241] 師煉《元亨釋書·榮西傳》後附之「贊」說：「初志雖補傳教之遺意，後世皆推禪門之大祖。」謂榮西原來只想繼承傳教大師最澄的遺志致力復興久廢之禪，但被後世禪宗奉為始祖。

---

[241]　此據《元亨釋書·榮西傳》。《吾妻鏡》記載，榮西建保三年六月五日於鐮倉壽福寺去世。

2.《興禪護國論》及其思想

在榮西的著作中以《興禪護國論》最為重要，此書不僅表達了他對禪宗的理解和主張，而且對後人了解當時中國佛教情況也有重要參考價值。

《興禪護國論》三卷，著於建久九年（西元 1198 年），是榮西為了闡述自己興禪的意向和答釋世人的疑惑而寫的。他在序文中說有人對禪宗不理解，對禪宗持懷疑乃至反對態度，「有謗此之者，謂為暗證禪；有疑此之者，謂為惡取空；亦謂非末世法（按：佛教界認為已進入末法時代）；亦謂非我國要；或賤我之鬥筲，以為末徵文；或輕我之機根，以為難興廢」。榮西便撰寫此書闡述禪宗宗旨，解答世人疑惑，申明興禪能夠「護國」的道理。

全書三卷，分為十門，包括：

(1) 令法久住門，講述修持禪、律，令佛法久住。

(2) 鎮護國家門，說般若即是禪宗，興禪可以護國利民。

(3) 世人決疑門，是諸門中篇幅最長者，將世人對禪宗的各種疑難概括為二十一個問題，然後一一回答，闡述對禪宗和興禪的看法。

(4) 古德證誠門，引日本聖德太子及中日兩國名僧傳禪興禪的語句事例，作為自己興禪的證明。

(5) 宗派血脈門，列述禪宗傳承世系，從過去七佛及摩訶迦葉下西土二十八祖、菩提達摩下東土六祖，然後是懷讓、馬祖道一……義玄……黃龍慧南……直至五十一世懷敞、五十三世榮西，「密傳心印無絕也」。最後講述自己兩次入宋求法經過。

(6) 典據增信門，引《般若》、《華嚴》等大乘經典，證明禪宗「不立文字，教外別傳」，「直指心源以成佛」是有根據的。

(7) 大綱勸參門，說將佛法分為教、禪只是方便的說法，實則禪宗「離

文字相、離心緣相」,「無法可說」;提示禪宗綱要,勸人參禪悟道。

(8) 禪宗支目門,據宋地流行的《禪苑清規》介紹中國禪院制度、修行儀軌。

(9) 大國說話門,說印度、中國佛法仍盛行,介紹兩國僧衣法式和中國佛教界奇聞,日本流布佛法,應重興禪。

(10) 回向發願門,表示願世世「值遇般若」,修如來禪法,「與諸眾生同共修習大悲方便」。[242]

《興禪護國論》雖涉及內容相當廣泛,然而最重要的是論述以下三個問題。

第一,禪宗既是佛法的總匯,又是「教外別傳」的「如來禪」。

榮西第二次入宋已是既精通天台宗又通曉密教(台密)的學僧,儘管在宋地參學長達四年,然而他對禪宗的理解仍然受到原有信仰和知識結構的影響,在回國後的傳法過程中,又一再地感受到天台宗對禪宗的猜忌和壓制,這些內外因素必然對他弘傳禪宗有所制約。

從榮西在《興禪護國論》中對禪宗的解釋可以看到,他一方面把禪宗看作是一切佛法的總匯,所謂「佛法總府」,藉以說明禪宗與其他教派,如天台宗、三論宗、密教等並不矛盾,可以彼此融通。同時,他又按照他在宋地聽聞到的禪宗自我標榜的那樣,說禪宗是「教外別傳」,是「不滯教文,只傳心印」,主張「即心是佛」。

榮西為什麼這樣說呢?這與他對「心」的理解和解釋有關。他在《興禪護國論·序》中對「心」作了描述,說心是天地、日月乃至「大千沙界」、「元氣」及萬物的本源,本來是超言絕相的,不得已給它起個名字,稱為「最上乘」、「第一義」、「般若實相」、「一真法界」、「無上菩提」、「楞

---

[242]　《興禪護國論》,載《大正藏》卷八十,第1頁至17頁。

第五章 宋元佛教交流與淨土、禪宗東傳

嚴三昧」、「正法眼藏」、「涅槃妙心」等。從「心」為天地萬物本源和本體來說，它自然也是一切佛法——所謂「三輪八藏之文，四樹五乘之旨」[243]的總匯。既然心含萬有，傳承「心法」的禪宗也應包容一切佛法。然而從所謂「大雄氏釋迦文以是心法，傳之金色頭陀（按：指，禪宗所奉初祖摩訶迦葉），號教外別傳」來說，只有「以心傳心」的禪宗，才在傳承佛的言教的諸種教派之外。

對此，他在《興禪護國論》有明確的論述。

（1）關於禪宗是一切佛法的總匯。榮西針對有人將「禪宗」只看作是佛教各宗派同修的「禪」，沒有必要單立為「宗」的說法，指出：既然佛教通用的「律」可以立為律宗，「一實諦」可以分別立為三論宗、天台宗，同為真言「祕密乘」可立為「東寺」（東寺密教——東密）和「天台」（天台密教——台密）兩派，那麼，禪宗是「諸教極理，佛法總府」，為什麼不能單獨成為一宗呢？然後還引最澄《內證佛法相承血脈譜》中的〈達摩大師付法相承師師血脈〉作為證明（卷上）[244]。日本天台宗創始人最澄當年入唐求法，曾得受天台、密、禪、戒四宗傳承而歸，所著《內證佛法相承血脈譜》就是記述這四種傳承的前後世系的。

此外，榮西針對有人站在天台宗立場批評禪宗「不立文字」是屬於「惡取空」（把「空」看作虛無的空）和「暗證禪」（脫離教法，盲目修禪求悟）的說法，解釋說：禪宗實際上是反對「惡取空」、「暗證禪」的，「但依圓位修圓頓（按：天台宗的圓頓止觀），而外律儀（按：遵守戒律）防非，內慈悲利他，謂之禪宗，謂之佛法也」（卷中）[245]。意思是說，禪宗與天

---

[243] 概指佛教大小乘的一切佛法。「三輪」是指根本法輪（《華嚴經》）、枝末法輪（大小乘經）、攝末歸本法輪（《法華經》）；「八藏」是大乘和小乘各自所含經、律、論、雜四藏的統稱；「四樹」，也許是「四機」之誤，指人天機、二乘機、菩薩機、佛機；「五乘」指與「四機」相應的人天乘、聲聞乘、緣覺乘、菩薩乘、佛乘。

[244] 詳見《大正藏》卷八十，第 5 頁中下。

[245] 詳見《大正藏》卷八十，第 7 頁中下。

第三節　臨濟宗在日本的早期傳播──所謂「兼修禪」及其代表人物

台宗是基本一致的。應當指出，榮西這種解釋與唐宋禪宗的自我解釋和實際情況是有距離的。

據上述可見，榮西把禪宗看作是一種綜合性佛法，既與諸宗融通、一致，又與諸宗並行不悖，這正是他推行兼傳禪與天台、密三宗的「兼修禪」的理論依據。

(2) 關於禪宗是超越於諸宗之外的佛法 ──「如來禪」、「不立文字宗」。榮西在宋地叢林參學四年並直接受到虛庵懷敞禪師的教誨，因而對中國禪宗的歷史、禪法特色、上堂說法儀規等是十分了解的。他雖然不得不兼傳天台、密教，然而他在《興禪護國論》中也按照唐宋叢林對禪宗的描述來介紹禪宗。請看以下幾段引文：

問：彼禪宗為是何宗？答：其宗非八宗攝也。問：其宗教相如何？答：禪宗《金剛般若經》、《維摩詰經》為所依，即心是佛為宗，心無所著為業，諸法空為義，始自佛世衣缽授受，師資相承，更無異途，具出傳記者也。（卷上〈第三世人決疑門〉）

今之禪宗者，清淨如來禪也，無三學（按：戒、定、慧）名字。（卷中〈第三門之餘〉）

問曰：此禪宗於戒、定、慧中何耶？答曰：此是如來禪也，不立文字宗也。與而言之，通諸大乘；奪而言之，離心意識，離言說相矣。

第七大綱勸參門者，有三：一約教分、二約禪分、三約總相。初約教分者，謂諸教也。鈍根人先伺諸教諸宗之妙義，學禪之旨歸，為修入之方便也。《宗鏡錄》引六十部經論，蘊三宗妙義，注三百餘家語句，以釋宗旨是也。次約禪分者，謂佛禪也，不拘文字，不繫心思，是故離心意識參，出凡聖路學，是約最上利根人也。三約總相者，謂云教云禪，但有名字；云參云學，亦是假名。我人眾生，乃至菩提涅槃，皆亦名字，實無所有。佛所說法，亦是名字，實無所說。是故禪宗，離文字相，離心緣相，

第五章　宋元佛教交流與淨土、禪宗東傳

不可思議，畢竟不可得。所謂佛法者，無法可說，是名佛法。今謂禪者，即其相也。以前三義悉是假名，若人言佛禪有文字言語者，實是謗佛、謗法、謗僧。是故祖師不立文字，直指人心，見性成佛，所謂禪門也。取名字者即迷法，取相貌者亦是顛倒，本來不動，無物可得，是謂佛法。佛法只在行住坐臥處，添一絲毫也不得，減一絲毫也不得。便恁麼會去，更不費些兒氣力。才作奇特玄妙商量，已無交涉。所以動則起生死之本，靜則醉昏沉之鄉。動靜雙忘，顢頇佛性。總不恁麼，畢竟如何？（《興禪護國論》卷中）[246]

以上引文大意有三：

(1) 禪宗不屬於「八宗」——三論宗、成實宗、法相宗、俱舍宗、華嚴宗、律宗及天台宗、真言宗，超越於八宗之上，源自佛祖以來代代衣缽相傳，主要依據《金剛般若經》、《維摩詰經》等經，主張「即心是佛」，要求心無執著，體認一切皆空。

(2) 禪宗歷代相傳者是自佛祖以來的「清淨如來禪」，講超越於戒、定、慧三學之上，雖與大乘佛法相通，然而又絕非語言文字可以完全表達。

(3) 勸修參禪可從教、禪、總相三個層次來說：①根底差者可以先學諸教，不外如宋代延壽《宗鏡錄》所列舉的三宗——唯識法相宗、般若破相宗和華嚴法性宗，透過掌握佛法總體，進而「學禪之旨歸」，為修禪做準備；②根性犀利者可以修禪，「不拘文字，不繫心思」，在禪觀中擺脫「心意識」的束縛，斷除是凡是聖的差別觀念；③從教與禪的「總相」、從終極的角度或第一義諦來看，所謂教與禪、參與學，乃至人、眾生、菩提、涅槃，乃至佛法，只是些假名而已，皆「實無所有」，空寂無相的。這正是禪宗所主張的。更進一步說，以上三點也屬於虛幻的「假名」，因為從根本上說佛法絕不是語言文字可以表達的，因此禪宗自達摩祖師以來以「不

---

[246]　以上分別引自《大正藏》卷八十，第5頁下、第8頁中、第11頁中。

第三節　臨濟宗在日本的早期傳播──所謂「兼修禪」及其代表人物

立文字，直指人心，見性成佛」為宗旨，要求在生活日用中體悟佛法，達到覺悟。

整體而言，榮西對禪宗特色的概括與中國慧能以來歷代禪師的說法是基本一致的，甚至很多用語也一樣。正是在這一點上，他在弘傳天台、密教之外，能將宋代臨濟宗禪法傳授弟子，擴大禪宗影響，推進禪宗在日本傳播。

第二，參禪必須嚴格持戒──「禪宗以戒為先」。

中國唐宋禪宗僧眾除遵守佛教的傳統戒律之外，還必須遵守源自百丈懷海（西元 750～814 年）制定的《禪門規式》(《古清規》) 的清規，著名的有宗賾《禪苑清規》、宗壽《日用小清規》、惟勉《叢林校定清規總要》，以規範叢林日常法事營運的程序，維持僧尼生活和修行的戒規風紀。日本在進入平安後期以來，佛教界普遍存在持戒鬆懈的現象，激發有志學僧出來振興戒律，如法相宗的貞慶、真言宗的睿尊和天台宗的俊芿等人分別在奈良、京都研究和提倡戒律。

榮西在南宋禪寺生活四年，看到各地叢林住持上堂說法、僧眾參禪、四時法事皆井然有序，僧眾嚴於持戒，行為威儀嚴整，對照當時的日本佛教界感觸很深。他在懷敞身邊除參禪學法外，還學習僧尼必須遵守的《四分律》及菩薩戒（當是大乘戒《梵網經》），回國前夕又從懷敞受菩薩戒，自然對大小乘戒規是相當了解的。

榮西在回國後傳禪過程中，提倡嚴格遵守戒律。他對宋地流行的《禪苑清規》也很熟悉，在《興禪護國論》卷下的《禪宗支目門》引證此書介紹宋地的叢林制度和日常行事程序：寺院、受戒、護戒、學問、行儀、衣服、徒眾、利養、夏冬安居[247]。原來在《禪苑清規》的《受戒》章中有「參禪問道，戒律為先。既非離過防非，何以成佛作祖」；在《護戒》章中有

---

[247]　除二、三項外，不是照搬《禪苑清規》原書名目，當是按照所引用的內容擬定的。

第五章　宋元佛教交流與淨土、禪宗東傳

「受戒之後，常應守護，寧為法死，不無法生」的語句，然後介紹小乘《四分律》有二百五十戒、大乘《梵網經》規定有十重戒、四十八輕戒。榮西十分重視這一部分，作了介紹和發揮。他說：

> 今此禪宗以戒律為宗，故立令法久住義耳。天台宗《止觀》云：凡夫耽緬，賢聖所呵，破惡由淨慧，淨慧由淨禪，淨禪由淨戒。此宗以戒為初，以禪為究。若破戒者，悔心止惡，則號禪人也。（《興禪護國論》卷上）
>
> 禪宗衲子，決擇身心，守護戒律，心水澄淨，欻然見心，念念相應諸波羅蜜（按：指六度），雖鈍根小智而持戒清淨，業云消除，心月朗然。……（同上卷下）[248]

榮西說，禪宗應以遵守戒律為宗旨，如此才能使佛法長駐世間，如天台教典《摩訶止觀》所說，聖賢對於沉溺安樂而持戒鬆弛的現象是持批評態度的，宣導以淨慧來斷除邪惡，以修禪來增長智慧，以持戒來修禪。禪宗將持戒置於首位，透過修禪來參究心性，對違背戒律者必須讓他懺悔。他還說，禪僧如果嚴格持戒，必然消除宿業罪惡，得到各種智慧，使心性清淨。榮西在鐮倉初期，在弘傳禪宗的同時又提倡嚴格遵守戒律，對推動日本佛教適應社會向前發展是有深遠意義的。

第三，興禪是為了「護國」。

日本自佛教傳入，中經聖德太子「新政」、「大化革新」，以國家的力量興隆佛法，實際已將佛教置於施政施教的指導地位。因此，在日本僧俗的心目中，將興佛與護國密切連繫在一起是很自然的。平安時代，日本天台宗的創始人最澄、真言宗的創始人空海，皆以「鎮護國家」名義建立宗派，弘傳佛法。榮西出身天台宗，在弘傳禪宗過程中也以「護國」為標榜，並以「興禪護國」為題寫書，闡述自己興禪的根據和理由。

---

[248]　《大正藏》卷八十，第 7 頁上、第 13 頁上。

第三節　臨濟宗在日本的早期傳播—所謂「兼修禪」及其代表人物

從日本佛教史考察，以往在奈良、平安時期雖曾傳入禪宗，然而並未真正弘傳。榮西為了減少來自天台宗方面對弘傳禪宗的阻力，特別強調自己是恢復以往傳教大師最澄曾經傳過的禪宗。因為最澄在唐求法時也曾受傳禪宗牛頭宗的法，回國所寫《內證佛法相承血脈譜》記述了禪宗所奉西土東土歷代的傳法世系。榮西說自己弘傳禪宗不過是為了「欲興廢繼絕」、「興陵遲之禪」、「興其廢亡」等，是要把失傳已久的禪宗復興起來。

那麼，榮西為什麼稱自己興禪是為了「鎮護國家」呢？唐代不空譯《仁王護國般若經》記述，佛對波斯匿王表示，在自己滅後將把般若「付囑國王」，並且說「受持是般若波羅蜜大作佛事，一切國土安立，萬姓快樂」，消除一切災難。[249] 榮西在《興禪護國論》卷上〈鎮護國家門〉中，據此語句並參照《勝天王般若經》、《四十二章經》、《楞嚴經》等的經文加以發揮，說：

仁王經云：佛以般若付囑現在未來世諸小國王等，以為護國祕寶。其般若者，禪宗也。謂境內若有持戒人，則諸天守護其國。（按：此非原文，是取經意）

禪院恆修，此是白傘蓋（按：密教所說佛的慈悲淨德覆蓋一切）法也，鎮護國家之儀明矣。[250]

按照榮西的說法，般若既為「護國祕寶」，而般若即為禪宗，那麼，興禪自然可以護國；禪宗重視持戒，「境內看有持戒人，則諸天守護其國」；禪宗又主張「無念、無住、無修、無證」，念誦般怛羅（曼荼羅）「神咒」，便可使菩薩善神保護國家，「諸惡災祥永不能入」；禪寺僧眾每天修行是佛慈悲的體現，可以鎮護國家。榮西還引當年天台宗智證大師圓珍奏表中所說，慈覺大師圓仁在唐發願回國建立禪院，「其意專為護國家、利眾生」，

---

[249]　《大正藏》卷八，第 832 頁中。
[250]　此處引文及下面解釋所引，皆見《大正藏》卷八十，第 3 頁上中。

而自己之所以弘傳禪宗，正是仿效他的做法。

榮西論證興禪可以護國的根據，主要取自佛經和天台宗祖師的言行，以此取信於對他興禪懷疑的人，並緩解天台宗對他的猜忌和排斥。

榮西的弟子有榮朝、行勇、明全等人。

榮朝（西元1165～1247年），離開榮西後在上野（今群馬縣）世良田建長樂寺傳法，兼傳禪、密二宗，弟子中以圓爾辨圓、無本覺心、神子榮尊最為有名。榮朝的流派為「長樂寺流」，有弟子藏叟朗譽繼後。榮朝的三傳弟子龍山德見，在室町初期受到將軍足利氏的尊崇，曾主持壽福、建仁及南禪、天龍諸禪寺。圓爾辨圓、無本覺心分別為日本臨濟宗聖一派、法燈派之祖。

行勇（西元1163～1241年），原是源賴朝夫人中條政子（出家稱「二品如實尼」）的剃度之師。在榮西到鐮倉傳法時，他投到榮西的門下學禪。榮西死後，行勇住持壽福寺，又到高野山建兼傳密、禪二宗的金剛三昧院，受到幕府執權北條泰時、政子的尊信，經常往來於高野山、鐮倉之間。弟子大歇了心曾入宋學禪，回國後在鐮倉壽福寺、京都建仁寺傳法。

明全（西元1184～1225年），原為天台宗僧，後入建仁寺禮榮西為師，改奉禪宗，以持戒著稱。榮西死後，明全於貞應二年（西元1223年）攜弟子道元、廓然等人入宋，曆參名師，後入天童禪寺禮拜先師榮西祠堂，在榮西忌日舉辦齋會，南宋寶慶元年（西元1225年）在該寺了然齋去世。弟子道元是日本曹洞宗的創始人。

三、圓爾辨圓和臨濟宗在京都的傳播

圓爾辨圓（西元1202～1280年），圓爾是字，俗姓平，駿河（今靜岡縣）人。自幼奉佛，學天台宗，十八歲在天台宗寺門派的傳法中心園城

第三節　臨濟宗在日本的早期傳播—所謂「兼修禪」及其代表人物

寺（也稱「三井寺」）出家，到奈良東大寺受戒，後又學密教。在榮西的弟子榮朝創建上野長樂寺之後，辨圓曾投到他的門下參學臨濟禪法，後又到榮西另一弟子鐮倉壽福寺行勇門下學禪。從這個情況來看，辨圓應是榮西的再傳弟子。然而辨圓此後入宋求法，成為臨濟宗楊岐派無準師範的嗣法弟子。

無準師範（西元 1177～1249 年），無準是號，嗣法於臨濟宗楊岐派虎丘下三世破庵祖先（西元 1136～1211 年）。大約在南宋理宗紹定元年（西元 1228 年），無準奉詔住持相當於皇家寺院的徑山（今杭州餘杭市）興聖萬壽禪寺，在此傳法長達二十年，聞名遐邇，四方前來參禪問道者很多。他在離寺四十里處建造百屋做接待之處，理宗賜額「萬年正續院」。紹定六年（西元 1233 年）七月，無準應詔入宮說法，勸理宗皇帝以如同明鏡一般的「聖心」治理天下，崇興佛法，推行仁孝之教。嘉熙三年（西元 1239 年）理宗賜以「佛鑑禪師」之號。無準於理宗淳祐九年（西元 1249 年）三月去世，生前說法語錄和撰述載於弟子宗會、智折等人編的《佛鑑禪師語錄》之中。

師範主要嗣法弟子有袁州（治今江西宜春市）仰山的雪巖祖欽禪師，經高峰原妙傳中峰明本，再傳千巖元長，經八代是明代幻有正傳，其法系一直傳到清代以後。弟子兀庵普寧（西元 1197～1276 年）、無學祖元（西元 1226～1286 年）在南宋末應邀東渡日本傳法，分別被奉為後世日本臨濟宗二十四派中的宗覺派、佛光派之祖。[251]

辨圓在四條天皇嘉禎元年（宋理宗端平二年，西元 1235 年）乘船入宋，時年三十四歲。他從明州（治今浙江寧波）登岸，先參謁天童寺（在今浙江省寧波鄞州區）癡絕道沖，接著到臨安（今杭州）天竺寺從柏庭善月受天台教法，又先後到淨慈寺笑翁妙堪、靈隱寺石田法薰的門下參禪。

---

[251]　詳見楊曾文著《宋元禪宗史》第五章第三節。

第五章　宋元佛教交流與淨土、禪宗東傳

當時無準師範的弟子退耕德寧擔任靈隱寺知客，告訴辨圓說：「輦下諸名宿，子已參遍。然天下第一等宗師只無準範耳，子何不顧昤乎？」（《元亨釋書》卷七〈辨圓傳〉）於是，辨圓前往徑山寺師事無準師範禪師，奉侍左右六年，從受禪法。當時在徑山寺參學的禪師可謂人才濟濟，著名的如即庵慈覺、西巖了慧、東巖淨日、斷橋妙倫、別山祖智、環溪唯一、雪庵祖欽、絕岸可湘、敬叟居簡、兀庵普寧、希叟紹曇、靈叟源、方庵埒等人，多為無準的弟子，也有的是屬於大慧法系的禪師。辨圓與他們朝夕友好相處，切磋禪法，其間對中國的文化風尚也有不少了解。

無準對辨圓寄予厚望，曾對他說：「他日歸本國，必於先涓滴處橫起波瀾，豎無勝幢，發揮吾道，須踵從上乃祖遺芳，永利未來際。」（《元亨釋書·辨圓傳》）殷切希望他回國後繼承祖師宗旨將禪宗廣泛弘傳日本，以利未來眾生。南宋淳祐元年（西元1241年）四月，辨圓辭師歸國。臨行，無準贈以臨濟宗楊岐派虎丘下二世密庵咸傑祖師的法衣、親書自贊的頂相（肖像）、禪宗宗派圖等，並書「敕賜萬年崇福禪寺」，以備他將來之用。道友將他一直送到山下。

辨圓歸航遇上暴風，同行三船中有兩船漂沒，他乘坐的船漂經高麗沿岸輾轉從九州博多（今福岡）登陸，時為日本仁治二年（西元1241年）秋。太宰府（在今福岡）僧湛慧尊辨圓為師，在橫嶽山建造崇福寺，請辨圓來寺開堂說法。宋朝移民謝國明為辨圓在博多之東創建承天寺，也請辨圓住持。辨圓在九州弘傳禪宗，遭到當地天台宗僧人的反對，甚至謀劃毀壞承天寺。地方官連忙報請朝廷，朝廷不僅明令制止，而且破格升承天、崇福二寺為官寺。這兩所寺院的匾額皆是無準親筆書贈。在肥前（今長崎、佐賀一帶）的僧人榮尊曾與辨圓同時入宋，然而提前回國，得知辨圓回國，也將自己的寺院改為禪寺，並請他為開山住持。這樣一來，辨圓逐漸出名。

第三節　臨濟宗在日本的早期傳播—所謂「兼修禪」及其代表人物

如同中國一樣，佛教傳入日本後的傳播發展也是與朝廷權貴、地方官員的支持分不開的。辨圓正是得到日本朝廷權貴和幕府執權的支持才使臨濟宗在京都、關東等地得到更迅速的傳播和產生更大影響的。

日本進入鎌倉時期以後，雖然全國軍政大權被主持幕府的武士領袖（將軍或執權）把持，然而以天皇為首的朝廷仍保留名義上最高政權地位。藤原道家（西元 1193～1252 年），即九條道家，曾三度出任攝政，也得到幕府信任，可謂權勢傾朝，信奉佛教天台、真言諸宗。其子藤原良實擔任左大臣（書稱「藤相」），也尊崇佛教。湛慧因事到京都，藤原良實請湛慧說法，受到讚譽，介紹他見其父「大相國」藤原道家。湛慧向他們說自己得到辨圓的教示，並且介紹了辨圓：「入宋得徑山佛鑑禪師佛心宗正印，見今住崇福、承天兩剎，唱直指之道（按：指禪宗）。」（《元亨釋書・辨圓傳》）於是，藤原道家、良實父子立即派人迎辨圓入京，請他到自己別墅說法，並從他受「禪門大戒兼祕密灌頂」（既受菩薩戒，又受密教灌頂）。

辨圓從此在京都受到藤原道家及其兒子良實、實經（任右大臣）的崇信和優遇。道家之妻綸子（准後）、女婿兼經、西園寺實氏，皆對他執弟子禮。近衛家良以下的文武官人也禮敬辨圓。[252] 藤原道家在京都東山月輪的別莊模仿南宋的徑山寺，建立規模等同於奈良東大寺、興福寺二寺的東福寺，請辨圓任開山之祖。東福寺按中國禪寺格式，建有包括山門（三門）、佛殿、法堂、僧堂、庫院、西淨（東司及廁所）、浴室在內的所謂「七堂伽藍」（實際還有方丈、眾寮、經藏等），奉祀禪宗祖師，設置東西兩班（也稱「兩序」，禪寺僧職分東西兩班，東西各有六位執事僧職）負責管理寺院日常的教務和生活事務，實行禪寺的說法修行制度。然而寺中還設有真言宗八祖像、天台六祖像及密教傳法灌頂的道場。辨圓既仿照宋

---

[252] 參見圓心編《聖一國師年譜》及古田紹欽《日本禪宗史・臨濟宗》，載西谷啟治編《講座禪》第四卷《禪的歷史——日本》，築摩書房 1974 年版。

第五章 宋元佛教交流與淨土、禪宗東傳

地叢林制度上堂說法，主持參禪，宣講主張教禪一致的宋代延壽的《宗鏡錄》，還宣講密教經典《大日經》。可見，東福寺既是禪宗寺院，又兼傳天台、真言二宗。

辨圓的聲望日高，在京都一帶居住傳法的舊有宗派的學僧也常登門求教，有的特來請教禪宗旨要。延曆寺座主、藤原道家之子慈源常向辨圓問「顯、密奧祕」。比睿山學僧靜明向辨圓問天台宗義，「兼探別傳之旨」。辨圓在作了明晰的回答之後，以帶有譏諷的語氣回答：「子未精教觀，況我佛祖單傳之正宗，豈義學之所跂及哉！」靜明表示信服。法相宗學僧良遍在請教辨圓後，寫出《真心要訣》，請他作跋。三論宗學僧回心也前來問真俗二諦之義（以上見《元亨釋書‧辨圓傳》）。辨圓透過與這些佛教界高僧的交往和對話，迅速擴大了臨濟宗在日本佛教界和社會的影響。

辨圓出名後，經常往來於鎌倉、京都兩地傳法。在後深草天皇建長五年（西元 1253 年），辨圓初到鎌倉傳法，被安置住在當年幕府為榮西所建的壽福寺，受到執權北條時賴的歡迎，迎請他到自己府上授「禪門菩薩戒」。北條時賴虔信佛教，對包括禪宗在內的諸宗義理也有所了解，然而常為各宗的不同說法感到困惑，便乘機詢問辨圓：「今諸方說法各別：或曰妄心緣起而有生滅，真心不動，不生不滅；或曰大疑下有大悟；或曰學者須看念起，謂之迴光返照。未審那個親，那個疏？」對此涉及佛教中的真心、妄心及修行入悟的複雜問題，辨圓採取機智的迴避態度，按照禪宗「無念、無著」，對事物不作分辨判斷的宗旨，引南嶽懷讓的「說似一物則不中」的話作了回答（《元亨釋書‧辨圓傳》）。正嘉元年（西元 1257 年），辨圓應北條時賴（時已在最明寺出家）之請正式出任鎌倉壽福寺住持，在此寺推行宋地禪院制度。北條時賴還推薦他任京都建仁寺住持。建仁寺剛遭火災不久，在辨圓主持下迅速修復了佛殿和雲堂（僧堂）等。藤原道家模仿唐代宗賜徑山法欽禪師「國一」之號，親書「聖一和尚」四字贈給辨

第三節　臨濟宗在日本的早期傳播——所謂「兼修禪」及其代表人物

圓。辨圓還奉敕任東大寺大勸進，又任尊勝寺、天王寺、法成寺的幹事等職，負責寺殿修復工作。

辨圓也受到皇室的尊崇。嵯峨上皇、後深草上皇、龜山上皇也都先後召請辨圓授「禪門菩薩戒」，聽他講禪法。這樣一來，辨圓更加出名，為他傳法提供了十分有利的條件。

辨圓回國之後，一直沒有忘記徑山無準師範禪師的「法乳」之恩，經常有書信往來。辨圓在九州崇福寺開堂說法後，曾寫信告訴無準，並附上自己的「上堂語要」。無準在回信中說：「嘗聞日本教、律甚盛，而禪宗未振。今長老既能豎立此宗，當一一依從上佛祖法式。」(《元亨釋書・辨圓傳》) 無準知悉辨圓住持承天寺後，在致辨圓的信中說：「更宜以此道力行，使吾祖之教，在在處處，熾然而興。」(《聖一國師語錄》) 辨圓在住持京都東福寺後，又修書並備禮物送給無準。無準在回信中說：「且知自崇福遷東福，住四名剎，安眾行道，殊慰老懷。但怎麼操守，力弘此道，使一枝佛法流布日本，真不忝為宗乘中人也。長老禪教兼通，又能踐履，不患不殊勝，只貴始終一節，介然不改耳。此老僧所望，餘無他祝，多多為大法自愛。」(《聖一國師語錄》)[253] 從這幾封信可知，無準為辨圓回國後在弘傳禪宗中取得的成績感到十分欣慰，並且殷切期望辨圓按「佛祖法式」——禪宗的宗旨和儀規傳法，使禪宗在日本興盛起來。

辨圓在傳法中雖然沒有擺脫「兼修禪」的模式，然而已把重點放到傳播臨濟宗方面，並且在他住持的寺院實施宋地叢林清規。他曾表示說：「以坐禪工夫為本分行履，味法喜禪味，為聖胎長養，透佛祖不傳之妙，紹徑山先師之宗。」(《東福寺文書》)[254] 意為以坐禪悟道為本分修行，繼承徑山無準先師所傳之宗。

---

[253]　《聖一國師語錄》，辨圓的再傳弟子師煉校纂，上引兩段載《大正藏》卷八十，第22頁中、下。
[254]　間接譯自赤松俊秀監修《日本佛教史》第三章第一節〈鎌倉禪的勃興〉，法藏館1970年版。

第五章　宋元佛教交流與淨土、禪宗東傳

　　辨圓弘傳禪宗與此前榮西不同，已不再孤單地進行，當時不僅榮西的法系後繼有人，而且也有像心地覺心這樣的入宋求法歸國傳禪的人，還有源源不斷來日本傳法的宋元禪僧，其中著名的如蘭溪道隆、兀庵普寧、大休正念、西澗子曇等人，皆在辨圓在世時來到日本，在幕府支持下主要在鐮倉傳法。

　　辨圓於弘安三年（西元1280年）十月去世，時年七十九歲。死前遺偈曰：「利生方便，七十九年，欲知端的，佛祖不傳。」（《元亨釋書・辨圓傳》）花園天皇時賜諡「聖一國師」之號。這是日本有「國師」號之始。辨圓著作和語錄有《假名法語》（也稱《坐禪論》）、再傳弟子虎關師煉校纂的《聖一國師語錄》。《假名法語》是辨圓為向藤原道家介紹禪宗而用假名漢語相混合的語體寫的，《聖一國師語錄》記載辨圓在住持京都東福寺期間上堂說法的語錄和部分法語、偈頌，後面附有南宋徑山師範和天童了惠二人各兩封信。

　　從辨圓《假名法語》和《聖一國師語錄》來看，辨圓向在朝廷、幕府擔任要職的權貴闡釋何為禪宗，如何修行之外，還在日常上堂說法中將中國臨濟宗的禪法、參禪儀規等介紹到日本。

　　辨圓為了爭取世人特別是朝廷幕府權貴對禪宗的理解和好感，他繼承榮西《興禪護國論》將禪宗定位為最高佛法的說法，在《假名法語》中說：「夫坐禪宗門者，大解脫之道也。諸法皆由此門流出，萬行皆由此道通達，智慧神通妙用從中而生，人天性命由此而開。」又說：「何云禪門為諸法根本？答曰：禪，佛心也；律，外相也；教，言說也；稱名（按：指念佛法門，主要指淨土宗），方便也。此等三昧皆由佛心出，故以此宗為根本也。」雖含有禪、教一致的思想，但重點是突出禪宗的地位，強調禪宗在諸宗中最為優越。

第三節　臨濟宗在日本的早期傳播——所謂「兼修禪」及其代表人物

據《元亨釋書‧辨圓傳》、圓心編《聖一國師年譜》[255]記載，辨圓臨死前，曾告訴弟子無傳聖禪，傳述「理致、機關、向上三宗旨」。可以認為，這是辨圓對臨濟宗禪法要點所作的概括。連繫中國唐宋禪宗和《聖一國師語錄》推斷，「理致」是指禪宗的基本宗旨，「機關」則是提示修行參禪方法，「向上」指達到覺悟解脫的境界。辨圓曾表示：在「空劫」以前無佛無眾生，當然也就無所謂有悟有迷；「空劫以後，有悟有迷，有問有答，有師有資，皆是接手方便也。佛祖出興，有理致，有機關，有向上，有向下……」（《聖一國師語錄‧示禪人》）還說：「佛佛授手不唯他，只是自己恩力處……自著眼去，直超佛祖理致、機關。所謂超佛理致，過得荊棘林；越祖機關，透得銀山鐵壁，始知有向上本分，得坐披衣，為人解黏去縛。」（《聖一國師語錄‧示如上座》）[256]意為修行者不應被佛的言教所宣示的道理、歷代祖師傳承的修行方法（乃至公案語錄）束縛，應當超越它們而直探心源，領悟自己本來具有與佛一樣的本性——「向上本分」，然後才有資格為人師表，教人從執著煩惱中解脫。

辨圓在中國叢林生活和參學六年，對於禪宗旨趣和臨濟宗的峻烈禪風是熟悉的。他上堂說法和教示門人也貫徹禪宗「無念為宗」的思想，教人不執著名相，不求取捨，斷除煩惱和世俗觀念，直探心源，識心見性。辨圓曾引證中國唐代德山宣鑑所說「佛也無，祖也無，達摩大師是老臊胡，十地菩薩是擔屎漢……」等呵佛罵祖的話，以引導門下和參禪者不要盲信佛祖和各種言教，擺脫各種精神束縛，確立自信，自修自悟。他甚至教弟子對上述說法也不要奉為圭臬，教他們透過坐禪乃至看話頭來達到解脫。他對「空明上人」說：

祖師直示，無殊方便，放下諸緣，休息萬事，晝三夜三（按：白天三時夜間三時），守看鼻端。才涉境界差別之時，只舉話頭。不作佛法想，

---

[255]　載《大日本佛教全書》第95冊。
[256]　以上所引兩段文字，載《大正藏》卷八十，第20頁中、下。

第五章　宋元佛教交流與淨土、禪宗東傳

不作破除想，不用存心等解，不用情生疑殆，沒理路，沒滋味，如鐵饅頭，單刀直入，不涉異想。悠久歲月，自然恰如睡夢醒，如蓮華開。(《聖一國師語錄・示空明上人》)[257]

辨圓說，前代祖師教人放下諸種紛雜事務，日夜凝心坐禪；如果在坐禪中精神不能集中，可以選擇公案語錄中一個「話頭」(如趙州說狗子無佛性的「無」字等)來反覆參究，但卻不要求思索它的任何含義，久而久之可使精神達到超越於內外、有無等差別觀念的覺悟境界，即看到自己「本地風光，本來面目」。

辨圓雖兼傳天台、密教，然而僅從他傳授禪法來說，是遵照了中國唐宋以來禪宗宗旨和臨濟宗門風的。

辨圓生前為東福寺等寺制定寺規，規定後世選任的住持必須是有「器量」者。在他的門下出了不少著名弟子，前後出任東福寺住持者有東山湛照、無關普門、白雲慧曉、山叟慧雲、藏山順空、無為昭元、月船琛海、癡兀大慧、直翁智侃、南山士雲、雙峰宗源等人，此外還有奇山圓然、天柱宗昊、無住一圓、無傳聖禪等人，皆活躍於佛教界，進一步擴大了臨濟宗在日本的傳播範圍和社會影響。

東山湛照(西元1231～1291年)，東福寺二世住持，曾受到伏見天皇皈依，語錄有《寶覺禪師語錄》。弟子虎關師鍊(西元1278～1346年)，曾任南禪寺住持。在元僧一山一寧赴日後，他投到門下學內外之學，編撰日本第一部紀傳體佛教史書《元亨釋書》，另撰有《佛語心論》、《禪語或問》、文集《濟北集》等。

無關普門(西元1212～1291年)，或稱「無關玄悟」，東福寺三世，先後在榮朝、辨圓門下參學，入宋求法達十二年，嗣法於無準弟子斷橋妙倫。普門在正應四年(西元1291年)從龜山上皇得施離宮，後將此宮改建

---

[257]　《大正藏》卷八十，第19頁下～20頁上。

第三節　臨濟宗在日本的早期傳播—所謂「兼修禪」及其代表人物

為南禪寺，自為開山祖。普門先後受到龜山上皇及一條家經、西園寺實兼等人權臣的皈依。從此，臨濟宗與宮廷的關係更加密切。

辨圓弟子無住一圓（西元 1226～1312 年），兼修天台、真言、法相及律諸宗，長年在尾張（今名古屋）長母寺傳法，富有文才，曾三次拒受東福寺住持之聘，著有《沙石集》、《雜談集》、《聖財集》、史書《吾妻鏡》等用假名撰寫的著作。

宋元時期中日兩國禪僧對以程朱理學為代表的「宋學」在日本的傳播發揮重大推動作用。鐮倉初期天台宗學僧俊芿（西元 1166～1227 年）從宋求法歸來，除帶回佛典外，還帶回「儒書二百五十六卷，雜書四百六十三卷」。俊芿還向朝廷的左大臣德大寺公繼介紹自己在宋的見聞，所謂「筆精之義，宋朝之談……五經三史奧粹，本朝未談之義」。（信瑞〈泉湧寺不可棄法師傳〉）。[258] 可以推測，俊芿已經向日本人介紹了宋學。

據現存資料證明，辨圓為宋學在日本的傳播作出過貢獻。《元亨釋書・辨圓傳》後之「論」說，辨圓歸國時帶回「內外」經籍（佛教書與儒道書等）數千卷，後皆收藏在京都東福寺的普門書庫，其中有論述佛、儒、道三教一致的《佛法大明錄》二十卷。辨圓到鐮倉傳法期間，曾向執權北條時籟講過《大明錄》。《聖一國師年譜》記載，龜山天皇文永五年（西元 1268 年），大相國源基向辨圓問「三教大意」，辨圓述《三教要略》呈上；後宇多天皇建治元年（西元 1275 年），辨圓奉詔入宮謁龜山法皇，說「三教旨趣」；辨圓晚年據自己從宋帶回的典籍編寫《三教典籍目錄》，存於普門書庫。此書久佚，現僅存西元 14 世紀據東福寺普門書庫藏書編的《常樂目錄》、《明德目錄》。據此二錄，辨圓帶回的宋學書籍中有呂祖謙《詩記》、胡安國《春秋解》、張九成《中庸說》、朱熹《大學章句》、《大學或問》、《中庸或問》、《論語精義》、《孟子精義》、《孟子集注》以及《論語直

---

[258]　載《大日本佛教全書》第 115 冊。

解》（當為朱震注）、《五先生語》（周敦頤、程顥、程瞬、張載、朱熹語錄）等。[259]

中國進入宋朝以後，三教一致論成為思想文化界的時代思潮。僅從禪宗界來說，雲門宗學僧契嵩（西元1007～1072年）著《輔教篇》推崇儒家孝道，主張佛儒並重。此後，臨濟宗學僧大慧宗杲（西元1089～1163年）在上堂說法及記載他與士大夫等信眾往來書信的《大慧書》中，也提倡儒佛一致論。宋代江浙一帶的著名禪僧，如大慧系的北澗居簡、虎丘系的癡絕道沖、無準師範等人也具有深厚的儒學修養。日本求法僧投到他們門下參學，很自然地了解到講究天道性命之學的新儒學——宋學。這些日本求法僧和中國赴日禪僧，在傳法過程中也將宋學介紹到日本。應當說，辨圓只是這方面的早期代表，此後宋僧蘭溪道隆、兀庵普寧、大休正念、無學祖元及元僧一山一寧等也在不同場合向日本人介紹宋學。宋學的傳入促成了以後「五山文學」的形成和發展，對日本儒學適應時代發生變革也有推動作用，同時對以武士階層占支配地位的政治體制也有一定影響。

在日本禪宗史上，辨圓占有重要地位。他在宋地參學臨濟宗六年，在回國後傳法過程中得到皇室權貴和幕府武士上層的大力支持，從住持九州的崇福寺、承天寺開始，進而以京都東福寺、建仁寺為中心，遠及幕府所在地鐮倉的壽福寺以及三河（今愛知縣）的實相寺，弘傳臨濟禪法，兼傳真言、天台二宗。辨圓既通曉漢文，能夠順利地閱讀漢語佛典禪籍，又能直接運用日語說法，比在日傳禪的中國禪僧蘭溪道隆、兀庵普寧等人更便於接近朝野各階層的信徒，擴大影響。無住一圓《沙石集》卷九說：「日本禪門之繁昌，由此而始。」意為日本盛行禪宗是從辨圓開始的。師煉《元亨釋書·辨圓傳》也說：「建久（按：西元1190～1200年）之間，西公（按：榮西）導黃龍之一派，只濫觴而已。建長（按：西元1249～1255年）之

---

[259] 足利衍述《鐮倉室町時代之儒教》第一編第四章第一節，日本古典全集刊行會出版。

中，隆師（按：道隆）諭唱東壤（按：關東鎌倉），尚薄於帝鄉。慧日（按：東福寺稱慧日山，此指辨圓）道協君相，化洽畿疆，禦外侮而立正宗，整教綱而提禪綱，蓋得祖道之時者乎！」師煉強調辨圓繼榮西之後，不僅得到鎌倉幕府的支持，而且也得到朝廷君臣的支持，將禪宗傳播範圍擴展到京都及九州，促成臨濟宗在日本真正確立，是適應了時代和形勢的。

圓爾辨圓因諡「聖一國師」，其門派在古代日本禪宗二十四派中為「聖一派」，以東福寺為傳法中心，在各地擁有眾多寺院，曾為五山派的主流派。近代日本臨濟宗十四派中的東福寺派奉辨圓為開山祖。

四、「法燈國師」心地覺心

心地覺心（西元 1207～1298 年），心地、無本皆為號，名覺心，俗姓常澄，信濃國（今長野縣）人。十九歲出家，先在高野山學真言宗，後從榮西的弟子行勇、榮朝及其弟子朗譽參學臨濟禪法。

後深草天皇建長元年（南宋淳祐九年，西元 1249 年），覺心到京都東福寺參謁辨圓，聽從辨圓的建議並帶著辨圓的介紹信乘船入宋到徑山，打算禮無準師範為師參學。然而師範已經去世，他便下山到明州（治今寧波）、臨安（今杭州）訪師問道。當時五祖法演弟子開福道寧之下第四世無門慧開在臨安靈洞護國仁王禪寺傳法，覺心便投到他的門下受學臨濟宗楊岐派禪法。

慧開（西元 1183～1260 年），號佛眼，嗣法於月林師觀，著有《無門關》等。據《元亨釋書》卷六〈覺心傳〉記載，覺心初參慧開，慧開問他名字，答：「覺心。」慧開當即示之以偈曰：「心即是佛，佛即是心，心佛如如，亙古亙今。」在幾次問答之後，對他的悟境表示印可。南宋寶祐二年（日本建長六年，西元 1254 年），覺心辭師回國，慧開贈以《對御錄》（當即大慧宗杲弟子佛照德光對宋孝宗的語錄）、月林師觀的傳法語錄及自己

的著作《無門關》和付有自贊的頂相（繪像）等，授以偈曰：「心即是佛佛即心，心佛元同亙古今，覺悟古今心是佛，不須向外別追尋。」這不外是教他懂得「即心是佛」、領悟自性是禪宗的基本宗旨。

覺心回國後先在高野山金剛三昧院傳法，後住持紀伊（今和歌山縣）由良興國寺、京都勝林寺、妙光寺，曾應請向龜山上皇、後宇多上皇說法。

覺心的禪法仍沒有擺脫兼修禪的模式，在傳禪的同時還弘傳真言密法。然而他認為在佛法中禪宗最為優越，說「今此禪門是佛心宗也，最上乘法也」；「顯密二教，為教內之法；禪門之宗，教外之宗」（《由良開山法燈國師法語》）。覺心遵從慧開的教誨，在向門下傳法中強調「即心是佛」，眾生與佛沒有根本差別，引導弟子領悟自心，說：「生、佛源一，迷悟境分。不假他力，自心能知。欲至佛果，須參自心。」（《延寶傳燈錄》卷二〈覺心傳〉）他常引導弟子參究「狗子無佛性」、「父母未生前的本來面目」等公案。

覺心回國仍與其師慧開保持書信往來。他贈送慧開書信和禮物，慧開回書贈偈，並贈法衣、東山七葉（禪宗七代祖師）圖及自著法語《自警關捩子》、月林師觀《體道銘》等。

伏見天皇永仁六年（西元 1298 年），覺心去世，時年九十二歲。龜山上皇賜諡「法燈禪師」，後醍醐又賜「法燈圓明國師」之號。他的著作和語錄有紹柱校纂《法燈圓明國師遺芳錄》、《法燈國師坐禪儀》、《由良開山法燈國師法語》，弟子有高山慈照、孤峰覺明等人。覺明曾入元參臨濟宗著名禪僧中峰明本、古林清茂等，弟子中以著有假名法語《和泥合水》的拔隊得勝最有名。

覺心的法系以紀伊興國寺為中心，在日本古代禪宗二十四派中稱「法燈派」。覺心也被江戶時代（西元 1603～1867 年）以吹尺八（也稱「虛

鐸」，竹製，豎吹，簫類樂器）著稱的普化宗奉為祖師。

原來覺心在杭州靈洞護國仁王禪寺[260]期間，一位名張雄的人善吹尺八，聲音悠揚悅耳，便跟他學習，歸國後將此技藝傳授門下寄竹等人。此後尺八這種樂器及吹奏技藝便在日本傳開。江戶時代，有一個由流浪武士組成的禪宗派別叫普化宗（也稱「虛無宗」），奉中國唐代鎮州（治今河北正定）禪僧普化和尚、心地覺心為祖師，成員稱「虛無僧」，著衣異於常人，身佩木刀、護身劍，經常吹奏尺八雲遊四方，在各地也有自己的寺院。普化宗受到德川幕府的保護和優待，被稱為「勇士浪人之隱家，武人修行之本宗」，曾禁止非武士參加普化宗，並且禁止外人持有和吹奏尺八。[261]

第四節　臨濟宗在日本的興盛 —— 所謂「純粹禪」及其代表人物

繼日本僧榮西、辨圓等人將中國臨濟宗傳入日本之後，中國宋元禪僧蘭溪道隆、兀庵普寧、大休正念、無學祖元以及一山一寧等相繼東赴日本，在幕府支持之下以鎌倉為中心盛倡臨濟禪風。他們與榮西、辨圓等人在弘傳禪宗的同時也兼傳天台、真言諸宗的所謂「兼修禪」的做法不同，不僅基本按照宋元叢林的傳法方式傳法，培養弟子，而且搬用唐宋以來禪寺的清規管理和經營寺院，從而使臨濟宗在日本迅速興盛起來。他們的禪法被稱為「純禪」或「純粹禪」。從日本歷史考察，在相當長的一段時間內所謂「兼修禪」和「純粹禪」兩種禪法是同時流行的，並且是彼此呼應、互

---

[260] 據杭州趙一新、孫以誠先生的多年考察，宋代靈洞護國仁王禪寺的遺址為今杭州黃龍洞景區的浙江省藝術學校教學大樓後面一座古廟。見孫以新《日本尺八與杭州護國仁王禪寺》，載黃大同主編《尺八古琴考》，上海音樂學院出版社2005年版。

[261] 村上專精著，楊曾文譯：《日本佛教史綱》，第四期第二十章〈普化宗和修驗道〉，商務印書館1981年版。

第五章　宋元佛教交流與淨土、禪宗東傳

相影響的。

從古代中日兩國文化交流史來看，宋元禪宗傳入日本是繼隋唐佛教傳入日本之後兩國文化交流進入第二次高潮的重要指標。禪宗思想和以禪宗為主導的「五山十剎」、「五山文學」、禪僧對宋學的傳播，對日本武士占支配地位的幕府體制的鞏固和「武士道」的形成，對協調朝廷「公家」、幕府「武家」和佛教「寺家」三者之間的關係，產生直接和間接的較大影響。

一、蘭溪道隆及其在鎌倉、京都的傳法活動

蘭溪道隆（西元 1213～1278 年），蘭溪是號，俗姓冉，宋朝西蜀涪江（當為涪縣，在今四川綿陽市涪江東岸）[262] 人，十三歲時出家於成都大慈寺。後入浙曆參名寺訪師問道，先後參謁臨濟宗楊岐派虎丘法系的無準師範、癡絕道沖及大慧法系的北澗居簡等禪師，皆無契悟。此後，道隆到陽山投到無明慧性的門下參學，在聽慧性舉當年五祖山法演問清遠「一人牽一頭牛從窗櫺中過，兩角四蹄俱過了，唯有尾巴過不得」[263]（此語句）的話時入悟，受到慧性的印可。慧性上承虎丘紹隆──應庵曇華──密庵咸傑──松源崇岳的法系，所傳自然是臨濟宗楊岐派的禪法。

當時兩浙叢林與日本的佛教交流十分密切，僧人對日本佛教界的情況也比較了解。道隆在聽說日本佛教雖盛然而禪宗尚未盛行之後，出於弘法的熱情決心赴日傳法。南宋理宗淳祐六年（日本寬元四年，西元 1246 年），三十三歲的道隆乘商船東渡抵達九州太宰府（在今福岡）。道隆在日本道友智鏡的支持下先住當地圓覺寺，翌年入京都住入智鏡住持的泉湧寺。

此後，道隆東到幕府所在地鎌倉傳法，先暫住於榮西再傳弟子大歇了

---

[262] 涪江，四川嘉陵江主要支流，在今四川中部，源於松潘縣東北的岷山，流經今平武、江油、綿陽、三臺、射洪、蓬溪、遂寧、潼南等縣市。《元亨釋書》卷六、《延寶傳燈錄》卷三〈道隆傳〉皆說道隆「宋國西蜀涪江人」。這裡的「涪江」是泛稱，具體地點當為涪縣。
[263] 原句見《密庵和尚語錄》，載《大正藏》卷四十七，第 974 頁中。

第四節 臨濟宗在日本的興盛——所謂「純粹禪」及其代表人物

心住持的壽福寺。幕府執權北條時賴信奉佛教，特別是淨土宗，然而對禪宗頗有興致，對道隆的到來表示歡迎，先請他入住常樂寺，建長五年（西元1253年）又在巨福山建長興國禪寺作為祈禱天皇、幕府將軍和執權的福壽，為日本祈禱太平的道場，請道隆擔任開山之祖。道隆按照宋地儀規舉行隆重的開堂說法儀式，在當地引起很大轟動。此後北條時賴經常在政務之暇到寺中參禪，聽道隆傳授禪法。後深草天皇康元六年（西元1256年），三十歲的北條時賴以道隆為師出家，法名「覺了房道崇」，部下跟隨他出家的有很多人，對禪宗在日本的傳播影響很大。此後北條時賴稱「相州禪室」或「最明寺禪室」。

在龜山天皇正元元年（西元1259年），道隆奉詔到京都住持原由榮西創建的建仁寺，成為建仁寺（當時因避諱稱「建寧寺」）第十一世住持。建仁寺此後第十三、十四、十五、十七、十八代住持也屬道隆法系。道隆與當年榮西傳臨濟宗黃龍派禪法不同，是傳臨濟宗楊岐派的禪法。道隆在榮西忌辰之際上堂說法，說：「蜀地雲高，扶桑水快，前身後身，一彩兩賽。昔年今日，死而不亡，今日斯晨，在而不在。諸人還知落處麼？」然後以偈頌說：「香風吹菱花，更雨新好者。」（《大覺禪師語錄》卷中）[264] 表示自己與榮西雖生國不同，然而皆弘傳臨濟禪法，相信今後建仁寺景況會更加美好。道隆作為來自宋地的中國禪僧，逐漸得到了建仁寺僧人的「畏愛」（《元亨釋書》卷六〈道隆傳〉）。道隆曾應後嵯峨上皇之召入宮說法。道隆借此機會上偈一首，曰：「夙緣深厚到扶桑，忝主精藍十五霜。大國八宗今鼎盛，建禪門廢仰賢王。」（《元亨釋書·道隆傳》）意思是說自己宿緣深厚得以到達日本，擔任名寺住持已經十五年，看到貴國八宗鼎盛而禪宗卻未流行，表示今後禪門的興盛還要依仗天皇朝廷的扶持。在道隆於建仁寺傳所謂「純禪」的時候，辨圓在東福寺兼修禪。從現存資料來看，辨

---

[264] 《大正藏》卷八十，第65頁上。

第五章 宋元佛教交流與淨土、禪宗東傳

圓與道隆二人之間保持友好的關係，彼此常有書信、詩文往來。

三年後，道隆應幕府之召回到鐮倉。龜山天皇弘長三年（西元1263年）執權北條時賴去世，執權雖先後由北條長時、北條政村擔任，但實權為「家督」（北條氏嫡系長子）北條時宗掌握，文永五年（西元1268年）正式出任執權。北條時宗自幼受到過道隆的薰陶，也信奉禪宗，特為道隆建禪興寺居住。接著，道隆再遷建長寺。此後，道隆曾因遭人中傷誹謗，先後兩次受到迫害被流放甲裴（今山梨縣）。道隆利用這個機會，向當地沒有接觸禪宗的官員和普通民眾傳法。後來由執權北條時宗把道隆迎歸鐮倉，待之以師禮。道隆先後住持壽福寺、建長寺。弘安元年（西元1278年）七月二十四日遺偈：「用翳睛術，三十餘年。打翻筋斗，地轉天旋。」（《延寶傳燈錄》卷三〈道隆傳〉）然後去世，時年六十六歲。經北條時宗奏請，後宇多天皇賜諡「大覺禪師」之號。這是天皇賜禪師號之始。

道隆的傳法語錄和著作有：《大覺禪師語錄》三卷，包括侍者圓顯、智光編《常樂寺語錄》，侍者覺慧、圓範編《建長寺語錄》，侍者了禪、從探編《建寧寺語錄》，侍者德昭編《常樂寺小參》、《建長寺小參》、《建寧寺小參》以及《法語》、《偈頌》、《佛祖贊》等；還有《大覺拾遺錄》一卷，收有《梵語心經付注心要》、《省行文》、《建長法語規則》、《遺誡》、《常樂寺定規》等。

道隆在日本傳法前後三十三年，因為受到以執權為代表的幕府上層的信任，進一步擴大了禪宗乃至宋學對日本武士的影響，透過日常說法和實行唐宋叢林清規，推進了中國臨濟宗在日本的傳播。

1. 在向武士上層傳法中，發揮禪宗「道在日用」思想和宋學的修身治國之道

中國佛教是在適應以皇帝為首的封建主義中央集權體制的過程中傳播和發展的，與此相應也將儒家的忠君、孝親、護國、親民、敬師等倫理和

第四節　臨濟宗在日本的興盛—所謂「純粹禪」及其代表人物

禮儀吸收到自己的儀規和傳法活動中。這在禪宗那裡表現最為突出。在進入宋代以後，禪宗將新任寺院住持在開堂升座儀式上拈香為皇帝祝壽，為地方官祝福並祈禱國泰民安，向師父報恩，然後說法的禮儀納入禪宗儀規。從現存宋代禪宗資料來看，首山省念的弟子汝州葉縣歸省、潭州神鼎洪的語錄對此有最早的記述。此後，這種做法日漸普及並且成為禪寺的定制[265]，並伴隨禪宗也傳入日本。道隆是最早在日本採用這種儀式開堂升座的禪師。

道隆到日本傳法的時候，日本處在以武士占支配地位的社會體制，以忠君（主君）、勇武、仁義、正直等為主要規範的武士之道正在形成之中。因此，道隆按照中國禪宗儀規入住幕府所建禪寺，並且在與幕府武士上層的交往和傳法之中，發揮禪宗「道在日用」及宋學的忠勇倫理的思想，在當時產生了也許他本人沒有料到的效果，對正在建設中的武家文化發揮了推動作用。

後深草天皇寶治二年（西元1246年），道隆從京都到幕府所在地鎌倉，執權北條時賴請他住持常樂寺，從此開始了他在日本的傳法生涯。在陰曆四月八日浴佛節，道隆為對「檀越」（施主）北條時賴表示感謝，特地上堂說法。他說：

今日大力量人（按：北條時賴）廣辟僧堂，令學佛者登此門戶，個個心地發明，非但令學佛者到至極之地，普使見者聞者同契真宗（按：原指禪宗，此指禪宗要旨）。然後功歸有自，福報無窮……物逐人興，道在日用。且如日用中是甚道？人興者是何物？動靜俯仰之間，色聲語默之際，非道不親，惟人自昧。道若不昧，物隨人而自興。豈不聞趙州和尚云：諸人被十二時使，老僧使得十二時。灼然體察得明，達絕疑慮之境，天地辟闔即我辟闔，陰陽慘舒即我慘舒，無一法從他處得來，無一物不是自心默

---

[265] 詳見楊曾文著：《宋元禪宗史》第四章第五節〈慧南與臨濟宗黃龍派〉，中國社會科學出版社2006年版。

第五章　宋元佛教交流與淨土、禪宗東傳

運。天地無物也，我無物也，未嘗無物。聖人得這個妙理，能為二儀之首，萬物之主。

茲者本寺大檀那，盡己行仁，忠心輔國。本來身登菩薩地，人間世間現貴官身，持大權，掌大柄，濟世之念似海之深，養民之心如山之固。欽崇佛法，永保皇家。天地合宜，蠻夷率服。以至有情無情，莫不從風而靡。不被物之所移，自能轉物。便見日用之道，動靜無虧。

昔日唐朝（按：此指宋朝）舒王（按：王安石），問蔣山元（按：贊元）禪師：如何是佛法大意？元不諾。舒王扣之愈久。元不得已而為王曰：公受氣剛大，世緣深，以剛大之氣遭深世緣，心身任天下之重，懷經濟之心。然用、捨不能必，則心未平。以未平心，則安能一念萬年哉？若據山僧所見，元禪師一向無慈悲方便，埋沒賢人。殊不知理天下大事，非剛大之氣不足以當之。要明佛祖一大事因緣，須是剛大之氣始可承當。

今尊官興教化，安社稷，息干戈，清海宇，莫不以此剛大之氣定千載之升平。世間之法既能明徹，則出世間之法無二無異分，無別無斷故。

山僧宗門晚進，草芥無能。既至仙鄉，荷臺旆重法之故，亦不輕人。廣開寺宇，重建僧堂，令鄙者領眾行道。若非曩有莫大因緣，何以如此。鄙懷亦不敢生懶墮之心，種件依唐式行持，但隨緣去住而已。

伏願臺座壽山高富士之嶽，福海等滄溟之深，千佛光中常安常樂，次冀休征罷戰，偃武修文，寰宇太平，清寧孚佑。（《大覺禪師語錄》卷上）[266]

道隆在這裡所宣示的有以下幾個意思：

第一，道隆按照禪宗基本思想宣示「道在日用」的道理，說解脫之道──作為世界萬物本原和本體的佛性就在生活日用之中，重要的是領悟它與「自心」不一不異，經常表現在人們的「動靜俯仰之間，色聲語默

---

[266]　《大正藏》卷八十，第 47 頁下至 48 頁上。

第四節　臨濟宗在日本的興盛——所謂「純粹禪」及其代表人物

之際」。如果體悟到這點,便達到自由解脫的精神境界,便會感到天地萬物皆由自心運轉,便超凡入聖,為天地萬物的主宰。

第二,稱頌北條時賴「盡己行仁,忠心輔國」,雖已達到菩薩境地,然而卻顯現世間「貴官」之相掌握軍政大權,從事「濟世」、「養民」之事,扶持佛法,擁戴皇家,致使天地和諧,四海升平,「便見日用之道,動靜無虧」。

道隆引證北宋神宗朝宰相王安石參問在蔣山傳法的臨濟宗贊元的故事:贊元說王安石秉先天「剛大」之氣(按:原語出自《孟子》「浩然之氣」、「至大至剛」)而生,與世上的緣分很深,必然承受天下的重任。然而他雖懷有濟世治國的志向,但並非自己所要實行的要廢止的都能如願,這樣必然使自己的心難以平靜;其次在心未平的情況下,就很難實現治理天下之志,如何能將自己的理念化為永久呢?(詳見北宋惠洪《禪林僧寶傳》卷二十七〈贊元傳〉)道隆對贊元的見解表示不同意,說其實治理天下非具「剛大之氣」不可,要明心見性也須「剛大之氣」。

然後,道隆話頭一轉,說北條時賴要「興教化,安社稷,息干戈,清海宇」,必須要靠這種「剛大之氣」。為什麼呢?道隆說世與出世是相即不二的,世間法也就是出世間法。

第三,他感謝北條時賴的知遇之恩,稱頌他建寺興禪的功德,表示自己勤懇遵照「唐式行持」來傳法修行,為北條時賴祝福,為國家太平祈禱。

不難看出,道隆所講的「道在日用」及源自《孟子》的「剛大之氣」,稱讚幕府執權盡忠、行仁,「理天下」,「興教化,安社稷」等等帶有中國新儒學——理學意味的說法,正是日本武士感興趣的思想,後來成為構建武士文化的重要成分。

建長寺建成後道隆被聘為首任住持。他在一次「小參」說法中,引宋

第五章　宋元佛教交流與淨土、禪宗東傳

儒周敦頤《通書・志學章》的「聖希天，賢希聖，士希賢」[267]的話加以發揮，說：

> 蓋載發育，無出於天地，所以聖人以天地為本，故曰聖希天；行三綱五常，輔國弘化，賢者以聖德為心，故曰賢希聖；正心誠意，去佞絕奸，英士蹈賢人之蹤，故曰士希賢。乾坤之內，宇宙之間，興教化，濟黎民，實在於人耳。人雖尊貴，而未為尊貴，所尊貴者，吾佛之教也……（《大覺禪師語錄》卷中）[268]

周敦頤（西元1017～1073年）是宋代理學的創始人，所著《通書》是理學要典之一，以天地真實「無妄」之性為「誠」，認為是人類道德之源，「聖人之本」。道隆僅引用《通書・志學章》的部分語句，按聖希（效法）天、賢希聖、士希賢的層次，提倡效法天地，以「聖德」為心，正心修身，行綱常名教，強調「興教化，濟黎民」的關鍵在人，然而最後的結論是佛教比人世間更為尊貴，勸人奉佛修道。儘管如此，道隆畢竟認為在治國平天下的範圍內，人的道德修養和人格更為重要。道隆在禪寺上堂說法中宣傳這種思想，在客觀上產生擴大宋學修身治國思想的影響。

建長寺建成後，執權北條時賴請道隆為開山住持。落成典禮由道隆任導師，先供養新寫五部大乘經，「上祈皇帝萬歲，將軍家及重臣千秋、天下太平」（載《吾妻鏡》卷四十）。執權北條時賴為「佛殿梁牌銘」題詞：「上祈今上皇帝千佛扶持，諸天至心擁護，長保南山壽，久為北闕尊，同胡越於一家，通車書於萬國。」道隆為立此牌銘而題寫：「伏願三品親王征夷大將軍，干戈偃息，海晏河清，五穀豐登，萬民康樂，法輪常轉，佛日增輝。」（載《鐮倉五山記》）時賴和道隆題詞中的「皇帝」是天皇；「今上皇

---

[267] 《通書・志學章》原文：「聖希天，賢希聖，士希賢。伊尹、顏淵，大賢也。伊尹恥其君不為堯、舜，一夫不得其所，若撻於市。顏淵『不遷怒，不貳過』，『三月不違仁』。志伊尹之所志，學顏子之所學。過則聖，及則賢，不及則亦不失於令名。」

[268] 《大正藏》卷八十，第70頁下。

第四節　臨濟宗在日本的興盛—所謂「純粹禪」及其代表人物

帝」是後深草天皇；「將軍」是所謂「征夷大將軍」，當時將軍是藤原賴嗣，只是名義上的幕府首腦；「重臣」是指控制日本軍政大權的幕府執權北條時賴。由此可見，建長寺是為天皇、幕府將軍和「重臣」執權祈禱福壽，為國家祈禱太平的道場。

六年後，在龜山天皇正元元年（西元 1259 年），道隆奉詔入京都住持建寧寺（原建仁寺）。他在開堂升座儀式上套用宋地叢林的格式，首先拈香為天皇、朝廷乙太政官為首的文武群臣，和幕府仍掌實權的前執權時賴（出家稱「最明寺禪門」，當時執權是北條長時）拈香。

師升座祝香：此一瓣香，高敷有頂，宏結無垠，透過須彌廬，充徹金剛界，爇向爐中，恭為祝延今上皇帝有道明君，恭願金輪永固，玉葉長芳，綿萬載而擁休，合四時而蒙福。

次拈香：此一瓣香，奉為輔國大丞相併合朝文武官僚，伏願壽等松椿傲雪，沒凋零之色，心同葵藿向陽，無移易之誠。

此一瓣香，奉為東州信心檀越最明寺禪門，伏願為國輸忠，贊明君之盛德，了心達道，豎末世之寶幢，永為皇祚之股肱，長作法門之梁棟。

此香昔在陽山那畔收拾得來，覷著則有恨情生，點著則無明火發，爇向爐中，奉為前住平江府尊相禪寺無明大和尚，用酬法乳之恩。

在說法中讚頌說：

於此洞徹心源，了無異相，便見慈風共堯風廣扇，四海升平。佛日與舜日齊明，萬民樂業。文臣武將咸歸有道之君，樵夫漁夫共樂無為之化。如是則盡大地是個解脫門，全身在裡許。（以上載《大覺禪師語錄》卷中）[269]

道隆在升座的祝詞中，祝天皇福祚長久，祝乙太政官（攝政）為首的

---

[269]　《大正藏》卷八十，第 63 頁下至 64 頁上。

第五章　宋元佛教交流與淨土、禪宗東傳

朝廷重臣長壽和對天皇忠誠，又祝掌握全國軍政大權的幕府前執權北條時賴（最明寺禪門）為國盡忠，「永為皇祚之股肱」，並且做護持佛法的棟梁。這既是對以天皇為首的朝廷擁有虛位、幕府掌握實權的現實政治局面的反映，也是對這種現狀的承認。他在贊詞中稱頌所謂「慈風共堯風廣扇」、「佛日與舜日齊明」的話，是他希望看到的國泰民安、佛法與王法和諧的一種社會美景。當時日本以武士占據支配地位的幕府體制已很穩固，然而天下絕沒有實現真正的太平。道隆搬用宋地禪宗開堂拈香祝詞的做法，應當說對鞏固這種體制是有利的，他提到的忠、誠等道德規範在幕府和朝廷雙方皆可作出自己的解釋，因而他受到幕府武士和朝廷的歡迎是可以理解的。

北條時宗是鎌倉時代幾個有作為的執權之一，自幼受到道隆的教育。道隆曾為時宗撰寫願文，其中有：「信心弟子時宗，身無它技，道自心明，壽山如泰華之高，福海等滄溟之廣，子孫榮顯，門業昌隆，長為佛法之棟梁，永作皇家之砥柱，左右侍從，奸狡消除」；又祈求護法善神「專祈弟子時宗，永扶帝祚，久護宗乘」。[270] 詞語間蘊涵對幕府執權虛擁皇室、實掌國政現實的贊許和美化。

繼道隆之後，兀庵普寧、大休正念、無學祖元、一山一寧等宋元禪僧以及赴宋求法歸國的日本禪僧南浦紹明等人，在應請住持禪寺的升座儀式上也都採取為天皇和幕府將軍、執權等拈香祝延壽福的做法，在有的禪寺甚至還祀奉祈禱天皇萬歲的牌位。雖然在禪僧拈香祝詞乃至上堂說法中，有對幕府支配體制下政治現狀表示贊許的意思，然而同時也蘊涵儒家的忠君護國思想。

---

[270]　原書存京都建長寺、故田中光顯處。此為據過善之助《日本佛教史》中世篇第二卷第七章第十節〈臨濟宗〉所引全文的摘錄。

第四節　臨濟宗在日本的興盛—所謂「純粹禪」及其代表人物

我們從道隆以上的表現，大體可以看到禪宗傳入日本後在公（朝廷）、武（幕府）兩家之間所扮演的協調兩者關係的微妙角色。

2. 將看話禪傳入日本

中國禪宗和密宗（真言宗）在教理方面雖然都強調佛與眾生沒有根本差別，主張佛在人間，然而兩者存在明顯差別：禪宗主張「即心是佛」，而密宗主張「即身成佛」，而且修持方法也有很大不同。禪宗更強調人的自心覺悟，如禪宗南宗創始人六祖慧能所說「識心見性，自成佛道」（敦煌本《六祖壇經》）。唐末五代南宗成為禪宗主流，雖也相繼形成五宗，提出不同的禪法主張，然而在這一點上可以說是沒有根本差別的。

宋代臨濟宗楊岐派的大慧宗杲（西元 1089～1163 年）繼承慧能以來的禪法，特別是臨濟宗的心性思想和修行主張，認為修行解脫不離世間，成佛必須透過自心覺悟。他向信眾表示：造成人生痛苦和輪迴生死的根本原因是「心意識」引起的種種「妄念」和貪嗔癡等情欲，必須將這些情欲煩惱制伏斷除才能達到覺悟解脫，為此提出所謂「看話禪」的修持方法。看話禪也叫「看話頭」、「參話頭」，簡單地說，就是聚精會神地參究一段語句，乃至語錄中一個字，在參究中又必須超越語句或字的任何含義，將參究的語句或字僅僅當作克服「妄念」和「雜念」情欲，通向「無念」或「無心」的覺悟解脫境界的一種手段或橋梁。[271]

榮西、辨圓等日本禪僧雖對看話禪有所了解，然而因為所傳為「兼修禪」，並沒有提倡這種看話禪，看話禪最初是由道隆傳入日本並加以提倡的。

道隆在鐮倉、京都諸寺的傳法過程中，自然對禪宗依據的基本理論和主張，諸如涅槃佛性論、般若空論和中道不二法門的思想以及「即心是

---

[271]　詳見楊曾文著：《宋元禪宗史》第五章第二節，中國社會科學出版社 2006 年版。

佛」、人人可以成佛等通俗說法，經常在不同場合弟子和信眾宣說或作提示，要求在體悟自性、自心上下工夫。

道隆對中國禪宗重視自信、自修、自悟的思想也特別加以提倡。他在鎌倉建長寺十月一日開爐節上堂說法中告訴弟子：

須是自信、自修、自悟始得。信者，信佛祖有無傳而傳之妙；修者，修自家欲達未達之場；悟者，悟現今迷頭認影（按：不識本心）之所。此猶是大概之辭。若據實而說，做工夫時，各各陡頓精神，莫隨境轉，虛靈（按：心性）自照，動靜返窮，窮至無窮，終有倒斷（按：斷除顛倒邪見）時節。（《大覺禪師語錄》卷上）[272]

就是說，對於一個修行者來說，最重要的莫過於堅持自信、自修、自悟這個根本宗旨。那麼，何為自信、自修、自悟呢？他解釋說，自信是相信歷代祖師傳承的超越於言表之外的「佛心」；自修是透過修行而達到尚未達到的覺悟境界；自悟是領悟迄今未能體悟的與佛無別的清淨本性。他進而教示弟子，如果修行者能夠專心不移地在體悟自性上下工夫，久而久之，便可斷除各種有違正法的斷見、邪見等而達到覺悟解脫。

道隆特別提倡源自大慧宗杲的看話禪。修這種看話禪未必非打坐不可，只要在日常動靜中參扣一個話頭，即禪宗公案語錄中一句話乃至一個字，專心致志地反反覆覆地參扣下去，便可達到解脫境界。他是這樣說的：

參學如貓捕鼠，先正身直視，然後向他緊要處一咬咬定，令無走作。究道參玄亦復如是。首正其心，誠其意，目不邪視，口不亂談，看古德道：「雪覆千山，因甚孤峰不白？」（按：曹山本寂之語）切不得向句上分別，以心意識度量；又不可言孤峰無高下，亦不黑，非於色，寒暑不到，塵劫難移，黑時法界皆黑，不及白相。如斯見解，總是妄生穿鑿，強說道

[272] 《大正藏》卷八十，第 50 頁上。

第四節　臨濟宗在日本的興盛——所謂「純粹禪」及其代表人物

理，大似日本望新羅，猶隔海在。汝但下十分工夫，逗到淨裸裸一色純真，明歷歷了沒點污。(《大覺禪師語錄》卷下《示了禪侍者》)

博地(按：即「薄地」，此指未脫離生死的地位)凡夫，豈有一步便登寶所，惟是從淺至深，因漸入頓。但於紛擾之時，看紛擾之念自何而起，仍將紛擾之心究彼紛擾之處，究之至絕究之地。紛擾之境本空，所究之心何在？此乃謂之返究。若妄想極重，當提一個話頭。話頭者何？四威儀(按：行、住、坐、臥)中，匆匆之際，安靜之時，看「生從何來」，但返返復復，如是推窮……參禪如孝子新喪父母一般，念茲在茲，不忘所生。一念若如此，自然道念重、世念輕，久久明白時，入大解脫門也。(同上，《示淨業上人》)

莫退初志，以袈裟下一事(按：指超脫生死之事)為念，朝暮勿忘，提個話頭，動靜自看「如何是道？平常心是道」(按：馬祖道一語)一句，反覆察量。待自己之道朗明，方名為工夫靈驗。……汝但看「平常心是道」一句，永莫放捨，忽然得歡喜時，莫相辜負。(同上，《示慧行大師》)

從今已去，但看：「不起一念，還有過也無？須彌山。」(按：雲門文偃之語)行住坐臥處，念念莫忘，看此一句。切不得向句下注解，但只以平常心看，力到自然洞明。工夫未分曉時，不要聽人移易，才聞贊毀，又生退心，此事終無成就時節。(同上，《示妙阿大師》)[273]

僅從以上所引語句，可以將道隆提倡的看話禪歸納為以下幾點：

(1) 在參究人的生死原因，斷除妄念煩惱的修行過程中，最好的方法是參扣禪林祖師的語句話頭，如「雪覆千山，因甚孤峰不白」、「生從何來」、「如何是道？平常心是道」、「不起一念，還有過也無？須彌山」等等。

(2) 修看話禪既可以採取打坐這種傳統方式，也可如他所說：「四威儀中，匆匆之際，安靜之時」；「朝暮勿忘，提個話頭，動靜自看」；「行住坐

---

[273]　以上所引分別載《大正藏》卷八十，第 82 頁中、84 頁上、88 頁上。

臥處，念念莫忘」，在從事日常搬柴、擔水等各種活動中來修，但要做到聚精會神「念茲在茲」，時時不忘話頭。此亦即後世禪寺中常說的「注意腳下，照顧話頭」。

(3) 在參究話頭過程中，不要從話頭字面所蘊涵的意義上作分辨、理解或推論，例如參究「雪覆千山，因甚孤峰不白」時，切勿從「孤峰」、「不白」等字句的含義上來考慮，「強說道理」，而是以超越分辨揣度的「平常心」來反覆參究下去，直至達到覺悟自性的空淨「洞明」的解脫境界。

道隆在日本傳法三十多年，晚年也許已學會日語。他平時接觸最多的自然是日本僧俗信眾，因為日本人對中國禪宗了解不多，所以經常在各種場合向他們介紹。他曾對一位名唯原的居士說，菩提達摩祖師來華之後逐漸將大乘禪法傳播開來，各地「子子孫孫燈燈不絕」，以至形成禪門五宗，雖然各自傳法方式不同，然而「悟理無殊」。他介紹說：

或行棒，或下喝，或豎指，或舉拳，或無賓主句。或有人問：如何是佛？對云：麻三斤；或對：乾屎橛；或云：庭前柏樹子。此皆是方便，要人向自己上推理，自心上揣摩。

凡有妄念起時，便舉一個公案（按：原作「按」字），或舉麻三斤；或看乾屎橛。但一心專注，向此話上大信大疑，信得及，疑得深。疑情既破，便見古人方便處灼然，是為人親切，工夫果真實。一法既明，萬法無異。向乾屎橛上看得透，麻三斤、柏樹子，其理一同。（《大覺禪師語錄》卷下〈示唯原居士〉）[274]

引文前一段講的是唐代禪師以棒喝或形體動作、答非所問等方式向參禪學人進行啟示，引導他們放棄向外追求或執著語句，應在體悟自性上下工夫；後一段列舉的是宋代看話禪興起後叢林參禪者常參扣的話頭，表示

---

[274] 《大正藏》卷八十，第86頁上。

第四節　臨濟宗在日本的興盛─所謂「純粹禪」及其代表人物

只要專心參扣話頭,「大信大疑,信得及,疑得深」,工夫到了便有可能達到解脫境界。

3. 推行唐宋禪寺清規,奠定日本叢林制度

在中國禪宗傳播早期,禪僧與其他諸宗僧眾共住。隨著禪宗的迅速興起,至馬祖道一的弟子百丈懷海(西元749～814年)之時,開始另立禪寺,建立禪門僧眾組織,規定「一日不作,一日不食」,禪僧在修行之外皆需參加生產勞動(「普請」),為此制定出《禪門規式》(《百丈清規》)。宋元以後,對清規屢有增刪修訂,最有影響的有北宋宗賾《禪苑清規》、南宋宗壽《日用小清規》、惟勉《叢林校定清規總要》,此後最有名而且應用廣泛的是元順帝元統三年(西元1335年)敕東陽德輝對照以往清規重編的欽定清規,以《敕修百丈清規》名目頒行天下,命一切僧眾遵照執行。《敕修百丈清規》對為皇帝、朝廷舉行的祝贊儀式,各種佛教節日,祖師紀念日,參禪和修行程序等都有詳細規定。此外,在一些大的禪寺也往往參照通行的清規制定自己的清規或規式。

道隆到日本弘傳臨濟宗,先後住持鎌倉常樂寺、建長寺、京都建仁寺,最後住持鎌倉壽福寺,皆適時地將他熟悉的宋地叢林清規運用到這些寺院,要求僧眾嚴格遵照修行和生活。從道隆上堂說法提到的「種件依唐式行持」;「謝新舊兩班,上堂:東拄西撐,無新無舊」;「協贊叢林,助建宗旨」;「藉兩班而可以為股肱之輔」;「起臨濟之墜緒,整大法之網維」;「東邊有知事,西邊有頭首」等,[275]可以證明道隆確實按照宋地清規設置兩班僧職管理寺院。

所謂「兩班」或「兩序」是寺院負責法務和日常事務的僧職,仿照朝廷官員分文武兩班的做法設東西兩班(或稱「左右兩序」),以輔助住持管理

---

[275] 參考《大覺禪師語錄》卷上與卷中,《大正藏》卷八十,第48頁上及46頁下、55頁上、56頁下、65頁上、65頁下。

第五章 宋元佛教交流與淨土、禪宗東傳

寺院。選任學德優秀者組成西序僧職,稱為「頭首」,有首座、書記、知藏、知客、知浴、知殿等職,負責寺院中的法務教務;選任善於處理行政事務者組成東序僧職,統稱為「知事」,有都寺、監寺、副寺、維那、典座、直歲等職,掌管寺院財務及日常營運等事。兩班僧職有任期,到時舉行新舊兩班交接儀式(詳見《禪苑清規》、《百丈清規》)。道隆正是在寺院東西兩班的協助下進行傳法活動的,他所說的「協贊叢林,助建宗旨」,「起臨濟之墜緒,整大法之網維」等就是表達的這個意思。

此外,據《大覺拾遺錄》所載道隆《遺誡》和《建長法語規則》兩篇,他是參照師祖松源崇岳法系的寺規管理寺院的。主要內容包括:寺僧必須堅持坐禪、持戒;寺僧必須認真「參禪辨道」,探究「生死大事」,即使在休閒之日也禁止「恣情懶慢」;禪僧每日必須在規定時間內坐禪、洗臉等,對違犯者予以處罰,對嚴重犯者驅逐出院;寺院中即使不同宗派的禪僧也要和睦相處;選任寺主要得當。另外,現存道隆制定的《常樂寺定規》對僧人誦經、坐禪、休息、吃飯也都有規定。

道隆在日本實行中國禪寺清規的做法,對正在興起的日本禪宗有很大的影響。在道隆死後的第二年,即弘安三年(西元1280年),東福寺辨圓規定「以佛鑑禪師叢林規式」為寺規(《東福寺條條事》)[276]。佛鑑禪師即無準師範,屬於松源下二世。因此,無住一圓《雜談集》卷八說:「隆老唐僧在建長寺按宋朝作法實行之後,禪院之作法便流布於天下。」可以認為,道隆實際為日本臨濟宗的叢林清規奠定了基礎。

道隆的弟子有約翁德儉(西元1245～1320年)、桃溪德悟(西元1263～1329年)等人。德儉在離開道隆後入宋求法,回國後歷任鎌倉東勝寺、淨妙寺、京都建仁寺、鎌倉建長寺、京都南禪寺住持,曾應召入離宮為後宇多上皇說法,受賜「佛燈大光國師」之號。德悟原學密宗,師事

---

[276] 《東福寺文書》卷一。

第四節　臨濟宗在日本的興盛—所謂「純粹禪」及其代表人物

道隆後入宋參禪，曾在阿育王寺頑極行彌之下任記室，祥興二年（日本弘安二年，西元1279年）南宋滅亡，他伴隨宋僧無學祖元回到日本。祖元住持鎌倉建長寺期間，德悟曾任首座。此後，德悟先後任九州聖福寺、鎌倉圓覺寺住持。

在日本古代禪宗二十四派中道隆的法系為大覺派，以建長寺為傳法中心。在近代日本，臨濟宗十四派中建長寺派奉道隆為祖。

二、兀庵普寧與大休正念、西澗子曇

比道隆稍後，在南宋末年東渡日本傳法的禪僧有普寧、正念、子曇、祖元等人，元初有以元朝使者身分赴日的一寧。他們皆屬於臨濟宗楊岐派法系，是在日本弘傳「純粹禪」的著名禪師。

1. 在日傳法六年便回國的兀庵普寧

兀庵普寧（西元1197～1276年），兀庵是號，南宋西蜀人。幼年出家，習唯識之學，後到建康（今南京）蔣山參謁臨濟宗楊岐派癡絕道沖，接著到四明（在今寧波）阿育王寺師事無準師範。師範應請住持徑山萬壽禪寺，普寧隨侍前往。普寧與別山祖智、斷橋妙倫、西岩了惠四人被稱為無準門下「四哲」。日本辨圓在師範門下參學期間，與普寧也有密切交往。

普寧離開徑山後，先後擔任過杭州靈隱寺、明州天童寺的首座，住持過象山靈岩寺和常州無錫南禪福聖禪寺，聲名漸聞叢林之間。

西元1234年，蒙元滅金，此後一再派兵南下攻略江南。南宋社會處於動亂之中，不少禪僧應請東渡日本。南宋理宗景定二年（日本文應元年，西元1261年），已六十四歲的普寧搭乘商船東渡日本，先寄寓九州博多聖福寺，後應請到辨圓住持的京都東福寺傳法，受到僧俗信眾的禮敬。幕府前執權、已剃度出家的北條時賴聞其名，迎請普寧到鎌倉建長寺，不

第五章　宋元佛教交流與淨土、禪宗東傳

久讓他住持建長寺。建長寺前住持道隆曾在蔣山與普寧為同學，然而年齡比普寧小十多歲，對普寧十分友好。（以上主要據《元亨釋書》卷六及《延寶傳燈錄》卷二的〈普寧傳〉）

普寧在建長寺期間，北條時賴在政務之暇常到寺院參禪問道。普寧曾告訴北條時賴「見性」的道理，說：「天下無二道，聖人無兩心。若識得聖人之心，即是自己本源自性。」（《最明寺殿契悟因緣》）意為自己的本性與聖人——佛、菩薩沒有根本差別。普寧還對他說：「青青翠竹，盡是真如；鬱鬱黃花，無非般若。」意為真如佛性為世界本原，萬物是其顯現。據載，北條時賴當下入悟，向普寧禮拜。普寧授以自己的法衣和「付法偈」表示印可。「付法偈」稱：「我無佛法一字說，子亦無心無所得，無說無得無心中，釋迦親見燃燈佛。」意為他已經超越語言文字體悟自性，達到解脫。後來又作五首〈助道頌〉贈送北條時賴，其中第二首曰：「悟了還同未悟時，著衣吃飯順時宜，起居動靜曾無別，始信拈花第二機。」[277] 第四首曰：「治國治民俱外事，存心存念自工夫，心思路絕略觀看，佛也無兮法也無。」普寧發揮「道在日用」、真俗相即的思想，向北條時賴表示：他日常處理軍政大事，「治國治民」，並沒有妨礙修學佛法，體悟自性，然而如果從諸法性空、「心思路絕」的最高意境來看，即使佛與一切事物（法）也是虛幻無實的，不應當加以執著。普寧為了對北條時賴護持佛法給以鼓勵，甚至在《長書上最明寺殿》中稱他是前無古人的「再來之佛」，說：「日本興創宗門，唯我最明寺殿再來之佛，留心佛法，道念堅固，超越上古聖人一頭地矣。」（《兀庵普寧禪師語錄》卷中）

在北條時賴死後的第三年，即文永二年（南宋度宗咸淳元年，西元

---

[277]　宋代禪宗所傳釋迦佛在靈山以「拈花示眾」的方式傳心，弟子迦葉以「破顏微笑」表示已受心法。按照普寧偈頌的意思，心法本來是屬於超言絕相的第一機（真諦），而釋迦佛拈花及後世文字描述，皆為第二機（俗諦）。儘管如此，只有通過第二機才能瞭解第一機——心法、心性。普寧偈中「始信拈花第二機」是示意北條時賴，他已經體悟從釋迦——迦葉以來代代相傳的心法了。

第四節 臨濟宗在日本的興盛—所謂「純粹禪」及其代表人物

1265 年），普寧因寺中有人誹謗反對他，便集眾宣布退院，不顧幕府執權和眾僧的挽留，毅然決然地到九州搭乘船隻回國。普寧回國後，先後在婺州（今浙江金華）寶林寺、溫州龍翔寺住持，在元世祖至元十三年（西元 1276 年）年十一月二十四日去世，享年八十歲，賜諡「宗覺禪師」，有說法語錄三卷行世。在日本的弟子有東岩慧安，在京都創建正傳寺。

普寧的法系在日本古代二十四派中稱「宗覺派」，影響較小。

2. 大休正念

大休正念（西元 1215～1289 年），大休是號，宋永嘉（今浙江溫州）人。嗣法於徑山寺的石溪心月（？～西元 1254 年），上承臨濟宗楊岐派虎丘⋯⋯密庵咸傑──松源法系的禪法。

南宋度宗咸淳五年（日本文永六年，西元 1269 年）夏，正念搭乘商船赴日。正念到鐮倉之後，受到建長寺道隆的隆重接待，隨後受到幕府執權北條時宗、貞時父子的皈依和優遇，歷任禪興寺、建長寺、壽福寺住持。正念在日本傳法二十年，於正應二年（西元 1289 年）十一月三十日去世，享年七十五歲，賜諡「佛源禪師」。正念的傳法語錄有《念大休禪師語錄》二卷行世。弟子中著名的有鐵庵道生、大川道通、秋澗道泉等人。正念的法系稱「佛源派」或「大休派」。

正念博通佛法及儒、道之學，知識淵博，文筆諧美。他在鐮倉傳法期間，得到執權時宗、貞時的大力支持。他在上堂說法中常以中國儒家的倫理規範讚頌他們。這在當時歷史背景下對鞏固武士支配體制，建立武家風範發揮了正面作用。

正念到鐮倉不久，應北條時宗之請住持禪興寺。他在入院拈香法語中先祝「今上皇帝（按：天皇）聖躬萬歲萬歲萬萬歲」，接著祝時宗（稱「太守」、「大檀那相模太守」）「資陪祿算，伏願惟忠惟孝，日壽日康，永昌

第五章　宋元佛教交流與淨土、禪宗東傳

英烈之勳,外護別傳之教」。還特地祝已故「最明寺殿」(前執權北條時賴)安居佛國淨土(《住禪興寺錄》)。

正念在日本居住和傳法期間,元朝不僅早已統治高麗,而且準備攻占日本。日本文永十一年(西元 1274 年)元朝派「征東軍」渡海試圖從九州登陸攻略日本,結果遭到失敗(史稱「文永之役」)。1279 年元滅南宋,接著在日本弘安四年(1281)再派兵進攻日本,又遭到失敗(史稱「弘安之役」)。在這期間,幕府執權北條時宗、貞時統率全國軍政力量加強沿海防衛,防備和抵禦元朝遠征軍的進攻,同時命各地寺院、神社舉行法會,誦護國經典,祈禱佛菩薩和神保佑「降伏」外敵。在鐮倉傳法的正念、祖元等禪僧也加入其中,經常利用接近執權的機會以法語形式增強他們護國勝敵的信心和勇氣。

正念應請住持建長寺,在入院儀式上拈香祝詞,除了祝天皇福壽之外,還特別加上祝願「股肱忠亮,致四海之升平」,祝執權北條時宗「克勤克忠,爾昌爾熾,秉忠上扶於皇化,施仁下撫於生靈」(《住建長寺錄》)。在此後常向北條時宗說法,曾對他說:一切眾生皆有佛性,然而受到「情見」煩惱的掩蔽,如要擺脫情見煩惱而「明悟自性」,可以參究話頭,例如取公案「僧問趙州:狗子還有佛性也無?趙州云:無」中的「無」字作參究的話頭,一直參究下去,便可超脫分別的意識,體悟空的境界,從而使精神得到絕對自由,「方可出生入死,如同遊戲之場;縱奪卷舒,常自泰然安靜。胸中不掛寸絲,然立處既真,用處得力。凡總領百萬貔貅之士,如驅一夫,攘巨敵,安社稷,立萬世不拔之基,是皆妙悟佛性之靈驗也」。他稱頌北條時宗:「內為藩屏,外護佛乘,誠佛菩薩地位中人也。」這不外是鼓勵北條時宗:如果樹立見性成佛的自信,摒除一切利害得失和愛憎憂喜之心,便可臨危不懼,指揮若定,克敵制勝,建功立業,所謂「攘巨敵,安社稷,立萬世不拔之基」。(《相模太守殿》)

北條時宗與其父北條時賴一樣,在軍政之暇經常參禪問道,受到正念、祖元等禪師的教示和鼓勵。他在弘安七年(西元 1284 年)繼其父之後,禮請祖元為師剃髮出家,法名道杲。正念對他稱讚說:「承檀那守殿(按:此指時賴)清白傳家,興隆三寶,具超宗異目,猶有大過人者,所謂青出藍青於藍也。」(《大休語錄‧偈頌雜題》)正念在北條時宗死後百日舉行的升座法語中,說時宗「乘悲智力,現宰官身」,「恢拓封疆,上扶皇祚,建立法幢,高懸慧日」;「幼慕西來直指之宗,早悟即心即佛之旨」。(《住壽福寺錄》)是把北條時宗說成是佛菩薩出世,以軍政長官的身分輔佐朝廷,護持佛教。正念贈給北條貞時(稱「左馬頭殿」,十四歲任執權)的偈頌中說:

從古將相本無種,男兒志氣當自持。親迎門師習學問,勿同年少相追隨。孝悌忠信為根本,君臣父子分尊卑。武緯射御善韜略,文經禮樂勤書詩。炊爾一期功業就,煥然軒翥顯於時。傳家英武多謀策,為國扶顛而持危。當思積世崇佛氏,賢子賢孫植福基。侯門代代聲烜赫,秉貳權衡征邊夷。

正念在傳法中有意樹立帶有儒家色彩的武家領袖的風範:修身明德,既精通武家的射御韜略,又掌握文士的禮樂書詩,以輔佐朝廷,治國安邦,建功立業,並且自信「即心即佛」,興禪護法。

正念的法系在日本古代禪宗二十四派中為大休派,以鎌倉淨智寺為傳法中心。

3. 西澗子曇

西澗子曇(西元 1249～1306 年),宋臺州仙居(今浙江東南為縣)人,俗姓黃,是天童山石帆惟衍的嗣法弟子,屬臨濟宗松源法系。子曇在日本文永八年(西元 1271 年)東渡日本,受到京都東福寺圓爾辨圓、鎌倉

建隆寺蘭溪道隆的接待,然而八年後回到國內,翌年南宋滅亡。子曇投到天童山環溪唯一門下,僧任藏主。他在不同場合介紹日本佛教及幕府興禪的情況。元大德三年(日本正安元年,西元 1299 年),在一山一寧作為元朝使者赴日的時候,子曇伴隨同往。子曇此後受到幕府執權北條貞時的厚遇,前後任鎌倉圓覺寺、建長寺的住持。子曇在德治元年(西元 1306 年)去世,享年五十八歲。

子曇在日本的弟子嵩山居中(西元 1277～1346 年),曾入元求法。在日本古代禪宗二十四派中,子曇的法系稱「西澗派」。

三、無學祖元及其「老婆禪」

1. 祖元生平

祖元(西元 1226～1286 年),字子元,號無學,俗姓許,宋慶元府鄞縣(今浙江寧波市鄞州區)人。十三歲時,隨兄到杭州南屏山淨慈寺,禮臨濟宗大慧宗杲的再傳弟子北澗居簡為師出家受戒,翌年到餘杭徑山寺師事無準師範禪師。祖元從十七歲開始,遵從師範的教導修看話禪,連續五、六年夜以繼日地參究趙州「狗子無佛性」公案中的「無」字,然而無有所悟。此後,他丟開「無」字坐禪,一日從禪定中醒來,忽然感到自己身心與日月宇宙相通,「我眼我心,即是法身」,便將悟境寫成頌偈呈給師範看,師範予以印可,又引證古公案對他開示。

師範去世後,祖元遊歷各地參禪,先後參謁屬於臨濟宗大慧、虎丘兩大法系的名僧石溪心月、偃溪廣聞、虛堂智愚、物初大觀、退耕德寧等著名禪師,曾在諸寺擔任過書記、藏主、淨頭等僧職,應請住持鄞縣白雲寺、臺州真如寺。當時正值元兵加緊攻略江南,南宋滅亡的前夕,社會極度混亂。南宋恭帝德祐元年(西元 1275 年),祖元為逃兵亂躲進雁蕩山住

第四節 臨濟宗在日本的興盛—所謂「純粹禪」及其代表人物

入能仁寺。翌年元軍臨境，寺眾逃散，然而祖元在堂內安坐。元軍湧入，有兵將劍架在他的頸上恐嚇，他「神色不少變」，並誦偈曰：「乾坤無地卓孤筇，喜得人空法亦空，珍重大元三尺劍，電光影裡斬春風」，「復為說法」。元兵不僅沒有殺他，而且「作禮而去」。翌年，元軍攻滅南宋。祖元回到天童寺，在師兄環溪唯一的門下擔任首座。[278]

道隆死（西元 1263 年）後，日本幕府一直沒有找到滿意的禪師住持建長寺。執權北條時宗在弘安元年（西元 1278 年）五月特派道隆的弟子無及德詮、傑翁宗英二僧攜帶自己的請帖入宋招聘「俊傑」禪師赴日任建長寺住持。翌年，無及德詮、傑翁宗英二僧到天童山，祖元接受聘任，決定赴日。臨行前，祖元接受師兄唯一授予他無準師範的法衣，升座辭眾，拈香報師範之恩。

當年六月，祖元攜唯一的弟子鏡堂覺圓、道隆的日本弟子桃溪德悟東渡至九州，八月到鐮倉。執權北條時宗對祖元「執弟子禮」，表示崇敬並給予優遇，先讓他住持建長寺，後又特建圓覺寺請他為開山祖。

當時日本幕府為防禦元軍入侵進行戰備，命各地僧眾讀經修法，日夜祈禱佛、菩薩和善神的佑助以降伏外敵。當時祖元站在日本抗元衛國的立場，利用經常接近北條時宗的機會以宣說佛法的形式對他鼓勵，增強他克敵制勝的信心。他在入建長寺的升座拈香法語中，祝執權北條時宗「長為佛法金湯，永作皇家柱石」。弘安四年（西元 1281 年）春，正值元軍第二次攻打九州的前夕，北條時宗入寺見祖元。祖元為表示安慰，特書三個字「莫煩惱」相贈（《元亨釋書・祖元傳》）。在「弘安之役」緊張進行之時，北條時宗「血書諸經，保扶國土」，請祖元升座說法。祖元在法語中說，「佛力與天力共運，聖力與凡力齊新」，必定降伏外敵，並以偈頌表示：

---

[278] 以上據《佛光國師語錄》卷九所載如芝〈無學禪師行狀〉、靜照〈佛光禪師行狀〉，並參考《元亨釋書》卷八〈祖元傳〉。

第五章　宋元佛教交流與淨土、禪宗東傳

我此日本國，主帥平朝臣（按：指執權北條時宗），深心學《般若》，為保億兆民。外魔四來侵，舉國生怖畏。朝臣發勇猛，出血書大經：《金剛》與《圓覺》，及於諸《般若》。精誠所感處，滴血化滄海。滄海渺無際，皆是佛功德。重重香水海，照見浮幢剎。諸佛坐寶蓮，常說如是經。一句與一偈，一字與一畫，悉化為神兵。猶如天帝釋，與彼修羅戰，念此般若力，皆獲於勝捷。今此日本國，亦願佛加被，諸聖神武威，彼魔悉降茯；生靈皆得安，皆佛神力故。（《佛光國師語錄》卷三）[279]

這是說北條時宗真心學習大乘佛法，與臣僚用血書寫《金剛》、《圓覺》、《般若》等經，必將感動諸佛給以佑助，使日本能借助「神力」戰勝外敵，詞語間蘊涵對日本舉國上下萬眾一心抗敵的讚揚之情。在元軍遭受慘敗之後，祖元在八月上堂說法中誦以「石人笑不徹，木人喜不徹」，「大地山河似掌平，十方世界一團鐵」的歌詞表示慶賀。

祖元在弘安九年（西元1286年）九月三日去世。死前索筆寫偈曰：「來亦不前，去亦不後，百億毛頭師子現，百億毛頭師子吼。」享年六十一歲，諡「佛光禪師」。

祖元生前說法的語錄，由弟子一真、德溫、真慧等整理為十卷，其中包括祖元在南宋臺州真如寺和日本鐮倉建長寺、圓覺寺的語錄，其中包括普說、法語、偈贊，後面還附有祖元行狀、年表。

2. 祖元禪法

祖元到日本的時候已經五十四歲，因為擁有豐富的生活閱歷和深厚的佛學、儒學造詣，並且在參禪特別在參究看話禪的方面有豐富的經驗，所以在向日本僧俗信眾傳法過程中，能夠結合自己的切身體驗講授如何參禪、如何達到解脫等等，使人感到親切，受到日本禪林的喜愛，戲謔地稱他的禪法是「老婆禪」。這裡的「老婆」意為像老年婦女關懷兒孫那樣慈

---

[279]　《大正藏》卷八十，第151頁下至152頁上。

第四節　臨濟宗在日本的興盛—所謂「純粹禪」及其代表人物

愛、熱切。祖元生前也曾用「老婆禪」比喻自己的禪法。

他針對日本禪宗界的情況，在傳授禪法過程中主要強調以下兩方面。

(1)引導弟子在日常生活和修行中覺悟「本心」

禪宗以通俗的語言發揮大乘佛教的佛性思想，向人們宣示，一切眾生，一切人，無論男女、貧賤，皆生來具有與佛一樣的本性，或稱為「自心」、「自性」、「心」，乃至稱為父母生來的「本來面目」、「本來風光」，若能體悟就達到覺悟解脫。祖元在向日本僧俗信眾傳法中也貫穿著這種思想。

從現存《佛光國師語錄》中可以看到祖元大量論述人人生來秉有清淨圓滿的自性，勸人在參悟自性上下工夫的語錄，例如他說：「無上妙覺體（按：佛性），明於百千日，人人皆具足，人人皆不知。無聖亦無凡，無終亦無始，頭頭自合轍，更不用安排。諸佛無所增，眾生亦無減。……悟此即道本，更無第二法。」（同上，〈示藤長宗右金吾〉）他還說：「佛性覺體，妙明圓滿，不問女人，不問男人，受用具足，不用安排，不用造作，性相平等。……學道須是參取自己妙明圓滿之性，此性不離汝日用之間。」（《佛光國師語錄》卷七，〈示小師尼慧蓮〉）[280]

祖元怕聽他說法的軍政官員誤解他的意思，特別強調修行和達到解脫未必非要脫離日常生活不可，一再表示：「坐禪無事業可作。若有事業可作，即是外道之法。我宗門中只要悟自本心，契自本性。契心達本，名曰沙門」；「坐禪無用心處，眾人日用具足圓滿，與如來一般。」「應酬公家，若婚男嫁女，若治生產業。如來云：皆與實相不相違背。」（《佛光國師語錄》卷七，〈示太宰少貳〉）[281] 這裡面貫穿的所謂「雜念」正是「法性應用」，不必斷除；如果產生諸如「私心曲念，害人利己」的雜念，應運用

---

[280]　《大正藏》卷八十，第197頁下、204頁中。
[281]　《大正藏》卷八十，第196頁下。

般若「空」觀加以對治,「聽它自生自滅」。祖元實際是說,一個人若要修行,領悟自性,不必非採取出家和坐禪的形式不可,即使每天忙於思慮和處理軍政事務,也不屬於障礙解脫的「雜念」;即使真的有損人利己的「雜念」產生,也不難透過體認一切皆空的思想來加以斷除。由此可見,祖元說法受到包括武士在內的僧俗信眾的歡迎,是可以理解的。

(2) 提倡「參取自己」,不迷執公案

隨著禪宗傳入日本並日漸盛行,宋代臨濟宗盛行的看話禪也傳入日本。從現存資料看,道隆、普寧在日本傳禪過程中已經提倡看話禪,教導弟子看公案。

這樣一來,導致一些禪僧過於重視甚至迷執公案語錄,到處搜集抄寫語錄,而放鬆了對心性的探究和體悟。據祖元的觀察,不少禪僧「只管謄寫語錄,大冊小冊,表背了大擔,隨身擔走」;「又有一等兄弟,自己本領未入手,只管向冊子上記,把來應酬」。祖元結合自己的參禪經歷,對這種現象提出善意的批評,說「如此參禪不如念佛」,無異於「第一等地獄吞鐵丸人」。(《佛光國師語錄》卷五、卷九)[282]

《佛光國師語錄》卷九〈拾遺雜錄〉記載,祖元曾向門下弟子講述自己當年參究趙州和尚「參狗子無佛性話」的經歷,讀來親切感人。現引證要點如下:

我來日本,教諸公久看公案者放下公案。意在於何?只緣曾經做工夫,有省力而見功多者,有著力多而見功少者。我要請人立地成就自己大事因緣,令佛祖之道不絕,所以再三相勸,未看者須看,看久者放下。

老僧十四上徑山,十七歲發心,參狗子無佛性話(按:實際參扣其中一個「無」字)。自期一年要了當,竟無所解。又做一年,亦無所解。更做

---

[282] 《大正藏》卷八十,第 181 頁下、229 頁下。

第四節　臨濟宗在日本的興盛——所謂「純粹禪」及其代表人物

三年，亦無所入。到第五、六年，雖然無所入，這一個無字，看熟了，夢裡也看遍天遍地只是一個無字。

中間有一個老僧教我：你如今撇掉了這無字。我便依他話，放下坐地。我雖然撇掉了這無字，這無字常常隨著我。得年來所，這無字不見，坐時亦不見己身，只見空蕩蕩地。如此坐得半年，心意識如鳥出籠，或西或東，或南或北。或坐兩日，或坐一日一夜，亦不見辛苦。……自此之後，只管貪坐，夜間亦少得眠，合眼去時，但見空蕩蕩地，有這一片田地。這一片田地，行得熟了，只管在此游泳，開眼時卻不見。一夜坐到三更，開眼惺在床上，忽然聽得首座寮前三下版響，本來面目一槌打得見前。合眼時境界與開眼時境界一般，即忙跳下床來，月下走出，含暉亭上望空。大笑云：大哉法身，元來如此廣大。自此之後，歡喜不徹。僧堂都坐不得，無事只管繞山，東行西行。或在含暉亭上看月出，看日出。……我又思我眼之光，到彼日邊，又快如他（按：意為眼光比日光還快）。我眼我心即是法身。到這裡，歷劫關鎖，爆然破碎。……今日十方佛土，在我一毛孔中。我自謂，更不大悟也快活了。那時二十二歲。[283]

祖元說他出家後自十七歲開始參究一個「無」，前後五、六年不僅未能開悟，自己的「心意識」反而被「無」字束縛，後來撇開「無」字，在心意識自由的狀態下坐禪，逐漸擺脫了「無」字的束縛，領悟到與「法身」相契「空蕩蕩」的境界，然後感到身心與日月宇宙融通，「我眼我心，即是法身」，「歷劫關鎖，爆然破碎」，達到解脫。

祖元教導日僧不要迷執公案語錄，「未看者須看，看久者放下」，在「參取自己」上下工夫，說：

須打並胸中淨潔，去卻情識中所重，單單只將自己參取……蓋緣你被知見解會日夜差排，日夜纏縛，不能得解脫，不能得出頭。此是第一種牢

---

[283]　《大正藏》卷八十，第 227 頁下至 228 頁上。

獄。你若去得許多知見解會，空蕩蕩處參，虛豁豁處行，不是大徹大悟，也是一個無依倚衲子。只者（按：只這）無依倚處，是諸佛放身捨命處。（《佛光國師語錄》卷五）[284]

可見，所謂「參取自己」是讓弟子專心致志地在斷除掩蔽和束縛自己本性的「情識」、「知見解會」（情欲、見解和知識）上下工夫，領悟一切空寂無相的思想，從而使自己的精神達到自由的境界。他說，雖然不能稱達到這種境界就是大徹大悟，然而這正是諸佛置身之處。實際是引導門下以此境界為修行的目標。

在宋元赴日禪僧中，祖元的法系是日本鎌倉末期和室町時期最有影響的禪派。祖元的弟子中以高峰顯日、一翁院豪、規庵祖圓等人最有名。高峰顯日（西元 1241～1316 年），後嵯峨天皇之子，十六歲時在京都東福寺辨圓門下出家，先後從普寧、祖元參禪。祖元對他寄予厚望，將先師無準的法衣傳授給他，希望他「接續正宗」（《佛光語錄》卷九〈示顯日長老〉）。顯日在下野（今栃木縣）那須雲岩寺、相模（今神奈川縣）淨妙寺、萬壽寺及鎌倉建長寺傳法。嗣法弟子二十多人，著名的有室町時期在五山禪林中擔當領袖角色的夢窗疏石。一翁院豪（西元 1210～1281 年），曾入宋在徑山無準師範門下參禪，回國後住持上野長樂寺。在祖元來日時，他雖年已七十，然而仍前往參問，從受禪法。院豪見到祖元時曾表示：「我不習語言，拙於提倡」，請祖元「證其是非」（《佛光語錄》卷九〈長樂一翁長老書〉）。反映當時禪僧上堂說法要使用漢語。規庵祖圓（西元 1261～1313 年），曾在祖元門下任書狀侍者，祖元死後到京都東福寺參辨圓的弟子無關普門。祖圓繼普門之後任京都南禪寺住持，傳純臨濟禪法。另有日僧無象靜照（西元 1234～1306 年），在宋參學十多年，精通漢語，回國後先後協助宋僧道隆、正念、祖元傳法，曾撰《興禪記》上奏朝廷，

---

[284]　《大正藏》卷八十，第 181 頁上中。

第四節　臨濟宗在日本的興盛—所謂「純粹禪」及其代表人物

駁斥比睿山僧眾誣陷迫害禪宗。

祖元的法系在日本禪宗二十四派中稱佛光派。近代以後，日本臨濟宗十四派中圓覺寺派奉祖元為開山祖師。

四、以元朝正使身分赴日的一山一寧禪師

元世祖在至元十一年（西元1274年）、十八年（西元1281年）兩次派船載兵東征日本，皆遭慘敗，然而從未放棄征服日本之心。他得知日本信奉佛教，便在至元二十年（西元1283年）派提舉王君治和普陀山觀音寺住持愚溪如智禪師為使奉詔赴日勸降，但途中遇上暴風返回。翌年（西元1284年），又派參政王積翁、如智為使東渡，然而乘船到達對馬島時王積翁被不願去的船員殺死，如智不得不一人返回。[285] 元成宗即位後，如智已老，改派一山一寧為使赴日。

一山一寧（西元1247～1317年），「一山」是號，[286] 俗姓胡，臺州臨海縣（在今浙江）人。出家後，曾在無等慧融門下學臨濟宗大慧派禪法，又學天台教理、律學，然後輾轉參學於天童寺簡翁居敬、環溪唯一，育王山寺藏叟善珍、東叟元愷、寂窗有照、橫川如珙等禪僧的門下，最後在縣阿育王寺嗣法於頑極行彌禪師。頑極是臨濟宗虎丘下四世癡絕道沖的弟子，屬曹源法系。

元世祖至元二十一年（西元1284年），一寧應請住持四明（治今寧波）祖印寺，十年後經普陀寺（或作「寶陀寺」）原住持愚溪如智推薦改任普陀寺住持。元成宗在大德二年（西元1298年）決定再派禪僧赴日勸降，經如智舉薦改派一寧為使節。朝廷命官和地方軍政官員奉命向一寧下達宣示朝

---

[285]　據日本瑞溪周鳳《善鄰國寶記》卷上弘安九年引南海觀音寶陀禪寺住持如智〈海印接待庵記〉並參考《元史》卷二百〇八〈日本傳〉。

[286]　以上主要據《一山國師語錄》卷下附〈一山行記〉等附錄及《元亨釋書》卷八〈一寧傳〉。

第五章　宋元佛教交流與淨土、禪宗東傳

廷詔命，賜一寧金襴袈裟及「妙慈弘濟大師」之號，並授「江浙釋教總統」之位，命他奉詔出使日本。據《元史・日本傳》記載，成帝的詔書稱：「爰自朕臨御以來，綏懷諸國，薄海內外，靡有遐遺，日本之好，宜復通問。今如智已老，補陀僧一山道行素高，可令往諭，附商舶以行，庶可必達。朕特從其請，蓋欲成先帝遺意耳。至於敦好息民之事，王其審圖之。」翌年，即大德三年（日本正安元年，西元1299年）夏，一寧作為元朝的正式使節乘日本人的商船到達日本九州博多。隨同一寧到日本的還有弟子石梁仁恭（一寧的外甥）和曾在日本生活八年之久的西澗子曇。

當時雖距元兵第二次東征日本（「弘安之役」，西元1281年）已十八年，然而日本政府對元朝仍抱有戒備之心。當時擔任幕府執權的是北條貞時。他聽說一寧以元朝使者身分來日本勸降，大怒，命將一寧軟禁在伊豆（在今日本靜岡縣）的修禪寺。北條貞時與其父北條時宗一樣信奉禪宗，後聽說一寧在宋元是著名禪僧，便在當年派人把他送到鐮倉，十二月七日請他住持建長寺，受到日本僧俗信眾的熱烈歡迎。此後，一寧得到北條貞時的信任，先兼住持建長、圓覺二寺，又住持淨智寺，投奔到他門下參學的人日多。正和二年（西元1313年），後宇多上皇招請一寧入京都，繼規庵祖圓之後，任天龍寺第三代住持。一寧聲望很高，後宇多上皇常親自到寺問道，朝廷官員、僧俗信眾也紛紛前來參禪問學。當時一寧雖已患嚴重「昏眩」病，行動多有不便，然而仍不能離職休息。

花園天皇文保元年（西元1317年）十月二十四日，一寧遺書於後宇多上皇告別，又書偈：「橫行一世，佛祖飲氣。箭既離弦，虛空落地。」然後去世，享年七十一歲。後宇多上皇聞訊，親來致悼，稱頌一寧是「無心道人、大法主盟者」，書賜「國師」之號，說是「欲報老師直示之的旨，旌鷲嶺付囑之金言」。因一寧原有元成宗賜「妙慈弘濟大師」之號，此後在此號之前加「一山國師」，全稱「一山國師妙慈弘濟大師」。後宇多上皇又

第四節 臨濟宗在日本的興盛—所謂「純粹禪」及其代表人物

命在其父龜山上皇的廟側為一寧建塔一座,書額「法雨」賜之。在一寧去世三週年之際,後宇多上皇在一寧像前書贊曰:「宋地萬人傑,本朝一國師。」[287] 一寧的傳法語錄二卷是經他親自審定的,後題《一山國師語錄》行世。

從《一山國師語錄》來看,一寧在鎌倉和京都諸寺弘傳臨濟禪法,說法內容和形式豐富多彩,特別注重啟發參學者自悟本性。他在為日本皇室、權貴說法時,啟示他們相信「大人具大見,大智得大用」,告訴他們修行無須離開自己的日常生活和事務,如能確立「正信」和決心,可參究個話頭,如「即心是佛」之類,便有可能入悟,所謂「如雲開日朗,塵盡鏡明」。應當說,一寧對臨濟宗在日本皇室和貴族中的普及發揮很大促進作用。

一寧具有淵博的學問,又擅長詩文、顏體書法。虎關師煉曾在一寧門下學習十多年,所寫《一山行記》對一寧的為人和學問作了介紹,說一寧性情慈和,平易近人,在教導日本學人過程中,因為言語不通,常借助筆墨書翰的形式解答學人的問題,內容涵蓋「教乘諸部、儒、道、百家、稗官、小說、鄉談、俚語」等方面,即涉及佛、儒、道三教及諸子百家之學、野史、小說、民間雜聞軼事等,因其博學受到學人的稱讚。

一寧的弟子有雪村友梅、無著良緣、無相良真、無惑良欽等人,其中以雪村友梅最有名。在室町時期(西元 1336～1573 年)五山文學史上占有重要地位的虎關師煉、夢窗疏石等人也曾在一山門下參學,深受一寧的影響。

雪村友梅(西元 1290～1346 年)在師事一寧之後,曾入元求法,先後參學於元叟行端、虛谷希陵、晦機元熙及金陵保寧寺的古林清茂等禪師門下。因元朝攻日失敗,中日兩國關係惡化,友梅曾被捕入獄,遭到流

---

[287] 參考《一山國師語錄》卷上〈上龜山法皇〉、〈示相州太守〉等。

放。友梅在元長達二十二年，曾從趙孟頫學習書法，在獄中研讀經史諸子之學，直到天曆二年（日本元德二年，西元1329年）才與元僧明極楚俊、竺仙梵仙等東渡回到日本，先後在豐後（今大分縣）、播磨（今兵庫縣）、信濃（今長野縣）傳法，晚年應室町幕府將軍足利尊氏、足利直義之請住持京都建仁寺、南禪寺等。友梅是五山文學發展史上的代表人物之一，著作有《寶覺真空禪師語錄》、《岷峨集》等，詩歌師李白，並效法蘇軾、黃庭堅，主張儒佛二教一致的思想。友梅的門徒雪溪支山、太清宗渭等人，也是五山禪林中的活躍人物。

虎關師鍊（西元1278～1346年），嗣法於圓爾辨圓法系東山湛照，然而他在一寧門下參學十多年。據師蠻《本朝高僧傳》卷二十七〈師鍊傳〉的記載，師鍊在一次與一寧的談話中，因為對一寧所問日本「高僧事蹟」知道得甚少，感到羞恥，便發奮搜集日本國史和各類雜記中記載佛教史跡的資料，編撰出日本第一部系統記述日本佛教歷史的史書《元亨釋書》三十卷。

《元亨釋書》分傳、表、志三部分：（一）前十九卷是「傳」，按傳智、慧解、淨禪、感進、忍行、明戒、檀興、方應、力遊、願雜十科，為各類僧人四百餘人立傳記，有的還附加贊、論，對他們評論；（二）卷二十至卷二十六是「資治表」，記述從欽明天皇元年（西元538年）到仲恭天皇承久三年（西元1221年）之間的國家大事及佛教史實；（三）卷二十七至卷三十是「志」，按學修、度受、諸宗、會儀、封職、寺像、音藝、拾異、黜爭、序說十項記事。此書的史料價值很高，是了解和研究日本佛教史的必備文獻。師鍊有文集《濟北集》，收錄他寫的古體詩、律詩、偈贊、序跋和文章等。

一寧的法系在古代禪宗二十四派中稱一山派，然而在進入室町後期此派已衰微。

第四節　臨濟宗在日本的興盛—所謂「純粹禪」及其代表人物

五、一寧以後赴日的臨濟宗禪僧

在一山一寧之後，元代還有臨濟宗禪僧相繼東渡日本，其中有名的有靈山道隱、清拙正澄、明極楚俊、竺仙梵仙等禪師，還有入元從中峰明本嗣法而歸傳臨濟宗幻住派禪法的日僧古先印原等人。

靈山道隱（西元 1255～1325 年），杭州人，嗣法於無準門下的雪岩祖欽。在元仁宗延祐六年（日本元應元年，西元 1319 年）到達日本，幕府執權北條高時請他住持建長寺，夢窗疏石曾投到門下參學，死後諡「佛慧禪師」。（《延寶傳燈錄》卷四《道隱傳》）道隱的法系在日本古代禪宗二十四派中為佛慧派，傳法中心在鎌倉建長寺。

清拙正澄（西元 1274～1339 年），福州連江人，嗣法於杭州淨慈寺愚極至慧，曾任松江（今蘇州一帶）真淨寺住持。元泰定三年（日本嘉曆元年，西元 1326 年），正澄應邀赴日傳法，同行者有弟子永及嗣法於中峰明本的日僧古先印原、無隱元晦、明叟齊哲等人。幕府執權北條高時請他住持鎌倉建長寺，此後還住持過淨智寺、圓覺寺。元弘三年（西元 1333 年），正澄奉後醍醐天皇之召到京都，先後住持建仁寺、南禪寺。信濃（今長野縣）守小笠原貞宗禮請正澄為他授戒，創建開善寺，請正澄為開山之祖。（《延寶傳燈錄》卷四〈正澄傳〉）

正澄在日本按照宋元禪林清規管理諸寺，如《延寶傳燈錄・正澄傳》所說：「專行《百丈清規》，叢林禮樂於斯為盛。」正澄參照北宋宗賾《禪苑清規》、南宋惟勉《叢林校定清規總要》、元代澤山一咸《禪林備用清規》等清規，並結合日本禪林實際情況，編撰出《大鑑清規》在禪寺實行。正澄弟子中以天境靈致、古鏡明千二人比較有名。正澄與日僧虎關師煉、雪村友梅等人有密切交往，死後敕諡「大鑑禪師」。傳世有《語錄》二卷、《禪居集》二卷。正澄的禪系在日本禪宗二十四中稱大鑑派，傳法中心在京都

第五章 宋元佛教交流與淨土、禪宗東傳

南禪寺。

隨同正澄回到日本的古先印原（西元 1291～1370 年），也作印元，號古先，日本相模（今神奈川縣）人，出身貴族藤原氏，在元仁宗延祐五年（西元 1318 年）入元，先參五臺山華頂峰的無見禪師，後到天目山參謁明本（西元 1263～1323 年），在明本身邊任侍者，受印可後，又遍參江浙名剎，先後參謁雪巖弟子虛谷希陵、松源下三世古林清茂、大慧下五世笑隱大訢、月江印、東嶼海、了庵欲等禪師。回日本後，應幕府及地方將軍之請住持鎌倉建長寺、長壽寺、圓覺寺等八寺，弘傳明本幻住派禪法[288]，其法系在日本禪宗二十四派中稱古先派，傳法中心在鎌倉建長寺。

與印原一起回日本的無隱元晦、明叟齊哲二人也是明本的嗣法弟子。另外，從明本嗣法歸日本傳法的日僧還有遠溪祖雄、復庵宗己、業海本淨、關西義南等人。[289]

明極楚俊（西元 1262～1336 年），明州（治今浙江寧波）人，是臨濟宗楊岐派松源下三世虎巖靜伏的弟子，曾住持金陵奉聖寺、瑞巖寺、普慈寺和婺州（治今浙江金華市）雙林寺。在元明宗至順元年（日本元德二年，西元 1330 年），楚俊應邀與竺仙梵仙一起赴日傳法，同行者有入元求法而歸的日僧雪村友梅、月林道皎、天岸慧廣、物外可什等人。翌年，後醍醐天皇禮請楚俊入宮問法，賜以「佛日焰慧禪師」之號。在鎌倉應幕府之請住持建長寺，後奉詔入京住持南禪寺、建仁寺（《延寶傳燈錄》卷四〈楚俊傳〉）。楚俊的法系稱明極派，傳法中心在京都南禪寺。

竺仙梵仙（西元 1293～1349 年），字竺仙，自號來來禪子，俗姓徐，明州象山縣人。嗣法於金陵保寧寺的古林清茂（西元 1262～1329 年）。前述月林道皎、石室善玖、天岸慧岸、物外可什等日僧也是清茂的嗣法弟

---

[288] 據《五燈全書》卷五十八〈印原傳〉，並參考日本師蠻《本朝高僧傳》卷三十二〈印元傳〉。
[289] 詳見日本師蠻《本朝高僧傳》「淨禪」類傳記，載卷二六、二八、三十、三十二。

子。梵仙與楚俊一起東渡日本，先在建長寺楚俊門下擔任首座，後應幕府前執權北條高時之請住持淨妙寺。後受到室町幕府將軍足利尊氏、足利直義的優遇，先後住持京都南禪寺、建長寺及鎌倉淨智寺。梵仙還曾受到花園上皇及大友貞宗、大友氏泰父子的崇敬（《延寶傳燈錄》卷五〈梵仙傳〉）。梵仙學識淵博，善偈頌，現存《語錄》四卷、《補遺》一卷及《來來禪子集》、《來來禪子東渡集》、《來來禪子東渡語》、《來來禪子尚時集》各一卷。弟子有椿庭梅壽、大年法延等人。梵仙與其他清茂的弟子，在五山文學史上占有重要地位。竺仙梵仙的法系稱竺仙派。[290]

宋元臨濟宗禪僧相繼東渡，眾多日本禪僧入宋元參學於江浙臨濟宗禪僧門下，然後歸國傳法，構成了西元13世紀、14世紀中日兩國文化交流史上最為壯觀的現象。在這個過程中，中日禪僧不僅將中國當時最流行的臨濟宗傳入日本，而且也將包括新儒學（理學）在內的豐富多彩的宋元文化介紹到日本，對日本歷史文化產生了極為深遠的影響。在日本文化史上光彩奪目的「五山文學」，可以說是這個交流的直接結果。

第五節　日本臨濟宗主流派的奠基人 —— 應、燈、關

中國宋元時代有眾多學德卓著的臨濟宗禪僧東渡日本，也有很多在中國禪林受法而歸的日本禪僧歸國弘傳臨濟禪法。他們在幕府、朝廷或地方武士建造的寺院傳法、培養弟子，擴大臨濟宗在社會的流通範圍。這個過程，經歷了從早期由日本禪僧弘傳所謂「兼修禪」到以宋元禪僧為主弘傳「純粹禪」，促使了日本朝野、城鄉乃至普通民眾對臨濟宗的了解，推進了

---

[290]　參考玉村竹二《臨濟宗史》相關章節，東京春秋堂1991年版。

臨濟宗適應日本社會環境，實現與日本傳統文化和民間習俗的結合。

日本室町時期（西元 1336～1573 年），繼承鎌倉末期對官屬禪寺制定階級的做法，選定五所禪寺為「五山」置於諸寺之首，後又增「十剎」（十寺，實際不止十寺），以加強對禪寺的直接控制和利用。日本學術界把直接受到室町幕府保護和統制的五山及其他禪寺統稱為「五山派」，而將在地方上致力傳法而不熱衷於爭奪官寺名位利益的諸禪派統稱為「林下派」。在五山派中以屬於辨圓法系的聖一派和祖元法系的佛光派最有勢力，而林下派則以屬於「應、燈、關」法系的大德寺派、妙心寺派及道元創立的曹洞宗為代表。

所謂「應、燈、關」是大應國師南浦紹明、大燈國師宗峰妙超和關山慧玄三位日本臨濟宗禪僧的略稱。他們的法系被統稱為「大應派」、「應燈關派」、「關山派」，以京都大德寺、妙心寺為中心向各地傳法，在實現臨濟宗日本化的發展中發揮了重要作用，成為近代以後日本臨濟宗的主流派。[291]

一、大應國師南浦紹明

中國臨濟宗在進入南宋以後，最興盛的是屬於楊岐下三世圓悟克勤的兩位弟子的法系：一支是大慧宗杲的法系，一支是虎丘紹隆的法系。虎丘下二世密庵咸傑有三位弟子的法系對日本臨濟宗最有影響。一是破庵祖先。他的弟子無準師範的門下有日僧圓爾辨圓，是日本「兼修禪」的代表人物之一；另有兀庵普寧、無學祖元先後到日本傳法。二是曹源道生。他的三傳弟子一山一寧作為元朝使者東渡日本。三是松源崇岳。他的再傳弟子蘭溪道隆、三傳弟子大休正念、四傳弟子明極楚俊、竺仙梵仙皆東渡日

[291] 參見玉村竹二《臨濟宗史》第九話、第十話、第十一話對大應派和大德寺、妙心寺的介紹，春秋社 1991 年版。

第五節　日本臨濟宗主流派的奠基人—應、燈、關

本傳法；另有三傳弟子無象靜照、四傳弟子月林道皎、石室善玖皆是日僧。至於大應國師南浦紹明，則屬於松源下二世虛堂智愚的嗣法弟子。

南浦紹明（西元 1235～1309 年），南浦是字，俗姓藤，日本駿河國（今靜岡縣）人。自幼入本地建穗寺跟淨辯學習佛法，十五歲時出家並受具足戒，後入鎌倉參學於建長寺蘭溪道隆的門下。

龜山天皇正元元年（南宋理宗開慶元年，西元 1259 年），紹明西渡入宋，在江浙一帶遍參名師。當時臨濟宗楊岐派松源下二世虛堂智愚（西元 1185～1269 年）住持杭州淨慈寺，聲聞叢林。紹明前去參謁，智愚收留他在門下參學，後來安排他任寺院知客。南宋度宗咸淳元年（西元 1265 年）八月，智愚遷任徑山萬壽禪寺住持。紹明隨同智愚前往，繼續參學，一夕在禪定中得悟，作偈描述自己的悟境呈給智愚看，曰：「忽然心境共忘時，大地山河透離線。法王法身（按：佛的法身，此指佛性、自性）全體現，時人相對不相知。」意為自己已心境雙忘，参透大地山河而體悟空寂實相，領悟清淨本性，然而周圍的人尚不知道。對此，智愚表示印可。咸淳三年（日本文永四年，西元 1267 年）秋天，紹明辭師回國。臨別，年高八十三歲的智愚贈偈曰：「敲磕門庭細揣摩，路頭盡處再經過，明明說與虛堂叟，東海兒孫日轉多。」[292] 贊許紹明入宋後曆參叢林，反覆參究，曾告訴智愚，日本禪宗日盛，松源法系的兒孫不少。紹明在宋地前後九年，已成為能夠熟練運用漢語說法和撰述的臨濟禪師。

紹明回國後，先到鎌倉建長寺道隆門下任主管寺院經藏的藏主，受到道隆的信任，可上堂秉拂說法。他曾在示眾中說：「十載中華曆遍歸，未將佛法掛唇皮，無端今夜始開口，鐵樹生花正是時。」文永七年（西元 1270 年）到九州筑前（在今福岡市）住持興德寺，將自己的「嗣法書」及

---

[292]　以上主要據《圓通大應國師語錄》卷下所載杭州中天竺寺延俊撰《圓通大應國師塔銘》，載《大正藏》卷八十，第 127 頁；並參考《延寶傳燈錄》卷三〈紹明傳〉。

第五章　宋元佛教交流與淨土、禪宗東傳

入院法語抄錄托西澗子曇帶給智愚。智愚讀後，十分高興，說：「我道東矣！」兩年之後，紹明到太宰府（在今九州福岡）任崇福寺住持，在此傳法長達三十三年，逐漸聞名遐邇，投到他門下的弟子和參學者日多，其間經歷了日本抵禦元軍進攻的「文永之役」（西元1274年）和「弘安之役」（西元1281年）兩次戰役。後二條天皇嘉元二年（西元1304年），紹明奉詔入京進宮為龜山上皇（出家稱「法皇」）說法，受到贊許，受任萬壽禪寺住持，一時「貴遊問道者，車馬日駢集」。接著，後宇多上皇在東山為紹明建嘉元禪寺，請他為開山祖。德治二年（西元1307年），紹明應幕府前執權北條貞時（法名「崇演」）之請到鐮倉，請他住持建長寺。一年之後，即花園天皇延慶元年十二月二十九日（已進入西元1309年），紹明書寫遺偈：「訶風罵雨，佛祖不知。一機瞥轉，閃電猶遲。」然後去世，享年七十四歲，有《圓通大應國師語錄》二卷行世。花園天皇賜諡「圓通大應國師」之號，並敕在京西建造龍翔寺，置「普光塔」奉安其遺骨舍利，在鐮倉建長寺、九州崇福寺也置塔奉藏其舍利。

據《圓通大應國師語錄》（簡稱《大應語錄》），紹明在向門下弟子和參學者的說法中有以下兩個鮮明特色：

1. 在上堂說法中貫穿著強烈的民族意識

紹明自宋回國後，先到鐮倉建長寺協助道隆傳法，後到九州傳法三十多年。他將宋地禪林實行的入院、升座及日常上堂說法等做法應用到自己的傳法中。然而他作為一位日本禪僧，結合日本的國情說法，是懷有強烈的民族自信和感情的。文永十一年（西元1274年）四月，正值九州加強海防以防備元軍進攻的前夕，紹明在崇福寺舉行「結夏（按：夏安居士開始）小參」時，以充滿自信和豪氣的語句向眾僧說法，說：「南瞻部洲大日本國築州太宰府裡橫嶽山中，有一座清淨伽藍，大包剎海，細入鄰虛（按：極小微塵），若聖若凡，有情無情，盡在裡許結制安居。」（《大應語錄》卷上

第五節　日本臨濟宗主流派的奠基人——應、燈、關

〈崇福寺語錄〉）[293]

紹明奉詔入京之時，離最後一次抗元戰爭已二十多年。然而他在翌年七月入住京都萬壽寺的開堂儀式的拈香法語中稱頌說：「恭為祝延今上皇帝聖躬萬歲萬歲萬萬歲」，「金輪統御，天基永茂，四海歸仁，萬邦入貢」；又為「太上天皇」（此指龜山上皇）祝福，「恭願億萬年天清地泰，永祚皇圖；三千世時和歲豐，咸歌睿德」。他自稱「臣僧紹明」，說「臣僧紹明，今日開堂，……四海而今清似鏡，三邊誰敢犯封疆！臣僧紹明，恭奉聖旨今日開堂，舉揚正法眼藏，祝延聖壽無疆。人天大會，草木叢林，情與無情，同蒙光輝，共沾聖恩。臣僧紹明下情不勝感激屏營之至」。（《大應語錄》卷下〈萬壽寺語錄〉）[294]

紹明到鎌倉之後，在入住建長寺的開堂拈香法語中先為天皇祝壽，然後為幕府的將軍（當時是久明親王）拈香祝福，謂「威鎮三邊，德被四海，永佐上聖，普澤下民」；又為執掌幕府實權的前執權、已以出家身分活動的北條貞時祝壽，祝他「壽等南山，福深北溟，柱石皇家，金湯佛法」。（《大應語錄》卷下〈建長寺語錄〉）[295]

紹明與道隆等宋元禪僧不同，他是土生土長的日僧。當他把宋地禪僧在開堂儀式上為皇帝、朝廷命官祝壽祝福的模式和詞語搬到日本時，已具有特殊的意義。其一，將蘊涵儒家名教倫理色彩的儀規透過傳法儀規傳給下一代，然後代代相傳直到後世；其二，為日本迅速興起的武士階層吸收儒家倫理，充實和發展武家「道理」——武士道提供極大方便。紹明在京都受到龜山法皇、後宇多上皇的崇信和皈依，然後應邀到鎌倉，在那裡度過他一生中的最後一年。他在日本人當中傳法沒有語言隔閡，且又善漢語，容易受到重視漢地禪法傳授的日本禪僧的支持，因而他的影響很大。

---

[293]　《大正藏》卷八十，第 100 頁上。
[294]　《大正藏》卷八十，第 116 頁下至 117 頁上。
[295]　《大正藏》卷八十，第 118 頁下。

2. 強調修行「不離日用應緣之中」,「時節」一到自然領悟自性

唐代百丈懷海曾引證佛經上所說「欲識佛性義,當觀時節因緣」[296]來教導弟子靈祐,告訴他:「時節既至,如迷忽悟,如忘忽憶。方省己物,不從他得。」[297]借此說明人人自有佛性,但覺悟有早有晚,如果時節已到,便可自然而然地達到覺悟。

紹明在說法中經常引用這段公案,並且作了很多發揮。他在九州興德寺說:「古德云:要識佛性義,當觀時節因緣。時節既至,其理自彰。」(《大應語錄》卷上《興德寺錄》)此後他在京都萬壽寺的法語中又說:

凡衲僧家,知時知節,名為靈利之漢。所以道:欲識佛性義,當觀時節因緣。一年三百六十日,一日十二時辰,無虛棄底(按:的)時節。釋迦老子、達摩大師,皆是應此時節出來轉大法輪,顯大妙用。乃至自餘諸大老、情與無情,盡是隨時受用。故曰:時節既至,其理自彰。若論佛性義,人人雖具天眼也難看,個個雖備天耳也難聽。雖然如是,時節既至,其理自彰,以眼可見,以耳可聽,見聞所及,一一皆是本來消息、本地風光。今日人天普會,若知此時節因緣,轉凡成聖,同在大光明藏三昧之中遊戲。(《大應語錄》卷下〈萬壽寺語錄〉)[298]

意為佛與達摩祖師隨時隨地在向眾生說法,每個人乃至一切眾生、無情之物,都能隨時「受用」佛法,一旦時節到來便可領悟人人生來具有的「佛性」(自性、自心)之理,體認佛性顯現於一切之處,自心是融通於萬物的,所見所聞無非是自家「本來消息、本地風光」。

紹明一再地教導門下弟子和參學者,說「道在目前」,「法無定相,遇緣即宗,立處皆真,隨方作主」(《大應語錄》卷下〈建長寺錄〉)。他還說:

---

[296] 原出自南本《大涅槃經》卷二十六,原句是:「欲見佛性,應當觀察時節形色。」載《大正藏》卷十二,第 777 頁上。

[297] 《景德傳燈錄》卷九〈靈祐傳〉,載《大正藏》卷五十一,第 264 頁中。

[298] 分別載《大正藏》卷八十,第 95 頁上、117 頁中。

第五節　日本臨濟宗主流派的奠基人──應、燈、關

佛祖一大事因緣，不離日用應緣之中，不隔此土他方之間，亙古亙今，輝天鑑地。所以道：塵劫來事，只在而今。只貴當人具大丈夫氣概，向朕兆未分之時，文彩未彰之前（按：此即禪宗所謂「空劫以前」，指在世界萬物和人類、文字形成之前），猛著精彩，看來看去，工夫純熟，一念相應，生死心破，忽然見本來面目、本地風光，一一分明，則與從上佛祖同見同聞，同知同用。（載《大應語錄》卷下〈示空證禪人〉）[299]

紹明向僧俗弟子表示：修行悟道不必脫離日常生活，應當充滿自信，以「大丈夫氣概」，透過周圍和日常生活中形形色色事物表像，體認它們本具的超言絕相的空寂實相，所謂「明見本來面目、本地風光」，進而體悟周圍的一切事物無非是自心所現，「一一自家本來消息，更無一點外物」。這便達到覺悟，超脫生死。[300]

紹明從南宋回國到去世，傳法四十多年，有僧俗弟子上千餘人。參考《圓通大應國師塔銘》和《延寶傳燈錄》卷三十，紹明的著名嗣法弟子有京都大德寺的宗峰妙超、南禪寺的通翁鏡圓和絕崖宗卓、建仁寺的可翁宗然、萬壽寺的即庵宗心、九州聖福寺的月堂宗規、鎌倉建長寺的物外可什、九州崇福寺的峰翁祖一、京都妙興寺的滅宗宗興等人，其中宗峰妙超是京都大德寺的開創者。

二、大德寺的開山祖師宗峰妙超

關於宗峰妙超的生平事蹟，在《大燈國師語錄》卷中所載〈大燈國師行狀〉（下簡稱〈大燈行狀〉）和師蠻《延寶傳燈錄》卷二十〈妙超傳〉、《本朝高僧傳》卷二十五〈妙超傳〉中有較詳細的記載。

宗峰妙超（西元 1282～1337 年），號宗峰，俗姓紀，播摩（今兵庫

---

[299]　分別載《大正藏》卷八十，第 119 頁上、122 頁中。
[300]　參見《大應語錄》卷下〈示曇翁居士〉，載《大正藏》卷八十，第 122 頁下至 123 頁上。

第五章　宋元佛教交流與淨土、禪宗東傳

縣)人。十一歲時，在本地書寫山師事戒信律師，學習佛教及儒學、諸子之書，後來隨著知識面的擴展，對正在興起的以「不立文字，直指單傳」為標榜的禪宗十分感興趣，在還沒有剃度的情況下便到鎌倉和京都諸寺參訪禪師。

妙超先到鎌倉參訪建長寺，無有所得。接著到萬壽寺參謁祖元的嗣法弟子高峰顯日，憑他對禪宗的一知半解，向顯日提出種種問題請教並進行對話，此後又連續兩天前來參學，開始有所契悟，對顯日產生欽敬之心，便禮他為師，正式剃髮出家。

妙超一天晚上在僧堂坐禪，聽到隔壁有人讀唐代百丈懷海禪師的語句：「靈光獨耀，迥絕根塵，體露真常，不拘文字」[301]，突然省悟，立即把自己的悟境用偈頌寫出呈給顯日。顯日給予印可，稱讚是「真正見解」，示意他可以「建法幢，立宗旨」，獨立傳法了。

在南浦紹明應詔住持京都韜光庵、萬壽寺之時，妙超慕名從鎌倉前來投到他的門下參學，因答問投機，紹明允許他可晝參暮請，後讓他做身邊侍者。紹明叫他參當年雲門文偃答翠岩令參之問時回答的「關」字[302]。據載，後來妙超隨紹明到鎌倉建長寺期間，繼續日夜參究這個「關」字，偶然看見桌上放的鎖而得悟，書偈二首表達悟境，上呈紹明。曰：

一回透過雲關了，南北東西活路通。夕處朝遊沒賓主，腳頭腳底起清風。

透過雲關無舊路，青天白日是家山。機輪通變難人到，金色頭陀拱手還。

---

[301] 百丈懷海語見《古尊宿語錄》卷一〈懷海章〉，意為佛性(自性)光潔清淨，超脫於身體內外，本具真常不變之性，絕非文字可以表述。
[302] 《碧岩錄》第八則：「翠岩夏末示眾云：一夏以來，為兄弟說話，看翠岩眉毛在麼？保福云：作賊人心虛。長慶云：生也。雲門云：關。」翠岩令參及保福從展、長慶慧稜、雲門文偃皆是雪峰義存弟子。後三人對翠岩所問在夏安居期間講話是否有過(稱有過則落眉毛)的問話，各以自己獨特的方式回答。雲門的「關」字給人較大遐想空間，被認為最為玄妙。

第五節　日本臨濟宗主流派的奠基人—應、燈、關

到底蘊藏何種禪機，筆者難以猜測清楚，從字面看，大概是說過「關」（禪關、解脫關）之後便獲得自由，路路相通，無往不達；然而如果以心機思辨（「機輪通變」）企圖過關，是難以通過的，難免被禪宗一祖迦葉拱手送回。紹明讀後，予以印可，並特地為他書寫證明，預言「吾宗到你大立」（《大燈語錄》卷中〈大燈國師行狀〉）。

紹明死後，妙超隱居京都東山雲居庵將近二十年，身邊有禪僧六、七人，「刻苦自勵，至忘寒飢」。師兄通翁鏡圓（西元1257～1324年）在後醍醐天皇即位後任京都南禪寺住持。元亨四年（西元1324年）正月，後醍醐天皇詔通翁鏡圓入宮與來自延曆寺、園城寺、東寺和奈良的學僧辯論「宗要」。鏡圓請妙超擔任侍者，據載經過七天辯論獲勝。妙超從此出名，在京都北部的紫野建立法堂傳法，投到他門下參學者日多，在信徒的支援下建成龍寶山大德寺。

此後，妙超受到花園上皇（西元1297～1348年）及武將赤松則村等人的皈依，大德寺地位逐漸提高。一日，花園上皇召妙超入宮談禪法，對妙超說：「佛法不思議，與王法對坐。」妙超巧妙回答：「王法不思議，與佛法對坐。」意為佛法地位優越，王法竟能與佛法對話。此後，花園上皇問：「不與萬法為侶者是什麼人？」（原是唐代龐居士問馬祖道一的話）在禪法中，「不與萬法為侶者」應指萬有的本體真如佛性。然而妙超卻手搖扇子回答說：「皇風永扇。」當時正值鎌倉末期，朝廷與幕府矛盾日漸激化。妙超這種微妙的回答蘊涵皇權至上的意思。花園上皇聽後感動，對他另眼看待，賜以「興禪大燈國師」之號，並當即決定以大德寺為「朝廷第一祈禱處」，意為皇家寺院。[303]

後醍醐天皇（西元1288～1339年）是後宇多天皇之子，在花園天皇在位期間為太子，文保二年（西元1318年）繼花園天皇之後即位。他熱衷

---

[303]　《大燈語錄》卷中〈大燈行狀〉，《延寶傳燈錄・妙超傳》。

第五章　宋元佛教交流與淨土、禪宗東傳

學宋學（朱子學），重君臣大義名分，反對幕府體制。他登用人才，密謀推翻鐮倉幕府，實現天皇親政，是策動倒幕、「建武中興」和「新政」，失敗後建立吉野南朝等政治事件中的核心人物。

後醍醐天皇在京都期間也與妙超及其弟子關山慧玄有密切往來。妙超曾向他進「法語」，他回以偈頌，還請妙超入宮為百官講禪法。一日，妙超在清涼殿說法結束，問後醍醐天皇：「臣僧適來許多鄙俚言說，功歸何處？」天皇用手指前邊的百丈像說：「百丈禪師為證明。」妙超又問：「此外更無有人作證明嗎？」天皇便豎起拳頭。妙超便說：「與麼則南山朝北闕，夜夜見明星。」禪語中蘊涵尊皇一統之意。後醍醐天皇「瞬目而祇揖」，妙超鞠躬而退。後醍醐天皇高興，賜妙超以「高照正燈國師」之號，又賜給大德寺多處莊田。後世將花園上皇與後醍醐天皇賜給妙超的號合稱為「興禪大燈高照正燈國師」。

元弘三年（西元1333年）幕府北條氏被攻滅，後醍醐天皇著手推行「新政」，企圖恢復天皇親政的政治體制。後醍醐天皇因與妙超關係密切，對大德寺特別予以關照，在建武元年（西元1334年）詔列大德寺為最高官寺「五山」之一。妙超推辭不受。後醍醐天皇又下詔：大德寺的地位與五山之一的南禪寺並列，是天皇的「祝聖道場」。花園上皇、後醍醐天皇都曾親筆下詔「一流相承，不許他門住」，意為後世住持大德寺者必須是妙超法系的人。[304]

此後，妙超曾應築州太宰府（在今福岡）都督司馬少卿藤賴尚之請到崇福寺任住持百日，然後又回到大德寺。妙超於延元二年（北朝建武四年，西元1337年）去世，享年五十六歲。妙超生前說法的語錄，有弟子性智、宗貞等編的《大燈國師語錄》三卷。妙超的嗣法弟子中著名的有京都

---

[304] 《大燈國師語錄》：「荻原法皇（按：花園上皇出家稱法皇）、後醍醐天皇親宸翰有：一流相承，不許他門住，涇渭殊流。貽言於龍華御制，臨之刊之，見懸於塔額左右。」載《大正藏》卷八十一，第224頁上。

第五節　日本臨濟宗主流派的奠基人——應、燈、關

大德寺的二世徹翁義亨、妙心寺的開山祖關山慧玄等人。

徹翁義亨（西元 1295～1369 年），俗姓源，出雲（今島根縣）人，曾在京都南禪寺通翁鏡圓，後投入宗峰妙超門下參學，因參究《臨濟錄》中「不與物拘，透脫自在」的語句得悟，並以回答妙超提出的宋代五祖法演的「牛過窗櫺」[305]的禪語而得到妙超的印可。大德寺建成後，在妙超身邊請益並可「分座說法」。妙超去世後，繼任住持，有經營才幹，制定《大德寺法度》，對寺院教團組織、僧職及寺院日常營運、管理等，都作出規定。義亨與室町幕府將軍和朝廷保持密切關係，在寺前另建一座德禪寺，承旨由他的法系世代住持大德寺和德禪寺。義亨在應安二年（西元 1369 年）去世，享年七十五歲，諡「大祖正眼禪師」及「天應大現國師」之號，有《徹翁和尚語錄》二卷行世（〈徹翁行狀〉，載《徹翁和尚語錄》卷下，並參考《延寶傳燈錄》卷二十一〈義亨傳〉）。

大德寺在義亨之後曾因得不到室町幕府的支持而一度敗落，直到西元 15 世紀才恢復發展。

三、關山慧玄和妙心寺

關山慧玄（西元 1277～1360 年），關山是其師妙超所贈之號，俗姓源，信濃國（今長野縣）人。在鐮倉建長寺廣嚴庵出家後，曾在建長寺西來庵參禪。

慧玄後來聽說宗峰妙超在京都大德寺傳法，禪法「機用」活潑，便立即直奔京都到大德寺參謁妙超。妙超允許他留寺「參堂」，並示意他參扣雲門的「關」字。慧玄某日「豁然大悟」，立即將悟境寫成偈頌呈給妙超看，得到印可。妙超對他說：「今因關字而悟徹，宜號關山。」並贈偈頌以

---

[305]　據《密庵語錄》所引，原語是：「正如一人牽一頭牛從窗櫺中過，兩角四蹄俱過了，唯有尾巴過不得？」載《大正藏》卷四十七，第 974 頁中。

작證明(《延寶傳燈錄》卷二十一〈慧玄傳〉)。

一日,後醍醐天皇詔妙超入宮說法,妙超因病派慧玄代他入宮。天皇問:「不與萬法為侶者是什麼人?」慧玄站起來鞠躬未作回答,反而反問:「不與萬法為侶者是什麼人?」後醍醐天皇揮動手中的圭畫了一畫說:「這個呢!」[306]《延寶傳燈錄‧慧玄傳》載:「師珍重而退,帝大悅。」後醍醐天皇不甘於大權旁落受幕府擺布,密謀推翻幕府,也許當時賦予禪宗語錄「不與萬法為侶者是什麼人」以自己的意蘊。慧玄既按參禪慣例不正面點破,又表現出似乎理解天皇的心意,以自己的動作表現尊皇之意,因而受到天皇賞識。他回寺將此情況告訴妙超,受到讚許。此後,慧玄到美濃(今岐阜)的伊深山結庵隱居修行。

延元二年(西元1337年),在妙超病重之時,花園上皇派近臣藤原藤房前去慰問,並問妙超:「和尚嗣法諸師中,誰是最得大機大用者?願承指教,百年後猶要扣玄奧。」意為誰可繼其後傳法。妙超推舉慧玄,說他「實得吾道髓,然天生風顛漢,居無定所」(《正法山六祖傳‧慧玄傳》)[307]。不久,花園上皇告訴妙超,他想將自己的花園離宮改為寺院,請慧玄住持,請他起名。妙超為寺起名:「正法山妙心寺。」妙超死後,妙心寺建成。花園上皇派人將慧玄從山中請回,命他為妙心寺開山祖。花園上皇又特在妙心寺的方丈後面建玉鳳院居住,以便晨昏入方丈室向慧玄問道參禪。

慧玄一生從未住持過官寺,為人行事「不拘威儀禮典」(《本朝高僧傳》卷二十九〈慧玄傳〉)。據《正法山妙心禪寺記》記載,慧玄每天不按禪寺常規上堂,「終日端居一室,以本分接來學而已。登其門者多是叢林精煉衲子,或江湖飽參俊流」,妙心寺常住僧眾雖不到百人,然而被天下

---

[306] 原句為「者個聻」,意思相同。
[307] 荻須純道著:《正法山六祖傳訓注》,思文客出版社1977年版。

叢林稱為「法窟之冠」。

關山慧玄遠承中國臨濟宗禪法，具有崇尚自然，寄禪修於日常生活之中的現實主義的風格，同時具有強烈的鮮明的個性。主要有以下幾個方面。

1. 枯淡、峻烈是關山慧玄禪風的突出特色。慧玄既不經常說法，也很少舉行法事活動。雖然遠近慕名到妙心寺來參禪者很多，然而很少有人得到他的印可。慧玄為啟發學人自信自修自悟，在接引學人過程中動輒施之以棒，或加以怒罵。原在其師宗峰妙超門下的禪僧有十五人在妙超死後投到他的門下，慧玄對他們也常加以棒喝，甚至有人被他打出寺院二十五次。

2. 巧用前人語錄，引導門下透過語錄字面意思體悟自性。例如叢林禪師常用來啟示參學者的公案中有這樣兩則：(1) 唐代百丈懷海曾說過「心性無染，本自圓成，但離妄緣，即如如佛」，意為人人皆有圓滿清淨的本性，只要超脫虛妄的情念和外境，就能成佛；(2) 有人問趙州從諗和尚「如何是祖師西來意」，趙州和尚曾用「庭前柏樹子」來回答。慧玄將第一則語錄簡化為「本有圓成」，常用來提示學人，還常對弟子說：「柏樹子話有賊之機。」對此，他不作任何解釋，讓門下弟子自己參究其中蘊涵的禪機。然而門下無人曉悟。

3. 慧玄有時行為近乎怪異，甚至讓人出乎意料，然而如果仔細加以揣摩，其中也含有禪機。例如有客人前來，慧玄吩咐寺僧為客人備水洗浴，在他得知寺內缺燒水之薪後，竟讓人拆房上簷板當柴；看見眾僧在雨中摘茶，他叫人砍倒茶樹，放到庫內採摘（《正法山六祖傳・慧玄傳》）。在這些表現中，既反映慧玄天真率直的性格，也似乎是在借此啟示門人體悟禪宗「無念為宗」、「莫行心諂曲」的宗旨。敦煌本《六祖壇經》說：「一行三昧者，於一切時中行住坐臥，常行直心是。」馬祖道一教導弟子說：「平常

心無造作,無是非,無取捨。」(《景德傳燈錄》卷二八)

慧玄在延文五年十二月十二日(已進入西元 1361 年)去世,享年八十四歲。死前留下遺誡,史稱「無相大師遺誡」。全文曰:

宿昔吾大應老祖,正元之間南[308],超風波大難地,蚤入宋域,遇著虛堂老禪於淨慈,真參實證,末後徑山盡其蘊奧。是故,得路頭再過之稱,受兒孫日多之記[309]。單傳楊岐正脈於吾朝者,老祖之功也。

次先師大燈老人,參得老祖於西京,侍者京輩巨峰。其隨從之際,脅不到席者多年,頗有古尊宿風。卒受老祖淵粹命,長養者二十年,果彰大應遠大之高德,起佛祖已墜之綱宗,殘真風不地之遺誡鞭策後昆者,先師之功也。

老僧爰受花園仙帝敕請,創開此山,先師嚼飯養嬰兒。後昆直饒有忘卻老僧之日,忘卻應、燈二祖深恩,不老僧兒孫。汝等請務其本。

白雲感百丈之大功,虎丘嘆白雲遺訓。先規如茲,誤而莫摘葉尋枝好。[310]

慧玄在遺誡中明確地宣示自己傳承從虛堂直愚 —— 南浦紹明 —— 宗峰妙超的法系,還上溯到臨濟宗祖義玄之師百丈懷海(西元 750～814 年)、臨濟宗楊岐派的白雲守端(西元 1025～1072 年)及虎丘紹隆(西元 1077～1136 年),特別告誡後繼弟子不要忘記大應國師、大燈國師二位祖師的深恩。

慧玄僅有嗣法弟子授翁宗弼一人。歷代天皇賜給慧玄諡號有佛心覺照國師、大定聖應國師、光德勝妙國師、自性天真國師、放無量光國師等;進入近代,明治天皇賜以無相大師的諡號。

---

[308]　浦紹明於龜山天皇正元元年(南宋理宗開慶元年,西元 1259 年)西渡入宋。
[309]　南浦紹明辭虛堂直愚,虛堂直愚贈偈曰:「敲磕門庭細揣摩,路頭盡處再經過,明明說與虛堂叟,東海兒孫日轉多。」
[310]　竹貫元勝著:《妙心寺散步》第一章之一,妙心寺靈雲院 2004 年版。

授翁宗弼（西元 1296～1380 年），授翁是號，俗姓藤原（萬里小路），名藤房，京都人，父是在後醍醐天皇朝當過權大納言的藤原宣房。宗弼在後醍醐天皇在位期間官至中納言兼左兵衛督，信奉佛教，曾參妙超。建武元年（西元 1334 年），宗弼因對朝廷的一些施政舉措提出諫議而未被採納，便毅然去職，到城北岩倉削髮為僧。妙心寺建成後，宗弼前來從慧玄受法，並成為慧玄唯一的嗣法弟子（《延寶傳燈錄》卷二十八〈宗弼傳〉）。宗弼的嗣法弟子中以妙心寺的無因宗因和先後師事妙超、慧玄的雲山宗峨比較有名。

妙心寺曾長期附屬於大德寺，甚至一度被廢止，直到西元 15 世紀中葉才開始取得較大發展，進入江戶時代以後成為全國臨濟宗流派中最有勢力的傳法中心，關山慧玄的法系妙心寺派成為日本臨濟宗的主流派。[311]

第六節　道元和日本曹洞宗

在西元 12 世紀、西元 13 世紀的日本著名禪僧中，道元是繼榮西之後第二位入宋求法回國弘傳禪宗的人。不過，榮西所傳是臨濟宗，道元則將中國曹洞宗傳入日本。前者被日本臨濟宗奉為「禪門之大祖」，後者是日本曹洞宗的創始人、「高祖」。

一、宋代曹洞宗概況

曹洞宗由唐代洞山良價（西元 807～869 年）和他的弟子曹山本寂（西元 840～901 年）相繼創立。唐末在江浙兩湖一帶曾相當盛行，進入五代以後逐漸衰微。北宋時期，在禪宗中最早興盛的是雲門宗，其次是臨濟

---

[311]　參考玉村竹二：《臨濟宗史》第十一話、第二十三話，春秋社 1991 年版。

第五章　宋元佛教交流與淨土、禪宗東傳

宗，最後才是曹洞宗。

據《景德傳燈錄》卷十七記載，洞山良價有嗣法弟子二十六人，主要分布在現在的江西、湖南、浙江一帶，影響較大的有撫州曹山本寂、洪州雲居山道膺、洞山二世道全、湖南龍牙山居遁、京兆華嚴寺休靜、洞山三世師虔、撫州疏山光仁、澧州欽山文邃等。曹山本寂長期以江西臨川（即撫州）荷玉山曹山寺（在今江西宜黃縣北）為中心傳法，因為受到江西藩鎮鍾傳（？～西元906年）的支持，一度影響很大，有嗣法弟子十四人，著名的有撫州荷玉匡慧、衡州育王山弘通、撫州曹山慧霞等。然而對後來曹洞宗傳播和發展影響較大者是雲居山道膺的法系。

道膺（？～西元902年）長期在江西雲居山（在今江西靖安縣）傳法，因為受到藩鎮鍾傳和荊州藩鎮成汭的尊奉和支持，門下弟子很多。據《禪林僧寶傳》卷六〈雲居道膺傳〉記載，道膺在雲居寺「住持三十年，道遍天下，眾至千五百人」。《景德傳燈錄》卷二十載，道膺有嗣法弟子二十八人，著名的有杭州佛日、蘇州永光院真禪師、洪州同安道丕禪師、廬山歸宗寺淡權、雲居道簡等。曹洞宗在本寂、道膺之時相當盛行，然而本寂法系在傳承三、四代之後便衰微不傳，而將曹洞宗傳至後世的是屬於雲居道膺──同安道丕──同安觀志──梁山緣觀的法系。

五代至宋初，在鼎州（治今湖南常德）梁山寺傳法的緣觀，有弟子大陽警玄（後避諱改名警延，西元943～1027年）長期在郢州（治今湖北鐘祥）大陽寺傳法，是宋代著名禪僧之一，然而生前一直沒有找到得力嗣法弟子，不得已託付臨濟宗的浮山法遠（西元991～1067年）代為尋找。警延死後，法遠選擇投子義青（西元1032～1083年）為警延的嗣法弟子，傳授曹洞宗旨，並將警玄生前所託轉授的頂相（畫像）、皮履、直裰、偈頌等交給他，作為付法的證明。從實際情況看，宋代曹洞宗的振興正是從義青開始的。義青在傳法中經常發揮華嚴宗的法界緣起重重無盡、理事圓

第六節　道元和日本曹洞宗

融的思想；也經常引述曹洞宗的門庭施設「偏正五位」、「君臣五位」等，然而並非從字面含義進行詮釋，只是根據場合加以發揮。在投子義青的弟子中，以芙蓉道楷、大洪報恩二人最有名。道楷奉詔入京（今河南開封）傳法，報恩則應詔住持隨州大洪山，從而使曹洞宗迅速得到振興。

芙蓉道楷（西元 1013～1118 年）離開義青後，應各地政府要員士大夫之請相繼住持沂州仙洞寺、洛陽龍門招提寺、郢州大陽山寺、隨州大洪山寺，逐漸聲名遠揚，門下弟子日多，極大地推進了曹洞宗在更廣泛地區的傳播。宋徽宗崇寧三年（西元 1104 年），道楷奉詔進東京住持十方淨因禪寺，開始將曹洞宗引進京城，象徵著曹洞宗進入興盛時期。四年後，宋徽宗大觀元年（西元 1107 年），詔命道楷住持東京天寧萬壽寺。道楷在說法中貫徹般若空觀，提倡「直須旨外明宗，莫向言中取則」，並且提倡「自休」、「自歇」，從而開創後世「默照禪」之源。

隨州（治今湖北隨州市）西南的大洪山是宋代曹洞宗重要傳法中心。此山有原建於唐的靈峰寺，宋哲宗元祐二年（西元 1087 年）詔將按傳統戒律管理的靈峰寺改為尊奉禪宗清規營運的禪寺，宋徽宗時又改寺名為崇寧保壽禪院。宋哲宗紹聖元年（西元 1094 年），義青弟子報恩（西元 1058～1111 年）奉詔住持此寺。此後，道楷及其弟子子淳，子淳的弟子慶預，報恩的弟子守遂，守遂的弟子慶顯，皆曾在大洪山住持傳法，從而使大洪山成為曹洞宗振興的重要基地。

在道楷弟子中，以丹霞子淳（西元 1054～1117 年）最有名。道楷、子淳二代相繼提倡的「休歇」禪法，是以後曹洞宗默照禪的重要源頭。子淳的弟子宏智正覺、真歇清了在南宋以提倡默照禪著名。

巨集智正覺（西元 1091～1157 年），宏智是南宋高宗所賜諡號，俗姓李，隰州隰川（今山西隰縣）人。從丹霞子淳受法後，曾住持舒州太平興國禪院、廬山圓通崇勝禪院、真州長蘆住持崇福禪院等寺，後住持明州

第五章　宋元佛教交流與淨土、禪宗東傳

天童寺（在今浙江寧波鄞州區）近三十年，以提倡默照禪著稱。據《巨集智禪師廣錄》記載，正覺的默照禪是以心性為本，以「天地同根，萬物一體」的宇宙論為重要理論依據，主要內容包括：①認為人人皆具「本來之性」，可透過「明心」自己成佛；②透過坐禪「休歇身心」，抑制和停止對內外的追求和思維分辨活動，以體悟先天本有的清淨空寂之性；③所謂「休歇」是休歇身心，透過精神高度集中的禪定狀態，進入觀察、審慮的「默照」過程，體認清淨空寂的真如佛性或自己「本來之性」所具有的世界萬物本原本體的地位和作用；④修持默照禪的過程，也是一個確立諸法性空的理念，棄捨一切由「無明」（癡）、貪引起的「妄念」煩惱和區別彼此是非善惡等觀念，進行心理調適和清理的過程。

真歇清了（西元 1090～1151 年），真歇是號，俗姓雍，左綿安昌（在今四川綿陽市）人。離開丹霞子淳後，曾先後住持長蘆崇福寺、四明阿育王山廣利寺（在今浙江寧波鄞州區）、臨安徑山能仁禪院等寺，在禪法上以提倡「大休大歇」、「達本忘情」的所謂「劫外禪」[312]著稱。據其《劫外錄》，清了主張在日常「行住坐臥」中深入參究自己，直至參究到超越於身心之外的本來面目時，以領悟「劫前」的自我與真如佛性相契合的無思無欲、無是非、好惡、取捨等動機觀念的精神境界。清了雖沒有用「默照」這個詞語，然而他的禪法與其師弟正覺鮮明地提倡的「默照禪」在內容上是一致的。[313]

長翁如淨（西元 1163～1228 年），屬真歇清了下三世，自稱「淨長」，越州（治今浙江紹興）人，出家後曾學南山律學和天台宗教義，後從清了的再傳弟子足庵智鑑（西元 1105～1192 年）學曹洞禪法，也曾參學於臨

---

[312] 「劫外」或「劫前」，與「空劫以前」大體同義，是用來描述想像中的天地萬物沒有形成之前的空曠無際、寂寥混沌的狀態，也用來表述無思無欲，沒有是非、好惡、取捨等動機觀念的自然無為的精神境界。

[313] 以上關於唐宋曹洞宗的介紹，詳見楊曾文著《唐五代禪宗史》第八章第三節，中國社會科學出版社 1999 年版；《宋元禪宗史》第六章第一節第二節，中國社會科學出版社 2006 年版。

濟宗虎丘派的松源崇岳，大慧派的無用淨全、拙庵德光、遁庵宗演等人，先後應請住持建康清涼寺、臺州瑞巖寺、臨安淨慈寺、明州瑞巖寺、明州天童寺等。[314] 如淨上承正覺和清了的禪法，提倡默照禪，有《如淨和尚語錄》二卷及《如淨禪師續語錄》一卷傳世。

曹洞宗的「默照禪」與臨濟宗的「看話禪」是宋元以後叢林間並行的兩大禪法。從實質上看，兩者雖修持方法有別，然而皆以引導修行者達到「明心見性」為目的。

中國曹洞宗在宋元時期傳入日本。日本僧道元在南宋嘉定十六年（西元1223年）入宋求法，在天童寺從長翁如淨受曹洞默照禪法，回國創立日本曹洞宗。進入元代，宏智正覺下五世東明慧日、六世東陵永璵二人先後應請赴日傳法，然而他們二人的法系未能傳至後世。

二、道元和日本曹洞宗

1. 道元入宋前的簡歷

道元（西元1200～1253年），原名希玄，號佛法房，俗姓源，京都人。父親是曾任內大臣的久我通親，母親是攝政藤原基房之女。道元三歲喪父，八歲喪母，後為舅藤原師家的養子。道元如其他貴族子弟一樣，自幼受漢學教育，四歲讀唐李嶠的《百詠》，七歲開始讀《毛詩》、《左傳》等儒家經書。道元在閱讀一些佛教經典後，逐漸對佛教有所了解，並萌發出家念頭。

建曆二年（西元1212年），道元年僅十三歲，離家到比睿山找到外舅良觀，自稱秉承母親遺願執意出家。良觀將道元留下，第二年請天台座主

---

[314] 參考日本鏡島元隆據《如淨和尚語錄》和中日禪史資料所著《天童如淨禪師之研究》，春秋社1983年版；石井修道《道元禪的成立史研究》第五章，大藏出版社1991年版。

第五章　宋元佛教交流與淨土、禪宗東傳

公圓僧正為他剃度授菩薩戒。道元從此正式為僧,「習天台之宗風,兼南天之祕教,大小義理、顯密之奧旨,無不習學」(《永平寺三祖行業記‧道元傳》)。道元在日本天台宗的中心道場比睿山,對天台宗、密教(台密)及其他大小乘經典進行系統的學習。

隨著道元對佛教經典和各種宗派學說的深入學習和思考,逐漸對一些問題產生疑問。據永平寺第十三代住持建撕和尚編撰的《道元禪師行狀建撕記》[315](下簡稱《建撕記》)的記載,道元十五歲時,當反覆看到顯教(指天台宗)、密教(指真言宗)皆主張「本來本法性,天然自性身」以及與此相關的說法,便提出疑問:「三世諸佛依甚更發心求菩提耶?」意思是說,如果眾生本具法性(佛性),本來與佛無別,那麼三世諸佛為什麼還要發菩提心(立誓達到覺悟之心),要去修行追求覺悟呢?道元在這裡接觸到了在平安末期及鐮倉初期困擾不少日本學僧的所謂「本覺」思想的問題。如果承認大乘佛教所說眾生本具佛性、與佛無本質差別,那麼是否還需要修行?如果需要,那麼應當如何修行?修行什麼?如何解脫?……這是促使鐮倉新佛教宗派產生的深刻思想原因之一。

道元在產生這個疑惑之後,曾向周圍學僧詢問,然而無人能夠作出回答。他不得已到三井寺向以修止觀著稱的公胤僧正請教。公胤告訴他僅靠天台教義難以圓滿解釋,勸他渡海入宋找禪宗學僧解答此疑,說:「傳聞大宋有傳佛心印之正宗,宜入宋求覓。」(《永平寺三祖行業記‧道元傳》)

此後,道元便到京都進入榮西住持的建仁寺。據《建撕記》記載,道元曾入方丈當面向榮西提出自己的疑問,榮西沒有正面回答,卻引證唐代馬祖弟子南泉普願的話說:「三世諸佛不知有,狸奴白牯卻知有。」[316]

---

[315]　載日本《大日本佛教全書》第 115 冊。
[316]　《景德傳燈錄》卷十所載南泉弟子景岑語錄中有引證,載《大正藏》卷五十一,第 275 頁上。此語在宋代禪師語錄中多有引用。《祖堂集》卷十六《南泉和尚傳》則謂:「祖佛不知有,狸

第六節　道元和日本曹洞宗

意為三世諸佛不講什麼「本法性」、「自性身」的有無問題，那些山貓（狸奴）、白牯牛（母牛）反而知道這些。道元聽後有省。[317] 就在翌年，即建保三年（西元 1215 年），榮西去世。道元便禮榮西的弟子明全為師，參學九年之久。

2. 入宋求法，從天童如淨受傳曹洞宗

後崛河天皇貞應二年（南宋寧宗嘉定十六年，西元 1223 年）三月，道元二十四歲，隨師明全渡海入宋求法，四月到達明州慶元府（在今寧波）。

當時大慧宗杲法系的無際了派住持天童寺，浙翁如琰住持徑山寺。道元與師明全先到天童寺了派的門下參學。道元在此參學兩年，雖幾度受到無際印可，然而他皆不滿意。此後，道元參訪其他名山，先後參謁徑山寺的浙翁如琰、臺州小翠岩的盤山思卓、萬年寺的元鼒等禪師。南宋寶慶元年（西元 1225 年）五月，道元在歸天童山的途中得知了派去世，曾打算回國，然而當聽說聲望很高的曹洞宗洞山下第十三世長翁如淨禪師已奉敕住持天童寺時，便打消回國念頭，急忙回到天童寺禮如淨為師。明全因病於同月去世，道元妥善料理喪事。

如淨對來自日本的道元表示歡迎，教導他說：「佛佛祖祖面授之法門現成。」當道元提出希望允許他隨時可到方丈問法時，如淨表示同意，親切地告訴他：「不拘晝夜時候，著衣衩衣（按：短便衣），而來方丈問題無妨，老僧一如親父恕子無禮也。」（《建撕記》）。道元在如淨門下參學兩年，在一次參堂時因聽如淨一句喊話忽然得悟。道元為《如淨禪師續語錄》寫的跋語中記述：

奴白牯卻知有。」
[317] 關於道元有沒有見到榮西，道元《寶慶記》及《建撕記》皆有道元見榮西的記載。日本學術界有肯定與否定兩種看法，大久保道舟 1953 年《道元禪師傳的研究》認為可靠，而鏡島元隆 1972 年《榮西、道元的相見問題——就古寫本〈建撕記〉的發現》等持否定意見。關於這個問題，何燕生著《道元和中國禪思想》第一部第一章第一節有介紹，可以參考，法藏館 2000 年版。

第五章　宋元佛教交流與淨土、禪宗東傳

師因入堂，懲衲子坐睡云：夫參禪者身心脫落，只管打睡作麼！予聞此語，豁然大悟，徑上方丈燒香禮拜。師云：禮拜事作麼生？予云：身心脫落來。師云：身心脫落，脫落身心！予云：這個是暫時伎倆，和尚莫亂印。師云：我不亂印你。予云：如何是不亂印底事？師云：脫落，脫落！予乃休。[318]

如淨傳承默照禪法，重視坐禪，認為透過「打坐」休歇身心，便可擺脫由肉體（身）、精神（心、識、意）所帶來的一切煩惱和束縛，使本具的清淨本性顯現，稱之為「身心脫落」[319]。他在巡堂時看到一位禪僧在坐禪中入睡，便大聲斥責道：「參禪者身心脫落，只管打睡作麼！」想不到道元聽到此話大悟，把「身心脫落」當做禪法要旨提出來請如淨印證。當如淨表示印可時，道元一時還不敢相信。當如淨鄭重表示是真的印可，並且用「脫落，脫落」肯定道元的悟解時，他才相信，然後向如淨禮拜。

在這裡，如淨實際是同意將曹洞宗默照禪的最高悟境用「身心脫落」來加以概括。此後，道元用「只管打坐，身心脫落」這八個字作為曹洞宗的禪法要旨加以繼承和傳授。道元在天童寺期間還從如淨受菩薩戒，道元稱之為「佛祖正傳之大戒」。

南宋寶慶三年（西元 1227 年）秋，道元辭別如淨回國。因為道元是外國人，臨行前如淨特地贈以芙蓉道楷傳下的法衣及洞山良价《寶鏡三昧》、《五位顯訣》，外加他自加偈贊的頂相（肖像），以作為向他授法的證明，並告誡說：「汝以異域人，授之表信。歸國布化，廣利人天。莫住城邑聚落，莫近國王大臣，只居深山幽谷，接得一個半個，勿令吾宗致斷。」（《建撕記》）從道元歸國後的行履可以看出，如淨的囑咐對他影響

---

[318]　《大正藏》卷四十八，第 136 頁下。
[319]　「身心脫落」，也許是「心塵脫落」（意為斷除束縛於心的情欲煩惱）。現存《如淨語錄》中有「心塵脫落」之語。在日語中，二者發音相同。然而道元回國後的傳承是「身心脫落」，用以表達的意思基本相同。

很大。

道元奉持先師明全的遺骨回國，安葬於京都建仁寺榮西的廟側。

3. 創立永平寺 —— 日本曹洞宗傳法中心

道元歸國後，先回到建仁寺，在那裡居住三年時間。在後崛河天皇寬喜二年（西元1230年），道元移居京南深草極樂寺旁的安養院，後又仿照中國禪宗伽藍結構修建興聖寶林寺。在四條天皇嘉禎二年（西元1236年），興聖寶林寺舉行開堂儀式。《永平廣錄》卷一記載，道元上堂向弟子和參學者說：

山僧曆叢林不多，只是等閒見天童先師。當下認得眼橫鼻直，不被人瞞，便乃空手還鄉。所以一毫無佛法，任運且延時。朝朝日東出，夜夜月西沉。雲收山骨露，雨過四山低。畢竟如何？良久曰：三年逢一閏，雞向五更啼。

道元表示自己在宋地時參訪的寺院不多，然而在參謁天童如淨禪師之後，才認清自己的「本來面目」——「眼橫鼻直」，從此再也不會被人欺瞞。大概是向弟子和參學者示意，真正的佛法——心法、禪法，是「以心傳心」的，不是語言文字可以表述的，因此儘管自己受法而歸，卻是一無所得，是「空手還鄉」的。道元借描述「朝朝日東出，夜夜月西沉」等自然現象，示意參禪者應任運自然，放棄任何執著。

道元回國後將從宋地特別是從如淨禪師那裡受傳的禪法加以筆錄、整理，以便向弟子和信眾傳授。他在居住建仁寺的三年期間，撰寫了《普勸坐禪儀》一卷，把從如淨受傳的默照禪的要旨作了概要介紹。此後，他在住京都深草安養院期間，撰寫《辦道話》一卷，論述坐禪是佛法「正門」、「正法」，說明所謂「修證一等」及參禪的功德和意義等。

道元在深草居住傳法十三年，逐漸遠近聞名，投到門下的弟子日多。

第五章　宋元佛教交流與淨土、禪宗東傳

如懷奘、僧海、詮慧、義介、義尹、義演、義准等，都是在此時成為他的弟子，成為以後他的得力助手。其中懷奘、義介、義演、義准等人，原屬大日能忍的達摩宗法系，在道元歸國後改投到他的門下。

在後嵯峨天皇寬元元年（西元 1243 年），道元將所著《護國正法義》上奏朝廷，表明禪門「正法」可以護國。然而道元遭到比睿山天台宗僧眾的強烈反對，宣稱道元「不依佛教」，所傳屬於小乘佛教中的「緣覺」見解，甚至煽動僧徒破壞興聖寺，驅逐道元。[320]

正在此時，道元得到出雲國（今島取縣）守、武士波多野一重的支持，得到他獻的一塊在越前國（今福井縣）吉田郡的領地，便率弟子懷奘等人來到此地，暫住吉峰寺（古寺）傳法。後來，道元擴充和改建此寺，按照宋地禪寺樣式建立佛殿、法堂、僧堂等，先稱「傘松山大佛寺」，又改稱「吉祥山大佛寺」，最後改為「吉祥山永平寺」，成為日本曹洞宗的傳法中心。在寬元四年（西元 1246 年）六月，寺院擴建結束，舉行隆重的上堂說法儀式。道元對僧眾說：

> 天有道以高清，地有道以厚寧，人有道以安穩。所以世尊降生，一手指天，一手指地，周行七步曰：天上天下，唯我獨尊。世尊有道，雖是恁麼，永平有道，大家證明。良久云：天上天下，當處永平。（《永平廣錄》卷二）

可以看出，道元對建立以永平寺為中心的曹洞宗教團是充滿信心的。

道元在管理寺院和傳法上嚴格按照中國唐宋禪寺如《百丈清規》、《禪苑清規》等清規，並遵照佛教戒律行事。他任命僧職管理寺院，制定約束寺僧修行和日常生活的儀規。他在興聖寺時制定《典座教訓》（典座負責管理寺院伙食）；在越前大佛寺時制定《辦道法》，規定坐禪程序和儀規；在永平寺制定《知事清規》，對寺中僧職監寺（也稱監院）、維那、典座、

---

[320]　據日本天臺宗光宗《溪嵐拾葉集》卷九相關記載。

第六節 道元和日本曹洞宗

直歲等「知事」（執掌寺中行政和日常庶務）的職責、規範皆作出規定。此外，他制定《赴粥飯法》、《對大己法》、《眾寮清規》等，對寺眾進餐、各種禮儀、日常秩序等也作出規定。在日本禪僧中，道元是最早將宋地禪寺清規比較完整地運用到日本的。

鎌倉幕府執權北條時賴對禪宗抱有好感，熱心支持禪宗傳播。在後深草天皇寶治元年（西元1247年），道元應北條時賴的邀請到鎌倉傳法。他在鎌倉時，曾為北條時賴和其他武士說佛法中關於善惡因果報應的道理，並為他們授菩薩戒。對此《永平廣錄》卷三及《建撕記》有記載，然而後者稱北條時賴為「最明寺殿法名道崇」，是不正確的。北條時賴是在此九年之後，即康元元年（西元1256年）才出家被稱為「最明寺殿」的。

道元回到越前永平寺以後，直到病危，再也沒有到外地傳法。據《建撕記》記載，幕府執權北條時賴曾向永平寺施捨領地，道元表示不受，然而玄明首座竟接受領地的施捨文書。道元知此，將玄明斷然驅逐出寺，把施捨文書撕毀。在建長二年（西元1250年）道元五十一歲時，後嵯峨上皇為嘉獎道元的德譽，特派使者到永平寺賜給道元紫袈裟。道元再三推辭不受，後來雖不得已收下，但終生未曾穿過。對《建撕記》這段記載，日本有的學者認為可疑。竹內道雄《道元》（古川弘文館1962年版）認為可能是據《正法眼藏》卷三十末《行持》中所載，天童寺如淨，「嘉定皇帝雖賜紫衣師號，終不受，修表辭謝。十方雲衲皆崇重之」而編造的。可以認為，這是道元遵師如淨臨別的教誨「莫近國王大臣」，隱居深山修行的表現。由此可知，曹洞宗在創立初期注重在偏遠的農村發展，在對待幕府、朝廷的態度和關係上與臨濟宗是存在明顯差別的，保持了所謂「林下派」的特色。

建長五年（西元1253年），道元病重，讓弟子懷奘負責管理永平寺，然後到京都治病。八月二十八日寫下遺偈：「五十四年，照第一天，打個

勃跳（按：意為蹦跳），觸破大幹。咦，渾身無覓，活陷黃泉。」然後去世，享年五十四歲。（《建撕記》）道元的遺偈與其師如淨的遺偈十分相似，如淨的遺偈曰：「六十六年，罪犯彌天，打個勃跳，活陷黃泉。咦，從來生死不相干。」（《如淨語錄》卷下）這也許是道元出於對師父如淨的崇敬之心，或出於對師父的懷念才模仿寫出自己的遺偈的。

4. 道元的著作和語錄

道元一生的著述和語錄是很多的，可謂卷帙浩繁，主要包括《普勸坐禪儀》、《學道用心集》各一卷，《永平清規》二卷，《正法眼藏》九十五卷，《寶慶記》一卷，和歌集《傘松道詠集》一卷。其中的《正法眼藏》收錄了道元從寬喜三年（西元1231年）所撰《辦道話》，到記述建長五年（西元1253年）最後說法的《八大人覺》，共二十三年的說法記錄和撰述。此書在道元生前編錄為七十五卷[321]，後世幾經改編和增補，集成九十五卷。

道元還有編錄中國禪宗三百則公案的《正法眼藏》（漢文）三卷，稱《真字正法眼藏》或《正法眼藏三百則》。此外，還有弟子詮慧、懷奘、義演等人集錄的《永平廣錄》十卷，宋僧無外義遠據此而節選的《永平元禪師語錄》（簡稱《永平略錄》）一卷，懷奘據筆錄道元的教示、說法而編的《正法眼藏隨聞記》六卷。[322]

5. 道元以「只管打坐」、「修證一如」為主要標榜的禪法

道元從中國南宋天童寺長翁如淨受傳曹洞宗禪法，回國後畢生以弘傳這個禪法自任。然而從道元的著作和語錄來看，他所傳的禪法並非完全照搬宏智正覺及長翁如淨的默照禪，而是具有明顯的獨特內容。

---

[321] 長期在日本從事教學和研究曹洞宗的學者何燕生將道元的七十二卷本及另發現的十二卷本《正法眼藏》翻譯成中文，2003年由宗教文化出版社出版，可以參考。

[322] 關於道元的著作，日本學者大久保道舟編《道元禪師全集》可以參考，春秋社1930年編集。

第六節　道元和日本曹洞宗

道元回國後在不同場合一再充滿自信地表示，自己從如淨受傳的曹洞禪法是「佛佛祖祖面授」的「正法」，最早自釋迦牟尼佛傳授大迦葉，經二十八代傳授菩提達摩，再傳慧可，然後經五代傳至慧能，經十七代傳於稱之為「天童古佛」的長翁如淨；大宋寶慶元年（西元1225年）五月，如淨在天童寺傳授道元，歷代相傳的是「佛佛祖祖面授現成」的「正法眼藏」，是佛祖的「單傳妙法」，而自己則是傳授這種「正法」的「正師」。[323]他反對中國佛教界通行的「禪宗」乃至包括臨濟、潙仰、曹洞、法眼、雲門在內的「五宗」等稱法。[324]

從道元的傳教生涯來看，他雖弘傳源自中國的曹洞禪法，然而又不願把自己的禪派等同於中國禪宗的某一流派，也不願把自己的僧團附屬於日本已經流行的佛教宗派。

那麼，道元的曹洞禪法最突出的特色是什麼呢？概括地說，就是「只管打坐」、「修證一如」。

(1)「端坐參禪」或「只管打坐」

禪定是佛教戒、定、慧「三學」之一，是大小乘最基本的修行方法之一。中國禪宗雖然以禪為宗，然而在發展中對禪（禪定、禪觀）提出種種新的說法。禪宗所奉初祖菩提達摩據說曾在嵩山少林寺面壁修禪達九年之久，唐初創立「東山法門」的道信、弘忍及繼承其後的「北宗」的歷代禪師也重視禪定。然而以慧能為創始人的「南宗」對禪作出了新的解釋，提出「定慧等」、「定慧體不一不二」的說法，主張禪定不一定固守特定的儀規和程序，領悟義理之時「慧」即為禪定；正當修禪定之時，禪即是慧。慧能曾說：「外於一切境界上，念不起為坐，見本性不亂為禪。何名為禪定？外離相曰禪，內不亂曰定。」（敦煌本《六祖壇經》）認為禪無定相，

---

[323]　參見道元《正法眼藏》卷五十七〈面授〉、〈學道用心集〉。
[324]　《正法眼藏》卷四十九〈佛道〉。

第五章　宋元佛教交流與淨土、禪宗東傳

寄禪於日常生活之中，不論在家出家，只要保持無所取捨的「無念」、「直心」的心態，運水搬柴是禪，行住坐臥皆可謂禪，也皆為道之所在。進入宋代以後，禪宗興盛，風行文字禪，相繼產生種種燈史、語錄和拈古頌古之書。叢林中或倡讀公案、參話頭；或提倡靜坐默照；還有被稱為「狂禪」者，廢經棄禪，故弄玄虛，動輒棒喝交馳。

道元在宋地前後五年，參訪過天童等名寺，對中國禪宗情況已相當了解。他在當時流行的看話禪和默照禪的兩大禪法流派中，選擇了默照禪，回國後以此為正法，提倡「端坐參禪」、「只管打坐」。

道元曾告訴弟子：

諸佛如來皆單傳妙法，證阿耨菩提，有最上無為之妙術，唯佛佛相授無邪，此即自受用三昧，其標準也。為遊化此三昧，以端坐參禪為正門。（《正法眼藏》卷一〈辦道話〉）

所謂「阿耨菩提」即「阿耨多羅三藐三菩提」，意為達到無上覺悟，達到佛的境地。道元是說，修持以「端坐參禪」為代表的正法，可以達到最高覺悟而成佛。

道元經常以「只管打坐」來強化對「端坐參禪」的重視，甚至成為他的「默照禪」的代稱。道元在長年上堂說法過程中對此有很多論述。如：

此單傳正真佛法，為最上中之最上。由參見知識為始，不用燒香、禮拜、念佛、修懺、看經。只管打坐，身心脫落。即使一時打坐，三業也標佛印。端坐三昧之時，遍法界皆是佛印，盡虛空皆為菩提，諸佛如來增本地法樂，現覺道莊嚴，使十方法界、三途六道群生皆證會正覺，萬物皆使用佛身……此坐禪人確爾身心脫落，截斷從來雜穢之知見知量，證會天真之佛法，向遍微塵際諸佛如來之道場，助發佛事，廣奮向佛之機，善激揚向佛之法。此時十方法界之土地草木、牆壁、瓦礫，皆做佛事……（《正法眼藏》卷一〈辦道話〉）

第六節　道元和日本曹洞宗

先師天童（按：指天童如淨）曰：跏趺坐，乃古佛法也。參禪者，身心脫落也。不要燒香、禮拜、念佛、修懺、看經，只管打坐始得。（《永平廣錄》卷六）

先師天童曰：參禪者，身心脫落也。既得身心脫落，必無邪見、著味、驕慢。（同上）

初祖西來，不務諸行，不講經論，在少林九年，但面壁坐禪而已。打坐則正法眼藏、涅槃妙心也。嫡嫡面授，親承密印。師資骨髓，證契見傳。（《永平廣錄》卷四）

上堂：佛佛祖祖正傳正法，唯打坐而已。（同上）

問：佛法有多門，因何勸坐禪？示曰：此為佛法正門也。……大師釋尊確以得道妙術正傳；又三世如來皆由坐禪得道，故以此為正門相傳也。非唯如此，西天東地諸祖皆由坐禪得道，故今示人天以正門。（《正法眼藏》卷一〈辦道話〉）

可見道元對「坐禪」或「跏趺坐」、「只管打坐」的重視。

①「打坐」或「坐禪」在道元禪法體系中占據至高地位，是他一再強調的佛祖歷代相傳的「正法」。所謂「只管打坐」就是不做其他的修行、功德事業，例如燒香、禮拜、念佛、修懺法、讀經等，只是全神貫注地一直坐禪下去。

②道元表示，堅持坐禪，或只管打坐，可以使人徹底擺脫一切源自身心的情欲煩惱，達到「身心脫落」（實際為「心塵脫落」），「證會天真之佛法」，達到佛的至高境界。他說，釋迦牟尼佛、三世諸佛乃至西天、東地歷代祖師，皆透過坐禪而得道，達到最高覺悟境界。坐禪不僅有利於自己，而且也是「利他」之盛舉，可以促使一切眾生達到覺悟，使修行者所在之處變為佛國淨土。道元甚至把禪宗常講的「正法眼藏、涅槃妙心」也解釋為「打坐」、坐禪，是由佛佛祖祖「嫡嫡面授」的。

第五章　宋元佛教交流與淨土、禪宗東傳

道元雖稱「只管打坐」是天童如淨所傳，然而在現存《如淨和尚語錄》及《如淨禪師續語錄》中卻沒有這個提法；再向前追溯，在《宏智禪師廣錄》中也沒有這個提法。可以認為，道元所說的「只管打坐」是從如淨巡視禪堂斥責入睡的禪僧時所喊的「夫參禪者身心脫落，只管打睡作麼」中的「只管打睡」轉換來的。宏智正覺是曹洞宗默照禪的集大成和提倡者，他要求透過坐禪「休歇身心」，抑制和停止對內外的追求和思維分辨活動，進入靜默觀察、審慮的「默照」的過程，以體悟先天本有的清淨空寂之性。他儘管沒有「只管打坐」的提法，但從他提倡的「歲朝坐禪，萬事自然，心心絕待，佛佛現前」(《宏智廣錄》卷四)；「休去歇去，絕言絕慮，廓無所依，妙無所住，轉歷歷之機，運綿綿之步，神游方外靈臺（按：用《莊子‧庚桑楚篇》語，指心），道契環中（按：用《莊子‧齊物論篇》語，謂超脫是非之境）虛處」(《宏智廣錄》卷四)；「默默自住，如如離緣，豁明無塵，直下透脫」(《宏智廣錄》卷六)以及其《默照銘》所謂「默默忘言，昭昭現前。鑑時廓爾，體處靈然」，「默唯至言，照唯普應」(載《宏智廣錄》卷八) 分別見《大正藏》卷四十八，第 50 頁下、第 53 頁上、第 75 頁中、第 100 頁上中，可以看出是蘊涵「只管打坐」的要求的。

可見，道元回國後大力提倡的「只管打坐」雖然從根本上沒有背離正覺乃至其師如淨的默照禪法，然而將曹洞禪法概括為「只管打坐」並稱之為佛祖相傳的唯一「正法」應當說是道元禪法的重要特色。

(2)「修證一如」

對於「修」與「證」的關係，即「修行」（指打坐或坐禪）與修行的目標或最後結果——「證悟」（達到覺悟）的關係，道元提出了其獨特的「修證一如」或「修證一等」見解。按照他的這種見解，打坐（坐禪）既是修行，又是證悟的表現，稱之為「悟來之儀」（入悟的表現）、「佛行」。道元反對把修、證截然分開的說法，明確地說二者是相即不二的。他說：

第六節 道元和日本曹洞宗

佛法中修證一等。修既然為證上之修，則初心之辨道，即為本證之全體。如此雖授修行之用心，然勿於修外而待證，直指本證故也。已修之證，證則無際；已證之修，修則無始。以此，釋迦如來、迦葉尊者皆受用證上之修；達摩大師、大鑑高祖同引轉證上之修。住持佛法者皆如是。已有不離證之修，我等所幸單傳一分妙修之初心辨道，即於無為之地得一分之本證。應知：為令不離修之證不染汙，佛祖常不息修行。(《正法眼藏》卷一〈辨道話〉)

上堂，佛佛祖祖正傳正法，唯打坐而已。……坐禪是悟來之儀也。悟者，只管坐禪而已。(《永平廣錄》卷四)

正法眼藏……就中有行，有教，有證。彼行者，功夫坐禪也。此行到佛尚不退者，例也，所以被佛行也。教、證准而可檢歟。此坐禪也，佛佛相傳，祖祖直指，獨嫡嗣者也。餘者(按：指禪宗外諸宗)雖聞其名，不同佛祖坐禪也。所以者何？諸宗坐禪，待悟為則，譬如假船筏而度大海，將謂度海而可拋船矣。吾佛祖坐禪不然，是乃佛行也。所謂佛家為體者，宗、說、行一等也，一如也。宗者，證也；說者，教也；行者，修也。向來共存學習也。應知行者行於宗、說也；說者說於宗、行也；宗者證於說、行也。行若不行說，不行證，何云行佛法？說若不說行，不說證，難稱說佛法。證若不證行，不證說，爭(按：怎)名證佛法？當知佛法者，初、中、後，一也；初、中、後，善也；初中、後、無也；初、中、後，空也。這一段事未是人之強為，本自法之云為也。(《永平廣錄》卷八)

道元表示，坐禪修行與證悟成佛看似是兩回事，實際上是密不可分、互不相離的，此即所謂「修證一如」或「修證一等」。因為坐禪是佛祖代代相傳的「正法」，是建立在證悟基礎上並且是與證悟連接一體的修行，所以稱之為「證上之修」、「悟來之儀」、「佛行」。這樣便產生一個問題：既然修證一如，修即是證，證即是修，那麼是否還有必要勤修坐禪呢？道元表示：雖然已經達到覺悟，然而為使此覺悟(之心)保持清淨不染汙，仍應

第五章　宋元佛教交流與淨土、禪宗東傳

堅持坐禪修行。道元說，佛法在整體上有行（修，指坐禪），有教（說、教說），有證（宗、證悟、達到覺悟），三者合為一體，所謂「一等也，一如也」，彼此分離則不成佛法。他反對曹洞宗之外的宗派把坐禪看作是「待悟」之禪，將坐禪當作達到覺悟的手段，明確表示坐禪是「佛行」，是佛的修行、佛的行儀。可以認為，這種修證一如、修證一等的理論，是道元禪法理論最突出的一個特色。

道元的坐禪觀還集中反映在《普勸坐禪儀》和〈坐禪箴〉之中。道元《普勸坐禪儀》是他從宋歸國後不久寫的。現存兩個本子：一個是道元親書本，現藏永平寺；一個是通行本。[325] 二者內容基本相同，但後者是經過道元修改補充過的。《普勸坐禪儀》雖部分吸收了宋朝宗賾《禪苑清規・坐禪儀》的內容，然而主要內容是集中論述道元重視坐禪和修證一如的思想。現據日本學者鏡島元隆校譯本《道元禪師語錄》中的《普勸坐禪儀》略述其內容：

①人人本具圓滿之道，本不須修行證悟，然而因有世俗分別認識活動，已使本性汙染，要達到徹悟出世，就必須借助坐禪，使心性復明。釋迦、達摩如此，今人豈有異議。「所以須休尋言逐語之解行，須學迴光返照之退步，身心自然脫落，本來面目現前」。

②坐禪應選擇清靜場所，做到飲食節量，放下一切，「不思善惡，莫管是非，停心意識之運轉，止念想觀之測量，莫圖作佛，豈拘坐臥乎」。在坐定凝心之後，「思量個不思量底，不思量底如何思量？非思量」。[326] 道元說這種坐禪是修證一體的「安樂之法門」，是體現覺悟的修行與證果。在坐禪當中，「正法自現前，昏散先撲落」。

③「超凡越聖」，全靠坐禪。佛法與祖意不能透過普通的思維而領

---

[325] 參考鏡島元隆《道元禪師語錄》校譯本（講談社 1990 年版）之「解題」。《大正藏》卷八十二載通行本，並附有據道元親書的刊本。
[326] 此源自唐代藥山惟儼的語錄，參考《景德傳燈錄》卷十四〈藥山惟儼章〉。

第六節 道元和日本曹洞宗

悟，只有坐禪才能使自己的智慧與佛齊等，繼承佛祖正法。「不論上智下愚，莫簡利人鈍者，專一功夫，正是辦道，修證自不染汙，趣向更是平常者也。凡夫自界他方，西天東地，等持佛印，一擅宗風，唯務打坐，被礙兀地。雖謂萬別千差，只管參禪辦道」。

〈坐禪箴〉極短，全文曰：

佛佛要機，祖祖機要，不思量而現，不回互而成。不思量而現，其現自親；不回互而成，其成自證。其現自親，曾無染汙；其成自證，曾無正偏。曾無染汙之親，其親無委而脫落；曾無正偏之證，其證無圖而功夫。水清澈地兮，魚行似魚。空闊透天兮，鳥飛如鳥。[327]

大意是說，佛佛祖祖的禪機正法，只有透過坐禪直觀才能得到。雖坐禪而無分別比較之心，所謂「不思量」、「不回互」（不考慮事物互礙相融的關係），逕自達到與正法契合之覺悟，使自心擺脫世俗觀念的染汙，使體悟沒有悟本（正、理、體）悟末（偏、事、用）的差別，這樣可使煩惱自然淨盡，證果自然而得。偈頌隱含一個「自然」，做到則如流水清澈見底，魚得以按自性閒遊；天空遼闊無際，鳥得以按自性飛翔。

道元雖提倡打坐參禪，然而反對看公案、參話頭的做法。他批評說：「看公案話頭雖似聊有知覺，但與佛祖之道相差相遠。以無所得無所悟而端坐，移時即為祖道。古人雖勸看語只管坐禪（按：此指坐禪看話頭），猶勸專坐。雖有依話頭而開悟者，然亦依坐之功為其開悟之因緣也。確實功由坐也。」（《正法眼藏隨聞記》卷五）這樣，道元便把自己所傳的曹洞禪與提倡看話禪的臨濟宗劃清界限。此外，道元對宋地叢林以「不立文字，教外別傳」及「直指人心，見性成佛」為口實而將禪、教對立起來，在說法中排斥佛經、言教的做法表示反對；對中國佛教界久已盛行的儒釋道三教一致之說也持批評態度。

---

[327]　此據《道元禪師語錄》，另在《永平廣錄》卷八有載。

第五章　宋元佛教交流與淨土、禪宗東傳

日本自平安後期以來興起淨土念佛信仰。在道元生活的年代，淨土宗已經盛行，真宗正在興起。道元在《學道用心集》中說：「或教人求心外之正覺，或教人願他土之往生。惑亂起於此，邪念職於此」；「今人云：可行易行之行，此言尤非也，太不合佛道」。可見，道元對標榜「易行道」的淨土念佛法門是持反對態度的。

三、瑩山紹瑾和曹洞宗的發展

道元入宋求法，回國後創立以越前（今福井縣）永平寺為中心的曹洞宗教團，提出系統的禪法理論，培養出眾多弟子。然而長期以來曹洞宗傳播範圍限於本州西北的偏遠地區，在日本社會的影響不大。道元有弟子孤雲懷奘、詮慧、寒岩義尹、徹通義介等人。懷奘（西元 1198～1280 年）、義介（西元 1219～1309 年）二人在道元去世後曾任永平寺第二代、第三代住持，為曹洞宗的發展作出過較大貢獻。然而直到進入西元 13 世紀末的鎌倉後期，經義介的弟子瑩山紹瑾的努力，日本曹洞宗才取得顯著發展。

近世日本曹洞宗奉道元為高祖，奉瑩山紹瑾為太祖，認為如果沒有瑩山紹瑾也就沒有後世的曹洞宗教團，可見瑩山紹瑾在日本曹洞宗發展史上所占的重要地位。

瑩山紹瑾（西元 1268～1325 年），瑩山是號，名紹瑾，越前國（今福井縣）人，俗姓藤原。自幼從義介出家，十三歲從懷奘受戒，懷奘死後師事徹通義介。宋僧寂圓（西元 1207～1299 年）在越前寶慶寺傳法時，紹瑾曾投到他的門下參學。

紹瑾後來遊學京都，先後參謁臨濟宗圓爾辨圓的弟子東山湛照、白雲慧曉。紹瑾也曾到比睿山參訪天台宗寺院，到由良興國寺參謁臨濟宗無本覺心禪師。在這期間，他對兼修天台、真言二宗的兼修禪有所了解，對他

第六節　道元和日本曹洞宗

以後將真言、天台二宗的儀禮引入曹洞宗有很大影響。

在伏見天皇正應元年（西元1288年），紹瑾回到越前，翌年隨師徹通義介移住加賀（今石川縣）大乘寺。一日聽義介舉馬祖弟子南泉普願答趙州從諗和尚問「平常心是道」的公案[328]，「豁然契悟」（《延寶傳燈錄》卷七〈紹瑾傳〉）。義介對他十分器重，授以相傳源自唐代洞山良价的《寶鏡三昧》、《三種滲漏》、《五位顯訣》等文書，他皆加以參究。永仁二年（西元1294年），紹瑾從義介受付法傳衣（道元的袈裟），在義介死後繼為加賀大乘寺的二代住持。此後，紹瑾以大乘寺為基地，加大力度向普通民眾傳教，開闢新寺院，擴大曹洞宗的傳播範圍和影響。

紹瑾生前開闢的重要寺院有三所：加賀國（在今石川縣）淨住寺、能登國（也在今石川縣）永光寺和總持寺。花園天皇應長元年（西元1311年），紹瑾把加賀大乘寺讓與弟子明峰素哲住持，自己移住淨住寺。能登永光寺是信徒滋野信直之妻施捨的，紹瑾將此寺作為安置自己遺骨的塔頭所，並收藏先師義介的嗣書、自己的嗣書以及懷奘的血經、道元的遺骨、如淨的語錄等。紹瑾以「五祖」自許，稱此寺為「五老峰」。紹瑾規定嗣法弟子輪流住持永光寺。總持寺在進入近代以後成為與永平寺並列的兩大本山之一，在能登國鳳至郡。原為律院，住持定賢律師將此寺獻給紹瑾，從此改為禪寺，稱為「諸嶽山總持寺」。後醍醐天皇曾降敕紹瑾，請他回答「十種疑問」，其中有「祖意教意是同是別」，達摩為何可「乘一莖蘆」過江，禪宗為何講「不立文字，教外別傳」……因紹瑾奏答的內容深密詳明，特下詔升總持寺為「賜紫出世道場」。[329]

紹瑾十分重視信眾（檀越、施主）外護對曹洞宗教團的支持，要求弟

---

[328]　《景德傳燈錄》卷十《趙州從諗禪師章》：「異日問南泉：如何是道？南泉曰：平常心是道。」
[329]　以上參見《傳光錄》卷首載〈瑩山紹瑾禪師傳略考〉及《本國高僧傳》卷二十四、《延寶傳燈錄》卷七〈紹瑾傳〉。紹瑾奏對後醍醐天皇十問的文錄今存，載《大正藏》卷八十二，第422頁上至423頁下。

子們必須敬重信眾，說「敬檀越可如佛，戒定慧解皆依檀那（按：施主）力而成就」（《永光寺置文》）。從紹瑾開始，日本曹洞宗結束從道元以來的枯淡閉鎖的宗風，適應日本國情迅速傳播，突破以越前永平寺為中心的狹小範圍，開始向本州北部及東北諸地迅速擴展。

紹瑾的著述有：(1)《傳光錄》二卷，是紹瑾在大乘寺說法的記錄；(2)《信心銘拈提》一卷，是用漢文寫的對傳為中國禪宗三祖僧璨所著《信心銘》的解釋；(3)《坐禪用心記》一卷，發揮道元《普勸坐禪儀》的思想，講述坐禪的意義和方法；(4)《瑩山和尚清規》二卷，在道元所編《永平清規》的基礎上，參考中國叢林制度及懷奘、義介的做法，為大乘寺和永光寺制定的法事程序、儀規以及寺僧修行的規矩，從中可以看到紹瑾把曾被道元否定的燒香、禮拜、念誦等儀禮吸收到寺院法事清規之中；還規定在許多法事儀式中要諷經，念祕密經咒，稱念佛菩薩名號等，甚至為便於民眾接受也吸收了日本神道以及中國道教的神鬼信仰。此外紹瑾還著有記述永光寺、總持寺緣起的《洞谷記》、《總持寺中興緣起》各一卷。

紹瑾在後醍醐天皇正中二年（西元1325年）八月十五日去世，享年五十八歲，諡「佛慈國師」。弟子中以明峰素哲和峨山韶碩最有名。素哲繼為加賀大乘寺三世，韶碩繼為能登總持寺二世。他們二人與其後世弟子在室町時期把曹洞宗傳播到本州的北部、中部及東北地方、九州的廣大地區。其中素哲的法系以大乘寺為中心，韶碩的法系以總持寺為中心，另外義演和寂圓的法系以永平寺為中心。在這三派中以峨山韶碩的法系勢力最大。

四、赴日傳曹洞宗的中國禪僧——東明慧日、東陵永璵

宋元時期赴日的中國禪僧中，既有傳臨濟宗的，也有傳曹洞宗者。天童寺如淨的弟子寂圓（西元1207～1299年），在道元歸國後不久赴日，

第六節　道元和日本曹洞宗

隨道元先後在京都興聖寺、越前永平寺傳法。在道元去世後，曾受法於懷奘，後在越前開創寶慶寺、妙法寺，紹瑾曾投到他的門下參學（《延寶傳燈錄》卷七〈寂圓傳〉）。寂圓的嗣法弟子義雲（西元 1253～1333 年）繼為永平寺第五代住持，此後直至第三十七代住持石牛天梁（西元 1638～1714 年）為止，擔任永平寺住持的皆出自寂雲的法系。這個法系稱「寂圓派」，繼續將中國曹洞宗向日本介紹，對日本曹洞宗的發展也有很大影響。[330]

另有赴日傳曹洞宗的東明慧日、東陵永璵二人，雖其法系後來中斷，然而在鎌倉末、室町初期的日本佛教界也有一定影響。

東明慧日（西元 1272～1340 年），俗姓沈，南宋明州定海縣（今浙江鎮海縣）人，嗣法於曹洞宗宏智正覺下四世直翁德舉，先後參學於明州天童寺、杭州靈隱寺、蘇州萬壽寺、建康蔣山寺。慧日曾在蘇州承天寺擔任知藏，此後應請住持明州（治今浙江寧波）白雲山寶慶寺。

元武宗至大元年（日本延慶元年，西元 1308 年），慧日受日本鎌倉幕府前執權北條貞時的邀請赴日，翌年到達鎌倉，先後應請住持禪興、圓覺（五度住持）、建長、萬壽、東勝、壽福諸寺。慧日所傳的禪法與道元所傳有所不同，慧日直接傳承中國曹洞宗的禪法，例如在傳法中也以蘊涵理事關係的「君臣五位」等「門庭施設」啟示弟子。慧日於後醍醐天皇曆應三年（西元 1340 年）去世，享年六十九歲。弟子中著名的有別源圓旨、月逢圓見、少林如春，在室町幕府時期皆曾在京都住持「五山」[331] 之一的建仁寺。

慧日的法系在日本古代禪宗二十四派中稱東明派，傳法中心在鎌倉建

---

[330] 據辻善之助《日本佛教史》第三卷《中世篇》之二第七章第十二節。
[331] 日本五山制度取法於中國南宋，始建於鎌倉末期，發達於室町時期。「五山」未必限於五所禪寺，寺名及次序也並非固定不變。後小松天皇至德三年（1386）室町幕府發布，「五山之上」是南禪寺，「五山」包括在京都和鎌倉的十所禪寺：第一是天龍寺、建長寺，第二是相國寺、圓覺寺，第三是建仁寺、壽福寺，第四是東福寺、淨智寺，第五是萬壽寺、淨妙寺。

長寺，然而無教團繼後（梵仙《東明和尚塔銘》，載《竺仙和尚語錄》卷下之下、《延寶傳燈錄》卷四〈慧日傳〉）。

東陵永璵（西元1285～1365年），南宋四明（今浙江寧波）人，嗣法於曹洞宗直翁德舉的弟子雲外雲岫，後住持本州天寧寺，元順帝至正十一年（日本觀應二年，西元1351年）應室町幕府著名武將足利直義的邀請東渡日本。永璵先到京都天龍寺參謁「五山」領袖、臨濟宗僧夢窗疏石（西元1275～1351年），得到他的器重。此後，永璵經夢窗疏石的推舉，繼天極志玄之後擔任京都天龍寺住持，並先後住持京都南禪寺及鐮倉圓覺寺、建長寺，與慧日一樣傳授中國曹洞宗禪法。永璵在貞治四年（西元1365年）去世，享年八十一歲（《本朝高僧傳》卷三十〈永璵傳〉）。他的法系在日本古代禪宗二十四派稱東陵派，以京都南禪寺為傳法中心。

在臨濟宗主導禪門「五山」的室町時期，東明慧日、東陵永璵及他們的法系活躍於日本京都、鐮倉的「五山」諸寺，傳播與道元所傳有異的曹洞宗，對發展日本禪宗文化也作出重要貢獻。[332]

第七節　日蓮和日蓮宗

在日本鐮倉時期新成立的佛教宗派中，淨土宗、真宗和日蓮宗，皆是從未到過中國的日本學僧依據並發揮漢譯佛教經典和中國人的佛教著述創立的。在這當中，真宗和日蓮宗無論在教義還是在修行方式等方面，相對於中國漢語系佛教都有較大突破，是最富有日本民族特色的宗派。應當說，這是中國佛教在東傳日本過程中必然出現的一種現象或特殊形式：漢譯佛典、重要佛教著述源自中國，而詮釋卻是日本學僧適應日本社會環境

---

[332] 以上參考日本石井修道：《曹洞宗的東傳和演變》，載楊曾文、源了圓主編《中日文化交流史大系4・宗教卷》第三章之（五），浙江人民出版社1996年版。

第七節　日蓮和日蓮宗

的大膽創新。

中國後秦鳩摩羅什所譯《妙法蓮華經》（簡稱《法華經》）是北傳佛教中影響很大的大乘佛典之一，是隋唐時期盛行的天台宗所依據的主要經典。日本平安時代最澄入唐求法，回國後將天台宗傳入日本，在京都東北的比睿山創立日本天台宗教團，逐漸發展成為日本最有勢力的佛教宗派。鐮倉時代新宗派創始人多出自天台宗，日蓮宗創立者日蓮也出自天台宗。

日蓮雖也將《法華經》確立為日蓮宗的主要經典，然而他在建立日蓮宗教義過程中不僅沒有原原本本地繼承天台宗的傳統教義，而且進行了重大的變革：一是排除日本天台宗中原來摻雜的真言密教（台密）成分；二是雖套用天台宗很多命題和概念，卻斷然捨棄其繁雜的「止觀」、「實相」論證和與之相應的禪觀修行，明確地宣稱《法華經》的「肝心」（精髓、精華）只是「妙法蓮華經」五字經題，是一切佛法中至高無上的「妙法」，任何人唱念這五字經題皆可達到解脫。

一、日蓮生平和艱辛創教經歷

日蓮（西元 1222～1282 年），原名蓮長，日本安房國（今千葉縣）長峽郡東條鄉人。據日蓮在《佐渡御勘氣鈔》、《善無畏三藏鈔》等文章中自稱「東夷東條安房國海邊旃陀羅（按：原指印度的賤民種姓）之子」、「賤民之子」等，說明他出生在一個普通的漁民家庭。然而在日蓮死後，隨著日蓮宗的迅速傳播和盛行，日蓮的家族在一些日蓮史傳中逐漸被貴族化了，然而這是不足為信的。[333]

日蓮十二歲時到本鄉屬於天台宗的清澄寺禮道善為師，四年後受戒出

---

[333] 相關的書有日朝《元祖化導記》（成書於西元 1478 年），承慧《元祖蓮公薩埵略傳》（成書於1566 年），日潮《本化別頭佛祖統記》（成書於西元 1730 年）及日諦、日耆共輯《本化高祖年譜考異會本》（成書於西元 1779 年）等。

家,學習佛教經論和天台宗及密教(台密)。後辭別道善到外地遊學,先到幕府所在地鐮倉參訪諸寺,學習淨土宗和禪宗,還學習過律宗。日蓮二十一歲時曾回鄉探親,在清澄寺撰寫第一篇僅四百字左右的文章〈戒體即身成佛義〉,基本依據天台宗的思想論述大小乘戒體(受戒者的持戒信念和意志),認為《法華經》主張眾生皆可成佛,眾生與佛同體,戒體即佛性,實踐「五戒」即可成佛。此後日蓮曾到比睿山深入研究天台教義。日諦、日耆共輯《本化高祖年譜考異會本》記載,日蓮在比睿山「閱覽三藏要文,深達臺宗玄祕,廣涉諸宗,梵字悉曇等無不研究」。日蓮還到在比睿山下的天台宗寺門派的傳法中心圓城寺學習圓珍法系的天台學,遊歷奈良、京都諸寺學法相、華嚴、真言宗等。

這樣,日蓮在離開家鄉十多年的時間裡,經過到各地學習和實地考察,對印度、中國和日本的佛教典籍、宗派和佛教歷史有了比較詳細的了解。參考日蓮《妙法比丘尼御返事》(著於西元1278年)等著作可知,日蓮在這個過程中曾對哪種佛法最為優越,能使一切人「植佛種,成就離生死之身」的問題進行了反覆比較和思索。他最後得出的結論是:小乘佛教不行,即使作為「權大乘」的三論、法相、華嚴三宗也不行,對禪宗、淨土宗也不滿意。他對天台宗與真言密教的見解也開始擺脫圓仁的「顯(按:此指天台宗)劣密勝」的理論,認為唯有《法華經》的教說才是大乘佛法中最優勝的,可以引導一切眾生解脫成佛。

日蓮從各地遊學後回到比睿山,在這裡大體完成了他獨特的專弘《法華經》,唱念經題「妙法蓮華經」或「南無妙法蓮華經」的教義構想。

1. 在清澄山唱念經題開宗

建長五年(西元1253年),日蓮回故鄉探望師父道善和父母。四月二十八日晨,日蓮登上清澄山頂,面對徐徐升起的朝陽,高聲唱「南無妙法蓮華經」十遍。此後又在道善所在的持佛堂南面,向道善及寺中的淨圓

等僧眾宣講自己新開創的法門，大意是說在一切佛法中唯有《法華經》才是最圓滿優勝的佛法，宣述釋迦佛真實「本懷」的妙法，可使一切眾生成佛，「妙法蓮華經」五字經題具足一切佛法功德妙用，唱念此經題可以成佛，並攻擊禪宗、淨土宗等是「僻見」、「邪義」。

偽書《本門宗要鈔》記載日蓮在此已提出攻擊別的宗派的「四個格言」，即所謂「念佛無間，禪天魔，真言亡國，律國賊」，意為念佛宗（淨土宗）使人下無間地獄，禪宗是天魔之所為，真言宗必招致亡國，律宗是國賊妄說。還說日本天台宗已成「過時古曆」。從當時情形判斷，日蓮可能攻擊了淨土宗、禪宗，似乎尚不可能攻擊真言宗、律宗。至於說攻擊天台宗已過時，是不可能的。因為日蓮在早年仍自稱是「天台沙門日蓮」、「根本大師（按：最澄）門人日蓮」。他到晚年雖自稱「釋子」、「本朝沙門」，有意脫離天台宗，批判圓仁、圓珍的「顯劣密勝」理論及從他們之後天台宗與真言宗混合的做法，但對天台宗本身並沒有攻擊。

有關日蓮史書對日蓮在建長五年回鄉開宗的記載雖詳略不同，但有兩點是相同的：(1) 宣傳《法華經》為佛法中最高經典，提倡唱念「南無妙法蓮華經」經題；(2) 批判淨土宗等。限於史料，日蓮開宗的具體情節雖不明確，但上述兩點是可信的。這可從日蓮晚年的著作中得到證實。日蓮在《清澄寺大眾中》（著於西元 1276 年）的開頭批評了「真言宗失《法華經》宗也」；又說「禪宗、淨土宗簡直是僻見者也」，接著回顧道：「建長五年四月二十八日，於安房國東條鄉清澄寺道善房之持佛堂南面，向淨圓房等不多之眾宣述此義，其後二十餘年間未曾退轉，或被驅逐，或處流罪等。」在《聖人御難事》（著於西元 1279 年）中追述自己在此日午時於持佛堂南面「說此法門也」（指弘傳《法華經》）。在《諫曉八幡鈔》（著於西元 1280 年）中說：「日蓮從建長五年四月二十八日至今弘安三年十二月為止的二十八年間無他事，唯想令日本國一切眾生念誦『妙法蓮華經』七字五字。」

以上被日蓮宗看作是日蓮的立教開宗。據載,日蓮於清澄寺說法之後,其師道善與僧眾十分驚訝,表示難以接受。地頭東條景信是信奉淨土宗的,聽日蓮所說之後大怒,將他驅逐。道善也不得已宣布與日蓮斷絕師徒關係,但因擔心東條景信加害於日蓮,特派弟子淨顯、義淨護送日蓮逃到西條鄉華房的蓮華寺。但此處的地頭也信奉淨土宗,聽日蓮批評淨土信仰,要加害於日蓮,於是他又逃走。日蓮曾回家探視父母,向他們傳法。此後日蓮把原來的名字「蓮長」改為「日蓮」。

日蓮決心把自己創立的教說弘傳全國,便離開家鄉乘船從海路到達幕府所在地鎌倉。他在名越的松葉谷建庵室居住和傳法。他每日在此誦讀《法華經》,入名越的山中高聲唱誦「南無妙法蓮華經」,吉祥麻呂就是所謂「唱題」。日子一久,知道他的人越來越多。天台宗僧成辨前來投奔,成為日蓮的第一個弟子,受名日昭,是日蓮以後傳教的得力助手。此後日蓮選擇了一個接近幕府前通道的小廣場,每天到這裡向過往行人傳法。當時傳統宗派勢力很大,新興的淨土宗也很盛行。日蓮用自己的見解解釋《法華經》,弘傳唱題,並批評別的宗派,引起舊有僧俗信徒的反對,或對他諷刺譏笑,或加以辱罵,也有的向他扔石塊,或用木杖痛打。日蓮在以後的著作中常常提到自己在傳教中受到的種種凌辱和迫害。他常引《法華經·法師品》的「如來現在(按:在世)猶多怨嫉,況滅度後」,作自我安慰(見《開目鈔》卷上等)。建長六年(西元1254年)十月,下總國(在今千葉縣)平賀有國之子吉祥麻呂來投日蓮,成為他的侍童,吉祥麻呂就是後來著名的日朗。日蓮曾離開鎌倉到下總去傳教,飾鹿郡若宮的城主富木常忍對日蓮的教說發生興趣,成為日蓮以後在關東傳教的重要支持者,晚年在日蓮門下出家名日常。

日蓮在傳教過程中不斷思考深化自己的教說體系,同時密切注視社會政治和宗教界的形勢。他對淨土宗的盛行和禪宗的迅速興起感到憂慮和憤

懣，尋找機會向幕府進諫，希望透過幕府的行政權力來提倡他的法華教說，制止淨土宗和禪宗的流行。

2. 日蓮第一次進諫幕府 —— 進呈〈立正安國論〉和流放伊豆

日本從正嘉元年（西元 1257 年）以後連續發生罕見的天象和自然災害，有月食、日食、旱災等，特別在正嘉元年八月鎌倉發生大地震，山崩地裂，房屋倒塌，很多寺院神社遭到焚毀。正嘉二年（西元 1258 年）秋天又有暴風洪水，莊稼受害嚴重。正元元年（西元 1259 年）饑饉，流行疫病，死者很多。文應元年（西元 1260 年）發生風雨災害，有饑饉。在當時情況下，幕府和朝廷十分恐慌，命各地寺院的僧人誦經修法，向佛菩薩以及神靈祈禱。

日蓮認為這一切是由於「邪法」流行而造成的。正嘉二年（西元 1258 年），他到駿河國（在今靜岡縣）富士郡的岩本實相寺查閱《大藏經》，有意尋找記述招致天變地妖原因的經文，以便撰文向幕府進諫。正元元年（西元 1259 年），日蓮寫出《守護國家論》，批駁源空的《選擇本願念佛集》，稱淨土宗為「邪法」、「惡法」、「謗法」（謗正法），予以批判，引證《金光明經》、《仁王般若經》、《大集經》、《大涅槃經》等，說由於「惡法」（指淨土宗）流行，才發生了正嘉元年的地震和風雨災害，對治的方法是當政者——王者大臣應禁止「惡法」流布，「護持正法」，即在全國弘通《法華經》。翌年又廣引經文寫了《災害對治鈔》，宣稱正是「惡法」流行才使四天王等「守護國土諸大善神」及「聖人」離國而去，招致發生大地震及非時的大風、大饑饉、大疫病、大兵亂等災害。這兩部書實際是日蓮為寫《立正安國論》向幕府進諫而做的準備。從書內思想來看，日蓮尚未擺脫傳統的日本天台宗理論的影響，稱《法華經》、《涅槃經》二經及真言宗的《大日經》為「了義經」，為「正法」，批判的主要矛頭指向淨土宗。

第五章　宋元佛教交流與淨土、禪宗東傳

日蓮接著在文應元年（西元 1260 年）撰寫〈立正安國論〉，透過幕府前執權北條時賴的近臣宿谷光則上呈北條時賴。這是日蓮第一次向幕府進諫。

〈立正安國論〉用漢文寫成，採取「旅客」與「主人」二者問答的形式。文章開頭云：

旅客來嘆曰：自近年至近日，天變地妖，饑饉疫癘，遍滿天下，廣迸地上。牛馬斃巷，骸骨充路。招死之輩，既超大半；不悲之族，敢無一人。然間或專「利劍即是」之文[334]，唱西土教主之名；或持「眾病悉除」之願[335]，誦東方如來之經；或仰病即消滅，不老不死之詞[336]，崇法華真實之妙文；或信七難即滅，七福即生之句[337]，調百座百講之儀。有因祕密真言之教，灑五瓶之水[338]。有全坐禪入定之儀，澄空觀之月。若書七鬼神之號[339]而押千門，若圖五大力之形[340]而懸萬戶，若拜天神地祇而企四角四堺之祭祀，若哀萬民百姓而行國主國宰之德政。雖然，唯摧肝膽，彌逼饑疫，乞客溢目，死人滿眼，臥屍為觀，並屍作橋。觀夫二離（按：指日月）合璧，五緯連珠，三寶在世，百王未窮，此世早衰，其法何廢？是依何禍，是由何誤矣？[341]

這是說，當時日本佛教界在災害頻繁發生的情況下，或依淨土教義，唱念阿彌陀佛名號（《般舟贊》喻念佛為「利劍」）；或誦《藥師本願功德

---

[334]　此指淨土宗。「利劍即是」，出自唐善導〈般舟贊〉之文。
[335]　「眾病悉除」，出自《藥師本願功德經》的第七願之文。
[336]　「病即消滅，不老不死」，出自《法華經・藥王菩薩本事品》。
[337]　「七難即滅，七福即生」，出自鳩摩羅什譯《仁王般若經》卷下〈受持品〉。
[338]　日本真言宗舉辦祛災祈福的秘密修法和灌頂儀式時，在修法壇置裝水的五色瓶，用此水向受法者灌頂。此據《大日經》及一行《大日經疏》。
[339]　《卻溫神咒經》說，寫七種鬼神之名掛在門上，可祛治疫病。
[340]　《仁王般若經》卷下〈受持品〉說，國主若護三寶，佛會派五位大力菩薩前去護國。
[341]　此文載《大正藏》卷八十四，第 203 頁至 208 頁。本書所引日蓮著作主要據高佐貫長編，興道文庫 1987 年的改訂第四版《日蓮聖人御遺文》，並參考《昭和新纂國譯大藏經・日蓮宗聖典》（東方書院 1928 年版）中所收者，一般不再注明頁數。

經》，祈禱藥師如來息病消災；或倡弘通《法華經》，說奉讀此經可消病長壽；或舉辦法會講《仁王般若經》，祈求佛神袪災賜福；或據《卻溫神咒經》書七鬼神之名貼於門上；或據《仁王般若經》畫護法的五位大力菩薩之像懸在門上。此外，也有人祭拜天神地祇，當政者表示要行「德政」。但這一切不僅沒有奏效，反而招致災難更加嚴重，悲慘之狀難以言說。那麼，是什麼原因使世早衰，使佛法將滅？招致災害的社會禍害是什麼呢？

日蓮借主客二者的問答，講述了以下三個內容：

（1）引證經文指責世人違背大乘正法，皈依「惡法」，致使護國善神棄國而去，各種災害相繼發生。日蓮引的經典有《金光明經》、《大集經》、《仁王般若經》、《藥師本願功德經》等，宣稱當政者和國民「背正」、「歸惡」，使護國善神、聖人離國而去，魔鬼前來，災難興起。如《金光明經》說：「我等四王（按：四天王）並諸眷屬及藥叉等見如斯事，捨其國土無擁護心，非但我等捨棄是王，必有無量守護國土諸大善神皆悉捨去。既捨離已，其國當有種種災禍，喪失國位……」《仁王經》曰：「國土亂時先鬼神亂，鬼神亂故萬民亂。賊來劫國，百姓亡喪，臣、君、太子、王子、百官，共生是非，天地怪異……」日蓮還說《大集經》所說的穀貴、兵革、疾疫「三災」中，日本已出現二災，僅差兵革一災未到；在《藥師經》所說「七難」中，即人眾疾疫難、他國侵逼難、自界叛逆難、星宿變怪難、日月薄蝕難、非時風雨難、過時不雨難之中，只有「他國侵逼難」、「自界叛逆難」二難還未出現；《金光明經》所列諸難已起，僅有「他方怨賊侵掠國內」之災未出現；《仁王經》所說七難中只有「四方賊來侵國」一難未至。日蓮警告說：「帝王者，基國家而治天下；人臣者，領田園而保世上。而他方賊來而侵逼其國，自界叛逆而掠領其地，豈不驚哉！豈不騷哉！失國滅家，何所遁世？」為此，他勸當政者和世人捨棄「妄宗邪義」、「邪教」，皈依「法華」正法。

第五章　宋元佛教交流與淨土、禪宗東傳

(2)日蓮將迅速興起的淨土宗看作第一大敵，稱淨土宗創立者法然源空為「諸佛諸經之怨敵，聖僧眾人之仇敵」，攻擊他的《選擇本願念佛集》「破一代之聖教，遍迷十方之眾生」，使日本全國只知淨土三部經而不知其他佛經，只知西方阿彌陀佛而不知其他佛，「是以住持聖僧行而不歸，守護善神去而無來」。日蓮要求幕府用強力禁止淨土宗，說：「禁謗法之人，重正道之侶，國中安穩，天下太平。」

(3)日蓮將所謂「法華」信仰稱為「正法」。他有時是指傳統的天台宗，稱之為「圓教」。他在〈立正安國論〉前署名為「天台沙門日蓮」，因而所謂的「正法」不可能超離天台宗之外。他說當時日本上下「皆出正法之門而深入邪法之獄」，「各懸惡教之綱而鎮纏謗教之網」。他呼籲說：「汝早改信仰之寸心，速歸實乘（按：指《法華經》之教）之一善，然則三界皆佛國也。佛國其衰哉？十方悉寶土也。寶土何壞哉？國無衰微，土無破壞，身是安全，心是禪定。」這也就是全文題目「立正安國」的含義：日本全國立於正法，可得長治久安。文內有曰：「國依法而昌，法因人而貴。國亡人滅，佛誰可崇，法誰可信哉！先祈國家，須立佛法。」日蓮希望當政者接受「法華正法」，再由當政者推行到全國。

日蓮當時還沒有批評真言宗，因為日本天台宗內含有真言密教成分——「台密」。他雖也反對禪宗，然而因為幕府前執權北條時賴崇奉禪宗，建立建長寺師事宋臨濟宗僧蘭溪道隆，所以在〈立正安國論〉中沒有抨擊禪宗。日蓮集中攻擊淨土宗。可是淨土宗在幕府也有勢力，執權北條長時及其父北條重時（稱「極樂寺殿」）都信奉淨土宗。

北條時賴對日蓮的上書未予理睬。然而在鎌倉的淨土宗僧俗信徒，聽說日蓮上書幕府攻擊淨土宗，感到氣憤之極，在八月的一天夜裡襲擊並焚燒了日蓮在松葉谷的庵室。日蓮受傷，逃到下總的信徒富木良忍（胤繼）處居住，並在此傳法。富木特為他建一堂，即後來的中山法華寺。在這期

間，有不少武士及貴族後裔前來皈依，成為日蓮早期的信徒。

日蓮在弘長元年（西元1261年）又回到鐮倉，對淨土宗等的批判和攻擊更加激烈。淨土宗信徒上告幕府。五月，執權北條長時按照《貞永式目》第十二條：「惡口咎事。鬥殺之基，起自惡口，其重者被處流罪……」判處日蓮流放伊豆（在今靜岡縣）。日蓮被用官船送到伊豆東部的筱海浦，受到漁民上原彌三郎的照顧。此後到達伊東鄉和田，因治癒地頭伊東朝高的病而受到他的優遇，並成為日蓮的信徒。

日蓮在流放伊豆期間，一邊傳教，一邊寫作，進一步整理他的教理體系，撰寫出《四恩鈔》、《教機時國鈔》。北條重時因病去世後，其子執權北條長時在弘長三年（西元1263年）二月下令赦免日蓮流罪。

日蓮被赦後曾回到鐮倉。在文永元年（西元1264年）八月，日蓮為祭掃父墓和探視老母回到闊別十年之久的故鄉。日蓮曾與正篤信淨土宗的師父道善見面，勸他信奉法華，告訴他念佛者死後會降地獄。但道善不為所動。

十一月日蓮應天津（在安房西南）城主工藤吉隆之請前往傳教，在途經東條鄉小松原大道之時，遭到地頭東條景信率領數百人襲擊。日蓮受傷，弟子一人被打死，二人受傷。工藤吉隆聞訊率眾前來營救而被殺死。在經歷了這件事後，更加激發他弘傳法華信仰的熱情。日蓮在《南條兵衛七郎殿御書》信中說：「對《法華經》之信心彌增。第四卷云：『而此經者，如來現在，猶多怨嫉，況滅度後？』第五卷云：『一切世間多怨難信』……日本持經者無人體驗此經文也。唯日蓮一人親身體驗，『我不愛身命，但惜無上道』是也。日蓮為日本第一《法華經》行者也。」他懷著這種熾熱感情到各地傳教，並關注社會形勢，伺機再次上書幕府。

日蓮從遇赦到文永五年（西元1268年）回到鐮倉之前，巡遊安房、上總（皆在今千葉縣）、常陸（今茨城縣）、下野（今栃木縣）等地傳法，有不

第五章　宋元佛教交流與淨土、禪宗東傳

少武士皈依成為弟子，還為他建寺。上總奧津的佐久間重貞皈依日蓮後，二子皆從日蓮出家，改名日保、日家。另有上總藻原的邑主齊藤兼綱、墨田的高橋時光、下野宇都宮的宇教宮景綱之姊妙正等人也皈依日蓮。從日蓮出家的還有日持、日正、日頂（富木良忍的養子）、日胤等。可以說這為日蓮宗以後在關東的發展奠定了基礎。

日蓮在這期間寫的著作，論證唱念「南無妙法蓮華經」的功德，批評淨土宗、禪宗，雖仍稱「根本大師（按：最澄）門人」，但已對與日本天台宗結合密切的真言密教提出批評。

3. 二次進諫幕府和流放佐渡

日蓮在〈立正安國論〉中曾向幕府警告，如不改信「正法」，「他國侵逼難」、「自界叛逆難」也會「並起競來」。蒙古（忽必烈於西元 1271 年定國號為元）派使者赴日勸日本臣服和嗣後出兵日本，使日蓮認為預言應驗，更加激發了弘傳法華信仰的熱情。

蒙元至元三年（日本文永三年，西元 1266 年），元世祖派兵部侍郎黑的、禮部侍郎殷弘為正副使持國書出使日本，中經高麗，日本文永五年（西元 1268 年）正月到達九州太宰府，國書送鎌倉幕府，幕府又把國書上奏嵯峨上皇。元的國書稱：「冀自今以往，通問結好，以相親睦。且聖人以四海為家，不相通好，豈一家之理哉。以至用兵，夫孰所好，王其圖之。」（《元史・日本傳》）實際是威脅日本稱臣進貢。日本不復國書，且遣返使者。文永六年（1269），黑的等人到達對馬島，催促日本復書。日本拒納，他們擄島民二人而歸。此後元世祖一再派使者赴日以求「通好」，皆得不到答覆。元經過備戰，在日本文永十一年（西元 1274 年）和弘安四年（西元 1281 年）兩次出兵九州海域，欲登陸占領日本，皆因遇颶風和日軍的抵抗而遭慘敗。

第七節　日蓮和日蓮宗

日蓮密切注視這個形勢。文永五年（西元 1268 年）四月，他透過法鑑向幕府上呈〈安國論御勘由來〉，講自己過去寫〈立正安國論〉的由來，說在呈幕府〈立正安國論〉後的第九年正月見「大蒙古國書」，正與〈立正安國論〉所預言的「他國將破此國」相符，感慨日本全國知道對治此難者除睿山外僅日蓮一人。他借此文再一次向幕府提出警告：如不奉法華正法，禁「邪法」，日本將滅亡。

此年十月，日蓮分別向幕府執權北條時宗、宿屋左衛門光則等武士首領及建長寺道隆、極樂寺良觀等高僧致書，皆說蒙古牒狀到來證明他的〈立正安國論〉預言正確。在給執權時宗的信中，要求停止對建長寺、壽福寺等的皈依，應調伏蒙古人，稱「調伏彼事，非日蓮不可」，謂日本為「神國」，天神七代、地神七代及其他善神皆為擁護法華一乘之神明，如不奉法華一乘，善神成怒，七難必起，日本將被蒙古所滅。日蓮在給鐮倉各大寺的信中，則攻擊淨土宗、禪宗、真言宗、律宗。日蓮在〈與建長寺道隆書〉中正式提出「念佛為無間地獄之業，禪宗乃天魔之所為，真言是亡國惡法，律宗為國賊妄說」的所謂「四個格言」；在〈與壽福寺書〉中甚至要他們放棄自奉的「邪法、邪教」，皈依「實法、實教」（指法華一實之法），「皈依日蓮」。日蓮認為自己所言盡理，並充滿自信地稱：「日蓮為日本第一《法華經》之行者，退治蒙古國之大將。」（〈與極樂寺良觀書〉）

各大寺的高僧在看了日蓮的信後雖很氣憤，但皆未作正面答覆。當時幕府請真言宗僧祈禱護國降敵，日蓮卻撰文批判真言宗。文永八年（西元 1271 年）春夏大旱，幕府命極樂寺著名律僧良觀（西元 1217～1303 年）求雨。良觀在舉行求雨儀式之時，日蓮公開置疑，並派人前去嘲諷、攻擊。[342] 淨光明寺的淨土宗僧人行敏與良觀等商量之後，向幕府遞狀提出訴訟，說日蓮「偏執法華一部」，攻擊其他大乘經典皆「妄語」，並攻擊念

---

[342]　參見《賴基陳狀》及《本化高祖年譜考異》。

佛、禪及戒律;把阿彌陀佛像、觀音像投入水火;稱守護法華,「貯兵杖於家內,集凶徒於室中」;稱天災國難由禪、律、念佛而產生,揚言應「燒盡建長寺、極樂寺、多寶寺、大佛殿、長樂寺、淨光明寺及其下諸伽藍及斬禪僧、念佛僧等諸僧之頭……」(《元祖化導記》卷上[343])此後又將此說法向幕府官員及他們的妻室散布,甚至蠱惑說日蓮要殺道隆、良觀等人。這樣便引起幕府和以執權為首的各個家族的人對日蓮的懷疑、憎惡。因為上述大寺皆是由幕府主持建造的,道隆、良觀等人受到執權及他們妻室的皈依。

文永八年(西元 1271 年)九月十日至十二日,幕府侍所的所司(統轄軍政要務)平賴綱傳訊日蓮。日蓮在申辯中重申自己的主張,攻擊其他宗派,自稱:「日蓮是日本國的橋梁,失去予即是推倒日本之柱,必將發生自界叛逆之難,內部互相攻殺;發生他國侵逼之難……」(《撰時鈔》卷下)幕府判決日蓮「托事佛法,屢亂國家」,處以流罪(《本化高祖年譜考異》),而內定於路上將他殺死。

日蓮被發配的地方是位於本州北部海中的佐渡島(在今新潟縣)。日蓮被發配佐渡的途中,先被送往相模國(今神奈川縣)的依智。按照幕府內部的判決,日蓮路經龍口時要將他處死,但突然傳來幕府的命令停止處死。這樣日蓮平安到達依智,然後到越後寺泊(在今新潟縣)。日蓮在此給富木胤繼(良忍)寫了一封信(〈寺泊御書〉),以《法華經‧常不輕菩薩品》中常不輕菩薩[344]自況,說自己為傳法華正法而屢遭「惡口罵詈」、「及加刀杖」,兩次遭流罪,深深體驗了《法華經‧勸持品》中所說持《法華經》者所受之迫害。

十月底,日蓮乘船從寺泊越海到達佐渡的東南岸松崎,接著到達新穗

---

[343] 可參考日蓮《行敏訴狀御會通》。
[344] 《法華經‧常不輕菩薩品》載,有一菩薩比丘名常不輕,見一切僧俗人皆禮拜,說「我不敢輕於汝等,汝等皆當作佛」。他常遭人「罵詈」,「眾人或以杖木瓦石而打擲之」,但他不嗔恚。

第七節 日蓮和日蓮宗

本間重連的邸宅，然後被安置在塚原的原放置死屍的小屋內。在這裡他經常飢寒交迫。當地的淨土宗、真言宗和律宗的僧俗信徒，聽說日蓮到來，把他看作怨敵，要加害於他。在地頭本間重連的介入下，他們聯合從越後、越中、出羽、奧州、信濃等地來的諸宗學僧，在塚原與日蓮辯論，據說以失敗告終（〈種種御振舞御書〉）。

在日蓮的創教生涯中，以流放佐渡為界分為前後兩個階段。在流放佐渡後，日蓮有意脫離日本天台宗，在對《法華經》的解釋中注重對所謂「本門」的論證，強調唱題，並批判日本天台宗歷史上提倡真言密教的圓仁、圓珍及他們的「顯劣密勝」、「理同事勝」的理論。文永九年（西元1272年）二月，日蓮寫了《開目鈔》二卷，被後世日蓮宗稱為「人本尊開顯」之書。論述《法華經》講二乘（小乘的聲聞、緣覺）、一闡提、女人可以成佛和一念三千、「久遠實成」的法身佛，優於其他一切佛經；法相、真言諸宗皆盜取天台宗一念三千理論，它們和淨土宗、禪宗皆屬與《法華經》為敵的邪教；日蓮自稱繼天台（智顗）、傳教（最澄）之後首次揭示隱藏於《法華經》本門《壽量品》「文底」的「一念三千法門」，從而招致種種迫害；宣稱：「我為日本之柱，我是日本眼目，我是日本之大船」，以「末法」時代日本眾生的導師、教主自任。

就在日蓮將著完《開目鈔》之際，幕府發生內訌。執權北條時宗之兄時輔任京都六波羅守護南殿，與在鎌倉任評定眾的北條教時等人密謀反叛時宗。事發，時宗派人殺教時等，並攻殺在京都的時輔。日蓮得知此事後，認為自己的預言「自界叛逆難」又中。幕府的一些人也開始另眼看待日蓮。此後日蓮所受的待遇有所改善，從塚原移入一位百姓家住。從此，前來皈依日蓮的人有所增加，外地也有信徒攜帶錢物前來探望。

文永十年（西元1273年）四月，日蓮著《如來滅後五五百歲始觀心本尊鈔》，簡稱《觀心本尊鈔》，後世日蓮宗稱之為「法本尊開顯」之書。論

述《法華經》的跡門、本門；認為在末法時代唯應向眾生傳授「妙法蓮華經」五字經題；說此五字經題是《法華經》的「本門肝心」，具足「久遠實成」的法身釋迦佛的「因行、果德二法」；以往天台宗智顗等僅說「跡門」、「理具」的一念三千，而未說作為「事行」、「事具」的一念三千；此「事具」的一念三千作為釋迦佛的「因行、果德」包含在經題五字之中；本門之本尊即為「妙法蓮華經」五字。日蓮自許為末法時代的「上行菩薩」，謂「但以『妙法蓮華經』五字，令服幼稚，因謗墮惡，必由得益是也」。日蓮此時既然認為自己的「本門」妙法直繼法身釋迦佛，而與以往天台宗僅講「跡門」一念三千不同，在思想上已脫離了傳統的天台宗，從此他只稱「本朝沙門」，而不再稱「天台沙門」。

鎌倉幕府執權北條時宗在文永十一年（西元1274年）二月十四日決定赦免日蓮的流罪。日蓮的弟子日朗持赦免書到佐渡通知，日蓮於三月二十六日回到鎌倉。

4. 三諫幕府遭拒，以身延山為中心建立日蓮宗教團

日蓮回到鎌倉後，四月八日被召入幕府的評定所，平賴綱受北條時宗之命鄭重地詢問日蓮蒙古何時來襲。日蓮回答說：「經文上看不出何時，天正盛怒，大概不過今年。」又進諫幕府，攻擊淨土、禪、真言諸宗帶來禍害，勸幕府不要請真言宗僧人為「調伏大蒙古」而祈禱，否則將導致日本國滅（《撰時鈔》卷下）。但幕府沒有採納他的諫言。日蓮想到《禮記》「三諫而不聽，則逃之」的古訓，決定退隱山林（《下山御消息》）。

文永十一年（西元1274年）五月，日蓮到甲斐國（今山梨縣）南巨摩郡波木井鄉的身延山。此處的地頭叫波木井南部實長，是日蓮的信徒。日蓮在他的支持下建造十餘間寬敞的堂宇作為居住和傳法之地，稱身延山久遠寺，建立了早期日蓮宗教團。

當年五月二十四日，日蓮著《法華取要鈔》，說在末法時代，龍樹、

第七節　日蓮和日蓮宗

天親、天台（智顗）、傳教（最澄）所遺留沒有顯示的「祕法」是「本門之本尊、戒壇和題目之五字」，此時只可弘布「妙法蓮華經」五字。

此年十月，元軍進攻日本九州北部的對馬、壹岐，並一度登上筑前博多，因遇颶風而敗歸。日蓮看到自己的預言皆應驗，自信自己是受釋迦佛付囑於末法時代傳《法華經》的「上行菩薩」，便於十二月用筆圖顯以「南無妙法蓮華經」七字為中心的大曼荼羅，稱之為「大本尊」。在「南無妙法蓮華經」兩側及下方有諸佛、菩薩、天神地祇、諸天鬼神等名，還有天台、傳教之名，既表示以《法華經》題目為最高崇奉對象──本尊，又表示佛與眾生融通無間的「十界互具」[345]之理。

建治元年（西元 1275 年），日蓮著《撰時鈔》二卷。說據《大集經》等，當時已進入佛滅後第五個五百歲的「爭鬥言訟，白法（按：意為善法、正法）隱沒」的末法時代，「正為《法華經》肝心『南無妙法蓮華經』大白法廣宣流布之時」，世界及日本上下民眾皆應唱念「南無妙法蓮華經」。日蓮也批判淨土宗、真言宗、禪宗及天台宗的圓仁、安然等人的「理同事勝」的理論。建治二年（西元 1276 年），日蓮的師父道善於故鄉清澄寺去世。日蓮為報師恩而著《報恩鈔》二卷，派人送給清澄寺的淨顯、義淨，請他們於師墓之前讀之。《報恩鈔》論述了以經題為主體的本門本尊、戒壇和題目的「三大祕法」。

日蓮在身延山期間，身邊有弟子四十人到六十人，後增加到百人左右。在日蓮三十多年的傳教生涯中，皈依他的門弟和信徒不斷增加。在他居留身延山時，他的一些弟子仍在各地傳教。很多門弟和信徒到身延山看望日蓮，聽日蓮教誨。他們為日蓮及身邊弟子送去錢、米、鹽、油、菜、水果及筆墨紙等。日蓮常向各地弟子和信徒寫信，現存日蓮著作中有大量

---

[345]　天臺宗教理。智顗《摩訶止觀》卷五：「夫一心具十法界，一法界又具十法界，百法界。」一法界各具十法界，稱「十界互具」。

這種書信。日蓮著名的弟子有日昭、日朗、日興、日向、日頂、日持等。

弘安元年（西元 1278 年），日蓮生病。弘安四年（西元 1281 年），元軍再次進攻九州北部，日蓮寫信告誡門弟和信徒不要議論此事[346]。弘安五年（西元 1282 年）九月，日蓮到常陸（今茨城縣）溫泉治病，路上病情惡化，轉程到達武藏池上鄉（在今東京大田區池上本町）的信徒池上宗仲的邸宅，在向選出的六位弟子託付後事之後，於十月十三日去世，享年六十一歲。

5. 日蓮的著作

日蓮的著作包括論文、書信及經注等，現存四百九十三篇，另外有斷簡三百五十七件、圖錄六十五篇、書寫本二十三件、要文一百四十件、曼荼羅本尊一百二十三幅。[347] 日蓮的代表著作有〈立正安國論〉、《開目鈔》、《觀心本尊鈔》，此為日蓮宗所稱的「三大部」。加上《撰時鈔》、《報恩鈔》，為「五大部」。日蓮的全集，現有高佐貫長編、行道文庫於 1932 年初版的《日蓮聖人御遺文》，還有淺井要麟編《昭和新修日蓮聖人遺文集》（平樂寺書店版）、立正大學日蓮教學研究所編《昭和定本日蓮聖人遺文》（身延山久遠寺版）、崛日亨編《日蓮大聖人御書全集》（創價學會版）等。

二、日蓮宗的教義

日蓮在自己的著作中稱所創的教派為「妙法蓮華宗」，簡稱「法華宗」，後世用他的名字通稱「日蓮宗」。日蓮宗主要依據的經典是《法華經》（《妙法蓮華經》）和日蓮的重要著作〈立正安國論〉、《開目鈔》、《觀心本尊鈔》及《撰時鈔》、《報恩鈔》等。日蓮在繼承天台宗的基本概念和

---

[346] 《小蒙古御書》：「對小蒙古人逼來日本之事，我門弟及檀那等皆不可向他人及自己言語之。若違此旨，應離門弟等，今告知也。以此旨示之各位。」
[347] 此據渡邊寶陽、庵谷行亨《日蓮宗》（大法輪閣 1984 年版）第三章。

第七節　日蓮和日蓮宗

命題的基礎上，結合所處時代的特點和自己的思考，對《法華經》作了獨特的解釋論證，建立了以「妙法蓮華經」五字經題為無上佛法的教義體系，可概括為以下兩點。

1. 將《法華經》置於佛法的至高無上地位

正如中國佛教宗派都有自己的判教理論一樣，日蓮在創立日蓮宗過程中也提出自己的判教理論。據此判教理論，可以看出他是如何評價《法華經》的。這裡僅利用他在《教機時國鈔》中提出的「教、機、時、國、教法流布先後」的所謂「五綱」判教論，參照其他重要著作，著重揭示他的《法華經》至高無上的觀點。

（1）教，指教法。日蓮繼承中國天台宗創始人智顗的「五時」（華嚴、阿含、方等、般若、法華），「化法四教」（藏、通、別、圓）的判教理論，認為在大小乘一切佛經中，只有《法華經》最為優越，是「第一經王」。他在《開目鈔》中說，在釋迦佛成道之後五十年傳法的生涯中，前四十年所說的經典皆「未顯真實」，皆屬應機隨緣說法的「權經」，只有最後八年所說的《法華經》「皆是真實」，是展示佛的「本懷」，宣說覺悟的真實內容。[348] 日蓮論證，《法華經》比其他佛經優越之處有三點：一是講一切人可以成佛，包括聲聞、緣覺二乘和惡人以及被佛教一向歧視的女人；二是講「一念三千之法門」，日蓮著重從「十界互具」解釋；三是講釋迦為「久遠實成」的法身佛。[349] 日蓮接受天台智顗在《法華文句》中把《法華經》前十四品作為「跡門」，後十四品稱為「本門」的說法，進而認為在「本門」中只有《從地湧出品》後半部分、《壽量品》和《分別功德品》前半部分最為重要。又說：「彼一品二半，此但題目五字也。」這五字題目即「妙法蓮華經」（加上「南無」是七字），隱藏於《壽量品》的「文底」。此經題是《法

---

[348]　另參考《藥王品得意鈔》。
[349]　《開目鈔》卷上、卷下。

華經》的「肝心」，與諸法實相「一念三千」是等同無二的。[350] 這樣，在日蓮的判教理論中，佛法的優勝層次是：大小乘諸經——《法華經》——《壽量品》與另兩個半品——「妙法蓮華經」。

(2) 機，原指根機，也直接用來指接受佛法的人。日蓮發揮佛教所說在佛滅千年之內是「正法時」，進入佛滅兩千年是「像法時」，此後進入末法時（佛法將滅的末世）的說法，認為相應於此三時有三機，流行不同的佛法。適應於「正法機」先流行小乘經，後流行權大乘經；適應於「像法機」則流行《法華經》的跡門教法，以中國智顗和日本最澄為代表；適應於「末法機」的教法則是《法華經》的本門教法，實即「南無妙法蓮華經」。[351] 時間越往後，眾生根機越低下，越應授予最上等佛法，所以在末法時代應傳授一切眾生以《法華經》本門的精華——「妙法蓮華經」。《撰時鈔》卷下說：「持妙法蓮華經五字，作為謗法一闡提（按：極惡者）白癩病之輩良藥。」

(3) 時，指佛法流行的時代。日蓮利用《大集經》所說在佛滅後有五個五百年的說法，說在正、像、末三時流行不同的大小乘佛法，到了像法後半期出現法華跡門正法，而認為他正處在佛滅後兩千兩百年，屬於末法初期，正應弘布法華本門正法——「南無妙法蓮華經」。

(4) 國，是流行佛法的國度。有流行小乘、大乘之國，或大小乘兼行之國，但日本是「一向大乘國，大乘中《法華經》之國」，故應弘布法華本門妙法。

(5) 教法流布先後，或簡稱「序」，是指教法適應時機不同而流行的先後次序。正、像、末三時先後流行不同的佛法，既然進入末法時，就應流行適宜此時的法華本門妙法。

---

[350] 限於篇幅不能詳論，此為綜合《開目鈔》、《觀心本尊鈔》、《撰時鈔》及《十法界事》等的有關部分的概述。
[351] 《觀心本尊鈔》、《撰時鈔》等。

可見，日蓮透過自己的「五綱」判教理論把《法華經》置於佛法中的最高地位，而最後的結論是：法華經題才是適宜末法時代日本乃至世界（閻浮提）的最高最圓滿的佛法。

2. 以「妙法蓮華經」經題為中心的「三大祕法」

日蓮提出「五綱」判教論的同時，又以法華本門的「肝心」——「妙法蓮華經」五字經題為中心提出所謂三大祕法。從經題五字（或前加「南無」為七字）被奉為信仰對象來說，稱為「本門本尊」；從被作為修行唱念的內容來說，稱為「本門題目」；從尊奉和唱念此經題有防非止惡的功能來說，稱之為「本門戒壇」。

日蓮在《報恩鈔》卷下稱此為「佛為末法所留，為迦葉、阿難等，馬鳴、龍樹等，天台、傳教等，所未弘通之正法」。他在《法華取要鈔》中說這是如來滅後兩千餘年，龍樹、天親、天台、傳教留給後人的「祕法」。對於用此簡單的經題為三大祕法的原因，他特地解釋：

> 玄奘三藏舍略好廣，將四十卷《大品經》成六百卷。羅什三藏舍廣好略，將千卷《大論》（按：《大智度論》）成百卷。日蓮舍廣略而好肝要，所謂上行菩薩所傳妙法蓮華經五字也。

日蓮自稱「上行菩薩」，三大祕法是他的獨創，說自己既非採取唐代玄奘「舍略好廣」的做法，也不採取後秦鳩摩羅什「舍廣好略」的做法，僅擇取《法華經》教法的「肝要」（精要）——「妙法蓮華經」經題五字創立三大祕法的。

那麼，這三大祕法具有什麼意義呢？

(1) 本門的本尊

日蓮在《報恩鈔》卷下特指《法華經·壽量品》中所說「成佛以來甚大久遠」的釋迦佛為本尊，說此佛集法、報、應三身於一身。日蓮在流放伊

第五章　宋元佛教交流與淨土、禪宗東傳

豆之前作的《唱法華題目鈔》(著於西元 1260 年) 中曾說:「書寫《法華經》八卷、一卷、一品或題目,可定為本尊。」

然而在日蓮流放佐渡之後寫的《觀心本尊鈔》中僅規定以「妙法蓮華經」五字為本尊,說:

> 其本尊為體,本師(之)娑婆上,寶塔居空。塔中「妙法蓮華經」,左右釋迦牟尼佛、多寶佛、釋尊脅士上行等四菩薩,文殊、彌勒等四菩薩眷屬居末座,跡化他方大小諸菩薩萬民處大地,如見雲閣月卿。

這裡明確地確定以經題五字「妙法蓮華經」為中心,周圍是本門釋迦佛、多寶佛及諸菩薩等。若用筆在紙或帛上把「南無妙法蓮華經」七字寫於中央,周圍寫上上述諸佛菩薩及諸天世間護法神(包括日本的天照大神、八幡大菩薩)之名,四角寫上四大天王之名,則稱之為「本尊曼荼羅」或「大曼荼羅」。因為所寫佛菩薩及神鬼眾生之名在橫的方面遍於十方,在豎的方面涉及三世,用以表示十界互具,故也稱此為「十界圓具曼荼羅」。日蓮《日女御前御返事》對此有描述,現存幾種據傳是日蓮自製的大曼荼羅也可作為實證。

為什麼要以經題為本尊?日蓮在《本尊問答鈔》中有這樣一段話:

> 問云:然汝云何不以釋迦為本尊,而以《法華經》題目為本尊耶?
>
> 答:……此非私意。釋尊、天台定《法華經》為本尊,末代日蓮如佛與天台亦以《法華經》為本尊也。其故,《法華經》為釋尊父母、諸佛之眼目也。釋迦、大日總十方諸佛皆從《法華經》出生,故今以能生為本尊也。……佛為所生,《法華經》為能生。

可見,日蓮所說「妙法蓮華經」有時即為《法華經》之代表,也即為佛教所說的「真如」、「法性」、「實相」、「法」等等,為一切佛的本體、本原。認為《法華經》位於一切佛之上。但實際上,日蓮和後世的日蓮宗,都把

「妙法蓮華經」或「南無妙法蓮華經」看作與法華本門釋迦佛是同一的。

(2) 本門的題目

此即《法華經》的完整經題「妙法蓮華經」，如加上表示皈依、禮敬的「南無」二字，即為「南無妙法蓮華經」。中國天台智顗雖在《法華玄義》中就此經題大加解釋和發揮，但並沒有提倡唱念經題。他從釋名、辨體、明宗、論用、判教五個方面詮釋經題和全經「玄義」，稱「五重玄義」。其卷一之上有曰：「釋名，通論事理；顯體，專論理；宗、用，但論事；教相，分別事理。」從日蓮《唱法華題目鈔》中介紹智顗《法華玄義》對「妙法蓮華經」五字的解釋來看，他自然是受了智顗的影響的，認為經題包含一切妙法。日蓮在《觀心本尊鈔》中稱，到「末法初」，本門釋迦佛「召地湧千界大菩薩以《壽量品》肝心『妙法蓮華經』五字令授與閻浮眾生也」。撇開其中的神話因素，是說在所謂「末法初」是應提倡唱念法華經題的。又說治癒末法眾生謗法、破法之「病」的「良藥」就是：「《壽量品》肝要——妙（按：即『名』）、體、宗、用、教『南無妙法蓮華經』是也。」然而日蓮沒有從「五重」方面作具體論證。

日蓮於《撰時鈔》卷下正式把經題作為三大祕法之一提了出來，說：「日本乃至漢土、月支、一閻浮提之人人，不管有智無智，一同捨棄他事，唱南無妙法蓮華經。」他主張唱經題做法應超出日本，廣傳到中印乃至世界各地。

經題有什麼含義，為什麼要唱經題？日蓮認為「妙法蓮華經」中包含天台宗的一念三千、百界千如、三千世間及心、佛、眾生三無差別的一切法門（《唱法華題目鈔》）。他認為，對於天台宗的「理具」一念三千等法門，普通的人理解不了，自然也不能透過坐禪觀心領悟實相而解脫，但透過唱念五字經題會在不知不覺中接受實相妙法，達到解脫。日蓮說：「不識一念三千者，佛起大慈悲，五字內裏此珠，令懸末代幼稚頸，四大菩薩

405

守護此人。」(《觀心本尊鈔》)因此也稱此五字經題為「事行南無妙法蓮華經五字」,即「事具一念三千」。日蓮還說:「釋尊因行、果德二法,妙法蓮華經五字具足。我等受持此五字,自然讓與彼因果功德。」(《觀心本尊鈔》)是說透過唱題可得到佛的「因果功德」,即自然成佛。

日蓮強調主觀信仰和信心,說「唯唱南無妙法蓮華經而成佛之事」,「佛法根本以信為源」(《日女御前御返事》)。如果一邊唱法華經題,一邊念彌陀名號,則如同飯中加糞、加沙石一般。(《筒御器鈔》)

(3) 本門的戒壇

日蓮雖在三大祕法中提出了本門戒壇,但並沒有作詳細解釋。日本學者及日蓮宗系各派有種種不同解釋。這裡僅取其中一種比較流行的看法。日蓮《教行證御書》說:「此《法華經》本門肝心『妙法蓮華經』,集三世諸佛萬行萬善之功德為五字,此五字內豈不納萬戒功德乎?但此具足妙戒一度持之,後行者雖欲破而不破,是名金剛寶器戒。」這是把法華五字經題看作具有防非止惡的戒的功能,只要唱此經題就意味著受、持「金剛寶器戒」。此「金剛寶器戒」即為《梵網經》卷下所說的「光明金剛寶戒」,亦可稱「佛性戒」,是大乘戒。此經稱此為「一切佛本源,一切菩薩本源,佛性種子」。這與日蓮所賦予五字經題的含義是一致的,因為五字經題具有佛的「因行果德」、「萬行萬善」。從而,面對本尊曼荼羅,唱念「南無妙法蓮華經」題目,即為受圓頓大乘戒,持圓頓大乘戒,所在地方即為「本門的戒壇」。日蓮宗稱此為理的戒壇。

日蓮明確地講過「事的戒壇」。《三大祕法稟承事》說:

戒壇者,王法冥佛法,佛法合王法,王臣一同持三祕密之法。有德王、覺德比丘[352]移其乃往於末法濁世未來時,下敕宣並御教書,尋似靈

---

[352] 事見《大涅槃經》卷三〈金剛身品三〉。有德王為保護護法的覺德比丘而身亡,生到阿閦佛國,為其弟子。據稱他們原生在「歡喜增益如來」的正法將滅的末世。日蓮引此是為提倡他們的

第七節　日蓮和日蓮宗

山淨土之最勝地，可建立戒壇者歟？可待時耳。此為事之戒法是也。非僅為三國並一閻浮提人懺悔滅罪之戒法，亦為大梵天王、帝釋等來臨之戒壇也。

說到王法佛法互相融會或結合之時，透過朝廷下敕書、教書，尋找一處似印度靈鷲山的地方建立戒壇，成為向全世界一切人、天授戒的「本門戒壇」。這裡實際包含由國王規定日蓮教法為國家的「正法」，實現政教合一的思想。

後世日蓮宗對於三大祕法作了各種解釋：或從佛法「三學」方面解釋，稱本尊為定，題目為慧，戒壇為戒；或以本尊為佛寶，題目為法寶，戒壇為僧寶，這樣「妙法蓮華經」五字便具足三寶。

日蓮對佛國淨土也提出了自己的看法。佛教其他宗派一般主張佛國淨土在脫離現世的「彼岸」，因此認為人死後才可往生淨土。日蓮從所謂法華本門的立場，批評「號十方為淨土，此土為穢土」的說法，他主張「此土為本土，十方淨土為垂跡之穢土」（《開目鈔》卷下）；「末法今時，《法華經》所坐之處，行者所住之處，道俗男女、貴賤上下所住之處，並皆是寂光[353]也。所居既是淨土，能居之人豈非佛耶！」（《法華宗內證佛法血脈》）就是說，人們修行所追求的佛國淨土不在彼岸，也不是死後才可往生，只要稱念「南無妙法蓮華經」，現世人間處處皆是佛國淨土。

在鎌倉新宗派中，日蓮宗的教義體系的特色十分鮮明，在傳播過程中逐漸被日本各個階層更多的人理解和接受，得到比較迅速的發展。

護法精神。
[353]　全稱「常寂光土」，也稱「寂光土」，天臺宗所說的「四土」之一，為佛所居之淨土。

三、日蓮弟子和日蓮宗早期門派

日蓮弟子中以所謂「六老僧」最著名，他們是日昭、日朗、日興、日向、日頂、日持六人。日蓮死後，他們遵循日蓮的遺言處理他的後事和經營教團，從事傳教活動。安葬日蓮遺骨的廟堂建在身延山，由這六名弟子輪流住持守護。這六人在各地傳教過程中不斷擴大信徒，增建寺院，推動日蓮宗向各地傳播。由於他們與其弟子在教義上產生不同見解以及出於利害關係，日蓮宗逐漸形成若干流派。

日蓮生前流轉各地，有不少武士、農民皈依他成為施主（檀越）。武士中包括少量地頭。據日本學者調查，從文獻中可查出姓名的日蓮的施主有一百六十二人，其中女性四十七人，分布的地域包括駿河、伊豆（皆在今靜岡縣）、相模（今神奈川）、甲斐（今山梨縣）、下總、上總、安房（皆在今千葉縣）、佐渡（在今新潟縣）、武藏（在今崎玉縣和東京），在關東的人最多。其中著名的有下總的武士富木良忍、曾谷二郎入道、駿河的高橋六郎入道、南條兵衛七郎、南條時光、武藏的池上宗仲、鐮倉的北條氏支族江馬氏的左衛門尉四條賴基、身延山的波木井實長等。[354] 他們大體屬於當時的中下級武士。其中的富木良忍（西元 1216～1299 年），一般常作富木胤繼，為下總國葛飾郡若宮的領主，建長六年（西元 1254 年）皈依日蓮，文應元年（西元 1260 年）在中山為日蓮建法華堂（後為法華寺）。此後又把真間山弘法寺施給日蓮，由日頂任住持。富木在日蓮死後剃髮出家，改名常忍日常，與日頂及日高在下總一帶傳教。

在日蓮宗諸流派中，對後世日蓮宗發展影響較大的有日昭的濱門流、日朗的朗門流、日興的富士門流、日向的身延門流、日常（富木常忍）的中山門流，後來的日蓮宗各派就是從這些門派分出來的。

---

[354] 高禾豐《日蓮》（載 1956 年《日本佛教思想的展開》）。此據赤松俊秀《日本佛教史》Ⅱ《中世篇》第四章第二節所引。

第六章
明清佛教交流與日本黃檗宗的創立

　　中國佛教從西元 6 世紀透過朝鮮半島的百濟傳入日本，中經隋唐、宋元佛教諸宗的相繼直接傳入，至明末清初臨濟宗高僧隱元東渡建立黃檗宗，可以看作是中國佛教東傳日本總過程的結束。

　　本章擬先扼要介紹明末清初中日兩國的社會和佛教的總體背景，然後考察和論述隱元生平及赴日傳法、建立黃檗宗的情況。

▍第一節　明至清初中日兩國的社會和佛教文化交流

　　西元 1368 年，從元末起義軍壯大起來的朱元璋，以南京為都建立明朝，派兵北上推翻元朝統治，逐漸削平各地割據勢力實現全國的統一。朱元璋採取得力的措施恢復和發展社會生產，加強中央集權，清理政治腐敗，懲治貪官汙吏和抑制豪強。明成祖永樂十九年（西元 1421）遷都北京，以南京為留都。明朝是繼唐宋之後又一個強大的王朝，在經過二百七十五年之後西元 1644 年被攻入北京的以李自成為首的起義軍推翻。

　　西元 17 世紀初在中國東北興起的女真族的首領努爾哈赤建立後金政權，西元 1636 年改國號清，西元 1644 年清世祖入關，建都北京，逐步消滅各地起義軍和明朝殘餘勢力，鎮壓各族人民此起彼伏的反抗，建立了繼明朝之後又一個強大的封建王朝，直到 1911 年辛亥革命被推翻，統治中

第六章　明清佛教交流與日本黃檗宗的創立

國將近三百年。

中國明朝至清初大體相當於日本的室町時代（西元 1336～1573 年）的中後期至德川氏執政的江戶時代（西元 1603～1867 年）的初期。在這期間，日本經歷了戰亂不斷的南北朝（西元 1336～1392 年）、戰國（西元 1467～1568 年）時期和織田信長、豐臣秀吉先後執政的所謂「安土桃山」時期（西元 1568～1598 年）。

在這個漫長時期，中國佛教各宗互相融合，特別是禪宗與淨土宗的融合，禪宗與天台、華嚴二宗的融合更為突出，雖分禪、教、律，然而從整體上說，已發展成為以禪宗為主體的融合型的佛教。在日本方面，源自中國的佛教已基本完成日本化的過程，不僅新興的淨土宗、真宗、日蓮宗以及受到武士階層歡迎的禪宗得到較大發展，就是舊有的天台宗、真言宗也有新的變化，然而從總體情況來看，日本佛教諸宗已經進入相對穩定的局面。從中日佛教文化交流來看，在經歷了唐宋時期兩國佛教文化交流繁盛之後，這個時期已經進入十分沉寂乃至停滯的狀態。這一方面與當時兩國的政治和佛教文化形勢有關，也與長期在中國從北到南的沿海乃至深入內地猖獗危害民眾和社會安定的倭寇有重大關係。

一、倭寇問題和明初與日本的交往

所謂倭寇，是指元末明初以來在中國沿海地區從事燒殺劫掠活動的由日本武士、浪人和不法商人組成的武裝團夥，從中國北部沿海擴展到南部江浙閩粵一帶，甚至有時深入中國內地，長期騷擾危害中國社會的安定和民眾的正常生活。倭寇不僅得到日本西南封建諸侯的支援，後來也得到中國閩浙地區的某些大姓豪富和奸商、歹徒或明或暗的內應援助。明朝政府在整飭軍備、加強海防、打擊進犯的倭寇的同時，也積極採取外交途徑爭取得到日本政府的配合。然而因為對日本國情不了解，在明初曾將占據九

第一節　明至清初中日兩國的社會和佛教文化交流

州的奉吉野南朝為正統的征西大將軍懷良親王（在《明史》中稱之為「日本王良懷」）的政權當作日本國的政府，派人渡海與之交涉，希望他們協助制止倭寇侵擾中國。據《明史・日本傳》記載，明太祖建元後曾一再派使者到九州與征相西府懷良親王聯繫，勸他稱臣入貢，協同制止倭寇侵擾中國。此後懷良親王及日本西南其他諸侯也曾遣使入明上表入貢，然而未能按照明朝的要求建立起對明朝順從協作的邦交關係。倭寇對中國沿海的侵擾不僅沒有停止，反而進一步擴展，侵擾範圍從中國北部擴張到東南沿海一帶地方。

在這個過程中，日本在九州的征西府和明朝都曾啟用僧人擔任使節往來兩國之間。《明史・日本傳》記載，九州征西府懷良親王在接待明使者趙秩之後，於明太祖洪武四年（西元1371年）派僧祖來入明「奉表稱臣」，貢馬及禮品，並送還倭寇從明州臺州擄掠的七十餘人。明太祖知日本盛行佛教，於洪武六年（西元1373年）五月特派嘉興府天寧禪寺的住持仲猷祖闡、金陵瓦官教寺住持無逸克勤二僧為使者出使日本並送祖來等人回國。他們在九州博多登岸，繞過征西府到達日本朝廷和幕府所在地京都，得以直接與足利義滿（《明史》稱之為「源道義」）為首的幕府交往。他們在京都停留兩個月，應請向日本人傳法，與五山禪僧也有往來，受到他們的敬信。然而在他們歸國經過九州時，被征西府懷良親王拘留達兩年之後才得以回到金陵。祖闡、克勤這次出使日本，為明朝以後與日本室町幕府直接交往提供了經驗。日本臨濟宗僧廷用日圭是入宋求法僧無象靜照下二世，為京都轉法輪藏寺住持，在天授二年（明洪武九年，1376）和弘和二年（明洪武十五年，西元1382年）兩次奉命出使明朝，曾利用在京城金陵的機會，請翰林學士宋濂（西元1310～1381年）為他的寺寫碑記。（日本師蠻《本朝高僧傳》卷六十五〈文圭傳〉）

明朝正式與室町幕府直接交往是在明成祖即位之後。明朝同意日本以

第六章　明清佛教交流與日本黃檗宗的創立

「進貢」的名義與明朝進行所謂「勘合貿易」，同時要求日本制止倭寇對中國的騷擾和侵犯。此後，中日兩國外交主要是圍繞這種勘合貿易進行的。

二、中日勘合貿易與兩國佛教文化交流

明惠帝建文三年（日本應永八年，西元 1401 年），日本筑紫（在今九州福岡一帶）商人肥富從明朝回國，向雖已從將軍之位退下但仍控制幕府軍政大權的足利義滿建議與明朝進行貿易，以從中獲利擴大財源。義滿表示同意，便委派肥富為正使，僧祖阿為副使，以上書「通聘」、「通好」和入貢的名義出使明朝。翌年在他們回國時，明惠帝派禪僧道彝天倫和教僧一庵一如二人奉國書和錦綺等禮物，送他們回國並出使日本。他們一行在日本本國的兵庫登岸，受到了室町幕府足利義滿及下屬官員的隆重歡迎。明惠帝在寫給足利義滿的國書中稱他為「日本國王源道義」，儼然以對屬國首腦的口吻說他「心存王室，懷愛君之誠」，並且「班示大統曆，俾奉正朔」，並以「毋容逋逃，毋縱奸宄」的語句示意義滿制止倭寇侵擾中國。足利義滿對此沒有提出異議。天倫、一如二人受到款待，逗留京都達六個月，與日本五山禪僧也有交往。明永樂元年（西元 1403 年）三月他們回國之際，足利義滿派天龍寺的堅中圭密為遣明使，輔之以梵支、明空二僧，攜帶國書及貢物隨同他們出使明朝。當時明成祖取代明惠帝即位為帝，建都北京。日本使者將足利義滿致明成祖的國書呈上，義滿自稱「日本國王臣源」，進獻貢物中有馬、硫黃、瑪瑙等物品。

明成祖永樂二年（日本應永十一年，西元 1404 年），明使趙居仁率隨從七八十人分乘五船隨日使出使到達日本，從兵庫登岸，受到以幕府足利義滿為首的官員的隆重歡迎。據日本瑞溪周鳳《善鄰國寶記》記載，明使趙居仁上呈明成祖致足利義滿的國書中有「諮爾日本國王源道義，知天之道，達理之義」的字句，並且賜義滿以金印（「日本王之印」）。明使代表

第一節　明至清初中日兩國的社會和佛教文化交流

明朝正式同意日本與明朝展開勘合貿易：「日本十年一貢，人止二百，船止二艘，不得攜軍器，違者以寇論。乃賜以二舟，為入貢用。」(《明史‧日本傳》)

所謂勘合貿易，是一種透過勘對明朝送給日本的相當「信符」的憑證(勘合符、勘合底本)，然後才予以貿易的做法，既用來防止倭寇假借「日本使」的名義與明朝往來，又用來限制日本以「入貢」形式的貿易過於頻繁，因為每次明朝付給日本貢物的賞賜物品、錢財的價值一般要超過日本貢物的所值。然而在以後日本對明朝的勘合貿易中，實際沒有嚴格遵守這個限制，正如《明史‧日本傳》所說：「後悉不如制。宣德(按：明宣宗年號，西元1426～1435年)初，申定要約：人毋過三百，舟毋過三艘。而倭人貪利，貢物外所攜私物增十倍，例當給直(按：值)。」明朝同意展開與日本的勘合貿易，其中一個重要原因是想借助日本政府的幫助制約倭寇的侵襲。

從此，日本與明朝的外交往來主要是透過勘合貿易這種形式進行的。日本的幕府乃至寺院、神社、商人透過這種貿易形式，既可以從明朝得到大量急需的錢幣、高級奢侈物品、金銀陶瓷器具等，又可以從中國引進包括佛教經典在內的大量圖書、文物。[355]

日本與明朝的勘合貿易過程大抵可分為前後兩期：第一期是從日本應永十一年(明永樂二年，西元1404年)明朝同意兩國的勘合貿易，到室町幕府將軍足利義持於應永二十六年(明永樂十七年，西元1419年)下令禁止與明交往為止，共十五年；其間日本勘合貿易船入明六次，共三十七艘，明使赴日七次。這個時期入明勘合貿易船主要是幕府直接經營的。第

---

[355] 以上除個別地方注明出處者外，主要參考著作有：日本瑞溪周鳳：《善鄰國寶記》，國書刊行會1975年影印；汪向榮、夏應年編：《中日關係史資料彙編》之十三所載《明史‧日本傳》及相關參考資料，中華書局1984年版；汪向榮編：《〈明史‧日本傳〉箋證》，巴蜀書社1987年版；日本木宮泰彥著，胡錫年譯：《日中文化交流史》之五明、清篇各章，商務印書館1980年版。

第六章　明清佛教交流與日本黃檗宗的創立

二期是從室町幕府將軍足利義教於永享四年（明宣德七年，西元 1432 年）派使節入明恢復勘合貿易，到足利義晴在天文十六年（明嘉靖二十六年，西元 1547 年）派出最後一次遣明使為止，共一百一十五年，其間日本派勘合貿易船入明十一次，船隻五十艘，明使赴日僅有一次。這個時期日本的勘合貿易船隻中屬於幕府直接經營的很少，主要是由掌握強大軍政實權的細川氏、大內氏[356]等守護大名、寺社和商人控制與經營的。[357]

在這前後兩期勘合貿易中，日本派往明朝的使節幾乎全是禪僧，特別是屬於京都禪門五山——相國寺、南禪寺、東福寺、建仁寺和天龍寺的禪僧。

現參考日本木宮泰彥著，胡錫年譯《日中文化交流史》之五第一章的相關記載，用表格將日本歷次遣明使列出，然後參照相關資料稍加介紹。[358]

第一期中日勘合貿易期間日本遣明使表

（西元 1404～1419 年）

次序	遣明使	入明、歸國時間	備註
一	明室梵亮	永樂二年（日本應永十一年，西元 1404 年）七月至五月	建仁寺僧，歸國帶回翰林學士宋濂撰寫的夢窗疏石國師塔銘。此塔銘原是明初入明日本禪僧絕海中津請翰林學士宋濂

---

[356] 細川氏，原是足利氏的一個支族，因隨足利尊氏起兵建立室町幕府有功，得到贊岐、攝津、丹波、和泉等地為自己的「領國」，後世以細川勝元（西元 1430～1473 年）、細川政元（西元 1466～1507 年）父子為代表，長期以「管領」身分掌握幕府的實權，在西元 16 世紀戰國末期沒落。大內氏，以大內義弘（西元 1356～1399 年）為代表，是室町時期有力的守護大名之一，以長門、石見、豐前、周防及後奪取的和泉、紀伊為「領國」，長期控制九州通往中國、朝鮮的海口，應永六年（西元 1399 年）發起反叛以足利義滿為將軍的室町幕府的「應永之亂」。大內氏與細川氏在日本與明朝第二期勘合貿易中為取得「勘合」符而占據有利地位經常互相爭奪排斥。前者控制了從兵庫出發經瀨戶內海至九州博多港（在今福岡），再經五島至寧波的海路；後者為避開前者襲擊而開闢了從堺港（在今大阪）出發，經過四國島南部，再經薩摩的津坊，然後通過東海至寧波的南海路。

[357] 木宮泰彥著，胡錫年譯：《日中文化交流史》之五第一章，商務印書館 1980 年版。

[358] 參考師蠻《本朝高僧傳》、《延寶傳燈錄》中少量記載，另參考日本《望月佛教大辭典》及駒澤大學編《禪學大辭典》中的詞條等。

第一節　明至清初中日兩國的社會和佛教文化交流

次序	遣明使	入明、歸國時間	備註
一			所寫，然而因故未能帶回，直至此時才由梵亮帶回。從僧適芳得天童寺布顏撰《智覺普明（春屋妙葩）語錄跋》
二	？	永樂三年（日本應永十二年，西元 1405 年）八月至翌年五月	
三	堅中圭密、中立	永樂四年（日本應永十三年，西元 1406 年）八月至翌年八月	天龍寺僧，永樂元年（西元 1403 年）三月中日尚未開始勘合貿易前曾以使節身分入明，在杭州期間到上天竺請前住持如蘭為日本臨濟宗僧榮西撰寫塔銘帶回
四	？	永樂六年（日本應永十五年，西元 1408 年）二月至？	
五	堅中圭密	永樂六年（日本應永十五年，西元 1408 年）十一月至翌年七月	回國後為南禪寺第七十五世祖
六	？	永樂八年（日本應永十七年，西元 1410 年）四月至？	

第二期中日勘合貿易期間日本遣明使表

（西元 1432～1547 年）

次序	遣明正使、副使、綱司、居座、土官、從僧	入明、歸國時間	備註
一	正使：龍室道淵；書記：瑞	宣德七年（日本永享四年，西元 1432 年）八月至翌年六月	龍室道淵原為明寧波人，三十歲赴日，先後住持長門安國寺、博多聖福寺，以遣明使身分入明，明宣宗授以僧錄司右覺儀之職，返日本後住持天龍寺

415

第六章 明清佛教交流與日本黃檗宗的創立

次序	遣明正使、副使、綱司、居座、土官、從僧	入明、歸國時間	備註
二	正使：恕中中誓、永璵	宣德九年（日本永享六年，西元1434年）八月至正統元年（日本永享八年，西元1436年）七月	恕中中誓是天龍寺僧，回國先後住持相國寺、天龍寺
三	正使：東洋允澎；綱司：如三芳貞、貞羌；居座：清海、妙增；從僧：九淵龍睞、志林伸、蘭隱馨等十一人	景泰四年（日本享德二年，西元1453年）四月至翌年二月	東洋允澎（？～西元1454年）嗣法於臨濟宗夢窗派絕海中津，是天龍寺僧。從僧蘭隱馨攜東福寺翱之惠風詩集《竹居清事》入明，在明期間曾遊歷天台山等佛教名寺，求得前監察御史張式之為寫跋帶歸
四	正使：天與清啟；居座：妙增等六人；土官：金杲、桂庵玄樹等四人；從僧：雪舟等揚	成化四年（日本應仁二年，西元1468年）正月至翌年	天與清啟，號海樵老人，從京都建仁寺伯元清禪嗣法，後住持信濃法金寺，曾作為副使隨東洋允澎出使明朝，此次擔任正使出使明朝回國時帶回大量銅錢和文集，其中有參與撰修《元史》的中都國子監貝瓊（西元1314～1379年）的文集──《清江貝先生文集》，贈給相國寺鹿苑院僧錄（僧官）瑞溪周鳳（西元1391～1473年），著有《萬里集》。 擔任土官的桂庵玄樹（西元1427～1508年），從臨濟宗聖一法系的南禪寺景蒲玄忻嗣法，是長門永福寺僧，入明後留住六年，周遊蘇杭，研修朱子學，歸國後先後住持東福寺、

第一節　明至清初中日兩國的社會和佛教文化交流

次序	遣明正使、副使、綱司、居座、土官、從僧	入明、歸國時間	備註
四			建仁寺、南禪寺，後到薩摩辦學講授宋學，刊行《大學章句》，是日本宋學薩南學派的創始人。 從僧雪舟等揚（西元1420～1506年）屬臨濟宗夢窗派，在京都相國寺出家，師事春林周藤，從周文學過水墨畫，後任相國寺知客，在山口建畫室靈谷庵，漸以「畫僧」出名。入明期間遊歷南北山水名剎，揣摩名家山水畫法，在寧波天童寺受「禪班第一座」（首座）之稱，在京城曾師事畫家李在、長有聲學「設色之旨，兼破墨之法」，深得宋代李唐、夏圭及元代高克恭的山水畫技和風格，回國後創作《秋冬山水圖》、《四季山水畫長卷》及釋迦出山圖，觀音、達摩像等，為日本著名畫家，開創雪舟畫派
五	正使：竺芳妙茂；副使：玉英慶瑜；從僧：肅元壽嚴	成化十二年（日本文明八年，西元1476年）四月至成化十四年（日本文明十年，西元1478年）十月	竺芳妙茂回國後住持天龍寺

第六章 明清佛教交流與日本黃檗宗的創立

次序	遣明正使、副使、綱司、居座、土官、從僧	入明、歸國時間	備註
六	正使：子璞周瑋；居座：肅元壽嚴等五人；從僧：圭圃周瑋、希宗友派等五人	成化十九年（日本文明十五年，西元1483年）四月至成化二十一年（日本文明十七年，西元1485）七月	子璞周瑋是相國寺鹿苑院僧，成化二十一年（西元1485年）死於寧波。從僧希宗友派求得明人為其師瑞溪周鳳的塔銘、語錄及外集序撰寫序跋
七	正使：堯夫壽蒦；從僧：吉川勤等三人	弘治六年（日本明應二年，西元1493年）三月至弘治九年（日本明應五年，西元1496年）	堯夫壽蒦是相國寺鹿苑院僧
八	正使：了庵桂悟；副使：光堯；居座：光悅等五人；土官：宋棟等三人；從僧：友竹貞等三人	正德六年（日本永正八年，西元1511年）春至正德八年（日本永正十年，西元1513年）六月	了庵桂悟（西元1419～1514年）是京都東福寺僧，嗣法於大疑寶信，屬臨濟宗聖一法系，住持過京都真如寺、東福寺，任遣明使時已八十三歲，明武宗敕命他住持明州阿育王寺，並賜以金袈裟，曾與王陽明友好交往，王陽明曾著文贈他，歸國後住持南禪寺、慧日寺，逝世賜諡「佛日禪師」。有語錄二卷傳世
九	正使：宗設謙道；副使：月渚永乘	嘉靖二年（日本大永三年，西元1523年）四月，當年回國	宗設謙道受大內氏委派，在寧波與細川氏派的鸞岡瑞佐發生爭執，殺明吏並掠奪財物而歸
	鸞岡瑞佐；宋素卿（原為明籍寧波人）	與上同年	鸞岡瑞佐受細川氏委派以使者身分入明，在與宗設謙道等人的爭執中被殺，宋素卿被捕，死於寧波獄中

418

第一節　明至清初中日兩國的社會和佛教文化交流

次序	遣明正使、副使、綱司、居座、土官、從僧	入明、歸國時間	備註
十	正使：湖心碩鼎；副使：策彥周良	嘉靖十八年（日本天文八年，西元1539年）四月至嘉靖二十年（日本天文十年，西元1541年）六月	湖心碩鼎是博多聖福寺禪僧
十一	正使：策彥周良；副使：釣雲	嘉靖二十六年（日本天文十六年，西元1547年）至嘉靖二十八年（日本天文十八年，西元1549年）	策彥周良（西元1501～1579年），先後在相國寺鹿苑院、天龍寺為僧，在作副使與湖心碩鼎入明後，再度以正使身分入明，歸國後曾受到織田信長的崇信，向他詢問明朝人物及山川景物，著作有《南遊集》及《策彥和尚入明記初渡集》、《策彥和尚入明記再渡集》

參考上表並參考相關資料，可以歸納出以下幾點：

1. 日本室町時期，在禪宗中以臨濟宗最為興盛，而且與統攝幕府的足利氏將軍和各地武士關係密切。曹洞宗長期在本州北部、東北部一帶的農村地區傳播，屬於所謂「林下派」。日本與明朝在所謂勘合貿易框架內展開的外交活動中，屬於臨濟宗的禪僧擔當了十分重要的角色，不僅擔當遣明使的正使、副使的幾乎全是臨濟禪僧，而且擔當居座、土官的也多是臨濟禪僧，經常還有數量很多的從僧搭船同行。在這些禪僧中，負責重要職務的多是天龍寺、相國寺、東福寺等屬於京都五山的禪僧，說明五山禪僧在室町幕府時期在政治、文化領域占有重要地位。他們不僅受到幕府將軍足利氏的崇信，也受到控制中央及地方軍政實權的細川氏、大內氏等武士集團的信任。

第六章　明清佛教交流與日本黃檗宗的創立

2.遣明使、副使等入明之後，一般是經過一年或兩年回國，隨員中也有的滯留中國達三年以上。他們從寧波登岸再搭船由運河、內河向北京進發，沿途參訪江浙及江北著名寺院，拜訪名師，進行交流，尋求儒佛圖書，有的還拜師學習宋學、繪畫。有的禪僧入明以前就有所準備，順便求請中國名儒、高僧為其師或友撰寫語錄及文集的序、跋乃至頂相贊、塔銘、行狀等。現存日本著名禪僧的語錄或文集中有不少序跋及塔銘，就是遣明使或作為隨員入明的禪僧請中國人寫的。著名的有翰林學士宋濂為天龍寺夢窗疏石國師寫的碑銘、金陵天界寺季潭宗泐為京都建長寺大應國師南浦紹明的語錄寫的序、杭州上天竺寺僧如蘭為京都建仁寺開山明庵榮西寫的塔銘、明太子少師兼提調僧錄司事姚廣孝（原為僧，名道衍）為天龍寺絕海中津國師的語錄寫的序等等。[359]

3.遣明使入明，有時在表奏附件所開列希望得到的物品中，除急需的銅錢外，還有圖書，此外遣明使及隨員個人也致力尋求購置圖書。在第二期勘合貿易期間，第四次、第五次遣明使向明朝提出希望得到的書目中有佛教的《法苑珠林》（一百二十卷，唐代道世編）、《佛祖統紀》（五十四卷，南宋志磐編）、《三寶感應錄》（三卷，遼代非濁集）、《教乘法數》（四十卷，明代圓淨編），還有其他文史著作，如《北堂書鈔》（一百六十卷，唐代虞世南編）、《賓退錄》（十卷，宋代趙與時撰）、《史韻》（即《回溪史韻》，四十九卷，宋代錢諷輯）、《揮麈錄》（二十卷，宋代王明清撰）等等。

從當時中日兩國佛教和現存資料來看，雖然中日佛教交流在明代前、中期（日本室町時期）在勘合貿易的框架內得以繼續進行，然而由於中國佛教已經進入諸宗融合的階段，而日本佛教諸宗傳播的格局已經相當穩定，所以在這個時期中國佛教對日本佛教的影響可以說是極其微小的。

---

[359] 詳見木宮泰彥《日中文化交流史》之五第三章之四〈入明僧帶回的物品〉，並可參考《大正藏》卷八十相關的語錄。

三、清初中日關係和日本佛教

日本在室町後期經歷了戰亂不斷的戰國時期以後，曾有過織田信長（西元 1534～1582 年）、豐臣秀吉（西元 1536～1598 年）先後相繼統一日本的時期，史稱「安土・桃山時代」（織田曾建安土城為執政之地，豐臣晚年住京都伏見城桃山）或「織田、豐臣時代」。然而由於統一政權的基礎不穩固，在豐臣秀吉死後不久，統治勢力發生內訌，原為豐臣部將的德川家康（西元 1542～1616 年）乘機推翻豐臣氏的政權，西元 1603 年任「征夷大將軍」，在江戶（今東京）設立幕府，建立了日本封建社會最後一個武士政權，直到西元 1867 年日本「明治維新」廢除幕府，建立近代天皇制為止。日本江戶時代大體相當於中國的明朝後期至清朝晚期。

在中日兩國官方之間持續一百三十多年的勘合貿易結束後，再也沒有得到恢復。儘管由於倭寇愈益猖獗，明朝實施嚴格的海禁管制，然而中日兩國之間仍斷斷續續保持著民間私商的貿易往來，特別是明商與九州薩摩等地的貿易曾相當頻繁。在豐臣秀吉西元 1592 年發動侵朝戰爭之後，由於明朝派軍直接加入抗擊日軍戰爭，兩國民間透過海路的貿易也曾一度中止。在江戶幕府建立之後，將軍德川家康曾致力於恢復日中兩國官方的貿易，然而最終沒有成功。此後由於明朝海禁的弛緩，兩國民間的貿易也逐漸活躍起來。日本的進出港口主要有九州西北沿海的平戶和長崎。

西元 15 世紀中期，隨著信奉基督教舊教（天主教）的西班牙、葡萄牙兩國在亞洲各國擴展貿易，進行擴張活動，屬於舊教的修會耶穌會和聖方濟各會、多明我會等相繼派傳教士進入日本傳教，曾得到熱衷與西方貿易的日本地方大名諸侯以至織田信長的支持，發展極為迅速。後來豐臣秀吉感到基督教迅速傳播會危害日本的安全，曾下達對基督教的驅逐令，然而卻未能認真執行。江戶幕府成立後，德川家康開始為了發展同西方的貿易，

第六章　明清佛教交流與日本黃檗宗的創立

曾對基督教仍持寬容態度，然而當看到基督教急劇發展的情況後，為了維護統治和國家傳統秩序，聽信掌管全國宗教並參與外交事務的禪僧崇傳和儒者林羅山的建議，轉而對基督教採取取締和鎮壓的政策，在慶長十七年（西元1612年）、十八年（西元1613年）連續下令在全國取締基督教，驅逐傳教士。此後，在幕府將軍德川秀忠、德川家光相繼執政期間，對基督教的鎮壓越來越嚴厲。寬永十六年（西元1639年）下令驅逐葡萄牙人，禁止葡萄牙商船入境，推行鎖國政策。從此以後，日本只保留長崎作為接待來自中國和荷蘭商船的港口。

　　幕府在取締和鎮壓基督教的過程中，充分利用在日本社會擁有重大影響的佛教。首先，幕府為加強對佛教的控制和利用，陸續向佛教各宗及大寺下達各種「法度」，制定各宗本山與各地寺院、大寺與末寺的上下統轄制度和寺院僧眾必須遵守的條例、規約，並且要求僧眾嚴守戒規，鼓勵僧人研究佛學。其次，在全國實施強制性的「改宗」、「寺請」措施，不僅強迫原來信奉基督教的民眾必須改信佛教，而且規定一切民眾必須在某一宗派的寺院註冊成為該宗的信徒（檀那、檀主，即施主），所有民眾出外必須持有由寺院開具的證明非基督教徒身分的憑證。在這種情況下，在佛教各宗形成了嚴格的本末寺院的等級制度、寺院與信眾之間的「寺檀」制度。此後，民眾在日常生活中與寺院的關係密切，僧眾更多地參與民眾的日常生活，寺僧承辦各家的喪葬儀式和追薦祭祀活動，民眾以施主的身分承擔寺僧生活及活動所需費用。從此佛教僧眾衣食充足，錢財富裕，雖然為佛教各宗發展文教事業提供物質保障，然而也容易誘使一些僧人滋長腐敗之風。

　　江戶時期幕府為佛教各宗和寺院、僧眾先後制定了各種法規，將佛教納入幕府的政治體制之中，給予寺僧以部分相當近代員警的職能，為了維護社會秩序和穩定，禁止僧人出外化緣勸募，禁止建立新的學說和教派，

第一節　明至清初中日兩國的社會和佛教文化交流

嚴格取締異端和邪教，同時借制定僧職晉升的條款鼓勵和支持佛教各宗發展教育和佛學研究。這樣一來，促成日本佛教從整體上保持比較穩定的局面，然而從發展的角度來看已經失去生氣，陷入停滯。舊有的法相宗、華嚴宗、天台宗、真言宗和鐮倉時期新成立的淨土宗、真宗、日蓮宗及從中國傳入的禪宗臨濟宗、曹洞宗，都取得新的程度不同的發展，特別在寺院制度建設，闡釋本宗教義，整理本宗文獻、展開教理研究和出版佛書，興辦學校發展教育等方面，都取得很大進展。[360]

四、中日佛教文化交流和心越興儔

雖然在江戶時期中日佛教文化交流處於停滯狀態，然而每年有不少中國商船東渡日本長崎進行貿易，在這個過程中有不少中國商人及其親人短期或長期滯留、居住長崎或其他地方。因為中國民眾信奉佛教，有借助佛教信仰和法事活動來加強彼此間的感情聯結，祈禱吉祥平安，追薦祖先亡靈的傳統，於是在中國人聚居的地區便陸續集資建立起寺院，請來自故鄉的僧人擔任住持，在逢年過節或其他日期舉行法事活動。

據木宮泰彥著、胡錫年譯《日中文化交流史》之五明、清篇第六章介紹，在 1620 年代，正值江戶幕府將軍德川家光執政時期，在長崎的原籍南京、福建漳州和福州的商船主們，分別經過協商和向當地政府申請，在長崎建立興福寺（俗稱「南京寺」）、福濟寺（俗稱「漳州寺」）和崇福寺（俗稱「福州寺」），統稱「長崎唐三寺」。他們分別禮請明僧真圓（西元 1579～1648 年）、覺海（？～西元 1637 年）、超然（西元 1567～1644 年）任三寺開山祖。

---

[360] 　以上參見木宮泰彥著，胡錫年譯：《日中文化交流史》之五明、清篇第四、五章；坂本太郎著，汪向榮、武寅、韓鐵英譯：《日本史概說》第四、五章；楊曾文著：《日本佛教史》第四、五章，商務印書館 1992 年版。

第六章 明清佛教交流與日本黃檗宗的創立

繼他們之後,正值中國進入明末清初之際,一些僧人為了躲避戰亂,或懷抱對清朝實施的嚴酷的民族高壓統治的激憤心情,也願意應請東渡日本弘法。著名的有道者超元、逸然性融、隱元隆琦、心越興儔等人。他們來到日本以後,不僅受到「長崎唐三寺」及當地僧俗的歡迎,也受到日本佛教界的重視,有不少日本禪僧聞名前來投到他們門下參禪問道。道者超元是中國明朝臨濟宗僧,上承密雲圓悟——費隱通容的法系,是後來到日本的隱元的法姪,在慶安四年(西元 1654 年)應請來到長崎住持崇福寺,並在平戶普門寺、金澤天德寺說法,日本臨濟宗妙心寺派的盤圭永琢、賢岩禪悅,曹洞宗的悅岩不禪、惟慧道定、雲山愚白、獨庵玄光等人前來參禪受法。超元在隱元來日後第四年回國。[361]

在江戶時期赴日的中國僧人中,對日本佛教影響較大的是臨濟宗禪僧隱元隆琦,和曹洞宗禪僧心越興儔二人。

心越興儔(西元 1639～1695 年),心越是字,法名興儔,號東皋,婺郡浦陽(今浙江浦江)人,八歲於蘇州報恩寺出家為僧,後出外游方,到江西南城奉昌寺參謁曹洞宗著名禪師覺浪道盛(西元 1592～1659 年,因曾住持南京天界寺,簡稱「天界盛」),遵師命到浙江皋亭山師事道盛的弟子闊堂大文[362]並從嗣法。心越曾參與江浙一帶地方的抗清活動,後隱居於杭州西湖畔的永福寺。清康熙十六年(西元 1677 年)初,心越應日本長崎興福寺僧澄一的邀請東渡,住入長崎興福寺傳法。

日本天和元年(西元 1681 年),心越被水戶藩主德川光圀(西元 1631～1700 年)迎請到水戶(在今東京)居住傳法。德川光圀尊崇儒學,致力文教,主持編纂彰顯朱子學提倡的大義名分思想的《大日本史》。他尊崇禪宗,特地修復岱宗山天德禪寺禮請心越入住傳法。心越所傳曹洞

---

[361] 參考日本竹貫元勝《日本禪宗史》六《近世禪宗的展開》之〈隱元來日與黃檗宗的開宗〉,大藏出版社 1989 年版。
[362] 闊堂大文,心越《五宗源流圖》稱為「上塔文」,《印心文》稱為「翠微文」。

宗與當時日本所傳曹洞宗沒有直接關係，法系上屬於元代萬松行秀——雪庭福裕以來的「北傳曹洞宗」。他秉承曹洞宗法脈，雖也提倡淨土念佛法門，然而強調「本性彌陀」、「唯心淨土」，說「念佛念心，念心念佛……戒心是律，淨律淨心，心即是佛，除此心佛，更無別佛」(《不二法門念佛宣指篇》)。他認為佛教與儒、道二教的根本宗旨是一致的，無非皆是「忠恕」之道，「修治身心皆一理」(《三教辨》)。[363] 心越於元祿八年(西元1695年)九月三十日去世，享年五十七歲。

心越具有深厚的文學修養，善詩文、書法、繪畫，並且精通篆刻、琴道，在傳法之餘還向日本人傳授書畫技藝，或進行交流，影響很大，被譽為日本篆刻新時期的開創者。水戶天德寺後改為壽昌山祇園寺，尊心越為開山祖，奉為日本曹洞宗壽昌派的祖師。

心越生前撰有《宗脈論略》、《五宗源流圖》、《印心記》、《宗譜引》、《長崎醫王山延命寺法華三昧塔銘》、《日本來由兩宗明辨》、《東渡編年略》、《法門及宗親圖》、《不二法門念佛宣指篇》、《三教辨》、《壽昌清規》等及弟子所編《天德禪寺入院開堂語錄》，另外有大量詩偈、書信等。

長期以來心越興儔的事蹟鮮為人知，在中國也罕有知聞者。1911年日本水戶壽昌山祇園寺住持淺野斧山首次將心越詩文編輯出版，引起更多日本學者的注意。1944年在重慶的荷蘭駐華使館任職的荷蘭漢學家高羅佩(R.H.VanGulik)將他多年搜集的心越遺文加以整理，並撰寫《東皋心越禪師傳》，統編為《明末義僧東皋禪師集刊》出版，從此中國人知道心越的人漸多。然而無論從詩文數量還是從校勘來看，皆存在不足。中國社會科學院歷史研究所的陳智超教授在中國和日本各地潛心考察心越事蹟、搜集資料，1994年由中國社會科學出版社出版了他的考察和研究成果《旅日高僧

---

[363] 分別引自陳智超：《旅日高僧東皋心越詩文集》第238頁、244頁，中國社會科學出版社1994年版。

東皋心越詩文集》，收載心越詩偈五百餘首、文四十餘篇、書信一百二十通，皆加以精校和注釋，大體按著作年代編排，從而為中外了解和研究心越事蹟和思想提供了極大方便。

第二節　隱元東渡和黃檗宗

在隱元東渡之前，日本流傳的禪宗有臨濟宗和曹洞宗，皆是在中國南宋時傳入的。臨濟宗先後受到鐮倉幕府、室町幕府時期以將軍為首的武士階層以至皇室、貴族的支持，特別是其中以五山十刹為中心的主流派——五山派，不僅在社會政治、文化上有很大影響，甚至外交方面也發揮過重要作用。臨濟宗中以大德寺、妙心寺為中心的所謂應燈關（大應國師南浦紹明、大德寺初祖大燈國師宗峰妙超和妙心寺初祖關山慧玄）派，是屬於五山十刹以外的林下派，曾長期受到當政幕府的冷落，並且兩寺皆遭受過戰火的焚毀，進入西元 15 世紀以後在擁有實力的武士集團的支持下才得以復興和發展。曹洞宗也曾屬於林下派，長期在本州北部山村一帶傳播，在進入西元 14 世紀以後逐漸擴展到本州東北部、中部乃至九州的廣大地區。

隱元屬於中國臨濟宗楊岐派的法系，上承唐臨濟義玄……宋汾陽善昭……慈明楚圓……楊岐方會……圓悟克勤——虎丘紹隆……無準師範——元雪岩祖欽——高峰原妙——中峰明本……明幻有正傳——密雲圓悟——費隱通容的法系。據隱元弟子獨往性幽為獨耀性日所編《黃檗隱元禪師年譜》寫的〈年譜乞言小引〉所說，隱元「系曹溪正脈三十六世、臨濟正傳三十二世」。然而隱元所傳的臨濟宗在禪法上已經融會淨土念佛法門，與日本所傳的臨濟宗有顯著差別，並且讀經重漢音，又得到江戶幕府的支持在京都宇治單獨建傳法中心——「黃檗山萬福寺」，從隱元

開始連續十四代住持皆是來自中國的漢僧，故被稱為黃檗派、黃檗門派，在日本進入近代以後正式稱為黃檗宗。這樣，日本在原有禪宗臨濟宗、曹洞宗之外，又新增加了黃檗宗。

一、隱元的語錄和著作

現在日本收載隱元資料最全而且最便於查閱的著作是平久保章編、日本開明書院1979年出版的十六冊《隱元全集》。其中所載隱元的各類資料有：

1.《黃檗隱元禪師語錄》，十六卷，嗣法門人海寧、海珠、明光、如沛、性樂、性杲等人編。記載隱元西元1654年出發到日本長崎之前在福建福清縣黃檗山的說法語錄及著作（頌古、法語、書信、詩偈、碑記等）。其中卷十有載錄隱元在清順治八年（辛卯，西元1651年）十一月三十日自述生平的〈行實〉。

2.《隱元禪師續錄》，二卷。門人興燄、侍者性尊編，是隱元赴日前的語錄及著述。

3.《黃檗和尚扶桑語錄》，十六卷，門人興燄、如一等編，到達日本後，先後在長崎興福寺、崇福寺，攝津普門寺的語錄及法語、拈古、代古、書問、答問題贊、雜著等。

4.《黃檗和尚太和集》，門人性瑫、如一編，寬文元年至寬文四年（西元1661～1664年）住持日本黃檗山萬福寺的語錄、法語、書問、小佛事、頌古、題贊及雜著。原一卷，後增加為四卷。前有寬文三年（癸卯，西元1663年）「素庵會道人」寫的序，稱頌隱元東來日本，「舉地皈依，為東國開天之祖，真與折葦西來之意津津然有合也」，「以無相、無念、無住接人，直把四大部洲入一毛孔，殆亦達摩後身也」，「人向宗門者，當以

臨濟為宗也已，抑又向臨濟者，又當以大師為宗也已」。

5.《佛祖像贊》，一卷，刊印於日本寬文二年（西元 1662 年），前有隱元的序，載錄自釋迦佛至西天二十八祖、東土六祖及此後一世南嶽懷讓至三十五世費隱通容禪師的祖師像（從二十五世萬峰時蔚至三十三世幻有正傳禪師無像）、略傳及贊。

6.《黃檗隱元和尚雲濤集》，一卷，門人性願記錄，載錄隱元東渡日本前作的詩偈、題贊等，除一首外，已分別載錄於《黃檗隱元禪師語錄》、《隱元禪師續錄》之中。

7.《黃檗隱元和尚雲濤二集》，八卷，侍者性瑩、性派編錄，在日本長崎興福寺、崇福寺及攝津普門寺等地的詩偈。

8.《黃檗隱元和尚雲濤三集》，四卷，侍者性派、性澂編錄，在日本京都黃檗山萬福寺晉山前後的詩偈、歌贊等。

9.《黃檗和尚松隱集》，三卷，侍者道澄編錄，隱元在寬文四年（西元 1664 年）退隱松隱堂，此集中載錄他在翌年著的七言五言詩偈、歌及題贊等。此後，隱元於寬文六年、七年所作詩偈等，分別由侍者道澄、性派等人編錄為《黃檗和尚松隱二集》、《黃檗和尚松隱三集》。此外，隱元還有《擬寒山詩》、《又擬寒山詩》各百首。

10.《普照國師廣錄》，三十卷，門人南源性派等據隱元在中國、日本的說法語錄、法語、詩偈等摘錄編纂而成，其中的中國傳法部分比較忠於原錄，日本部分有省略及改動的地方。有以往語錄中沒有的內容，重要的有：隱元像一、《上黃檗開山大光普照佛慈廣鑑國師全錄表》、《黃檗老和尚奏對機緣》、後水尾法皇、光格上皇的賜號加號書翰四、《隱元禪師語錄序》等。

在平久保章編《新纂校訂隱元全集》附錄冊中，載有隱元門人南源性派在高泉性澂協助下編錄的《普照國師年譜》二卷，前一部分逐年附錄原

由侍者獨耀性日編錄、在隱元到日本後於承應三年（西元 1654 年）刻印的記述隱元從出生至六十四歲事蹟的《黃檗隱元禪師年譜》。上卷記載隱元從出生至清順治十年（西元 1653 年）六十二歲、下卷記載隱元從順治十一年（日本承應三年）六十三歲赴日至寬文十三年（西元 1673 年）四月八十二歲在日本去世前的年譜。

日本《大正新修大藏經》（《大正藏》）第八十二卷，載有《普照國師語錄》三卷，取自《黃檗和尚扶桑語錄》、《黃檗和尚太和集》中隱元到日本以後在長崎興福寺、普門福元寺和黃檗山萬福寺的部分傳法語錄；《普照國師法語》二卷，當取自隱元在中日兩國向弟子或參禪者所作開示的書信或筆錄。此外，尚有《隱元和尚黃檗清規》，是隱元為日本黃檗寺制定的清規。

二、隱元在中國的經歷

隱元隆琦（西元 1592～1673 年），隱元是號，名隆琦，明萬曆二十年（西元 1592 年）十一月初四生於福州福清縣靈得里（現為福建省福州市福清市上逕鎮）東林村。俗姓林，名曾昺，兄弟三人，排行第三，二哥出家為僧。父林德龍，農耕為業，在隱元六歲時離家入楚（泛指今河南、湖南、湖北一帶）遠遊，一直沒有音訊。

家業素淡，隱元九歲就學，然而因貧翌年廢學，與長兄從事農樵以扶養老母，維持生計。隱元十六歲時，在觀察星月流轉等自然現象之際，常思考天地萬象「誰系誰主」等玄奧問題，感到「此理非仙佛難明」，逐漸萌發慕佛出家的念頭。[364] 二十歲時，以父游未歸為由拒絕母與長兄為己聘妻。第二年在得到母親諒解後，攜此聘金為路費踏上外出尋父的路途，

---

[364] 隱元的生平事蹟，凡不注明出處者，皆據《行實》和《普照年譜》。

第六章　明清佛教交流與日本黃檗宗的創立

先後到過豫章（今江西南昌）、金陵（今江蘇南京）等地，後輾轉至寧波、舟山，皆未找到。其間，雖母舅、族叔勸他早日回家，他皆不聽。隱元二十三歲時，到南海普陀山（在舟山島東的小島）觀音道場進香，祈願找到父親，在看到佛利勝景之後，更堅定出家之念，於是投到潮音洞主的門下以「道人」身分擔任為香客燒茶的「茶頭執事」。此後回家看望母親，在家奉養老母近五年。隱元二十八歲時，母親去世，請當地黃檗山寺法師為母舉行禮懺超渡法會過程中，認識了寺中興壽鑑源法師，聽從他的勸告，捨棄到外地出家的念頭。明泰昌元年（西元1620年），隱元二十九歲時，在黃檗寺禮興壽法師為師正式出家為僧。

黃檗寺或黃檗山，全名是黃檗山萬福禪寺，因山寺多有黃檗（即黃柏）樹，故以黃檗為名。原建於唐貞元年間（西元785～804年），馬祖再傳弟子黃檗希運禪師（？～西元855年，謚「斷際禪師」）曾在此出家。此後歷經五代、宋，長期頹廢不振，至明朝經中天正圓、覺田法欽、興壽鑑源、興慈鏡源，再經密雲圓悟、費隱通容、隱元隆琦幾代法師的努力，才使黃檗寺得以振興，成為東南名剎。

明代黃檗寺初祖中天正圓（？～西元1610年），致力重建和振興黃檗寺，為提高寺的聲望，在明神宗萬曆二十九年（西元1601年）赴京請「龍藏」（當為明北藏），然而苦等八年沒有得到而在京去世。徒孫興壽鑑源、興慈鏡源入京繼之。又經過六年（當為萬曆四十二年，西元1626年），在首輔大學士（宰相）葉向高[365]的支持斡旋下，才得到皇帝所賜藏經一部六百七十八函及金、敕書、寺額、紫衣等，在寺建藏經閣收藏藏經作鎮山

---

[365] 葉向高（西元1559～1627年），字進卿，明福建福清人，萬曆進士，出仕後曾上書反對由宦官把持的掠奪工商業者的礦監、稅監等弊政，萬曆三十五年（西元1607年）任禮部尚書兼東閣大學士（首輔、宰相），四十二年（西元1614年）辭職，天啟元年（西元1621年）再出任首輔，後被魏忠賢等排擠去官。死後，崇禎皇帝賜謚「文忠」。著有《蒼霞集》、《說類》等。《明史》卷二百四十有傳。

第二節　隱元東渡和黃檗宗

之寶。[366]從此，黃檗寺聲振東南叢林。隱元出家之師就是興壽鑑源（？～西元1626年），他被後世奉為黃檗寺「護藏賜紫」禪師。

密雲圓悟（西元1566～1642年），號密雲，俗姓蔣，宜興人。二十九歲時到荊溪（在今宜興）龍池山禹門禪院從幻有正傳（西元1549～1614年）剃度出家，從受臨濟宗楊岐派禪法。明神宗萬曆四十五年（西元1617年）繼師住持龍池禪院，此後應請住持天台山通玄寺、嘉興金粟山廣慧寺、福清黃檗山萬福寺、寧波阿育王山廣利寺、天童山景德寺、金陵大報恩寺等名剎，名聞南北叢林。密雲在明思宗崇禎三年（西元1630年）三月至八月住持黃檗寺，時間不到半年。他的嗣法弟子很多，著名的有長沙府溈山五峰如學、蘇州府鄧尉山漢月法藏、西蜀夔州雙桂破山海明、杭州府徑山費隱通容、嘉興府金粟石車通乘、贛州府寶華朝宗通忍、常州府龍池萬如通微、寧波府天童山翁道忞等。有《密雲禪師語錄》行世。[367]

費隱通容（西元1593～1661年），號費隱，俗姓何，福建福州人。十四歲出家，先後參學於曹洞宗無明慧經（號壽昌）、湛然圓澄（號雲門）以及無異元來（號博山）的門下，皆未契悟，明熹宗天啟二年（西元1622年）在紹興吼山護生庵參謁密雲圓悟，從受臨濟禪法。天啟七年（西元1627年）密雲住持嘉興金粟山廣慧寺住持時，他受命任西堂首座。崇禎三年（西元1630年）圓悟遷住福清黃檗山萬福寺，他跟隨身邊。崇禎六年（西元1633年）應請住持黃檗山萬福寺，三年後辭職。此後先後住持過溫州法通寺、嘉興金粟山廣慧寺、寧波天童寺、松江超果寺、崇德福嚴寺、杭州徑山萬壽寺等。嗣法弟子有隱元隆琦等。著有《五燈嚴統》（西元1653年）、《五燈嚴統解惑編》（西元1654年）、《祖庭鉗錘錄》、《叢林兩序須知》等。[368]其中《五燈嚴統》因為將原屬青原行思——石頭希遷法系的

---

[366]　參《隱元語錄》卷十六〈中天祖福善堂香燈碑記〉、1922年重刻本《黃檗山寺志》。
[367]　參考《密雲禪師語錄》卷十二〈行狀〉及附〈天童密雲年譜〉等。
[368]　隱元等編《費隱禪師語錄》後附行觀等編〈福嚴費隱禪師紀年錄〉及《五燈嚴統》卷二十四載

第六章 明清佛教交流與日本黃檗宗的創立

雲門宗、法眼宗皆列入南嶽懷讓——馬祖道一的法系，並且稱當時曹洞宗高僧無明慧經、湛然圓澄及其嗣法弟子「未詳法嗣」或「未承付囑」，予以貶斥而不載錄，受到曹洞宗的激烈批駁和抨擊，甚至遭到毀板。[369]

隱元出家後，為興修黃檗寺決定到京城化緣，因京城戒嚴不得已暫住紹興，曾到雲門寺參謁曹洞宗湛然圓澄禪師，聽他講《大涅槃經》，碰到從京城回來的時仁法師，向他問「依經解義，三世佛冤；離經一字，如同魔說」，應當如何解釋。然而時仁卻迴避正面回答，說：「三十年後向汝道。」他認為受到戲弄，感到氣憤。然而此事對他影響很大，使他經常思考禪宗講的佛法既不「依經解義」，又不隨意離經妄說的道理，激勵他遍參諸方名師。天啟六年（西元 1626 年）在嘉興金粟山廣慧寺參謁密雲圓悟和尚，問：「學人初入禪門，未知向甚麼做工夫？」密雲答：「我這裡無工夫可做，要行便行，要住便住，要臥便臥。」又問：「蚊子多臥不得時如何？」密雲打他一巴掌。他經過七晝夜考慮似有省悟，日夜坐禪參究。在密雲門下參學五年，在同參道友中以應對敏捷、善作偈頌知名。崇禎三年（西元 1630 年）三月密雲和尚應請住持黃檗寺，招他隨從同往，不久受命南下化緣，八月回歸時密雲已到寧波。此後，隱元應請住持福清縣獅子岩寺，攜弟子「刀耕火種」，「種薯蔬為食」，在岩的絕頂修行。崇禎六年（西元 1633 年）費隱通容應請住持黃檗寺，請隱元為西堂（曾在他寺任住持而今客居本寺者）輔佐他傳法。隱元不久仍回獅子岩寺，當地居士儒者夏春元、龔士龍前來問道，論「儒釋一貫之旨」。

〈費隱通容傳〉等。

[369] 石頭希遷的法系，後世從藥山惟儼——雲巖曇晟的一支形成曹洞宗，從天皇道悟——龍潭崇信——德山宣鑒的一支形成雲門宗和法眼宗。宋代臨濟宗的覺范慧洪（西元 1071～1128 年）在其《林間錄》卷上，據所謂唐丘玄素為「天王道悟」所撰碑文（《佛祖歷代通載》卷十五載此碑文），提出當初在荊州另有天王寺道悟，嗣法於馬祖，龍潭崇信是他的法嗣，因此雲門、法眼二宗自應屬於南嶽懷讓——馬祖的法系。費隱通容所撰《五燈嚴統》，內容雖襲《五燈會元》，但卻把青原行思——石頭法系的雲門、法眼二宗置於南嶽的法系，又貶斥當時的曹洞宗僧，引起禪宗內部的激烈爭論。詳見陳垣《清初僧諍記》卷一。

第二節　隱元東渡和黃檗宗

　　崇禎十年（西元 1637 年）應黃檗寺僧眾和護法居士之請，繼通容之後住持黃檗寺。翌年，開閱五千餘卷的《龍藏》（當為明北藏），「用酬祖德，以報皇恩」，以連續千日為期。他在寺中為進京求經的中天正圓造塔，並建「梅福庵」供養。福清知縣凌鏡汭入寺參謁，問：「畢竟如何是不與萬法為侶？」他答：「百花叢裡過，一葉不沾身。」意為「不與萬法為侶」真如佛性雖顯現為萬物，又超越於萬物。此後，派寺僧四處化緣，致力重興寺院殿堂，六年後竣工，寺院煥然一新。崇禎十七年（西元 1644 年）隱元請同學亙信為黃檗寺住持後，前往嘉興金粟寺探望費隱禪師，被任為前堂首座，不久應請赴崇德縣（在今浙江桐鄉縣）住持福岩寺。

　　此時中國政治形勢發生急劇變化。明崇禎十七年（西元 1644 年）李自成率起義軍攻入北京，推翻明朝。接著，清軍入關，攻入北京，清世祖即皇帝位，建元順治。李自成率兵撤出北京西至山、陝，翌年兵敗被殺。清朝派兵南下陸續占領江南大部地區，清順治三年（西元 1646 年）攻占福寧、福州、泉州、漳州等福建很多地方，清兵所到之處對漢人屠殺、掠奪，焚毀房屋。自明朝被推翻至順治十六年（西元 1659 年）為止，先後有在南京即位的福王弘光帝、在浙江的「監國」魯王、在福州即位的唐王隆武帝、在廣東肇慶即位的桂王永曆帝等明朝的殘餘勢力，組織武裝抗清，皆以失敗告終。鄭成功（西元 1624～1662 年），父鄭芝龍，曾擁戴在福州即位的隆武帝政權，隆武二年（西元 1646 年）在其父降清後起兵反清，後擁戴永曆帝政權，長期以廈門（先後稱「中左」、「思明」）、金門等地為據點展開抗清復明的武裝爭鬥，從西元 1653 年至 1657 年利用清廷提出「和議」的時機聯合南明殘部攻復浙江、江蘇和福建沿海很多失地，甚至有興師北伐之舉。西元 1661 年鄭成功率兵從荷蘭殖民者占領下收復臺灣，翌年在臺灣病逝。康熙二年（西元 1663 年）清兵最後平定福建。[370] 隱元東

---

[370]　何齡修編《清初福建軍事政治大事記》，載陳志超、韋祖輝、何齡修編《旅日高僧隱元中土來往書信集》的〈附錄〉，中華全國圖書文獻完全縮微複製中心 1995 年出版及《清史稿・鄭成功

第六章　明清佛教交流與日本黃檗宗的創立

渡及剛到日本時與家鄉的聯繫就是在這樣一種社會背景下進行的。

在明福王弘光元年（西元1645年）二月清兵迅速南下之際，隱元南歸，經過福州時應請到諸寺說法，又應當地士紳之請住持長樂縣龍泉寺，遠近前來問道或請他說法者絡繹不絕。當時清兵已逼近福州福清一帶，黃檗寺僧人及護法居士緊急會商，決定請隱元立即回來住持寺院。隱元在順治三年（西元1646年）正月底回寺。此年九月清兵在汀州（今福建長汀）將唐王隆武帝及近臣等殺害。清兵攻破福州，殘殺城中居民十之八九，翌年三月攻陷福清海口、鎮東二城，殺居民數千人。隱元率眾前往海口、龍江兩地修水陸法會超渡亡靈，並作偈五首哀挽，其中有「故國英賢何處去，唯餘孤月照空城」；「兩城人物今何在，一陣悲風起骷髏」；「愧無道力資君福，聊借金風剪業花」等句[371]，反映了他對明亡和民眾慘遭清兵屠殺而自己無力救助的悲憤心情。在戰亂日益加劇的年月，他帶領弟子「清淡自守」，挑擔入市賣柴以維持寺院日用。順治九年臘月初八（已進入西元1652年），隱元在開戒儀式宣讀疏文至「開戒於洪武十年，善述於成祖昭世，列聖恩深，今皇德生」時，不禁「傷感涕泣，不能仰眾」，可見他對明朝的眷戀深情。他還為擁戴南明政權參加抗清活動的殉節死難的士大夫林化熙、黃道周、錢肅樂等人寫輓詩或祭文，經辦葬禮，表示自己對他們的欽敬和讚嘆之情。[372] 當時一些不甘心做清朝順民的儒者士大夫有的出家為僧。隱元赴日前剃度三山儒者歐全甫出家，授法名性幽，字獨往，讓他修《黃檗山志》八卷；又剃度海寧儒者姚興出家，授法名性日，字獨耀，讓他擔任身邊的記室（書記）。[373]

　　　　　傳〉、清閩海鄭亦鄒撰〈鄭成功傳〉（載《臺灣文獻叢刊》）等。
[371]　《隱元全集》卷十三載海口、龍江修「水陸普度」兩則法語，卷十五載有〈龍江修水陸普度夜懷〉五首。
[372]　詳見上引《旅日高僧隱元中土來往書信集》所載陳志超之序。
[373]　以上除註明出處外，主要據《普照年譜》和《行實》。

三、應邀赴日傳法

順治八年（西元 1651 年），日本長崎崇福寺邀請隱元的弟子、莆田鳳山寺也性圭東渡擔任崇福寺首座，然而不幸途中遇難喪身大海。消息傳來，隱元含悲著偈哀悼。

從清順治九年（壬辰，西元 1652 年）四月至第二年（癸巳）十一月，日本長崎興福寺住持逸然性融和在家信眾（檀越），連續托商船主甚至派專使送信和禮物給隱元，請他東渡傳法，然而隱元開始以年老等為由一再覆信婉拒，直到收到逸然派弟子古石送來的第四次邀請信（〈第四請啟〉），被對方的至誠感動，才覆信表示同意東渡傳法，偈稱：「三請法輪能不退，千秋道振在斯時。」[374] 順治十一年（西元 1654 年），隱元六十三歲，前後住持黃檗寺達十七年，五月在將寺院傳付弟子慧門如沛住持，辭別前來挽留的僧俗信眾後，與弟子多人踏上南下東渡的旅程，途中應請入莆田鳳山寺、泉州開元寺暫住說法，六月到達中左（今廈門）。

當時中左是擁戴南明桂王永曆帝積極展開抗清爭鬥的鄭成功的重要基地。他對隱元到來表示歡迎，特地送上齋金供養，後撥船護送。隱元在中左時，已為鄭成功收編的鄭彩與諸將前來參謁。《普照年譜》記載：「六月初三至中左，寓仙岩，藩主送齋金供養。建國鄭公暨諸勳鎮絡繹參謁，師以平等慈接之，各盡歡心而去。……二十一日，藩主備舟護送。」其中的「藩主」即鄭成功，因他在順治三年（西元 1646 年）從隆武帝受封「忠孝伯」，順治六年（西元 1649 年）從永曆帝受封「延平公」，後受封「延平郡王」；《黃檗隱元禪師年譜》稱之為「國姓公」，是因為他曾從隆武帝受賜朱姓。「建國公」即鄭彩，原為鄭芝龍部將，鄭降清後與其弟鄭聯在浙、閩沿海抗清，迎明宗室魯王監國入閩，受封「建國公」，後被鄭成功收編。

---

[374] 逸然及信眾的「請啟」書信及最後同意東渡的複書，見《黃檗和尚扶桑錄》卷一（載《隱元全集》第四冊）；最初婉拒東渡之請的信見《隱元禪師語錄》卷十二（載《隱元全集》第二冊）。

第六章　明清佛教交流與日本黃檗宗的創立

現存鄭成功致隱元的一封信提到此事，其中說：

> 得侍法教，頓開悟門，執手未幾，忽又言別，只有臨風神想耳。但日國之人雖勤勤致請，未知果能十分敬信，使宗風廣播乎？……倘能誠心皈依我佛，自當駐駕數時，大闡三昧。不然，不必淹留歲月，以負我中土檀那之願。況本藩及各鄉紳善念甚殷，不欲大師飛錫他方。所以撥船護送者，亦以日國頂禮誠深，不忍辜彼想望之情也。……法駕榮行，本藩不及面辭，至次早聞知，甚然眷念，愈以失禮為歉。（陳智超等編《旅日高僧隱元中土來往書信集・隱元所收中土來信之六》）

可見，在隱元滯留中左的近二十天中，鄭成功對隱元十分欽敬，曾當面聽隱元宣說禪法，雖撥船護送然而他沒有前往告別，希望隱元到日本後看傳法情況再決定是否長住，如果情況不理想就早回國。

隱元向前來送行的僧俗弟子告別，在〈江頭別諸子偈〉中表示：「暫離故山峰十二，碧天雲淨是歸期。」表示他只是暫離故土，到「碧天雲淨」時還要回來。然而何為「碧天雲淨」？也許意味社會安定政治清明，也許他對復明還抱有希望。

當年七月初五船到達以「多船、多僧、多瑞雪」著稱的長崎，逸然率僧俗信眾把隱元一行請進興福寺。長崎兩位行政長官（「長崎奉行」）前來參謁。隨隱元同到日本的弟子有三十多人，其中有的後來回到國內，留在日本的著名弟子有大眉性善、慧林性機、獨言性聞、獨湛性瑩、獨吼性獅、南源性派、唯一道實等人；嗣後來者有木庵性瑫、即非如一等人。

當時是日本後光明天皇承應三年（西元1654年），主持幕府軍政的是第四代將軍德川家綱。他在德川家光之弟保科正之，大老井伊直孝、酒井忠勝、老中松平信綱等重臣的輔佐下十分重視文教事業。

隱元到長崎的第二天便舉行住持東明山興福禪寺的開堂儀式。中國禪宗傳統拈香祝聖做法，是連續拈香三次，向皇帝、州府及自己的師父祝壽

第二節　隱元東渡和黃檗宗

祝福和報法乳之恩。然而隱元在這個場合，連續拈香五次，分別祝「今上皇帝（天皇）聖壽無疆，伏願皇圖與佛國鞏固，帝道共祖道齊彰」；大將軍（幕府將軍）「威鎮天下，德被蒼生」；長崎檀越（此特指行政長官）「仁政如青天白日，德相如古柏蒼松」；興福寺外護居士長者「般若現前，照見本來無一物」；興福寺僧眾「傳臨濟正宗如龍如虎」；為在餘杭徑山傳法的師父費隱通容「酬法乳之恩」。在當年元旦特地上堂祝聖說法，說：

> 唯祈四海無虞，處處村歌社舞，人人咸樂堯天，是以陰陽和，瑞物生；師資和，學業成；君臣和，天下平；父子和，家門興。而我格外衲僧，慕忠義之國，樂太和之風，以道教人，無往而不化；以德先人，何莫而不從，一言契會，萬里同風。[375]

隱元在明曆元年（西元 1655 年）三月應請住持長崎聖壽山崇福禪寺，十一月又應請到攝津（在今大阪）住持慈雲山普門寺，在上堂儀式拈香祝聖和日常說法也說了類似上述詞語，也以忠孝慈悲教化信眾。可以認為，隱元對日本的社會情況是有所了解的。他透過拈香祝聖和上堂說法，表明自己對日本雖尊奉天皇為全國最高首領然而實權歸幕府將軍把持的政治體制，對佛教傳播須在地方政府保護和管理之下的制度是認可的，並且在弘傳禪宗「即心即佛」、「明心見性成佛」的基本宗旨的同時，還向官民、僧俗宣示彼此協調和諧和忠孝仁慈等倫理思想，可以消除官府對他一行到來的戒心，並能贏得廣大民眾的好感和支持。隱元在住持攝津普門寺後，儘管「碩德高士聞風而至者」很多，然而仍引起一些人的猜忌，如《普照年譜》所說：「四方道俗，疑信相半。」當時日本佛教界既有天台、真言諸宗，還有禪宗的臨濟、曹洞二宗，各宗內部又有不同派別，出現這種現象是很自然的。隱元對此泰然處之。確實，這種現象並不反映主流。隱元來到日本傳法的消息迅速傳向四方，親自前來或透過書信向他問道求法的人

---

[375]　詳見《黃檗和尚扶桑語錄》卷一、二（載《隱元全集》第四冊）。

很多，其中也不乏擔任地方行政長官的人。

在隱元傳法和建立宇治黃檗寺過程中，曾得到日本臨濟宗妙心寺派中不少禪僧的熱心幫助，其中著名的有屬於妙心寺靈雲派龍安寺的龍溪宗潛（後改性潛）、龍華院的竺印祖門，還有妙心寺仙壽院的禿翁妙周、大雄院的萬拙知善、慧照院的大春元貞、大阪大仙寺的湛月紹圓、廣島禪林寺的虛櫺了廓等人。龍溪和禿翁出於振興妙心寺的意願，不顧妙心寺開山祖師關山慧玄遵照花園法皇旨意制定的「一流」相承的寺規，曾打算讓剛到長崎的隱元到妙心寺擔任住持，然而由於遭到妙心寺主流派的反對而未能實現，不得已請隱元住持原由龍溪住持的攝津普門寺。[376]

隱元到日本後與福清黃檗寺和其師費隱通容一直保持密切的聯繫。他在住持興福寺的第二年七月派人回國送信給費隱，解釋日本長崎方面原請也性圭，然而因遇上海難未能實現；他因為他們的「懇請再四」所感動，才同意東渡，似乎是「子債父還」。費隱為「吾道東矣」感到高興。隱元原無長留日本的打算，出國前曾答應黃檗寺僧俗信眾三年後回山，因此在他入住攝津普門寺後的兩年間連續收到黃檗寺及其師費隱通容的書信，催促他踐行三年回山之約。隱元一再向龍潛表示要回國，然而皆因受到執意挽留而未能成行。（《普照年譜》）

四、黃檗山萬福禪寺的創立

龍溪宗潛為了使隱元在日本能展開弘法活動，親自到江戶幕府斡旋和溝通。萬治元年（西元1658年）九月，按照幕府的安排，隱元在龍溪陪同下到江戶傳法，住入天澤寺，受到民眾熱烈歡迎。十一月，德川家綱接見

---

[376] 以上除注出出處者外，尚參考木宮泰彥：《日中文化交流史》第六章之二；竹貫元勝：《日本禪宗史》六之四，大藏出版社1989年；竹貫元勝著：《妙心寺散步》第五章之八，妙心寺靈雲院2004年版。

第二節　隱元東渡和黃檗宗

隱元，賜贈袈裟和金。隱元皆用來舉辦放生法會，為日本國民祈福。在這期間，他受到擔任幕府重大職務的大老酒井忠勝（後出家名空印，西元1587～1662年）、老中稻葉正則（西元1623～1696年）[377]等人的信敬。酒井忠勝請隱元到長安寺為其父酒井忠利去世三十五週年舉行「遠忌」法會，並拈香向他問法。稻葉正則新建成養源寺，請隱元前去主持奉安佛像儀式。隱元回到普門後，曾應請到京都等地參觀了很多名寺，對日本佛教有了更多了解。隱元在日本的名聲日著，向他求法問道者也越來越多。

萬治二年（西元1659年）六月，幕府將軍德川家綱下令允准隱元在京都擇地建寺傳法。隱元選擇在京都南邊的太和山（宇治郡大和田莊）建寺，在幕府的直接過問和支援下，寬文元年（西元1661年）八月寺初步建成。隱元為不忘本，以福清黃檗寺之名命名，寺額為「黃檗山萬福禪寺」。從此有「西黃檗」（「古黃檗」）和「東黃檗」（「新黃檗」）之稱。隱元在攜弟子進山居住之後繼續擴建，建成以法堂為中心，左右建有方丈室、開山壽塔、禪堂、鐘樓、浴室等建築的莊嚴恢弘的寺院。隱元認為日本寺院造像「不甚如法」，特請福建的名匠範道生負責造像，又命擔任監院的弟子大眉性善督造韋陀、伽藍祖師、監齋等像，因而寺院造像精美，並且保持明代造像的風格。寬文三年（西元1663年）正月十五日，龍溪宗潛奉德川家綱之命請隱元在黃檗舉行隆重的「祝國開堂」儀式，德川家綱親自臨席。隱元拈香為皇帝（天皇）、大將軍、「主國太宰、輔弼功勳」（幕府大老、老中等重臣）、「主京尊官、法護長者」（在京都臣僚）等祝壽祝福，其中祝將軍「不令而化」，「不言而彰」，祝幕府重臣「德政明如青天，護民如保赤子」[378]……這些看似是搬弄套話，然而在當時對維護以德川氏為首的幕府體制，營造上下和諧的社會氣氛是有深遠意義的。

---

[377]　二人在《普照年譜》中分別稱為酒井空印閣下、稻葉美濃守閣下。
[378]　詳見《黃檗和尚太和集》卷一。

德川家綱（《普照年譜》稱為國主）施贈黃檗寺僧糧四百石，隱元書偈致謝，其中有「靈苗秀髮三冬實，一眾飽參祝聖人」之句。此後，德川家綱還施贈隱元白金兩萬兩及來自西域的木材為擴建黃檗寺用。後水尾太上法皇曾召龍溪入宮問法，對他表示敬信，特地托他請隱元開示禪門「法要」。隱元答之以「別無言說，惟放下身心，覷破無位真人（按：喻指自性），自徹自悟」等宗旨，得到後水尾法皇的讚賞和敬重，從此與隱元有文字交往並多次給予賞賜。法皇還賜舍利寶塔，隱元特建舍利殿供養。這為隱元和黃檗寺展開傳法活動提供了十分優越的條件。隱元在七十六歲應請參觀奈良諸寺時，據載「四眾追隨參禮者日以萬計」，說明他在日本佛教界已經有很大的影響。

隱元自寬文四年（西元 1664 年）九月辭眾退居於寺內的松隱堂，命弟子木庵性瑫擔任住持。然而他每天仍要接待四方前來參謁問法者，並且書寫大量回應問道者的書偈。寬文十三年（西元 1673 年）三月隱元患病，各界前來慰問者絡繹不絕。隱元寫好遺書及偈頌，又寫信給福清黃檗寺僧眾及護法居士，囑咐他們「護念祖庭」。水尾法皇也派使者慰問，並特賜「大光普照國師」之號，聽說隱元病重不起，嘆曰：「師者，國之寶也。倘世壽可續，朕願以身代之。」四月三日，隱元寫下遺偈：「西來㮈栗（按：當為蒺藜，喻指禪法）起雄風，幻出檗山不宰功，今日身心俱放下，頓超法界一真空。」然後去世，享年八十二歲。[379]

五、隱元的弟子和黃檗宗的發展

黃檗寺的建立，象徵著在日本臨濟宗、曹洞宗之外黃檗宗正式成立。透過隱元及其後繼弟子的努力，黃檗宗迅速發展，並且逐漸融入日本佛教界和社會。

---

[379]　主要據《普照年譜》。

第二節　隱元東渡和黃檗宗

隱元門下擁有文才和經營才幹的弟子很多,《普照年譜》的最後載有嗣法弟子二十三人:無得海寧、玄生海珠、西岩明光、慧門如沛、也性圭、良治性樂、中柱性砥、木庵性瑫、虛白性願、即非如一、心盤真橋、三非廣徹、廣超弘宣、良照性杲、常熙興焰、慧林性機、龍溪性潛、獨湛性瑩、大眉性善、獨昭性圓、南源性派、獨吼性獅、獨本性源。[380]其中也性圭已經死於海難,無得海寧、玄生海珠、西岩明光、慧門如沛等人沒有到日本,龍溪性潛、獨昭性圓、獨本性源三人是日本人。實際上,隱元的弟子絕不止二十三人,例如編寫《黃檗隱元禪師年譜》(出生至六十四歲)的獨耀性日,為此年譜寫序的獨往性幽以及以善詩文、書法和醫道著稱的獨立性易,編撰《隱元禪師續錄》的性尊等人也是他的弟子[381]。

木庵性瑫(西元 1611～1684 年),木庵是字,性瑫是法名,俗姓吳,中國福建泉州晉江人,十九歲剃度出家,明崇禎八年(西元 1635 年)在鼓山永覺元賢門下受具足戒,參學曹洞宗。先後參學寧波鄞縣天童寺臨濟宗僧密雲圓悟、嘉興金粟山廣慧寺費隱通容禪師,曾長期修持看話禪。清順治五年(西元 1648 年)到臨清黃檗寺參謁隱元,並從嗣法,後任首座,順治十一年(1654)應請住持永春縣象山慧明寺,翌年應已在長崎崇福寺的隱元招請赴日,先應請住持長崎福濟寺,在宇治黃檗寺建成後來到隱元身邊。寬文三年(西元 1663 年)冬,黃檗寺僧眾達五百多人,隱元命木庵與即非如一分任兩堂首座,輔佐他傳法。第二年隱元退位,命木庵繼為第二世住持。木庵在幕府支持下繼續擴建寺院,建大雄寶殿、韋陀殿和禪悅堂等,寬文十年(西元 1670 年)受賜紫衣,又應江戶端山居士(小倉領主青木重兼)之請住持新建的瑞聖寺。延寶二年(西元 1674 年),木庵在再住瑞聖寺期間,主持盛大三壇授戒(沙彌戒、比丘戒、菩薩戒)儀式,按中

---

[380]　原文名字皆三字(前二字是字,後是法名的後一個字),此參閱其他資料補全。
[381]　禪宗南宗自六祖慧能以後雖也標榜「單傳直指」,然而嗣法弟子不限一個,弟子皆可稱嗣法弟子。在隱元門下,也許將得到隱元授予「源流」(法系源流圖)及嗣書或嗣法偈的弟子稱「嗣法門人」、「嗣法弟子」,其他雖可稱弟子,但不冠以「嗣法」二字。

第六章　明清佛教交流與日本黃檗宗的創立

國佛教的融大小乘戒法為一體的戒規授戒，有很多僧俗信眾前來受戒。貞享元年（西元 1684 年）正月，木庵寫下「末後句」「一切空寂，萬法無相」後逝世，享年七十四歲，弟子鐵牛道機繼後。木庵前後住持宇治黃檗寺十七年，在幕府和各地大名武士的支持下，在寺內建有萬壽院、紫雲院兩所塔頭（在祖師塔所在寺院內建的寺），並應請為豐前（在今大分縣）開善寺、攝津方向寺、大阪舍利寺三寺的開山祖師。木庵的嗣法弟子有五十多人，其中有很多日本人，有《傳法廣錄》三十卷、《續錄》七卷傳世。（道契《續日本高僧傳》卷五〈木庵性瑫傳〉）

即非如一（西元 1616～1671 年），俗姓林，福州福清縣人，出家受具足戒後，在福清黃檗寺從隱元受菩薩戒，後從隱元嗣法，曾住持福州雪峰寺。清順治十四年（日本明曆三年，西元 1657 年）應隱元招請東渡，先住持長崎崇福寺，聲名遠揚，與當時住持福濟寺的木庵唱拍相隨，被稱為「二甘露門」。寬文三年（西元 1663 年）如一到宇治黃檗寺看望隱元，隱元請他住持竹林精舍，不久與木庵同時受命分任東西兩堂首座，輔佐傳法。翌年秋，如一辭行，打算回歸福州雪峰寺，然而途經九州豐前時，開善寺長老和法雲明洞奉小倉領主之命將他熱情留住，特建福聚禪寺請他出任開山住持。如一在此寺傳法四年，慕名投到門下受法者很多，寬文八年（西元 1668 年）請法雲明洞繼任住持，自己退隱於長崎崇福寺。寬文十一年（西元 1671 年）如一揮筆寫下「生如是，死如是，坐斷生死關，觸破沒把鼻」，泊然逝世，享年五十六歲。有傳法語錄二十五卷傳世，嗣法弟子有柏岩道節、千呆道安等五人，被奉為尾張東輪寺、伊豫千秋寺、攝津雪峰寺的開山祖師。如一擅長書畫，受到人們的讚賞。（《續日本高僧傳》卷五〈即非如一傳〉）

龍溪性潛（西元 1602～1670 年），龍溪是字，原名宗潛，皈依隱元後改性潛，俗姓奧村，日本京都人，十六歲時到攝津普門寺剃度出家，此後

第二節　隱元東渡和黃檗宗

長達十五年間到日本南部諸寺參學，在閱讀記載中國宋代雪竇重顯的傳法語錄後，才感到自己以往所學「皆古人糟粕」，從此竭力參究，六年後始有所悟。慶安四年（西元1651年）住持京都妙心寺，向眾僧講佛教經論和禪宗列祖語錄。後住持攝津普門寺，在隱元來到長崎興福寺之後，聽說隱元上堂說過「挑雲入市無人買，惱殺杖黎歸去來」等禪句，表示讚賞，徵詢眾人意見後，邀請隱元住持普門寺，自為監院（寺主、院主）。他在隱元指導下朝參暮扣，深得禪法旨要。此後，應後水尾太上法皇之召入宮問法，因奏對稱旨，受到信敬。龍溪此後為隱元進入江戶傳法和從幕府得到賜地建新黃檗寺、受到後水尾上皇崇信等，做了大量聯絡疏通的工作。在寬文三年（西元1663年）宇治黃檗寺舉行夏安居的時候，隱元請他為西堂（曾住持他寺，任以輔佐住持傳法的長老），經常參加隱元主持的參禪活動。翌年龍溪正式嗣法於隱元，應請住持江戶正明寺。他常奉旨入宮為後水尾上皇說法，曾向後水尾上皇授菩薩戒，得賜「大宗正統禪師」之號。寬文十年（西元1670年）八月應請到大阪傳法，住於九島庵，在端心坐禪中遇上突發的暴雨洪水，然而堅不起坐，寫下「三十年前恨未消，幾回受屈爛藤條，今晨怒氣向人嘖，喝一喝，卻倒胥江八月潮」的偈頌後，安坐水中溺亡，享年六十九歲。後水尾上皇聽說痛悼，特為之在內殿祭祀。龍溪有語錄三卷，著有《鐵觜錄》、《辨正錄》、《宗統錄》等。（《續日本高僧傳》卷六〈龍溪性潛傳〉）

獨照性圓（西元1617～1694年），俗姓富田，江戶人，幼年喪父，隨叔移居但馬出石郡（在今兵庫縣），十一歲出家修學佛法，在和泉（在今大阪）祥雲寺師事臨濟宗大德寺派僧澤庵宗彭（西元1573～1645年），後參妙心寺派僧一絲文守（西元1608～1646年），曾效法中國元代臨濟宗僧高峰元妙獨居「死關」石室參究的做法，以三年為期參扣一個「無」字，有所悟處。後在京都嵯峨西谷建直指庵居住修行。獨照聽說隱元在長崎興

443

第六章　明清佛教交流與日本黃檗宗的創立

福寺傳法，特地前往參謁，朝參暮扣深有所得，並得以隨侍隱元身邊，隨至普門寺。萬治二年（西元1659年）在隱元到江戶謁見德川家綱回到普門寺後，獨照邀請並伴隨隱元到京都自己的嵯峨直指庵並參訪禪宗名剎。隱元贈偈，其中有「雲到不辭分半榻，鳥困靜處覓同參」之句。隱元就在這次參訪京都將結束之際，受幕府令旨留京都選地建寺。寬文十一年（西元1671年）隱元派人送給獨照「源流」（禪法世系圖）及法衣，表明正式承認獨照為嗣法弟子。元祿七年（西元1694年）去世，享年七十八歲。有弟子法燈、月潭等三人。（《續日本高僧傳》卷五〈獨照性圓傳〉）

獨本性源（西元1617～1674年），俗姓法木，安房（在今千葉縣）人，十四歲出家。先參曹洞宗「五位」宗旨，後到京都龍安寺參謁臨濟宗妙心寺派僧龍溪宗潛，學臨濟宗禪法，正保四年（西元1647年）回到江戶，建自肯庵居住修行，聽說隱元在長崎興福寺傳法的消息，率弟子前往參謁，受到隱元器重，後住持江戶海福寺。萬治元年（西元1658年）隱元應召到江戶進見德川家綱之後，獨本請隱元訪問海福寺，並請隱元為海福寺開山祖師。隱元在去世之前，特地為獨本寫付囑偈，以確認他為嗣法弟子，偈的最後兩句是：「一柄龜毛（按：喻示禪法不可以實有視之）今付子，勿孤黃檗老婆禪。」隱元去世，獨本前來奔喪，在奉安隱元遺體的龕前得受此偈。此後，獨本在鎌倉建淨業禪寺。元祿二年（西元1689年）去世，享年七十二歲。獨本死前命弟子將著作和語錄燒掉，表示汗牛充棟的佛經祖錄尚讀不完，豈可以修補前人「葛藤」（著述）為事，說「不必留片語以辱於我也」。（《續日本高僧傳》卷五〈獨本性源傳〉）

隱元弟子中雖以中國人最多，但也有親自培養的日本弟子，並且擁有大量繼承他的法脈的二傳或三傳弟子，傑出者如鐵牛道機、鐵眼道光、潮音道海、了翁道覺等人，他們在包括江戶、京都等地在內的各地傳法，培養門徒，將隱元的禪法介紹到日本佛教界，激發更多禪林有識之士對傳統

第二節　隱元東渡和黃檗宗

公案禪、看話禪和當時禪風的反思，推動佛法的革新和振興。當時日本臨濟宗妙心寺派正在展開的正法復興運動應當說是受到隱元黃檗宗的影響的。

黃檗寺實際是以幕府將軍德川家綱為外護建造和發展起來的，在寬文五年（西元 1665 年）幕府下達朱印狀（幕府的蓋印證書）給予四百石的寺院領地。此後，黃檗寺也得到幕府歷代將軍的支持，從第五代將軍德川綱吉到第十四代將軍德川家茂皆為黃檗寺下達朱印狀加以保護。

隱元生前為宇治黃檗寺訂立住持選任規則：

本山第三代住持，仍依吾法嗣中照位次輪流推補；後及法孫亦須有德望者，方合輿情，克振道風。……

曆觀古來東渡諸祖嗣法者，三四代後即便斷絕，遂使祖席寥寥。前承酒井空印老居士（按：幕府大老酒井忠勝）護法之念，嘗言本山他日主法，苟無其人，當去唐山（按：指中國）請補，使法脈繩繩不斷。此議甚當，惟在後代賢子孫舉而行之，則是法門重光之象也。（《黃檗清規・老人預囑語》）[382]

隱元退席前已選嗣法弟子木庵性瑫為第二代住持，這裡又明確提出第三代住持也必須由他的嗣法弟子擔任，至於此後的住持需從他的法孫有德望者中選任；並且按照幕府大老酒井的建議，以後若在本寺找不到合適人選，應到中國聘任。遵照這個規定，自隱元隆琦開始，在長達九十多年裡，宇治黃檗寺的十三代住持皆為中國人，繼第二代木庵性瑫之後的第三、第四代住持分別是慧林性機、獨湛性瑩，皆是隱元的嗣法弟子；從第五代至第八代是隱元的法孫高泉性潡、千呆性侒、悅山道宗、悅峰道章；從第九代至第十三代是木庵、即非等人的嗣法弟子或法孫靈源海脈、旭如蓮昉、獨文方炳、杲堂元昶、竺庵淨印。此後至第二十一代的住持中，既

---

[382]　《大正藏》卷八十二，第 780 頁下至 781 頁上。

第六章　明清佛教交流與日本黃檗宗的創立

有中國僧也有日本僧,中國僧住持有連任第十五代、第十八代的大鵬正鯤,第十九代仙岩元嵩,第二十代伯㫬照浩,第二十一代大成照漢。因從中國招聘高僧越來越難,幕府便停止從中國招聘住持,黃檗寺住持皆由日本僧擔任。

黃檗寺在發展過程中建成以寺中隱元祖塔為中心的很多塔院,如木庵的萬壽院,紫雲院,慧林的龍興院,獨湛的獅子林院等。因木庵擔任住持近二十年,法裔弟子很多,後世建成包括他的紫雲院在內的十三所塔院,有鐵牛的長松院、潮音的綠樹院等等,在法系上形成在黃檗宗內最有影響的紫雲派。[383]

六、隱元的禪法

隱元在法系上屬於中國臨濟宗楊岐派,是「曹溪正脈三十六世、臨濟正傳三十二世」(《黃檗年譜・年譜乞言小引》),上承唐臨濟義玄……宋汾陽善昭……慈明楚圓……楊岐方會……圓悟克勤──虎丘紹隆……無準師範──元雪岩祖欽──高峰原妙──中峰明本……明幻有正傳──密雲圓悟──費隱通容的法系。(現主要根據《大正藏》卷八十二所載《普照國師語錄》、《普照國師法語》及《黃檗清規》,並參考隱元赴日之前的部分語錄,介紹他的禪法思想。)

隱元對在日本先後住持長崎興福寺和崇福寺、攝津普門禪寺、宇治黃檗寺,向日本信眾宣告自己傳承的臨濟宗法系,闡揚禪法基本宗旨,宣示人人生來皆有佛性,引導他們自修自悟,提倡源自宋代大慧宗杲以來的看話禪,然而同時要求不廢念經,還保持明代禪淨雙修的做法,既參禪也要念佛,並且在說法中會通儒佛,要求信眾遵循儒家的忠孝之道。

---

[383]　以上除注明出處外,主要參考木宮泰彥:《日中文化交流史》第六章之二;竹貫元勝:《日本禪宗史》六之四,大藏出版社 1989 年版。

第二節　隱元東渡和黃檗宗

1. 鮮明闡揚禪宗宗旨，明確傳承臨濟法脈

隱元踏上日本國土，先後住持長崎興福寺、崇福寺及攝津普門寺，在說法中經常以十分明瞭的語言向日本信眾宣示禪宗的「即心即佛」、「明心見性成佛」的基本宗旨。在江戶幕府寬文三年（西元 1663 年）正月十五日，隱元應幕府將軍德川家綱之請在新建成的宇治黃檗寺舉行隆重的「祝國開堂」儀式。五月，後水尾太上法皇透過龍溪性潛向隱元問禪宗的「單傳之道，不曆階級，直指人心，見性成佛」的宗旨。隱元書面回答說：

> 單傳直指之道，別無言說，唯要自己放下身心及一切塵勞，直下返照本來面目，覷破無位真人（按：《臨濟錄》中以「無位真人」比喻自性），則不被外物所蒙，如鏡對鏡，了了分明，原無一物染汙，亦無點塵留礙，圓陀陀、活潑潑、赤灑灑、轉轆轆，名不可名，識焉能識，直得自徹自悟自了而後已。既徹悟了然，則生死去來，自由自在，處富貴不為富貴之所牢籠，處人天不為人天之所留礙，可謂萬象主而作四生（按：原指卵生、胎生、濕生、化生，泛指一切有情眾生）父。以天下為一家，以萬類為一子，繼往開來，駢臻民福，聖種彌隆於萬代，法門砥柱於千秋，大哉！於穆佛心天子（按：贊稱法皇為懷有佛心的天子），世出世間無以加矣。（《普照國師法語》卷下〈癸卯夏五月二十五日〉）[384]

所謂「單傳」意為唯傳超越於語言文字的「佛心」；「直指」為「直指人心」之略，意為直接體悟心性。隱元這段話是說，禪宗宗旨是教人擺脫身心和一切煩惱的束縛，直接省悟自己的本性——「本來面目」或「無位真人」，領悟自己與生俱來的本性（佛性）是本來清淨、本來超越於世俗認知AA，並且是不能用語言文字表達的。這樣便達到自徹自悟，達到超脫生死苦惱的自由境界，處於富貴乃至人、天（天界）等任何境地皆精神自由。隱元特別針對後水尾法皇的地位，將佛與天子之位會通，說達到覺悟

---

[384]　《大正藏》卷八十二，第 760 頁中下。

第六章　明清佛教交流與日本黃檗宗的創立

解脫境界，便是天地萬物和一切眾生的主人，處於世與出世間的最高地位。據載，後水尾法皇看了後十分高興。

隱元自稱黃檗，對自己應邀東渡日本負有一種使命感，所謂「曹溪正脈，黃檗傳東」(《普照國師語錄》卷下)[385]，以傳播曹溪慧能的正法自任。龍溪性潛原屬日本臨濟宗妙心寺派的高僧，對隱元在日本傳法給予多種幫助，後師從隱元。隱元曾滿懷自信對他說：

佛祖命脈拈花已來，至曹溪三十三世，曹溪至龍池又三十三世，龍池傳天童師翁，天童付徑山本師，皆從正知正見、大機大用中而來。故諸方稱正傳，王臣重焉，龍天相諸，豈小知偏邪而能紊其毫端！(《普照國師法語》卷上〈示龍溪上座〉)[386]

意為自釋迦牟尼佛以「拈花示眾」方式傳心法於大迦葉以後，至曹溪慧能為三十三世，從慧能至荊溪(在今宜興)龍池禪院的幻有正傳又經三十三世，然後經天童圓悟、徑山費隱通容傳至他本人，皆傳承「正知正法，大機大用」的禪法，受到王臣的崇奉，天龍佑護，絕非偏邪禪法能夠紊亂。

隱元在確認自己的嗣法弟子時，按照當時中國禪林的傳統，要傳授稱為「法卷」的嗣法文書及傳法偈頌。隱元在禪法上屬臨濟宗楊岐法系，他傳授的法卷上記述自唐代臨濟義玄……費隱通容，直到隱元的小傳的傳法偈，示以在臨濟宗中的代數。

隱元對當時中日兩國禪林中存在的弊病曾提出尖銳的批評。他在《示無純居士》的法語中指出：

今時有一種無恥之徒，戴大帽，侈大話，以《維摩詰經》中所說為遮自己面門，縱淫怒癡為解脫大道，斥戒定慧為二乘小果，鈴言肆說，昧己

---

[385]　《大正藏》卷八十二，第 752 頁上。
[386]　《大正藏》卷八十二，第 756 頁上。

謾人。無知之者從而和之，相習成風。如盲引盲墮於火坑，未免識者所鄙。（《普照國師法語》卷下〈示無純居士〉）

今時邪昧者眾，惑亂無知，如盲引盲入於火坑所不免也。（同上〈示眾善士・又〉）[387]

隱元所引的《維摩詰經》大概是其中「方便品」的文字，說維摩詰居士「雖處居家，不著三界；示有妻子，常修梵行；現有眷屬，常樂遠離，……若至博弈戲處，輒以度人；受諸異道，不毀正信；雖明世典，常樂佛法，……一切治生諧偶，雖獲俗利，不以喜悅；游諸四衢，饒益眾生；入治政法，救護一切；入講論處，導以大乘；入諸學堂，誘開童蒙；入諸淫舍，示欲之過；入諸酒肆，能立其志」。意為維摩詰居士雖過著世俗生活卻能修持佛法，濟度群生。隱元批評叢林中有些無恥之徒假借效仿維摩詰居士，自吹自播，恣意違犯戒律，淫亂妄為，反而汙蔑按照佛教傳統戒定慧三學修持的人為小乘（聲聞、緣覺），迷惑了許多信眾。隱元訓誡弟子對此應有所警惕，在行動上劃清界限。

隱元到日本後，先後住持四所寺院，在每次開堂升座儀式的拈香祝聖中皆拈香申明自己嗣法於「曹溪正脈三十五世費隱容本師大和尚」，以報「法乳之恩」。這樣，僅從法系上，隱元的法系與日本舊有的禪法法系明顯有別，後被稱為「黃檗宗」是有道理的。

2. 說人人皆有佛性，修行者應「返本還源，直證本具之心」

禪宗在向信眾傳法過程中特別強調人人生來具有與佛一樣的本性，引導信眾確立自信，透過自修達到覺悟。隱元也堅守這個宗旨，只不過在說法中帶有自己的特色而已。現存這方面的語錄很多，現選引一部分語錄，然後加以說明。

---

[387]　分別載《大正藏》卷八十二，第 764 頁下、765 頁中。

第六章　明清佛教交流與日本黃檗宗的創立

　　然佛祖聖賢之心，清淨圓滿具足。從中所發，正和純真，其氣也吉。一見一聞，令人踴躍，生正信心，是成佛之正因，則為善之本也。(《普照國師法語》卷下〈示永井日向守〉)

　　真正衲僧，心眼圓明，自知清淨具足之心，為成佛之正因，豈更向外馳求！縱有苦修瞎煉，未免魔外生涯，正如蒸沙欲圖成飯，無有是處，與夫本分正覺道果爰交涉也？此事本來現成，奚假修持？本來清淨，阿誰汙染？本來圓明，阿誰塞礙？本來具足，阿誰缺少？(《普照國師法語》卷上〈示峨山照上座〉)

　　指諸眾生本來清淨，本自具足，本自圓明。欲眾生返本還源，直證本具之心矣。……迷為眾生，覺為佛祖。(《普照國師法語》卷下〈示獨廣方居士〉)

　　然金剛種智，人人本具，個個不無，只緣一念妄動，昧卻本來，即成無明種草，或所修所結，盡皆業果，無益於己，與失正因正果，有何干涉？……當人即心是佛，無心是道。一念清淨圓明是彌陀，一念無差別智是文殊，一念平等行是普賢，千佛萬祖，皆從一心而成，離心而成，則成外道。(《普照國師法語》卷下〈示丹羽玉峰居士〉)[388]

　　意為對修行者最重要的不是到處求佛求法，而是必須了解自己本具佛祖聖賢的清淨心性。這種心性既是成佛的內在依據，也是平時為善的根本。修行就是要體認一切皆空寂平等的道理，斷除汙染心性的妄念、差別觀念和各種煩惱，使心性重新明潔，此即所謂「返本還源，直證本具之心」。如果做到「一念清淨」、「一念無差別」、「一念平等行」，則自己就是佛，就是阿彌陀佛，就是文殊、普照菩薩。

　　隱元還用十分形象的語句說眾生之所以有迷、悟的差別，有四生、六道的差別，皆是由他們的心、意識決定的。他說：

---

[388]　以上分別載《大正藏》卷八十二，第 762 頁上、756 頁中、761 頁中下、761 頁上中。

第二節　隱元東渡和黃檗宗

心佛眾生，三無差別，只因迷悟為間，則有四生六道之隔。為人幽險毒害，即地獄道；慳貪嫉妒，即餓鬼道；淫濫無恥，即畜生道；秉心忠義，尊持五戒，即人道；純修十善，植德如法，即天道；我慢貢高，爭鬥勝負，即修羅道；執著偏見，頓證空理，即二乘小果；廣行六度，精修萬行，即大乘菩薩道；頓悟真心，具足圓明，清淨無染如大圓鏡。（《普照國師語錄》卷上）[389]

「心佛眾生，三無差別」來自晉譯《華嚴經》卷十〈佛升夜摩天宮自在品〉中的一首偈頌，原句為「心佛及眾生，是三無差別。諸佛悉了知，一切從心轉」[390]，意為心與佛、眾生皆由心生，在本質上是沒有差別的。隱元引用此句的目的是說明人的心境決定著是迷惑於自性的凡夫，還是已經體悟自性的佛或菩薩。迴圈輪迴於「四生」（胎生、卵生、濕生、化生，概指一切眾生）、「六道」（地獄、餓鬼、畜生、阿修羅、人間、天）中的眾生，歸根到底是由他們自己的心境造成的，並且表現於現實生活之中。隱元說，為人幽險毒害即相當地獄道，慳貪嫉妒則為餓鬼道，淫濫無恥則為畜生道；心懷忠義，遵守五戒（不殺生、不偷盜、不邪淫、不妄語、不飲酒）則為人道；修持十善（不殺生、不偷盜、不邪淫、不妄語、不兩舌、不惡口、不綺語、不貪、不嗔、不癡），積功累德則為天道；傲慢自大，好爭鬥勝則為阿修羅道。同樣，如果執著和滿足於體悟空理，則只不過僅得到小乘佛教（聲聞、緣覺）的果位；進而修持六度（布施、持戒、忍辱、精進、禪定、智慧），則為大乘菩薩之道。只有遵照禪宗的宗旨，在徹悟真心自性上下工夫，使清淨佛性顯現，才算進入最高覺悟境界。這種說法看來是直接受到《六祖壇經》中六祖慧能類似說法的影響[391]。

---

[389]　《大正藏》卷八十二，第742頁下。
[390]　《大正藏》卷九，第465頁下至466頁上。
[391]　元代宗寶本《六祖壇經·決疑品》載慧能說：「自性迷，即是眾生；自性覺，即是佛。慈悲即是觀音，喜捨名為勢至，能淨即釋迦，平直即彌陀，人我是須彌，邪心是海水，煩惱是波浪，毒害是惡龍，虛妄是鬼神，塵勞是魚鱉，貪嗔是地獄，愚疑是畜生。」

這種說法實際是在佛教倫理、戒規中融入社會公德的思想，以此教化信眾，容易得到社會各界的認同，可以取得普遍勸善的效果。

3. 既提倡看話頭和參究身心，又主張修禪不廢念經

隱元上承宋元以來臨濟宗的禪法，提倡參話頭，然而尤其提倡參究自心。

參話頭的禪法是要求修行者在坐禪乃至日常生活中專心參究前代祖師語錄中的某些語句、字，在參究中做到超越語句或字的任何含義，以清除心中的「妄念」和「雜念」，達到所謂「無念」或「無心」的精神境界。例如，他曾對達空禪師說：「老僧說的汝用不著，既未能一刀兩段，須晝三夜三，無間間忙，且看『虛空如何磕碎』？只此一句看來看去，久久純熟，不知不覺處，忽然撞破。……切不可起別念餘思，恐雜毒入心，不可療也。」（《普照國師法語》卷上〈示達空禪人〉）[392] 他所說的「虛空如何磕碎」就是參究的話頭。他要求達空禪師日夜反覆參究這個話頭，說久而久之便可在不知不覺中體悟自性，達到精神解脫。

然而從現存隱元的語錄來看，他更多的是提倡參究自身和自心，要求修行者從有分別之心的「疑」，到透過修行斷除各種分別觀念、煩惱，體悟自性的「悟」。現舉幾段他的語錄：

祖師西來，直指人心，見性成佛。然則心性不從外得，豈可向外馳求乎，須向己躬下晝三夜三，念念返照，時時追覓心性在甚麼處？行住坐臥、迎賓待客時，心性在甚麼處？正思正想、無思無慮時是個甚麼？追來追去，究來究去，追至無可追，究至無可究，不知有人，不知有我，空蕩蕩，虛豁豁地，忽然咄地一聲，便知落處，則不被流俗阿師所瞞。（《普照國師法語》卷下〈示津陽彥信士〉）

---

[392] 《大正藏》卷八十二，第 759 頁下。

第二節　隱元東渡和黃檗宗

須自己日常返照,看畢竟死了燒了,此一段靈明向何處去?即今轉動施為、折旋俯仰是誰主宰?無想無夢之際,主人翁在甚麼處?孜孜返照,念念追尋,無間閒忙,不分晝夜。忽然不知不覺咄地一聲,便知落處,了了分明,更不問人也。般若之智,時時現前;一切境緣,如紅爐點雪;靈明湛寂,覿體如如。千魔百怪,不能動搖,如大圓鏡,物來便鑑物,去了無朕跡,所謂本來無一物,觸處獨圓明也,只此是出生死緊要處。(《普照國師法語》卷下〈示秀雲性英道人〉)

但看貪時,貪從何起?嗔時,嗔從何來?癡時,癡作何狀?看之照之,不計歲月,久久純熟打成一片,忽然咄地一聲,便見本來面目,盡是大圓滿覺,於中覓一點貪嗔癡相了不可得,便是出生死,證菩提,到彼岸時節也。(《普照國師法語》卷下〈示小濱民部居士〉)

專入禪定者誰?提撕話頭者誰?或時不入禪定者又是誰?不提撕話頭者又是誰?如是參去,忽然看破兩重關,縱橫於天地之間,自由自在,則佛祖不相謾耳。(《普照國師法語》卷下〈示藤資清尚書〉)

善人誰縛汝?誰將生死煩惱與汝?既未知下落,須時時觀察,念念返照。忽然眉毛觸殺虛空,自有倒斷處,更不問人。乃知般若智現前,如亙天烈焰,一切夢幻空花,即時消殞,淨盡無餘矣。(《普照國師法語》卷下〈示道成善士〉)[393]

據此可知,隱元的參究自己身心的禪法特點是:①參究的對象是自己的身心,例如可參究自己的心性在何處;在行住坐臥、迎賓待客時心性在什麼地方;在思慮時與不思慮時心性是什麼樣子;死後火化了,靈魂到何處。也可參究自己的貪嗔之心,追問自己:「貪時,貪從何起;嗔時,嗔從何來?」還可自己參究是誰在坐禪,誰在參扣話頭。參扣是誰在束縛自己,誰給自己帶來生死煩惱。②參究的場合不限於在入定坐禪的時候,在晝三夜三的任何時間,和行住坐臥乃至迎賓待客的任何場合皆可參究。

---

[393]　以上分別載《大正藏》卷八十二,第 763 頁上、763 頁中、762 頁中、762 頁下、765 頁上。

③在參究中對參究的問題要達觀對待,並且參究不要間斷,所謂「追來追去,究來究去,追至無可追」;「孜孜返照,念念追尋,無間閑忙,不分晝夜」;得到般若之智,心如明鏡;「看之照之,不計歲月」;「時時觀察,念念返照」。④達到的最高精神境界是體悟自性(佛性),認識一切皆空的道理,不再執著於分辨他與我、內與外、身與心等的世俗認識,從而出離生死,精神自由,即所謂「不知有人,不知有我,空蕩蕩,虛豁豁地」;「看破兩重關,縱橫於天地之間,自由自在」;「一切夢幻空花,即時消殞,淨盡無餘」及《普照國師法語》卷下〈示仁禪人〉所說的「一念萬年,萬年一念,身心一如,我人一致」[394]。隱元強調,這種精神境界是透過長期參究而達到頓悟得來的,所謂「咄地一聲,便見本來面目」。

隱元雖然一再表示,達到頓悟解脫不靠語言文字,不靠思維推理,然而他還是要求門下弟子要經常閱讀佛典乃至禪宗祖師的語錄。他制定的《黃檗清規・梵行章第五》中明確規定:「凡是黃檗兒孫,須依黃檗規約持戒禮誦,增激參禪。禪暇不妨博覽藏典、尊宿語錄。」[395]

4. 保持明代禪淨雙修的做法,參禪還要念佛

自北宋永明延壽(西元 904～975 年)提倡禪淨雙修以後,不少禪僧也提倡修持淨土念佛法門,如南宋曹洞宗的真歇清了(西元 1090～1151 年)、元代臨濟宗的中峰明本(西元 1263～1323 年)、天如惟則(?～西元 1354 年)等人,雖也標榜「自性彌陀,唯心淨土」,然而也皆提倡念佛。從隱元的著作和語錄來看,他雖很少正面提倡念佛,然而在他親自參與制訂的《黃檗清規》中確實有讀誦《阿彌陀經》和念阿彌陀佛的記載,例如:

晚堂誦《彌陀經》、《蒙山施食文》、《心經》、《往生咒》。

---

[394]　《大正藏》卷八十二,第 759 頁上。
[395]　《大正藏》卷八十二,第 769 頁中。

第二節　隱元東渡和黃檗宗

每月遇十四、三十羯摩夜，誦《彌陀經》已。

晚間《彌陀經》（或《大悲咒》）、南無阿彌陀如來（三遍）。

這實際是照搬中國漢地寺院的做法，與佛教宗派壁壘森嚴的日本禪寺是不一樣的。在他的弟子中，據《續日本高僧傳》卷五〈性瑩傳〉記載，隱元弟子獨湛性瑩（西元 1629～1706 年）特別注重念佛，曾住持遠江（在今靜岡縣）初山寺、上野（在今群馬縣）國瑞寺，天和二年（西元 1682 年）奉旨住持黃檗寺，先後十一年，「律身精嚴，兼修淨土，日課《彌陀經》四十八卷（按：經只一卷，此指誦經四十八遍），禮佛三百或五百返，恆持佛號，未嘗暫停」，最後在念佛中去世。日本臨濟宗妙心寺派學僧無著道忠所著《妙心寺志》中說，黃檗宗的「問答說禪」似禪宗，然而「高唱彌陀佛」似淨土宗，「手結印契」似真言宗。[396] 這正反映了隱元所傳是中國進入明代以後盛行的帶有諸宗融合色彩的佛教。

儘管如此，隱元仍是從禪宗「即心是佛」和「自性彌陀，唯心淨土」的傳統觀點來對待淨土念佛法門的，如前面所引，他曾對丹羽玉峰居士說：「一念清淨圓明是彌陀……千佛萬祖，皆從一心而成，離心而成，則成外道。」他在一次上堂說法中引述了一首偈頌，其中有「一言之下了無生（按：體認諸法空寂無生無滅的道理），始信自家是佛陀」之句（《普照國師語錄》卷下）；在《普照國師法語》卷下〈示陳道人〉中也有「念不淨，不往極樂；心不染，不來娑婆（按：指現實世界）。娑婆、極樂，只在當人心念淨染之間矣」[397]。從這裡可見隱元仍堅持中國禪宗的基本宗旨，將修持心地法門和體悟自性當作修行解脫的根本。

此外，黃檗寺僧眾在修行、經營佛事等方面長期保持中國明代禪寺的傳統，例如讀誦佛經用漢音，舉辦法會時演奏中國佛教的法器等。

---

[396]　此間引自日本竹貫元勝：《日本禪宗史》六之六，大藏出版社 1989 年版。
[397]　分別載《大正藏》卷八十二，第 753 頁中、759 頁下。

5. 會通儒佛，在說法中提倡儒家忠孝之道

隱元在日本傳法過程中，除上堂說法、解答僧俗信眾的疑問外，還經常舉辦各種法會，其中有很多是應來自幕府、朝廷重臣或地方政府的官員、士紳信徒的請求而舉行的追薦父母、祖先的法會。隱元在這些法會說法中提倡儒佛一致的思想，將儒家的倫理觀念與佛法巧妙地糅合在一起，既勸人孝親忠君，又教人信奉佛法，受到日本朝野的歡迎。

隱元在中國時雖正式上學讀書時間很短，然而經過刻苦自學和長期受到儒家思想文化的薰染，對儒家思想是十分熟悉的。這從他的大量語錄、著作中可以看出。他認為，一個在社會上有作為的人，應當既懂得佛教又精通儒家學問。他曾說：

> 知儒方可入佛，入佛而後通儒。只如真俗不二一句，作麼生道？儒佛並擔真鐵漢，人間天上出頭高。（《普照國師語錄》卷上）
>
> 令知儒而後入佛，則成大家名流。蓋佛儒跡雖異，而心莫不皆同。心雖一，其修證不無小大淺深矣。（《普照國師法語》卷下〈示石川居士〉）[398]

這些語句不像是向普通信眾講的，對象似乎是對儒學已有相當修養的人。隱元表示，只有了解儒學的人方可信奉佛教，而奉佛之後才能真正通曉儒學，做到儒、佛兼奉，在世間則能立功出名，即使死後到天上也非同凡輩。他還說，佛教與儒家雖然表現形態各異，然而二者的「心」（基本宗旨、趨向）是一致的，但在修證要求和方式方面卻存在大小、淺深之別。言外之意自然是佛教屬大、深，儒家屬小、淺，佛教是優越於儒家的。

隱元在講述儒家的孝道時也貫徹了這種思想。他在應請為不同信眾舉辦的追薦父母、先祖的法會上說過：

> 父母乃人生之大本，人主乃天下之大本，天地乃萬物之大本。佛祖乃

---

[398] 分別載《大正藏》卷八十二，第 742 頁中、764 頁上。

群生之大本。能知大本之恩可報，其唯人中之孝歟。是以知恩方解報恩，識法乃能重法。知恩者知此大本也，以己推人，令普天之下盡行孝道，其恩不亦廣且大乎。重法者重世出世間之法，捨身衛護以壽將來，不亦悠久無疆乎。能立廣大悠久無疆之功，以成天下大孝，可謂至善至美矣。(《普照國師語錄》卷下)

為孝不孝父母，非孝也。為忠不忠其君，非忠也。不忠不孝，人亦不成，況僧乎！況佛祖乎！我等學佛之徒，須體佛心，淨佛戒，行佛言，證佛果。不唯一世二親已薦，乃至無量劫來父母俱已薦矣。(《普照國師語錄》卷上)

恩重天倫，稟乾坤之正氣；義存昆仲，盡孝悌之真心。正氣升，二儀判，三才立，雨暘時，百谷登，萬民樂業，天道全矣。真心現，倫理明，敬事修，思慕切，哀樂當，生死去來，各正性命，人道成矣。若夫天人一貫，幽顯一致，十界一如，萬靈同體，冤親平等，逆順合轍，唯證乃知，非淺智之所測也。(《普照國師語錄》卷上)[399]

隱元從不同角度闡釋孝道的重要性，主要有以下幾點：

(1) 人生之本是父母，天下之本是君主，萬物之本是天地，群生之本是佛祖。既然知本，就應當報本報恩，最重要的是奉行孝道。不僅自己孝敬父母，而且要勸導更多的人乃至天下人皆行孝，還應護持佛法。這個過程也是成就自己達到「至善至美」的道德境界的過程。

(2) 為人之道最根本的是孝親忠君，如果做不到這點，不僅喪失人格，而且也沒有做僧的資格。出家為僧者如果能夠如法持戒修行，達到解脫，可以追薦近世遠世父母皆得到超渡。

(3) 孝悌之道感應於天地陰陽，人道貫通於天道。如果舉世修持孝悌，崇尚道德，便能感通天地陰陽，風調雨順，五穀豐登，國泰民安。

---

[399]　分別載《大正藏》卷八十二，第 753 頁中、742 頁中、743 頁下。

隱元還告訴信眾，要行孝道，完善道德，首先要淨化自己的心性，說「一心清淨，一切處無不清淨；一心具足，一切處無不具足」，然後帶動全家，風行所致，「一家仁一國興仁，一家善一國興善，一家孝一國興孝。」（《普照國師語錄》卷上）[400]

隱元這樣傳法，受到朝野民眾的歡迎，自然為他在日本傳法帶來方便。

宇治黃檗山萬福寺是按照中國明代寺院的樣式和風格建造的，對日本佛教界和民眾有很大吸引力。隱元後繼弟子中有很多人善詩文、書畫、篆刻。他們的作品受到日本各界人士和僧俗信眾的歡迎，對江戶時代日本文化藝術產生很大影響。在木庵性瑫住持黃檗寺期間，曾設立授三壇大戒的道場，登壇受戒者竟達五千餘人。黃檗寺第五代住持高泉性激（西元1633～1695年）是明僧，愛好文史，曾協助南源性派編撰《普照國師年譜》二卷，在傳法之餘搜集大量日本佛教史料加以整理，仿照中國佛教史書體例編撰出《扶桑禪林僧寶傳》十卷、《東國高僧傳》十卷、《東渡諸祖傳》二卷及《續扶桑僧寶傳》三卷等，至今對了解和研究日本佛教史仍具有重要參考價值。

日僧鐵眼道光（西元1630～1682年），先後從隱元、木庵受法，為改變日本沒有雕刻大藏經的歷史，發誓在有生之年雕刻大藏經，先後用十三年時間從事講經化募和各種準備，最後以隱元帶到日本的明代萬曆版大藏經（《嘉興藏》）為底本刻印出日本第一部大藏經，稱《黃檗版大藏經》或《鐵眼版大藏經》（《續日本高僧傳》卷十〈道光傳〉），收佛典一千六百一十八部七千三百三十四卷，至今版木仍存宇治黃檗山萬福寺。

黃檗山萬福寺住持在第二十二代以後皆為日本僧，此後教勢逐漸衰微。

---

[400] 《大正藏》卷八十二，第 740 頁下。

參考文獻

- （後漢）班固：《漢書》，中華書局 1956 年版。
- （晉）陳壽：《三國志》，中華書局 1959 年版。
- （梁）沈約：《宋書》，中華書局 1974 年版。
- （唐）李延壽：《北史》，中華書局 1974 年版。
- （唐）魏徵等：《隋書》，中華書局 1973 年版。
- （後晉）劉昫等：《舊唐書》，中華書局 1975 年版。
- （宋）歐陽脩、宋祁：《新唐書》，中華書局 1975 年版。
- （明）宋濂等：《元史》，中華書局 1976 年版。
- （民國）趙爾巽、繆荃孫、柯劭忞等：《清史稿》，中華書局 1977 年版。
- （唐）杜佑編：《通典》，中華書局 1988 年版。
- （宋）王溥：《唐會要》，中華書局 1955 年版。
- （唐）長孫無忌等：《唐律疏議》，中華書局 1983 年版。
- （唐）李林甫等著，陳仲夫點校：《唐六典》，中華書局 1992 年版。
- 鄭顯文：《唐代律令制研究》，北京大學出版社 2004 年版。
- 汪向榮、夏應元編：《中日關係史資料彙編》，中華書局 1984 年版。
- 汪向榮編：《〈明史·日本傳〉箋證》，巴蜀書社 1987 年版。
- 耿鐵華：《好太王碑新考》，吉林人民出版社 1994 年版。
- 翦伯贊主編：《中國史綱要（修訂本）》，人民出版社 1995 年版。
- 〔日〕舍人親王等：《日本書紀》，新訂增補國史大系本，日本吉川弘文館 1952 年版。

參考文獻

- 〔日〕菅野真道等：《續日本紀·前篇》，新訂增補國史大系本，日本吉川弘文館 1952 年版。
- 〔日〕藤原繼繩等：《續日本紀·後篇》，新訂增補國史大系本，日本吉川弘文館 1952 年版。
- 〔日〕藤原良房等：《續日本後紀》，新訂增補國史大系本，日本吉川弘文館 1952 年版。
- 〔日〕瑞溪周鳳：《善鄰國寶記》，國書刊行會 1975 年版。
- 〔日〕坂本太郎著，汪向榮、武寅、韓鐵英譯：《日本史概說》，商務印書館 1992 年版。
- 趙健民、劉予葦主編：《日本通史》，復旦大學出版社 1989 年版。
- 〔日〕村上專精著，楊曾文譯：《日本佛教史綱》，商務印書館 1981 年版。
- 〔日〕辻善之助：《日本佛教史》，岩波書店 1944 年版 1982 年第四次印刷。
- 〔日〕家永三郎監修：《日本佛教史Ⅰ·古代篇》，法藏館 1967 年版 1982 年八次印刷。
- 〔日〕赤松俊秀監修：《日本佛教史Ⅱ·中世篇》，法藏館 1967 年版 1978 年第六次印刷。
- 〔日〕圭室諦成監修：《日本佛教史Ⅲ·近世近代篇》，法藏館 1967 年版 1980 年第六次印刷。
- 〔日〕家永三郎：《中世佛教思想史研究》，法藏館 1947 年版 1990 年改訂增補第七次印刷。
- 〔日〕崛一郎：《上代日本佛教文化史》，京都臨川書店 1975 年版。
- 〔日〕大野達之助：《新稿日本佛教史》，吉川弘文館 1973 年版 1981 年

第五次印刷。

- 〔日〕千葉乘隆等：《佛教史概說·日本篇》，平樂寺書店 1973 年版。
- 〔日〕中村元、笠原一男、金岡秀友編：《亞洲佛教史·日本編》，佼成出版社 1972~1976 年版。
- 〔日〕速水侑：《日本佛教史·古代》，吉川弘文館 1986 年版。
- 〔日〕速水侑編：《論集日本佛教史》第二卷，雄山閣出版社 1986 年版。
- 〔日〕圭室文雄：《日本佛教史·近世》，吉川弘文館 1987 年版。
- 〔日〕柏原祐泉：《日本佛教史·近代》，吉川弘文館 1990 年版。
- 〔日〕石田瑞麿：《日本佛教史》，岩波書店 1984 年版 1989 年第五次印刷。
- 〔日〕大隅和雄、速水侑：《日本佛教史》，梓出版社 1981 年版。
- 〔日〕末木文美士：《日本佛教史——作為思想史的研究》，新潮社 1992 年版。
- 〔日〕末木文美士：《日本佛教思想史論考》，大藏出版社 1993 年版。
- 〔日〕末木文美士：《平安佛教思想的形成》，春秋社 1995 年版。
- 〔日〕末木文美士：《鐮倉佛教形成論》，法藏館 1998 年版。
- 楊曾文：《日本佛教史》，浙江人民出版社 1995 年版。
- 楊曾文主編：《日本近現代佛教史》，浙江人民出版社 1996 年版。
- 楊曾文、源了圓主編：《中日文化交流大系 4·宗教卷》，浙江人民出版社 1996 年版。
- 〔日〕井上光貞：《日本古代的佛教和政治》，岩波書店 1971 年版。
- 李能和：《朝鮮佛教通史》，韓國漢城（首爾）新文館 1918 年版寶蓮閣 1972 年重刊。

參考文獻

- 真人元開著，汪向榮校釋：《唐大和尚東征傳》，中華書局 1979 年版。
- 汪向榮：《鑑真》，吉林人民出版社 1979 年版。
- 〔日〕石田瑞麿：《鑑真的思想及其生涯》，大藏出版社 1958 年版。
- 〔日〕杉山二郎：《鑑真》，三彩社 1977 年版。
- 睿山學院編：《傳教大師全集》，比睿山圖書刊行所 1926 年版。
- 祖風宣揚會編：《弘法大師全集》，吉川弘文館 1923 年版。
- 〔日〕三浦章夫編：《弘法大師傳記集覽》，森江書店 1923 年版。
- 〔日〕伊藤真徹：《平安淨土教信仰史的研究》，平樂寺書店 1974 年版。
- 〔日〕伊藤唯真：《淨土宗的成立和展開》，吉川弘文館 1981 年版。
- 〔日〕重松明久：《日本淨土教成立過程的研究》，平樂寺書店 1964 年版。
- 〔日〕井川定慶編：《法然上人傳全集》，全集刊行會 1952 年版。
- 〔日〕井川定慶編：《法然上人繪傳的研究》，全集刊行會 1961 年版。
- 〔日〕高橋弘次：《法然淨土教的諸問題》，山喜房佛書林 1994 年版。
- 〔日〕高橋弘次：《續法然淨土教的諸問題》，山喜房佛書林 2005 年版。
- 〔日〕藤堂恭俊：《法然上人研究》二冊，山喜房佛書林 1996 年版。
- 〔日〕真繼伸彥編著：《現代語譯親鸞全集》，法藏館 1983 年版。
- 〔日〕笠原一男：《親鸞》，日本放送出版協會 1973 年版。
- 〔日〕金子大榮：《嘆異鈔校注》，岩波書店 1981 年版。
- 〔日〕笠原一男：《真宗的發展和一向一揆》，法藏館 1951 年版。
- 〔日〕大橋俊雄：《時宗的成立和展開》，吉川弘文館 1973 年版。
- 〔日〕大橋俊雄：《一遍上人語錄校注》，岩波書店 1985 年版。

- 〔日〕鎌田茂雄：《一遍》，集英社 1985 年版。
- 〔日〕金井清光：《一遍和時宗教團》，角川書店 1975 年版。
- 〔日〕西谷啟治編：《講座禪》第四卷《禪的歷史 —— 日本》，築摩書房 1974 年版。
- 〔日〕荻須純道：《正法山六祖傳訓注》，思文客出版社 1977 年版。
- 〔日〕今枝愛真：《中世禪宗史的研究》，東京大學出版社 1978 年版。
- 〔日〕玉村竹二：《日本禪宗史論集》四卷，思文閣 1976 年~1979 年版。
- 〔日〕玉村竹二：《五山禪僧傳記集成》，講談社 1983 年版。
- 〔日〕玉村竹二：《五山文學》，至文堂 1985 年版。
- 〔日〕玉村竹二：《臨濟宗史》，春秋社 1991 年版。
- 〔日〕竹貫元勝：《日本禪宗史》，大藏出版社 1989 年版。
- 〔日〕竹貫元勝：《新日本禪宗史 —— 當時權力者與禪僧》，禪文化研究所 1999 年版。
- 〔日〕竹貫元勝：《妙心寺散步》，妙心寺靈雲院 2004 年版。
- 黃大同主編：《尺八古琴考》，上海音樂學院出版社 2005 年版。
- 〔日〕大久保道舟編：《道元禪師全集》，春秋社 1930 年版。
- 〔日〕大久保道舟編：《道元禪師全集》，春秋社松柏館 1944 年版。
- 〔日〕鏡島元隆：《道元語錄》，講談社 1990 年版。
- 中日禪史資料所：《天童如淨禪師之研究》，春秋社 1983 年版。
- 〔日〕石井修道：《道元禪成立史的研究》，大藏出版社 1991 年版。
- 〔日〕石井修道：《宋代禪史的研究》，大東出版社 1987 年版。
- 何燕生：《道元和中國禪思想》，日本法藏館 2000 年版。
- 何燕生校注：《正法眼藏》，宗教文化出版社 2003 年版。

參考文獻

- 日蓮宗全書出版會編：《日蓮上人傳記集》，日蓮宗全書出版會 1910 年版。
- 〔日〕高佐貫長編：《日蓮聖人御遺文》，行道文庫 1987 年改訂第四版。
- 立正大學日蓮教學研究所編：《昭和定本日蓮聖人遺文》，身延山久遠寺 1988 年改訂增補版。
- 〔日〕崛日亨編：《日蓮大聖人御書全集》，創價學會 1952 年版。
- 〔日〕渡邊寶陽、小松邦彰編：《日蓮聖人全集》，春秋社 1992 年版。
- 〔日〕田村芳朗：《日蓮》，日本放送出版協會 1975 年版。
- 〔日〕大野達之助：《日蓮》，吉川弘文館 1974 年版。
- 〔日〕渡邊寶陽、庵谷行亨：《日蓮宗》，大法輪閣 1984 年版。
- 〔日〕平久保章編：《隱元全集》，日本開明書院 1979 年版。
- 陳志超、韋祖輝、何齡修編：《旅日高僧隱元中土來往書信集》，中華全國圖書館文獻縮微複製中心 1995 年版。
- 〔日〕久保田收：《中世禪道史之研究》，神道史學會 1959 年版。
- 〔日〕村山修一：《本地垂跡》，吉川弘文館 1974 年版。
- 〔日〕逵日出典：《神佛習合》，六興出版社 1986 年版。
- 〔日〕園田稔：《神道》，弘文堂 1988 年版。
- 〔日〕足利衍述：《鐮倉室町時代之儒教》，日本古典全集刊行會 1932 年版。
- 〔日〕和島芳朗：《中世的儒學》，吉川弘文館 1965 年版。
- （唐）道宣：《續高僧傳》，日本《大正新修大藏經》（《大正藏》）第 50 冊。
- （宋）贊寧：《宋高僧傳》，《大正藏》第 50 冊。

- （宋）道原：《景德傳燈錄》，《大正藏》第 51 冊。
- （宋）贊寧：《大宋僧史略》，《大正藏》第 54 冊。
- （宋）志磐：《佛祖統紀》，《大正藏》第 49 冊。
- 凝然：《三國佛法傳通緣起》，載《大日本佛教全書》第 101 冊。
- 〔日〕宗性編：《日本高僧傳要文抄》，載《大日本佛教全書》第 101 冊。
- 〔日〕師煉：《元亨釋書》，載《大日本佛教全書》第 101 冊。
- 〔日〕師蠻編：《本朝高僧傳》，載《大日本佛教全書》第 102 冊。
- 〔日〕道契：《續日本高僧傳》，載《大日本佛教全書》第 104 冊。
- 〔日〕師蠻：《延寶傳燈錄》，載《大日本佛教全書》第 108~109 冊。
- 〔日〕望月信亨：《佛教大辭典》，世界聖典刊行會 1933 年~1957 年版。
- 〔日〕大野達之助：《日本佛教史辭典》，東京堂出版社 1979 年版。
- 〔日〕白井永二、土岐昌訓：《神社辭典》，東京堂出版社 1990 年版。
- 〔日〕《大正新修大藏經》。
- 〔日〕《大日本佛教全書》。
- 〔日〕《續群書類從》。
- 藍吉富主編：《禪宗全書》，文殊文化有限公司 1990 年版。

參考文獻

《中華佛教史》後記

◎湯一介

　　1999年冬，出版社約請季羨林先生主編一套多卷本《中華佛教史》。其時，季先生年近九十，因身體的原因，季先生向出版社提出由他與我共同主編。我雖對中國佛教史稍有涉獵，但並無深入研究，為了幫助季先生實現編著《中華佛教史》的意願，我答應了。自2000年起，我們開始組織編寫團隊，又花了一年多的時間經多次與作者共同討論，就《中華佛教史》的框架和編寫體例達成了共識。我們認為，現有的中國佛教史著作多為漢地佛教，而且往往只寫佛教思想，這次我們是否可以編寫出一套有特色的佛教史，把中國多個受佛教影響的民族的佛教歷史也包含在內，這樣也許更有意義。為了與過去的中國佛教史有所區別，我們把這部佛教史定名為《中華佛教史》，此點季先生在本書的總序中已有說明。

　　原來我們討論編寫的《中華佛教史》共分十三卷：一、漢魏兩晉南北朝佛教史卷；二、隋唐五代佛教史卷；三、宋元明清佛教史卷；四、近代佛教史卷；五、佛教文學卷；六、佛教美術卷；七、西藏佛教史卷；八、西夏佛教史卷；九、雲南上部座佛教史卷；十、西域佛教史卷；十一、敦煌佛教史卷；十二、中韓佛教交流史卷；十三、中國佛教東傳日本史卷。後季先生自2003年起因身體原因長期住在醫院，加之各卷作者的教學與其他研究任務繁忙，因此《中華佛教史》的進度較慢。自2004年，開始有作者交稿，至2012年已交十卷，敦煌卷、西域卷、西夏卷因各種原因而無法繼續寫作。現在完成的是以下十卷，即漢魏兩晉南北朝佛教史卷、隋唐五代佛教史卷、宋元明清佛教史卷、近代佛教史卷、佛教文學卷、佛教美術卷、雲南上部座佛教史卷、西藏佛教史卷、中韓佛教交流史卷、中國

《中華佛教史》後記

佛教東傳日本史卷。為了稍稍彌補此套《中華佛教史》之不足，我徵得季先生同意，從季先生的著作中把他所寫的中國佛教論文編成一本《佛教史論集》，把它作為本書的最後一卷，一方面希望讀者能了解季先生對「中華佛教史」的全面掌握，另一方面季先生的這本《論集》中包含著他對敦煌、吐魯番以及西域地區佛教的若干看法，這或許對敦煌佛教、西域佛教的研究有所幫助。還需要說明一事，季先生曾為西域卷寫了三萬餘字的書稿，但現在不知手稿在何處，故未及編入《論集》，希望以後能找到，供研究西域佛教的學者利用。把季先生的《佛教史論集》作為《中華佛教史》最後一卷，其他十卷順序排列，這或者也可以說仍是一套稍具規模而與其他中國佛教史著述有所不同的研究著作。

　　由於我不是專門研究佛教史的專家，加之我晚年特別關注中國儒家哲學及其現代發展的可能性問題，因此沒有可能把大力花在《中華佛教史》上，這是一件遺憾的事。學術研究是沒有止境的，我相信一定會有更好的包含中華各民族佛教信仰的研究著作出現。這對凝聚中華民族為一體也有一定的意義。

中國佛教東傳日本史卷：
從聖德太子到黃檗宗的佛教東傳與文化影響

作　　者：	楊曾文
發 行 人：	黃振庭
出 版 者：	崧燁文化事業有限公司
發 行 者：	崧燁文化事業有限公司
E - m a i l：	sonbookservice@gmail.com
粉 絲 頁：	https://www.facebook.com/sonbookss/
網　　址：	https://sonbook.net/
地　　址：	台北市中正區重慶南路一段 61 號 8 樓
	8F., No.61, Sec. 1, Chongqing S. Rd., Zhongzheng Dist., Taipei City 100, Taiwan
電　　話：	(02)2370-3310
傳　　真：	(02)2388-1990
印　　刷：	京峯數位服務有限公司
律師顧問：	廣華律師事務所 張珮琦律師

-版權聲明-

本書版權為山西教育出版社所有授權崧燁文化事業有限公司獨家發行電子書及繁體書繁體字版。若有其他相關權利及授權需求請與本公司聯繫。

未經書面許可，不得複製、發行。

定　　價：680 元
發行日期：2025 年 09 月第一版
◎本書以 POD 印製

國家圖書館出版品預行編目資料

中國佛教東傳日本史卷：從聖德太子到黃檗宗的佛教東傳與文化影響 / 楊曾文 著 . -- 第一版 . -- 臺北市：崧燁文化事業有限公司 , 2025.09
面；　公分
POD 版
ISBN 978-626-416-745-1(平裝)
1.CST: 佛教史 2.CST: 文化交流 3.CST: 中國 4.CST: 日本
228.2　　　　　114011903

電子書購買

爽讀 APP　　臉書